U0564963

献给本笃十六世和我的父母

伟大的
博物馆

LA SISTINA SVELATA.
ICONOGRAFIA DI UN CAPOLAVORO

西斯廷教堂

〔德国〕海因里希・费弗 著
杨 逸 唐 娴 译

上海三联书店

目　录

1
引言

1
第一章　西斯都四世时期《旧约》和《新约》中的场景

77
第二章　尤里乌斯二世时期米开朗琪罗·博纳罗蒂的壁画

141
第三章　女巫与先知

181
第四章　穹顶的九幅方形壁画和裸体人像及圆画

263
第五章　米开朗琪罗的《最后的审判》

353
注释

371
参考书目

383
人名地名对照

引　言

20世纪50年代末，正在读大学的我去参观了西斯廷教堂。在参观过程中，我注意到米开朗琪罗的一幅壁画，准确点说就是那幅《诺亚醉酒》与科西莫·罗塞利的壁画《耶稣殉难》之间有着紧密的联系。《耶稣殉难》几乎垂直地画在穹顶上《诺亚醉酒》的场景下方。从那时起，我开始研究基督教早期和中世纪时期的神学著作，想在其中找到能够帮我正确解读西斯廷教堂里的每幅壁画的钥匙。然而我发现越是观察，就越需要关于壁画的新的解释，但在汗牛充栋的与西斯廷教堂及其壁画相关的艺术史资料中，我无法找到想要的解释。

我的工作继续进行着，我渐渐确信了三点：一、所描绘的题材不可能是艺术家自己捏造的，而应该是由教皇的神学家们指导的；二、壁画中呈现的每一个细节都不应该只有一种解释，而应该源于某些精确的内容，需要在当时那些神学家的图书馆中去寻找答案；三、在教皇西斯都四世时期完成的壁画和米开朗琪罗所创作的壁画之间是和谐统一的，因而不得不承认西斯廷教堂的整组绘画都只有唯一的一个圣像规划方案，这个方案的基本点早在西斯都四世时期就由当时的神学家们精心设计并确定了。

因此，一方面，我的关于壁画的研究进一步深入，另一方面，引用的基督教早期和中世纪时期的文章片段也增加了，这些我读到的片段与西斯廷教堂的壁画相关。我的论点的合理性不仅得到了证实，而且在许多大学开设的相关课程中获得了广泛而积极的反馈，如宗座额我略大学、墨西哥宗座大学和墨西哥城伊比利亚美洲大学，并且在海德堡大学艺术史学院由我主办的各研讨会上以及中国的一些学院都获得了好评。

从1990年起，既研讨会和大学的课程之后，我相继在《教皇档案史》上发表了五篇论文，其中最后一篇关于米开朗琪罗的《最后的审判》发表于1999年。这些文章全部用德语写成，目前已翻译成意大利语、英语、法语和西班牙语，它们构成了这本书的主体，同时也是本书其他语言版本的主体。这里，我把自己的一些小论文做了些许改动，其中一篇的题目是《一个新的米开朗琪罗：西斯廷教堂的壁画修复》，于1995年5月20日发表在《天主教文明》(375-387页)，还有一篇论文，是在2001年3月，在罗马展览宫举办的《基督之面》的展览暨研讨会上发表的，题目是《西斯廷教堂中米开朗琪罗的壁画里对于上帝之外表的呈现》，后发表于相关论文集中（《研究与文章 432》，梵蒂冈城 2006，231–240 页）。

我认为改变文章的原有结构不合适，统一注释的方式也不恰当。另外，我也觉得关于文中并未涉及的一些内容的研究，也没必要在这里完善，这些内容如下：把属于神职人员的空间和非神职人员的空间分开来的栅栏上那些 15 世纪 80 年代的佛罗伦萨的精致雕花；在重大仪式时，用来遮盖墙壁下方部分的花毯；1522 年由于入口处墙壁坍塌而遗失了两幅壁画，在米开朗琪罗逝世之后，由莱恰的马泰奥（在多梅尼科·吉兰达奥的壁画处画了《基督复活》）和亨德里克·凡·邓·布雷克（在卢卡·西诺雷利的壁画处画了《天使与恶魔在诺亚旁边的争斗》）所绘的两幅替代作品。

这里的研究首先是肖像学的研究，因此不讨论归属问题，尤其是关于侧面墙壁上的那些壁画；如果新的研究导致了旧的归属关系有所变化，那么便可以从图注文字中注意到，而不是从先前的原始版本的文章里。

两年前我在罗马参加了由《天主教文明》编辑总部举办的一个研讨会，会上发表了自己关于西斯廷教堂的壁画的一些观点。在那次研讨会之后，博洛尼亚大学的欧金尼奥·卢索教授让 Jaca Book 注意到了我的研究。此出版社与梵蒂冈出版社合作，精心编辑出版了这本书。在此我向卢索教授和所有出版社的工作人员表达我的感激，同时也向这本书的翻译致谢。

研究结束之际，我也必须感谢许多的同事，以及我的各学院的学生们：他们的热情和对论文的批判性讨论于我而言都是巨大的帮助。在需要感谢的众多人中，我在此仅提及三个人的名字，他们是教授马蒂亚斯·温纳和克里斯托弗·路特波德·弗洛美，同时也是罗马的赫兹图书馆的负责人，另外还有曾在梵蒂冈博物馆工作，现已亡故的法布里齐奥·曼奇内利博士，他们的鼓励与友情一直陪伴着我的研究。

关于最后的文献综述的编纂，我得感谢我的学生克劳蒂娅·戈杜索，尤其是瓦莱丽娅·玛坎。

我尤其感谢督促我的人，还有在我数十年的研究西斯廷教堂画作的过程中，协助我查询文献的人。如果读了这本书的人，能够用新的眼光去重新审视、解读和欣赏那些壁画，我将由衷高兴。

海因里希·费弗

2007 年圣彼得宝座日（2 月 22 日），于罗马

第一章
西斯都四世时期《旧约》和《新约》中的场景

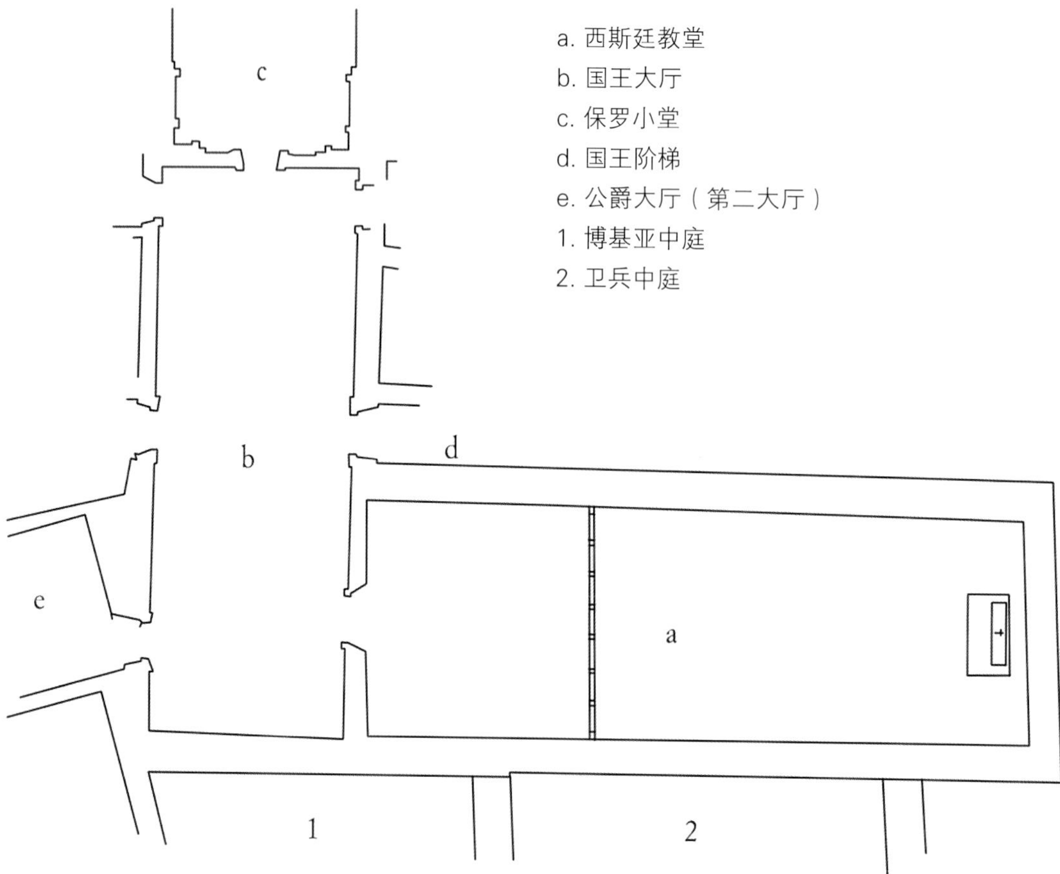
c
b
d
e
a
1
2
a. 西斯廷教堂
b. 国王大厅
c. 保罗小堂
d. 国王阶梯
e. 公爵大厅（第二大厅）
1. 博基亚中庭
2. 卫兵中庭

介　绍
天堂的神学寓意与罗马文艺复兴艺术中的天堂

“你啊，上帝啊，请赐予星星吧，我们奉献给你圣殿，你赐予我们星星吧。”——这首六音步诗被嵌刻在罗马奥利菲琪的圣艾利吉奥堂的圆顶上端[1]。拉斐尔曾参与建造此教堂[2]，17世纪初教堂受损后，其圆顶再次用更高的鼓形柱支撑起来。然而，这首诗最初出现在16世纪上半叶：它其实是一个祈祷，向上帝表达了创造星辰的希望，并谈及了诗中的“我们”为何为上帝奉献圣殿。这个祈祷指的是《创世记》中描述的上帝创世的第四天，而圣殿指的是所有犹太人和基督徒的圣殿，也就是在《圣经》中提到的所罗门王在耶路撒冷建造的圣殿。

根据诗中的祈祷，人们请求上帝创造星辰，因此天穹和圣殿的概念都需要做出进一步解释，否则诗歌的表达会不容易理解。

在罗马文艺复兴时期的作品中，还有一些其他的重要资料，描述了上帝创世第四天中的天堂和上帝创造的日光。米开朗琪罗在这里创作出了栩栩如生的人物壁画，在此之前，也许他曾按照教皇西斯都四世的设想，用满天星光的蓝色天空布满了西斯廷教堂的拱顶，而西斯廷教堂也因教皇的名字而得名[3]（图1、2、3）。

西斯廷教堂顶部展示着米开朗琪罗的一幅画，这幅画展现了上帝创世第四天的场景，即上帝创造太阳、月亮和星星那一天的场景，而拉斐尔的作品也别具一格，其杰作之一签字厅中的《圣礼之争》被瓦萨里认为是登峰造极之作[4]。

但到目前为止，我们引用的例子有什么共同之处，这些例子中的天堂又有什么意义？为了找到问题的答案，我们最好向当时的神学家请教天堂的真正意义。

如果我们认为像拉斐尔和米开朗琪罗这样的天才画家会自主设想绘画的主题，那么就太天真了，当然更不用说在米开朗琪罗之前的、在西斯廷教堂工作的其他画家。实际上，教皇西斯都四世和其侄子尤里乌斯二世在这些艺术家身边安排了一些神学顾问。因此，如果我们想要了解教皇们嘱托的绘画到底要表达什么主题，就有必要考究这些神学顾问的想法。路德维希·库尔提厄斯曾说过，“你只能看到你所知道的”。

通过认真阅读埃吉迪奥·达·维泰博的著作，我试图挖掘出一些可比较的事物，以便更深入地了解签字厅[5]中拉斐尔的《圣礼之争》以及其他壁画的主题。虽然我时常需要回顾研究的一些细节[6]，但我的研究方法从根本上被证明是正确的。

后来，当时的其他神学家也进入了我们的视野，而他们的作品（大部分未出版）对于正确解读西斯都四世和尤里乌斯二世委托而创作的壁画是非常重要的。在代表方济各会的神学家中，我们必须提到彼得罗·科隆纳（又名佩特鲁斯·加拉丁努斯）[7]和乔治·贝尼尼奥·萨尔维亚蒂（克罗地亚名：尤拉伊·德拉基斯）[8]，作为新柏拉图式的代表，除了维泰博之外，我们还应了解威尼斯贵族和宗教秘书克里斯托弗·马尔切洛[9]。他们都属于尤里乌斯二世时代。而西斯都四世时期的另一个人物一直影响着尤里乌斯二世的方济各会神学家们，他就是阿玛迪斯[10]，他是听取教皇忏悔的神父，也是他使得西斯廷教堂得以建造和装饰。

最近，福斯塔纳瓦罗已经确定，名为《巴贝里尼美术馆之谜》的绘画可追溯到16世纪初，它是由与阿玛迪斯[11]相关的文字转化而来的绘画之一。多亏了这个发现，我们现在不仅能知道文字是如何精确而贴切地转换成绘画的，而且还能知道阿玛迪斯的相貌。其实阿玛迪斯也出现在这幅画中。我设法在拉斐尔的《圣礼之争》中找到阿玛迪斯，他正好出现在远景里的一小群神学家中，在中央稍微靠左的位置。

神学家们（一位主教和修士们）聚集在一位方济各会会士的周围，这位会士的肖像竟和之前描绘的阿玛迪斯肖像如出一辙[12]。也许有人认为，这个小团体中的主教是乔治·贝尼尼奥·萨尔维亚蒂，他与彼得罗·科隆纳属于同一圈子内的人，即使在阿玛迪斯后，乔治·贝尼尼奥也对所遇之人和所学之道心怀感恩[13]。关于乔治·贝尼尼奥·萨尔维亚蒂我们也有一份神学文本，文本的第一页以一种小图的形式出现，旁边附有许多注释，它清楚地展示了神学家是怎样通过图像来表达其想法的。由于小图尚未公开，我们将在下文进行简单的介绍[14]。

1507年8月，卡利（位于乌尔比诺附近）主教和教皇使节乔治·贝尼尼奥·萨尔维亚蒂，曾向因斯布鲁克的马西米连诺皇帝赠送了我们提到的文本，文本现存于奥地利的维也纳

1. 皮埃尔·马代奥·德·阿梅利亚，西斯廷教堂穹顶绘稿，1480年，现藏佛罗伦萨乌菲齐美术馆图纸与版画室

国家图书馆，并以“巴拉汀古籍手抄本 4797”命名（神学卷 28）。其书名是《基督教信仰的标准》，它以三位一体和永恒之道的化身作为主题，这与在第六页表现的内容正好相符。

怀抱幼子耶稣的玛丽亚头上是四个金色的圆圈。顶部的圆圈发出一道金色的光，穿透比其他两个圆更高的一个圆圈，三者相互连接，形成一个完美的三角形。同时，这三个圆圈由光线构成的金色十字架连接在一起，其纵轴则是更高处的光线的延伸。垂直于中心的金色光线向下延伸直到玛丽亚的耳朵。另一条水平线从左边的圆圈发出，直达耶稣的心脏。在顶部的圆圈上，我们可以读到：“最好的金，神圣的光，无限的海”。这里指的是上帝的智慧，它被认为是一个球体，其中心可能在任何一个点上，而其圆周不存在于任何一个地方，正如之后的评注所说：“它就是一片海，所有的河流都从这里流出，它们起源于这里，又回到这里，然后再周而复始地流动。”“这种上帝的智慧”，正如另一种说法所述，“是一种独特而又非常简单的事物，完全符合它所有的组成部分。”拉丁语原文中的 suis 指三位一体中的三位（圣父、圣子和圣灵）。因此，就像在三位一体的三轮之间抛出的光线，由于智慧指的是神的本质，作者又写道：“这三样东西融为一体，并且独一无二。”

2. 先于米开朗琪罗《最后的审判》的祭坛内壁草图（来自埃特林格）

同样，从上而至的金色光线构成了《圣礼之争》的上半部分，超出了我们对于绘画的想象。在这些光线之下，三位一体中的三位圣人可以和小图相媲美，从而得以显现[15]。金色的圆圈和微缩的光芒表明神圣之光等同于三位圣人。而这种光芒也可以追溯到《圣礼之争》上半部分的光线。《圣礼之争》的构思曾受到了乔治·贝尼尼奥·萨尔维亚蒂的神学的影响。上帝的智慧几乎从未在神学中反映出来，因为他的智慧仍然位于三位圣人之上，而小图中相似之处发现还要归功于德国南部或者奥地利的某位大师，在这种情况下，《圣礼之争》意味着乔治·贝尼尼奥·萨尔维亚蒂是“三位一体的秘密”这一异常概念的推动者。

第二位方济各会神学家是彼得罗·科隆纳，也许他从阿玛迪斯的想法和预言中得到了更多的启发。1482年阿玛迪斯去世之后，一份被认为由其所著的名叫《新启》[16]的秘密手稿在小范围内开始流传。上义提及的巴贝里尼美术馆里的绘画恰恰描绘了这本书的序言。彼得罗·科隆纳从未明确地提及这篇手稿，但能肯定的是，他受到过这部手稿的影响。他的作品或许还包含那个时代的大量信息，而这些信息关系到肖像学界中西斯廷教堂和三个展厅的壁画所继承的精神财富。

我们无法确切地知道彼得罗·科隆纳[17]出生于哪一年，但可以肯定的是，他出生于1460年左右。他刚抵达罗马时,遭受到了冷落。1480年，他加入方济各会。也许那时他还没有见过阿玛迪斯，且阿玛迪斯也从未正式地公布过这个信息，在彼得罗·科隆纳的著作中，他也并没有留下他们可能私下认识的特殊信息。《新启》的实质内容预示了一位天使般的教皇将要出现，而这位“天使般的教皇”将终结腐败堕落的教会和正在倒退的时代。彼得罗·科隆纳在他的几部作品中都表达了这个想法。其中仅被作为手稿保存的一部作品名为《修复后的教堂》[18]。当时约阿基姆·达·菲奥雷已描述过教皇的相貌。他的另一部作品《使者牧羊人》[19]则完全证明了教皇的形象与使者相似。彼得罗·科隆纳的另一部作品则涉及《圣经》的内容[20]。

彼得罗·科隆纳的书应该出版，但最后都未发表，在他的书中我们发现了有助于理解展厅和西斯廷教堂壁画中所含意义的基本概念。《圣经》中最重要的概念之一，就是在奥利菲琪的圣艾利吉奥堂圆顶的诗歌中提到的天堂的概念，正如神学家所说，“天堂包含许多奥秘”[21]，寻求《圣经》的真理需要天堂。彼得罗·加拉蒂诺运用《圣经》的多重感官学说，从语言学意义上区分了凯旋教会和战斗教会，根据《圣经》中光的比喻意义，我们或许能找到“天堂”一词的对应关系。在这个意义上讲，天堂是指《圣经》中“通过反思而转向自身”这一说法。

正如彼得罗·加拉蒂诺所说的那样，对于16世纪下半叶的神学家来说，“天堂”这个词包含许多神秘的意义，而那些循着“天堂之声”翻开了杰罗拉莫·拉乌雷托[22]所写的《圣经寓意丛集》的人证明了这一点。1575年，这部两卷的词典在威尼斯出版。结合中世纪的神父和神学家的作品来看，在书中我们读到天堂指的是上帝、基督、使者、属灵事物、圣母玛利亚、灵魂、教徒、传教士、先知、教会和《圣经》。关于天堂就是《圣经》的说法，拉乌雷托说：“《圣经》可以称为上帝所说的天堂。从天上看，代表智慧的太阳和代表科学的月亮照耀着我们，而星星照耀着神父们的模范及其美德。[23]”因此，对于拉斐尔和米开朗琪罗时代的神学家来说,将《圣经》与天堂等同而视并非非比寻常。今天对我们而言，这种比喻性的《圣经》语言则完全消失了。

如果你还记得西斯廷教堂的拱顶是用星空装饰的，那你现在将会得出一些令人惊讶的结论。通过阅读彼得罗·加拉蒂诺和杰罗

3. 西斯廷教堂的外景，罗马教皇宫殿的加固了的西斯廷教堂，由乔万尼·德·多尔奇建造

拉莫·拉乌雷托的作品，我们发现在西斯都四世时期的教堂的墙壁上，那些描绘了《旧约》和《新约》场景的绘画从整体上构成了天堂。天堂的意义在于它拥有代表了神父模范和美德的星星，还同时拥有了代表智慧的太阳——即基督的智慧。但现在我们能明白，即使是在教皇尤里乌斯二世时期的米开朗琪罗，当他在西斯廷的穹顶上描绘新的壁画时，也只是用《旧约》中的天堂代替了那片星光璀璨的天堂（图 4）。

拉斐尔的《圣礼之争》则是一个备受争议的天堂[24]。但如果你愿意，你可以用天堂的三个《圣经》意义来解释这幅壁画，正如彼得罗·加拉蒂诺所阐述的那样。《圣礼之争》的上半部分从理论上说是凯旋教会，而下半部分从寓意上说是战斗教会。上半部分的云层上两列并排的圣徒代表了《圣经》，因此从这个意义上被视为天堂。另一方面，每个圣徒都分别代表了《旧约》和《新约》中最重要的情节。

圣保罗在写给《哥林多后书》中记载，基于不同的《圣经》意义，三重天具有特定的内容和意义。杰罗拉莫·拉乌雷托认为，这一重天表示了上帝的精神显圣（visio intellectualis Dei），而不同于肉体显圣和想象力显圣（la visio corporalis e la visio imaginaria）。因此一重天是对自身的认识，二重天是对生灵万物的完美认知，而三重天在于上帝的显圣和沉思。彼得罗·加拉蒂诺在上述文献中曾简要说道：凡是想要深寻上帝的奥秘的人，在离开肉体后须冥想神物，继而从精神上上升至《圣经》中的天堂，与保罗一起被接入第三层天堂，并进入同一经文的人，听到了那些禁止人类说出的神秘话语，因为这些话太神圣了。[25]”

但拉斐尔在《圣礼之争》的其中一份诗稿中写了什么呢？

“为何我无法向神秘的上帝倾诉；
保罗，你为何从天而降；
我的心中笼罩着深情的面纱；
以掩盖我的所有情愫。[26]”

学者们坚信拉斐尔亲自写了这几行诗赠予情人，但现在我们必须坚决否认这种错误的观点[27]。这几行诗其实代表了拉斐尔使用的神学语言，包括在词汇、诗学和韵律学上的一个尝试，而《圣礼之争》恰好代表了神学中的天堂。第一位记述拉斐尔的传记作者证实了签字厅里的画是按照教皇的要求来描绘的[28]。当然，拉斐尔知道也只有这样他才能满足教皇，才能与尤里乌斯二世选出的神学顾问保持有效的交流。

尤里乌斯二世模仿他的叔叔西斯都四世，为负责美化梵蒂冈城的画家们制订了一个专家计划，并把神学顾问安插在画家身边。并且这时西斯廷教堂的壁画的标题已公之于众。在这些画作的修复过程中，这些标题慢慢地被揭开面纱[29]。

约翰·谢尔曼在一篇有关秘密会议（天主教红衣主教选举教皇）席位安排的文章中

4. 教皇礼拜堂由围栏分隔为非教职人员的一侧和教士的一侧，展现了独一无二的精美壁画，此教堂在西斯都四世（两侧墙壁）、尤里乌斯二世（天顶）和保罗三世（祭坛内壁）的委托下完成

发现了这些画作的手抄本。但奇怪的是，这些标题似乎只与后来的壁画部分对应。尽管斯坦曼和埃特林格进行过研究，但西斯廷教堂的肖像还没有用任何逻辑关系解释过[30]。到目前为止，还没有人彻底研究过绘画中选取的代表场景遵循怎样的标准。因此，我们必须证明这些标题与画作完全对应，在第二部分研究中，我们将从基本特征上证实米开朗琪罗的壁画如何融入到了教皇西斯都四世的既定计划中。

截至目前，我们只能将壁画的个别细节同教堂神父们或中世纪神学家著作中为数不多的一些篇章作比较。我们无法得知神学顾问或者他们圈内的情况。在接下来的工作中我参考了一些文献，这些文献使我们能就西斯廷教堂的计划和神学家们的问题得出结论。这样，我们就将有幸看到《旧约》和《新约》的手稿，当然前提是我们得明白《圣经》的寓意。

《启示录》的中世纪回忆录和圣母玛利亚壁画研究

用寓意法来解释《圣经》中的神学，比起最初使用哲学概念的神学思想更容易被转换成图像，因为哲学概念几乎总是抽象的[31]。方济各会学院实现了《圣经》的寓言式注释，正如大量文献中描述的关于圣方济各在基督圣血遗物上创造的价值[32]，这也解释了为什么教皇西斯都四世也是这一艺术的大师。西斯都四世曾是西斯廷教堂壁画画家的顾问，从《圣经》的多重感官理论上讲，他必定深入研究过不少为《圣经》注释的作者。

在1482年1月17日鉴定前四幅壁画的人中，除了四位画家科西莫·罗塞利、桑德罗·波提切利、多梅尼科·吉兰达奥和彼得罗·佩鲁吉诺之外，在公证人认证的文件中[33]，还提到了这些被委托鉴定画作的人：两位神学家、三位画家和教堂建筑师乔凡尼·德·多尔奇。两位神学家分别是方济各会的安东尼奥·达·皮内罗洛和圣彼得的牧师巴托洛梅奥·德·博里斯，前者是一位文学硕士，是钻研《圣经》的一位学者。在方济各会的专家中，我们可以发现皮内罗洛在实行壁画计划时以寓言式注释的神学著作作为蓝本，他

5. 重现彼得罗·佩鲁吉诺的祭坛壁画，1481年，平图里基奥（绘），维也纳阿尔贝蒂娜博物馆馆藏

也被任命为鉴定绘画的第一人；在他旁边是牧师博里斯，而最后的仲裁者和评估者之间是乔凡尼。被鉴定的画作是四个完整的故事，即描述历史的绘有帷幕、画框和教皇的壁画。

神学顾问曾从圣安波罗修的其中一本书——《启示录七个异象诠释》中提出壁画计划的原则，尽管其中的若干参考文献被证明起源于很晚的年代——大概在 9 世纪左右。

这本书诠释了七个异象。在第三个异象中，“里外都写着字的书”（《启示录》5：1）被认为是对《旧约》和《新约》的暗指。“里面写着字的书”是精神意义上的书；“外面写着字的书”是《圣经》的历史意义或字面意义上的书。事实上，《旧约》的精神隐藏在《新约》之中[34]。从这个基本角度出发，安波罗修提到了《创世记》的所有先祖们，而且在《出埃及记》一书中有提到摩西。

某位佚名的作者所著的《圣经诠释》选择了摩西生平的个别故事，这些故事与最初几幅展示摩西的壁画竟惊人地吻合。这些壁画描述了摩西被丢进尼罗河（这幅画没有留存）、燃烧的荆棘、儿子的割礼和穿越红海的故事。由于 1482 年 1 月的鉴定中四个故事分别对应上述提及的四位画家，并且在西斯廷教堂的摩西墙上的割礼、燃烧的荆棘和穿越红海的故事分别由佩鲁吉诺、波提切利和科西莫罗塞利所作，没有留存下来的那幅画，也就是描述了在尼罗河被丢弃的幼年摩西又被重新捡回的故事的画，只能属于多梅尼科・吉兰达奥了。

《圣经诠释》选择的第三个场景与摩西律法有关，这是一幅为了治愈麻风病人而进行净化献祭的绘画。就我所知，这个场景在西斯廷教堂的绘画中也没有出现过。波提切利将其加入了以耶稣的三大试探为主题的壁画中，这幅壁画出现在了与摩西壁画相对的墙壁上。

《圣经诠释》的作者宣称，在叙述摩西生平的故事中，有两个故事应理解为关于玛丽亚的隐含典故。值得一提的是，西斯廷教堂是由教皇西斯都四世献给玛丽亚的[35]。作为一名方济各会修士和传统的敦斯斯科特神学家，西斯都四世是“圣母无染原罪”教义[36]的追随者，并相信玛利亚从怀孕的那一刻起，就已经从原罪中解脱了。直到 1854 年，这个教义才被教皇庇护九世上调为教条。“圣母无染原罪”的概念，以及上帝之母在神圣意志中扮演的特殊角色，从一开始就对教堂壁画的构思产生了影响。

佩鲁吉诺的原壁画位于祭坛后面，两侧是发现摩西和耶稣诞生的场景，这为米开朗琪罗创作《最后的审判》腾出了空间。然而，这幅壁画中保留了一幕被认为在圣母升天中代表了“圣母无染原罪”的图像[37]（图 5）。正如大家说的那样，左边描绘了摩西在尼罗河被丢弃和重拾的故事。

《出埃及记》第二章讲述了摩西的父母在诞下摩西之后，将他隐藏了三个月，这段时期过后，摩西母亲用一个涂满了沥青和树脂的草篮子把他丢弃在尼罗河里，以逃避法老下令杀害所有新生的犹太男婴的命令。这就是《圣经诠释》的作者所表达的意思：

“摩西指的是基督，摩西被隐藏的三个月代表了三个时代：第一个是大洪水之前，第二个是从洪水之后到摩西降临，第三个从摩西出生直到耶稣降临。而草篮子指的是圣母玛利亚。母亲准备了放置摩西的草篮子，因为上帝的智慧（即上帝之子）选择了圣母玛利亚的祝福和荣光，而玛丽亚应该通过与人结合（即上帝之子）来造人。从无法被水溶解的沥青中，我们可以看到圣母玛利亚的贞洁，她不会因为任何肉欲被侵犯；从可以储存红酒的树脂中，我们看到了这位守护美德者的谦卑。[38]”

由于西斯廷教堂的壁画计划几经变化，我们只能勉强辨识壁画中《圣经》故事的寓意。然而在那个时代，《出埃及记》中所提到的玛利亚的背景在很大程度上已为人知晓。为了让观众更容易掌握这些参考资料，西斯廷的画家们采用了统一服装的权宜之计。比如摩西总是穿着金黄色的衣服和绿色的披风，而模仿玛利亚形象的那些人总是穿着红色的长袍和蓝色的披风。如此穿着的还有摩西的妻子西坡拉、摩西的姐姐米利暗和上帝。西坡拉给她的孩子行了割礼；米利暗在穿越红海之后歌唱胜利之歌；

6. 南墙，桑德罗·波提切利，教皇御座的左侧壁画展现了从“刺杀埃及人”到“上帝的子民逃离埃及”等关于摩西生平的事件

MOISI·LEGIS·SCRIPTAE·LATORIS

上帝在燃烧的荆棘中出现在摩西面前。但我们可以看到，佩鲁吉诺和波提切利在表现西坡拉的长袍和披风时有所不同。

“摩西正在为他的岳父叶忒罗放牧……然后来到了神山俄勒布。在那里，上帝的使者在荆棘中升起的一团团火焰里显现。他看见了荆棘在燃烧，却没有消失。”（《出埃及记》3：1）《圣经诠释》的作者表示：“在被燃烧却没有消失的荆棘中，我们同样可以理解为圣母玛利亚的子宫孕育了上帝之子，但却没有失去她的童贞[39]。”后来，作者又解释了为什么在荆棘中我们能看到基督和其人性之间的关系，而火焰则代表了基督的神性[40]。在燃烧的荆棘前，上帝吩咐摩西把脚上的鞋脱下来，并把摩西送到埃及去拯救以色列人。摩西反对说：“如果他们不相信我，就不会听我的，他们反而会问，难道主向你显现了吗？（《出埃及记》4：1）。”

关于这段经文，《圣经诠释》里说明了摩西极不情愿地服从了上帝的命令，作者还在书中提问，像摩西这样神圣的人怎么会不情愿地服从上帝呢。他认为这里隐藏着宗教意义：其实在这段经文中，摩西的形象是使徒的形象。作者指出在他们开始讲道时，他们太依附犹太人，以至于不想向异教徒求助。按照《圣经诠释》的说法，上帝让摩西脱下凉鞋的劝告也应是同样的解释。事实上，这里是“圣地”——这是神对摩西说的，就像他对一个伟大的使徒所说的那样：“虽然你使死者复活，用你的影子医治好病人，但你不能也不敢自比成我，因为你所做的伟大的事不是你做成的，而是通过我让你做的。鞋子保护脚，为的是使脚不接触地面：这里的地面就是异教徒。[41]”

最近发现的壁画标题涉及摩西的故事之一——《成文法的执行者之摩西的试炼》（图6）。这种试炼正是出于摩西不情愿地顺从了上帝，害怕不被人信任。对《圣经诠释》的解读吸引了那些发现壁画和其标题有内在联系的人，然而，这些画与标题之间的联系很难把握。在摩西相关的壁画中我们不但看到了基督，还看到了他的使徒之一，但为什么不是彼得的继承人或是教皇西斯都本人呢？在波提切利的这幅壁画中，由于缺乏所需的关键性解释，很多东西还没有得到充分的理解。

要正确解读壁画，我们必须重视不同的情节是如何安排的，衣服的颜色是如何选择的。最重要的场景——“耶和华在燃烧的荆棘中出现”位于画面的左上角。但这个场景被描绘在边缘，似乎失去其了重要性。通过这种表现手法，所有其他故事看上去都依赖于上帝那只因讲道而举起的手，尽管从时间上看，这些故事都先于《燃烧的荆棘》。在壁画的正中央，我们看到摩西驱走了禁止祭司的女儿接近水槽的牧羊人，然后又放养了流珥（玛利亚的祭司）女儿的山羊和绵羊。在壁画右侧展现了摩西击毙埃及人、逃到沙漠的场景[42]。左前方所示的“以色列人从埃及出境”的故事，与上帝在燃烧的荆棘中委托给摩西的使命不谋而合——只有这个故事在时间层面上与摩西的使命吻合。

7. 南墙，彼得罗・佩鲁吉诺，教皇御座的右侧壁画展现了“摩西回到埃及”的故事，他从法老手中解放了上帝的子民，并详绘了小儿子的割礼

上帝出现在燃烧的荆棘中，身穿一件红色的长袍和蓝色的披风。这是玛丽亚和耶稣基督在西斯廷教堂的壁画中习惯性穿着的服饰。披风的蓝色让我们想到天堂，我们可以通过观察亚伦祭司的同一颜色的衣服来证明。天空也指上帝的想法：这是《寓意丛集》传达给我们的信息，之后我们将多次查阅此书。红色的服装暗指爱，约翰的第一封信中说："上帝即爱"。摩西在西斯廷教堂的所有壁画中总是穿着一件金黄色的长袍和绿色的披风，绿色的披风暗示着希望。为了正确理解这些细节，我们应当记住，摩西生命的奥秘只存在于未来，也就是存在于耶稣的生命中。

金色的长袍也指摩西的圣洁和在美德中显现的信仰。但是，金色的真正含义表达了神性不朽，并以一种特殊的方式表达了基督的神圣本性。所以，摩西的金色长袍指的是摩西代表了真正的调解者和解放者，即耶稣基督。流珥的女儿身着白衣，我们可以在《寓意丛集》中再次读到——白色意味着"灵性的快乐，纯真的生活，这种白色的光芒可以在石头、衣服、马群或羊群中找到[43]"。在这幅壁画中，波提切利描绘了白色长袍、白色的羊和白色的大理石柱。

8. 南墙，彼得罗·佩鲁吉诺与平图里基奥合作完成，展现了摩西回到埃及、牧羊人起舞的画面，叶忒罗告别的场景，上帝使者试图杀死摩西的举动和小儿子的割礼

E·REGENERATIONIS·A·MOISE·PER·CIRCONCISIO

最后，我们必须考察画面中的个别元素以及人物的内容和意义。摩西在这幅壁画里手握手杖。在《寓意丛集》里有一篇关于摩西手杖的简短章节，说明“它象征着神的力量和权威，象征着耶稣受难和十字架”。在出逃埃及的路上，摩西把手杖作为统治权的象征，用手握手杖的姿势代表基督的主权。凭借上帝的力量和手杖，摩西赶走了阻止祭司米甸的女儿们饮羊的牧羊人。摩西用剑杀死埃及人后，带着神杖逃到了沙漠，在这一幕里，画家和神学顾问都想到了基督的十字架。摩西杀死埃及人所用的剑验证了上帝的话，埃及人则被视为撒旦。但比喻性的语言需要更细致的解读，在壁画中，我们不仅可以看到波提切利的绘画艺术，还可以通过色彩和形式了解传达出的神学信息。

右边的壁画描绘了前额被埃及人打伤的犹太人，他腰间佩戴着镘刀，被身穿天蓝色衣服的女人举起来抱在怀中[44]。两个人似乎都在一座类似庙宇的建筑物中找到了避难所，这座建筑类似于一座神殿，但实际上它是《创世记》中提到在希伯仑的先祖的双洞穴，曾被认为是圣伯纳德所著的《耶稣受难与复活沉思录》，在这方面宣称“最神圣的族长”即雅各，这位神圣的族长不想在埃及而想在“双洞穴”中长眠，因为在“双洞穴”中“长眠着善良的希望，爱也在希望中长眠……[45]”。双入口圣殿的建筑就是这样的。由此，我们重新关注到建筑物的主题，这是我们之前见过的整个壁画系列的一个重要主题。我们将会把注意力集中在壁画中的圣殿，这一中心情节展示了麻风病人被净化的场景。但现在我们必须再次回到《启示录》中的《圣经诠释》。

接下来关于摩西的情节，在《圣经诠释》中也有评注，讲的是摩西从米甸回到埃及的故事，这一情节被佩鲁吉诺描绘在西斯廷礼拜堂右边的相邻壁画里，位于《燃烧的荆棘》前。在《出埃及记》中我们读到：“当摩西旅行时，耶和华在他所住之处试图攻击摩西并杀害他。于是西坡拉用尖锐的火石割断了她儿子的包皮，丢在摩西的脚上，说道：‘你就是我的血郎了’（图 8）。然后耶和华离开了他。‘血郎’这一说法正源于他施行了割礼”（《出埃及记》4:24-26）。摩西的这段生平鲜为描绘，在中世纪的《圣经》书中可见一些拜占庭和西方的插图[46]。但据我所知，这幅画是唯一的大师级壁画。

现在我们回到《圣经诠释》上来，《圣经诠释》的作者提问为什么无所不能的上帝没有杀死摩西。在这里宗教意义又起作用了。摩西其实代表了所有的“信仰使徒”和不想强迫异教徒严格遵守基督诫命的传道人。但是石头意味着基督，石头的尖锐切割代表了《福音书》的苛刻诫命。西坡拉代表了教会，根据《圣经诠释》的说法，不是西坡拉而是她的儿子将摩西定义为血郎。教会的新郎仍然是基督。“西坡拉将摩西定义为血郎是因为她是通过基督的血而得救的。所以教会的子女们在完成割礼并且以善行结束其生命后，不再称作子民，而是新郎。因为在天堂，他们与在人间被称为新郎的人融为一体的。[47]”

此外，还存在另外一些关于《出埃及记》中相同篇章的寓意解读，这些解读可能影响了佩鲁吉诺的壁画。方济各会和西斯都四世十分熟知的12世纪的巴黎神学家圣维克托的休格，在他的讲道中提到了西坡拉对上帝的割礼：“西坡拉在对长子施行割礼的时候的确太晚了，因此她害怕上帝会杀死她的长子。

西坡拉是教会，其长子是教士，次子是人民，锋利的石头是基督教的信仰，血郎是基督，但基督来到人间没有带来和平，而是剑拔弩张[48]。”在佩鲁吉诺的壁画中，两个孩子都用右手抬起了衬衣，暗示了他们割礼的意愿，而在右边近景中，最小的儿子是由西坡拉实施割礼的。当时摩西旁边的长子已准备好，正在仔细地看着割礼。我没有在其他的文献中看到谈及与割礼相关的西坡拉更年幼或更年长的孩子的篇章。

当然，佩鲁吉诺解释了圣维克托的休格的想法，在他看来，西坡拉后来才对自己的长子进行了割礼，以保全教士并使平民免受严惩。当然，他很可能受到了圣维克托的休格的讲道中的某些段落的启发。

正是因为提及了“血郎”，壁画位于教皇宝座后面、教堂的右侧墙壁。恰巧的是，我们在彼得罗·加拉蒂诺的著作中发现，教皇被认为是基督的代表，他代表了整个教会的新郎[49]。在波提切利的壁画中，我们已经说过左侧描绘的摩西代表了承担牧师职责的教皇：摩西在出逃埃及后成为流珥的女婿，而流珥被《寓意丛集》称为“上帝的牧羊人[50]”。在佩鲁吉诺的画作中，左边的背景下牧羊人正在跳舞，他们并不特别担心自己的羊群。

远景描绘了摩西辞别岳父的场景。《寓意丛集》里说，这个动作代表了上帝派遣圣子的一刻，上帝派遣圣子使之化为肉身，变成一个男人[51]。所有其他细节也有相应的寓意，比如两匹单峰驼、小狗、空中的鸟、棕榈和雪松。现在我可以清楚地告诉读者：每一个细节都很难随意描绘。描绘的每一个对象都是一种语言，对今天来说也许很陌生，但如果我们想要解读这些壁画的意义，这都是值得再学习的。

《圣经诠释》接下来研究了穿越红海的故事。红色是洗礼的象征（图9）。这幅画由科西莫·罗塞利所作，位于西斯廷教堂的波提切利的一幅壁画左侧，这幅壁画描绘了燃烧的荆棘前的摩西。就好比红海的水吞噬了法老和他的随从，但拯救了以色列人，洗礼的水也拯救了上帝的化身——人，并且抹去了人类的罪恶、歼灭了否认人类和圣典的魔鬼。陪伴以色列人的火柱则显示了圣灵[52]。《圣经诠释》的作者并没有提到摩西的姐姐米利暗，但继穿越红海的故事后，她的形象在演奏弦乐和唱赞美诗的礼拜堂里展现出来。我们将在后面看到，科西莫·罗塞利这幅画的细节将首先在奥利金的关于《出埃及记》的讲道第六篇中得到证实。

在摩西的各类律法中，《圣经诠释》的作者展示了《利未记》中关于治愈麻风病人献

9. 南墙，比阿吉・德・安东尼奥・杜琪（归功于科西莫・罗塞利），穿越红海

祭的处方：

“这是在净化当天适用于麻风病人的规矩——麻风病人必被引到祭司那里。祭司要从营地里走出检查病人。如果他发现麻风病人的伤口已得到医治，他就会命令要净化的人拿着两只洁白的活鸟、雪松木、朱红布和牛膝草。祭司要吩咐用瓦器盛活水，把一只鸟宰在上面。然后祭司会拿着一只活鸟、雪松木、朱红布和牛膝草，将它们浸泡在泉水之上另一只被屠杀的鸟的血液里。（《利未记》14：16）。”

波提切利描绘了大祭司、插着牛膝草茎的花瓶以及在背景中出现的耶稣的试探（图10），这幅画还描绘了摩西和流珥的女儿们。对细心的观画者来说，一些不符《圣经》文本的细节会跃然眼前。波提切利并不是描绘一只通常意义上的鸟，《圣经》中提到这只鸟是麻雀，而波提切利的绘画清楚地展现了一名仆人带来了一些装在赤陶器皿中的母鸡，这些母鸡被作为净化的献祭品。献祭所需的雪松木被波提切利用可能是橡树的树叶或树枝所取代。一位年轻女子将一捆柴火举在头上。对于一个如此精心安排的献祭仪式，当然还需要一块朱红色的布：你们能在这位年轻女子左右的两位显贵的衣服中找到这块布吗？

10. 北墙，桑德罗·波提切利与菲利皮诺·利皮合作完成，耶稣的三次试探，向使者揭示上帝之子的未来化身和一位已治愈的麻风病人的净化献祭

CHRISTI·LATORIS·EVANGELICAE·LEGIS

关于《利未记》中引用的那段话，《圣经诠释》的作者怎么说呢？在《利未记》中，祭司即基督；两只鸟代表了《旧约》和《新约》，而泉水暗示了福音的诫命。只有一只鸟的血与水混在一起，是因为整个经文都是指《新约》，而《旧约》中充满了不应该从字面上而应该从精神上理解的故事。根据作者的说法，雪松木指圣父，牛膝草茎指圣子，如火一般耀眼的红色羊毛织物代表了圣灵："只有通过祈求圣父、圣子和圣灵，人类才能通过洗礼之水从罪恶的麻风病中得到净化。[53]"

西斯廷教堂的壁画中没有出现麻雀，但出现了母鸡。这个细节可以参阅奥利金的著作，并在关于《利未记》的讲道第八篇中得到证实；这本书中，用于净化祭的鸟不是麻雀，而是母鸡。这证明我们不断对照《利未记》是正确的选择，而西斯廷教堂画家的神学顾问们也一定做了同样的选择。根据《圣经》的说法，母鸡不能被杀死在祭坛上，而应放在一个装满水的黏土器皿之上，母鸡的血必须与这个器皿中的水混合。奥利金说献祭"完成了血水相融的神秘仪式……血水从救世主的肋骨中涌出，这样约翰在他的信中所写的内容也实现了——净化在水、血和圣灵中得以实现[54]"。按照奥利金的思想，这不仅代表洗礼的净化，也代表了从罪恶中净化的一切形式，甚至是通过忏悔净化的一切形式。

在此基础上，我们看到了教会神父和中世纪圣徒的神学寓意在西斯廷教堂是如何被转化成绘画的。教会神父的图像与埃特林格所做的研究一致，他他详细地揭示了画家们是如何遵循教皇的神学规划方案的[55]。埃特林格还展示了许多从教会神父中提取的片段，它们是西斯廷教堂壁画的灵感来源。我们还可以看到，在解读绘画形象时，绘画中的重点与这本根源性的书不同。在画家的帮助下，神学顾问制定了一个根源于神父的神学体系，但其实这是一个完全具有创造性的神学体系。

在波提切利描绘摩西的壁画中（图 5），我们看到了牧羊女手中的芦苇，以及用橡子和苹果装饰的牧羊女的腰身，它向我们展示了波提切利和他的神学顾问是怎样进一步继承了从《圣经诠释》或从关于《利未记》的讲道中汲取的精神营养。这是一株在但丁净化之前必须束住他的芦苇，波提切利很明白这一点。而在但丁之子彼得看来，芦苇象征着简单而忍耐的谦逊之心[56]。

画中的其中一个牧羊女是西坡拉，她将成为摩西的妻子。波提切利的《逃出埃及》旁讲述了她和摩西的故事。与佩鲁吉诺描绘的西坡拉不同，她穿着不同颜色的服装——她的外衣不是亮银色，而是白色；披风是浅蓝色的。在净化献祭的画作中，我们看到年轻的西坡拉穿着同样的衣服，头上以橡树枝装饰（图 6）。

波提切利选取了《新约》中的场景，描绘了这幅画，难道他打算用一种相当模糊的方式把《旧约》的净化献祭与基督的三次试探联系起来吗？难道波提切利和神学顾问没有更深刻的意图吗？《圣经诠释》和《利未记》

中引用的文本虽然提到了这幅画所表达的确切的意图，但仍然无法解释所有的奥秘。波提切利这两幅相向而作的壁画，实际上藏着许多有待挖掘的秘密。

波提切利的前两幅壁画中摩西和耶稣的试炼

这些画家的专家顾问通过精读教父的寓教神学，以及深究具有相似内容的中世纪神学家的手稿，无疑可以为这些画作制订周密的设计方案。然而，没有人详尽地说明这个总提纲，也没有人知道为何这个方案包含了在《利未记》中预料的一个被治愈的麻风病人所做的净化献祭。据我所知，这个细节不会再出现在未来的艺术作品中，当然这必须结合时事来看。根据恩斯特·斯坦曼给出的解释，他认为净化献祭和圣灵医院暗指了教皇的慈善活动，但这种解释似乎显得过于草率[57]。

波提切利在西斯廷教堂所画的头两幅壁画的特点是橡树、橡树叶和橡子的反复出现。这与教皇弗朗切斯科·德拉罗韦雷的关系很明显，因为他的纹章也以橡树为图案。但如果我们在这两幅画中追根溯源，找寻这种影射关系的出处，我们就不会感到如此惊讶了。

摩西壁画的正中央是一棵橡树，这棵树位于井后（图 6），那井口沿的石块已经裂开，并且树皮也出现了裂纹。在两个身着白衣的牧羊女中，左边的牧羊女腰间挂着一个吊着三个苹果的树枝，而另一位悬挂着三个橡子（这一点我们已提到过）。在对面墙壁的壁画（图 10）中，我们可以清楚地看到右侧远景中的两棵橡树：在其根茎之间，我们能看到背景中出现一座俯瞰大海的城市，这使人联想到教皇的起源地——萨沃纳。

耶稣被世界的主宰考验后驱逐了魔鬼，而魔鬼似乎跌入了其中一棵橡树，同时也失去了他的僧袍。而这棵橡树似乎被尽可能地缩小和遗弃，所有厚厚的枝丫掉落一地，唯独只剩下根茎，而整个树干上正在吐露新芽。如果要寻找最茂密的枝丫，我们可以在右侧近景的雪松上找到它们，这些枝丫位于衣着白色衣袍和蓝色披风的女人头上——她很有可能是教会的化身。女人的目光向上斜视着耶稣，当时魔鬼引诱耶稣把石头变成面包，但耶稣拒绝了[58]。

这女人肩上扛着一大堆橡木，在她的左右两侧是一位红衣主教和一位手持手杖的平民。两人都穿着红色的长袍。他们是通过西斯都四世而得以晋升的德拉·罗威尔家族的成员，枢机朱利亚诺·弗朗切斯科·德拉罗韦雷，（他也是未来的教皇尤里乌斯二世）和罗马教皇军队司令吉罗拉莫·里奥里欧。这些影射暗藏在艺术中，但是教皇最终总会领悟到的。

这两幅主题相左的壁画实际上是教皇安排的，在这个计划中，并非没有尖刻的批评，而是设立了一个极其博学的机构，使基督的真正使命能够呈现给教皇，正如人们可以从《旧约》的寓意中理解耶稣的使命；又如耶稣通过拒绝三种诱惑所显现了他的使命那样。现在只有两幅壁画上的标题为人理解：《成文法的执行者——摩西的试炼》和《福音法的承担者——耶稣的试探（诱惑）》。两幅壁画直到现在才真正地被读懂。

米甸的献祭——叶忒罗和流珥的两个女儿正在对话，彼此站得很近（图5）。她们中的一人将成为摩西的妻子，也就是说她们中的一位应该是西坡拉。但在壁画《摩西的试炼》中，没有迹象暗示西坡拉与摩西之间的婚姻。《出埃及记》（2，16）中讲述的也是七个女儿，而不是两个女儿。两个牧羊女中，左边的一位手持芦苇的样子似乎像拿着手杖。正如我们在但丁的著作中看到的那样，芦苇意味着通过忏悔得到净化。而右边的牧羊女拿着一根牧羊人之杖，左手向她的同伴指示必须由摩西给公羊饮水。

这个场景是否应当和《雅歌》的两个诗节的主题遥相呼应呢？这两个诗节歌颂道："我心所爱的啊，求你告诉我，你在何处牧羊？晌午在何处使羊歇卧？我何必在你同伴的羊群旁边，好像蒙着脸的人呢？"（《雅歌》1：7）。虽然描述的是对话，但仿佛就只有一个人在讲话和倾听。新娘指的是教会，而新郎摩西指的是基督。教会由圣人和罪人组成，所以新娘既是圣人也是罪人，她既应忏悔，但她也是完美的。因此，波提切利的这幅画完美地表现出了教会的两方面，或者说新娘的两面性[59]。

奥利金通过评论"我虽然黑，但是秀美"（《雅歌》1：5）这一诗节，在关于《雅歌》的讲道中强调了教会的悖论[60]。而"山羊"也可以理解为"公羊"，教会须带领牧群到牧羊人安营的地方。在波提切利的壁画中，这些黑羊和白羊恰恰由摩西牧养，摩西赶走了原本陪在新郎旁边的那些虚假的牧羊人。西斯都四世以其独断专行的裙带政策，以家族的威望为名义，把教会的和俗世的职务交给那些力不胜任的人。基于这一点，西斯都四世的任务或许就是给人民洒下带来生命的福音之水：正如波提切利描绘的那样，水井的滑轮悬挂在了橡树上。

波提切利的画描绘了井口沿上一些已经裂开的石头，正如拉乌雷托在《寓意丛集》中写的那样[61]，这幅画恰恰表明了"上帝的深奥智慧"。画中的犹太人与埃及人发生争执，因而前额受伤，波提切利在那个犹太人的腰间画了一把刀。正如我们注意到的那样，一个穿着蓝色长袍的女人现在正支撑着这位犹太人，也许犹太人想要整修井口边缘，难道是这样他和埃及人之间出现了争执吗？从《以赛亚先知书》中我们读到，"人们把犹太人称为石匠和碎石修理工"。从寓意上说，埃及人象征了一个具有世俗欲望的充满恶习的人，所以他是魔鬼的仆人，甚至是魔鬼本身，而摩西或者说耶稣则打败了魔鬼[62]。

如果波提切利的壁画可以作为《出埃及记》的寓意性解释，那么我们能更好地理解它的标题，就像《摩西的诱惑（试炼）》里提到的那样。教皇和摩西不同，他没有抵制住这种

11. 桑德罗・波提切利，摩西生平事迹，详绘了井旁的两位牧羊女，她们是叶忒罗的女儿

诱惑，也没有压制世俗的欲望，也没有在他上位时走驱赶那些已有的假牧师，甚至也没有做到斋戒和忏悔。而在画中，摩西把手杖放在肩上，就像十字架那样指向一棵光秃秃的树，而这一切都是在暗示耶稣受难。就像斐朗尼[63]在彼得罗·加拉蒂诺的手稿中指出的那样，如果这些不是对天堂的祈祷，那位蓝衣女人庇护石匠的行为又该作何理解呢？

石匠和蓝衣女人仿浮面临着泛滥的洪水一般，撤退到一个建筑的平台上，这个建筑形似一座圣殿式的双层坟墓，位于壁画的右侧边缘。这座圣殿有几个含义：正如我们在《寓意丛集》中读到的那样，它可以暗指基督或者教会，“圣殿也意味着教会的秩序，暂时性的东西可以被认定为永恒。[64]”波提切利也在画中表达了这层意思：石匠意味着对尘世的兴趣，而蓝衣女人意味着对永恒的祈祷。

摩西在果树林中赶走了假牧羊人和他们的羊群，这些果树和果实对于古代律法和新律法之间的关系也有重要意义。《寓意丛集》中讲：“……由苦树产生的甜蜜果实，就是创造了包含在古代律法中的律法的基督本人……[65]”再想想壁画的题目吧——《摩西的诱惑（试炼）》。“律法下我们如同羊群一般四处游荡，但在耶稣的带领下我们的步伐迈向了和平之路。律法下人类所犯的罪恶如同沉重的负担。”现在再看看近景中头上举着一捆橡树枝的女人吧，这幅画位于《耶稣的试炼》右侧。“但圣父上帝已让耶稣承担了我们的所有罪恶。”然后再看看肩负手杖的摩西吧，他走进沙漠，朝着那棵伸向天堂的秃树的方向走去。“我们的灵魂被律法伤害和削弱，但却被耶稣的鲜血治愈。[66]”此时此刻，有谁不会想到前额流血的石匠和那两只母鸡呢？在对面的绘画里，其中一只母鸡必须牺牲，以便将牛膝草枝浸入其血液中。又有谁不会想到雪松木、红布和另外一只被释放的母鸡呢？

我们学习的比喻语言越多，就越了解两幅相对的绘画之间艺术规则的联系，甚至是那些微小的细节。例如，在摩西看到上帝显现并接受其使命的圣地，摩西并没有放养那几只公羊和一只绵羊，这些羊群其实意指那些简单、温顺、无辜和正直的人，他们是其他人的典范，是相信并愿意接受福音书的人[67]。

摩西的大儿子怀抱着一只小狗。大儿子名叫吉尔逊，这是一个外国人名，因为他出生的时候摩西身处国外。而在比喻语言中狗代表了阿谀奉承者[68]。也许吉尔逊的小狗暗示那些教皇宫廷内拍马屁的人，而吉尔逊代表了教士，他并不想在逃离埃及中放弃这些人（埃及可以说是来自罪恶的奴役之地）。于是吉尔逊和母亲双双转向了摩西的小儿子，这意味着教会和教士将他们的问题交给了在俗教徒。队伍中头顶圣器和包袱的两个人让人想起出埃及时犹太人对埃及人的掠夺。在这种“掠夺”下，伪造者的真理被埋没了，这些真理没有落入他们之手，而是被纳入了福音书中[69]。但与此同时，离开埃及也意味着与世界剥离，并与俗世和撒旦隔绝[70]。

现在我们需要解释一下描绘《福音法的

承担者——耶稣的诱惑（试探）》（图 10）的细节。这幅画表现了三个不同的时代:《旧约》时代——描绘了耶路撒冷的圣殿和摩西律法规定并沿用到耶稣时期的牺牲献祭；绘画完成的同时代；创造万物前的时代。

左侧近景中，有三个人穿着颜色鲜艳的衣服，他们靠得很近，正在谈话。最左边的人面向画中央的圣殿，而最右边的人戴着头冠和花环，举着胳膊，似乎想要说服左边那位手持匕首的人。中间的人身着红色衣服，胸前披着一条形成十字架状的金黄色圣带，胳膊搭在右边年轻人的肩上，但目光转向了最左边的人。这三个人是谁呢？接下来我们将会揭晓。

在垂直于三人上方的位置，画家两次描绘了基督的形象：第一次出现在三人之上，被天使包围着；第二次出现在更高处，描绘了耶稣的第一次诱惑（试探）。在中央位于围在长凳周围的人中的第三个人后面，耶稣被天使包围着，站在一个三级石阶上。最高的台阶是一个八角形的平面。耶稣位于石基上，也许通过这一局部人们想说明“没有人能够充当其他的石基”(《哥林多前书》3：11)。八角形可能与圣殿和基督都有关系。事实上，在所罗门当政的第十一年的第八个月，圣殿已完成所有必要的建造(《列王纪上》6：38)。而八在某种意义上是一个基督的神圣数字：这个数字意味着新法，因为在上帝创世的七天后迎来了复活日[71]。

在基督和天使背后的左上方，我们能看到耶稣脚下的一些碎石，按照引诱者的话语，耶稣应当把这些石头当作面包以充饥。那么这些石头是在橡树底下吗？《寓意丛集》中说到,“橡树下的石头是十字架上的基督”——这段话选自《约书亚记》中的片段(《约书亚记》24：26)。[72] 而天使也是“与石头或岩石紧密相连的”。他们是“坚守善心的天使们；是岩石和裂缝……当魔鬼扑向天使们，他们依旧坚守在岗位上。[73]”

基督所站立的三级石阶也代表了一个象征性的数字，在上帝创世和耶稣救赎的基础上，所有事物都会回归到数字三，即体现三位一体[74]。

城市背后是一座光秃秃的山丘，毫无疑问这是各各他山，也就是耶稣被钉在十字架上的地方。然后我们看到一座由巨石组成的梯子上升到诱惑之地：它象征着人类艰难地爬向圣洁之地。因为人类只有在艰难攀登后，才能抵挡住魔鬼的诱惑，如同沙漠中的基督一样。然而要想获得成功，还需要敏锐的洞察力，因为正如波提切利描绘的那样，魔鬼通常身披着虔诚的方济各会修士的礼服。

众所周知的是所罗门王具有这种洞察力，就像在他著名的断案中表现的那样。石阶下我们看到两个年轻女子彼此靠得很近，一位女子望向她的女同伴和近景中左侧着一身红衣的三个人；另一位女子头戴珍珠装饰的十字形头冠，望着画中央的圣殿。这两位女子都去找所罗门王陈述她们之间的争论：从寓意上讲，她们分别象征着犹太教会和基督教会[75]。

看到两位女子前穿黑色衣服的孩子，也许我们会想到历史上所罗门王判定真假母亲的那次判决，那个孩子在受到死亡威胁的情况下，最终被真正的母亲显示出的母爱所拯救。

而另外一个母亲的孩子睡觉的时候被她压死了。男孩旁边是一位青年男子，他披着一袭深绿色披风，披风上装饰着橡树状的金色徽章，他和同伴一起屈膝跪在燔祭的祭坛前，似乎用胳膊压在一个红衣人的肩上和背上。于是我们再次看到了画中弗朗切斯科·德拉罗韦雷家族的象征物，这些象征物似乎成为一种负担，如同画中那位被认为是教会的化身的女人头上的橡树枝。

现在让我们再回到站立的耶稣和三级石阶上的天使们。据我所知，这一幕不再出现在基督教的肖像画中。它意味着上帝化身对天使的启示，也就是在《新启》中曾深入探讨的启示，我们也在引言中提及过。这段文字还涉及阿玛迪斯的一些观点。在第二段诗文中，大天使加百列讲述了阿玛迪斯为他和同伴们揭示的观点：

“上帝……我们的创造者……他以人类的形象出现在我们面前……就像后来他承认的那样，这样做是为了考验我们……然后他对我们说：‘你们听着，还有我的天使们……你们知道我出现在这里的形象和本性是什么吗？’我们回答道：‘我们知道您是上帝，是我们的创造者；我们知道你的形象是人类，但现在还未创造出来，我们还很惊讶你会和我们交流……我们不明白你出现的目的。’于是上帝回答：‘通过这种方式，你们认识到了我已经决定的事情，并且我更坚定自己的决定：我将拥有人的本性，将由一位女人孕育并成为一个男人。’为了让我们明白上帝所说的话，上帝开启了我们精神上的智慧，但我们依旧愚钝，不明白上帝为何要这样做。上帝又说：‘我将成为人类，而人类将成为上帝，当他成为上帝的那天，他也会是你们的主，你们的国王和君主，你们要服从他的权力。你们要像对待我一样尊敬并崇拜他，因为他和我将合为一体。你们在敬仰他时，就是在敬仰我。我将会选择一位圣母，她也将是你们的女王。你们应当把她当上帝的母亲和你们的女主一样尊敬和侍奉她。[76]’”

但路西法以各种理由拒绝上帝的计划，并回答说：“我比人类更伟大，我要人类崇拜我，而不是崇拜他们。[77]”在此之后，路西法又与米迦勒发生争吵，天使之间爆发了一场战争，最终，不愿服从上帝意志的恶魔天使们被击败了。

我们有必要引用整段经文，因为那些导致路西法和其他天使们万劫不复的启示不能算作肖像学或基督教神学的一般主题。然而从这里开始，我们才开始明白魔鬼对耶稣说的话：“你是上帝的儿子……”这些话是为了表明耶稣就是成为人类的上帝，在创造人类前上帝就向天使们表达过这种启示。主题明确了基督与天使谈话的细节为何被置于波提切利《第一次试探》壁画下，否则这些细节将是完全不合理的。在基督左侧是大天使加百列，他手中拿着一束百合花，就像大多数构图一样，他也出现在了在拿撒勒的玛利亚的领报中。玛利亚主题壁画也再次以非常微妙的方式留在了西斯廷教堂。

彼得罗·加拉蒂诺也在1518年完成的著作《天主真理秘事》中，讲到了对天使们的启示，还提到了作者拉比·莫斯·哈达森[78]。但仅在创造亚当后上帝就传达给天使们侍奉人类的命令，以至于撒旦和一些天使们反抗并违背了上帝的意志，他们也因此被米迦勒和善行天使们驱逐出天堂。因此，对天使们的启示是犹太教传统中不可分割的一部分，在基督教传统中也随处可见，而在《新启》的片段中启示则呈现得更为具体。

如果有理由怀疑《新启》在波提切利壁画时代就已经存在，那么就更有理由怀疑在16世纪初让这部作品成名的梦想家——阿玛迪斯，因为他是唯一一位能够向画家描述和展示对天使启示的细节的人。我们已提到，阿玛迪斯是听取西斯都四世忏悔的神父：难道波提切利在四旬斋期设计的一些绘画细节会与阿玛迪斯无关吗？

当然教皇不赞成四旬斋期的这个方案。而在1482年这幅壁画完工以后，阿玛迪斯得到教皇的批准，去北方拜访改革后的伦巴第修道院，这难道不有点奇怪吗[79]？而这次离开后，阿玛迪斯就再也没有回来，1482年8月10日，他在米兰去世。所以怎么可能出现我们提到过的壁画方案呢？麻风病人净化献祭的地点选在了耶稣试探的三个场景前，位于近景中心，这也许是超越绘画本身的一个解释：我们将很快谈到这个问题。事实上，负责西斯廷教堂的壁画方案的神学家恰巧在《圣经诠释》中提到了净化献祭，这一点我们在之前也提及过。

在《圣经诠释》中我们还发现了“三位一体”的有趣符号：香柏指圣父，牛膝草茎指圣子，如火一般耀眼的红色代表了圣灵。或许波提切利的画也曾以相同的方式表达过三位一体？总祭司的形象让人想起圣父，年轻神父的形象如同圣子，而在两人之间燃烧的牺牲祭坛上的火让人想到圣灵[80]。我们曾提过，奥利金也在他的讲道中将祭司逃出营地和圣地去见麻风病人同圣父派遣圣子相比较[81]。那什么才是波提切利这幅有趣而奇怪的绘画的合理解释呢？答案可能是佛罗伦萨人民和教皇的重新和解。那时，当教皇知道帕齐家族的阴谋被粉碎，所有的阴谋家也都缢死后，他下令对佛罗伦萨实行一切形式的制裁。于是佛罗伦萨的市民委员会决定派遣一队使臣到罗马，承认犯下的错误，并请求原谅和免除制裁。1480年12月3日，在基督降临节的第一个星期日，使臣团来到圣彼得大教堂前厅，在教皇和红衣主教面前表现得十分谦卑和顺从，他们跪拜在地，在教会和至高无上的首领面前俯首认错，为自己和佛罗伦萨的人民请求原谅[82]。波提切利有一幅壁画，描绘了在燔祭祭坛旁虔诚跪拜和请求原谅的画面，难道这个故事没被描绘在其中吗？事实上，这就是佛罗伦萨使团跪拜在圣彼得大教堂、教皇和红衣主教前的一幕。但波提切利却在壁画上反转了情节。在壁画上，不是佛罗伦萨的人民[83]而是教皇家族应当进行净化，在前面我们看到了两位穿着红衣的人：来自弗朗切斯科·德拉罗韦雷族的红衣主教和教皇军队的将军。在波提切利的画中，这两人就像两根壁柱，而红布则是用来净化献祭的。

在画中央矗立着一座圣殿，最左边下面手握匕首的一位男人抬头望着圣殿。这可能是西斯都四世时代在罗马建造的最宏伟的建筑——萨西亚的圣斯皮利托医院，尽管现在已褪去了辉煌。同幅绘画中有一个很突出的细节，只有考虑到那栋象征教会的建筑、拱顶石还有耶稣的顶饰，才能解释这个细节。

在一幅类似的壁画中，魔鬼的狡黠和奢望尽收眼底。如果耶稣被迫害了，魔鬼可能会被安排在顶部，就像拱顶石和建筑的顶饰那样。因此他想阻止谦卑坚忍的基督履行圣父上帝的计划，并且通过实际行为考验基督的神性。

在第二次试探中，根据试探者的判断，我们的注意力转到了那块没有绊倒耶稣的石头上。在比喻语言中，没有被石头绊倒意味着在律法前有罪[84]。而最圣洁的耶稣承担起了道德败坏的罪责：他被钉在各各他山，成为萨西亚的圣斯皮利托医院的拱顶石；为了让教会成员能够永久地被镌刻在这座建筑上，便为他们准备了净化献祭。这样就能解释波提切利的壁画了。

因此，这里构成三组对立关系，《旧约》《新约》相对，基督教会和犹太教会相对，左边背景里的耶路撒冷圣殿和画面中央的基督教圣殿相对。象征了犹太教会的人将母鸡放入赤陶中，而象征了基督教会的女人举着一捆橡树枝，主祭司递给那个穿白衣的利未人的盆并不是书中规定的陶器，而是一个金属器皿，跟洗礼时用的盆一样。没有一只母鸡牺牲，仪式上也没有使用母鸡的血，而是用的一串葡萄的“血液”，这串葡萄被一个裸着身子的男孩儿抱在怀中，小男孩儿位于教会脚下，代表教会的那个女人怀有身孕[85]。但这个男孩儿被一条蛇缠身，也许是魔鬼想引诱他犯罪。（图 12）

在持手杖的吉罗拉莫·里奥里欧旁，我们能看到一位身着紫衣的神父，他表现得似乎不是很礼貌。这让我们联想到净化献祭上教皇家族的一名成员。众所周知，紫色是四旬斋期和封斋期间礼拜仪式的代表色，四旬斋期的第一个星期天也被记入基督耶稣三次试探的福音书中。因此，壁画展示了针对教皇贵族的四旬斋布道场景。

西斯廷教堂“净化献祭”的肖像画方案之帕齐家族的阴谋

我们现在再来厘清一下观察到的事物。首先，西斯廷教堂内波提切利唯一一幅关于《新约》的壁画是关于被治愈的麻风病人的净化献祭，这一场景在《利未记》（14：1-6）[86]中曾提过。陶器中用于牺牲的两只母鸡应当

12. 桑德罗·波提切利，耶稣的试探，详绘第三次试探的细节，以及参加被治愈的麻风病人净化献祭的教皇家族代表

被认为是这篇文章最有力的佐证，这项观察清楚地做出了解释。但同时也揭开了为何选择这一非比寻常的主题之谜团，因为这个佐证在《新约》范围内引入了《旧约》的元素，打破了西斯廷教堂内存在的《新约》主题的连续性。除此之外，在《利未记》中提过的净化献祭中最重要的细节想要强调什么呢？当然是在献祭中只有一只鸟被杀死，而另外一只鸟被浸泡在血液中，之后就被放生了。与艺术家同时代的人们怎会不立马想到最近的流血事件呢？至今还无人注意到这个问题，我觉得甚是奇怪。

即刻便可回忆起来的历史事件就是帕齐家族的阴谋，美第奇家族的两兄弟之一朱利亚诺在佛罗伦萨大教堂举办的一场隆重的弥撒中被刺杀；而另外一位兄弟洛伦佐，尽管身负重伤、满身鲜血，但是最终藏在了教堂的圣具室内，躲避开了追杀[87]。于是作为美第奇派的忠实追随者，波提切利在去罗马参加西斯廷教堂壁画设计的合作之前，必须在佛罗伦萨画下已被绞死的阴谋者[88],使之遗臭万年。一方面，壁画的主题是杀死一只鸟来赎罪的献祭；另一方面，朱利亚诺·德·美第奇在神圣的场合被谋杀，而他的兄弟洛伦佐成功逃跑，如果我们考虑着两者之间的联系重新审视这幅壁画，那它将以全新的视角展现在我们面前。（图 10）

我们在绘画的最左边注意到一位男子，他手握匕首状的物体，向上望着耶稣第二次被试探的场景，场景中的耶稣被唆使从圣殿穹顶跳下去。这位男子似乎准备袭击，但很难怀疑他手里紧握的不是匕首。他与另外两名年轻男子在一起，其中一名男子戴着十字形的金色披肩，他就是在佛罗伦萨被缢杀的阴谋分子弗朗西斯科·萨尔维亚蒂，也是比萨的大主教。事实上，在阴谋快要失败的同一天，拿匕首的那个男人与弗朗西斯科·萨尔维亚蒂和雅各布·布拉乔里尼一起被缢死，其中弗朗西斯科·萨尔维亚蒂是弗朗切斯科·德拉罗韦雷家族和罗马教廷的银行大管家。也许我们可以猜测，画中靠近石凳的近景左边的这三个人正在策划一场谋杀。画面中靠外的人手持匕首，这个人可能是吉罗拉莫·里奥里欧。这时我们在壁画中看到一个展开的大三角形，其竖轴上是握着匕首的男子和圣殿顶部耶稣受试探的场景，右下角刻画着是教皇军队将领的形象。所有的场景在这个理想的三角形中显示出清晰的结构，每个元素都以非常精确的叙述顺序插入。现在是呈现我们的研究中最重要的历史数据的时候了。

最开始，西斯都四世及其政府倾向于信任美弟奇家族，并且把教会的经济事务和在托尔法承包的明矾厂委托给他们，但他们之间的关系却逐渐恶化。尽管当时洛伦佐·德·美弟奇是教会的银行家，但他试图破坏教会购买伊莫拉的计划，1473 年春，佛罗伦萨人花了 10 万弗罗林（古代佛罗伦萨金币名）从米兰公爵手中购买了伊莫拉，因此美弟奇家族不可能再成为教皇的银行管家。尽管洛伦佐·德·美弟奇策划了这个阴谋，西斯都四世却试图用4万达克特（流通于欧洲各国的钱币）从加莱亚佐·玛丽亚·斯福尔扎手中重新买回这个城市。于是教皇将银行事务委托给帕齐家族，帕齐家族十分乐意，因为教皇给出了超出他们预料的报酬。教皇又从美弟奇手中撤回所有的经济事务，交给了美弟奇憎恨的帕齐家族。为了处理整个问题，教皇任命他的侄子彼得罗·里奥里欧为特使，但彼得罗·里奥里欧由于生活荒淫无度，于1474年1月5日去世，据传是威尼斯人毒死了他。波提切利笔下的这位男孩面容苍白、形若死尸，并且被一条蛇攻击，难道这个男孩和这件事有关吗？彼得罗·里奥里欧去世之后，他的弟弟吉罗拉莫·里奥里欧呼声很高。随着弗朗切斯科·萨尔维亚蒂取代了1474年去世的比萨主教菲利普·德·美第奇，而教皇又没有第一时间想到向有权势的亲戚洛伦佐和朱利亚诺·德·美第奇征求意见，于是，教皇和美第奇家族间的关系日趋尖锐。因此，佛罗伦萨拒绝承认新的主教。

1478年年初，美弟奇家族和教皇之间的紧张关系发展到了白热化的阶段。一旦有可能，洛伦佐·德·美弟奇就试图打击西斯都四世的政治抱负，破坏教皇想在意大利境内提高梵蒂冈权力的意图。因此教皇的身边集结了一群想推翻美弟奇家族的敌军联盟，这个联盟由帕齐家族、萨尔维亚蒂主教和教皇的家族组成。西斯都四世也带着自己的目的与联盟达成一致。尽管教皇不想引来杀戮，但后来杀戮还是发生了。

最著名的一次流血事件发生在佛罗伦萨的教堂内。此次谋杀的信号是弥撒期间献祭祭品被高举超过了圣体。负责祭坛的祭司是主教拉斐尔·桑索尼·里奥里欧，是教皇的一个侄子，他被逮捕并威胁将遭遇和帕齐派成员同样的命运。帕齐党派的成员最后被缢死，尽管他们不是朱利亚诺谋杀事件最主要的凶手。在朱利亚诺被杀事件的一个月后，为了营救侄子，教皇惩罚了他的兄弟洛伦佐和他所有的支持者，开除了他们的教籍。6月12日主教桑索尼·里奥里欧被释放，但当时西斯都四世也不能剥夺洛伦佐所有的特权。6月20日，当桑索尼·里奥里欧回到罗马后，教皇狠狠地打击了佛罗伦萨，下令禁止他们参加任何宗教活动。与此同时，教皇和美第奇家族越来越坚持自己的立场。

1479年12月5日，洛伦佐来到那不勒斯参见费兰特国王，费兰特国王本来之前与教皇联盟，而这次会晤后他站在了洛伦佐的一方。1480年8月21日，土耳其人征服了奥特朗托，因此，为了意大利的内部统一，佛罗伦萨和教皇之间的和解显得十分迫切。最终，佛罗伦萨人表现出愿意接受教皇提出的一些条件，并且请求教皇解除限制宗教活动的命令。于是1480年11月25日，罗马迎来了一队由佛罗伦萨贵族组成的代表使团，如我们所见，正是这些代表在12月3日当众请教皇原谅他们。而这一个故事也暗示了波提切利壁画中祭坛周围屈膝下跪的一群人。现在我们可以重新将视线投向绘画及其细节（图 10）。

我们看到整幅画被一个巨大的三角形贯穿，其纵轴由三角墙斜边的立体浮雕显示出来。三角形外是耶稣的三次试探和创造人类之前对天使启示的场景。因此，我们从左边由下至上观察，会发现两个女人和一位穿黑色衣服的男孩：在这群人中，我们已经说过了对所罗门王判决的影射，也解读了这两个女人，她们一个暗指了基督教会，一个暗指了犹太教会。这里我们再次看到死去的犹太教会之子，和从死亡边缘拯救回来的基督教会之子。这群人下方我们看到两个坐在长凳上的年轻人，其中一位穿着橡树叶点缀的金色华服，另一位穿着红色衣服，前一位年轻人靠在后一位的肩膀上，伸出右手去抓住他的脖子。实际上，到所罗门王面前争吵的两个女人中，其中一个女人的孩子在睡觉的时候被压死了。另外，这位年轻人穿着华丽的风格让我们想到了洛伦佐・德・美第奇[89]，而另一位站在他身后的戴着皇族项链的中年男子，我们可以猜测他就是那不勒斯的费兰特。

我们注意到，净化献祭的场景打破了《新约》壁画的顺序和预先设定的节奏。耶稣的三次试探应该是这幅壁画的全部内容。但《利未记》所规定的净化仪式实际上从不与耶稣的三种试探中的任何一种合并，也没有出现在我所知的基督教会神父或当时中世纪神学家的手稿里的《圣经》描绘中。

无论如何，耶稣治愈麻风病人的场景只能出现在沙漠中的试探后。在所有麻风病人的治疗中，我们特别注意到其中一个，因为他是在最接近三次试探的时间内完成的。这一治疗被记录在《马可福音》第一章的 40 至 45 节上："一位麻风病人找到耶稣，跪下对他说：'如果你愿意，你可以医治我！'耶稣怜悯他，伸出手触碰了他一下，说：'我愿意，你好起来吧！'。"

这正是科西莫・罗塞利在《新约》场景的同一面墙上的第二幅壁画中所描绘的福音书的段落（图 13）。在右边的前景中，我们看到了一位只穿着遮羞布的、全身长满麻风斑的男人。他双手向耶稣伸去，做着请求的姿势。耶稣张开左手，用右手祝福病人，这样就使他得到了渴望已久的治疗。麻风病人后面出现了一个父亲般的形象，我们到现在还不清楚画家是否想描绘一种完全不同的画面，也就是在《马可福音》第十七章第 14 至 21 节中记录的癫痫病儿子的治疗，而拉斐尔在他的耶稣变容作品中也以类似的方式提到了这一点。

至于波提切利的绘画，《马可福音》可以证明其与净化献祭相关，更准确地说，这句话出现在《马可福音》第一章第 43 节："耶稣严厉地警告他，将他召回并对他说：'小心不要对任何人说任何话，你去吧，向牧师介绍自己，并贡献出摩西指点的净化'。"因此，在波提切利的壁画中，毫无疑问我们可以找到被治愈的麻风病人，正如斯坦曼所指出的那样[90]。这位麻风病人和两位同伴一起，位于远景中的圣殿和德拉罗韦雷红衣主教们之间，红衣主教们位于右侧近景（图 12）。埃特林格似乎放弃解释

13. 北墙，科西莫·罗塞利，《山上宝训》，病人的父亲给耶稣展示麻风病人的细节图

CONTVRBATIO·IESV·CHRISTI·L

这个团体是由被治愈的麻风病人和他的同伴组成的。但这一点绝不能接受：很明显，波提切利不可能放弃描绘被治愈的麻风病人。他利用壁画的这个细节隐含了对德拉罗韦雷家族的批评，至少是用隐晦的态度。

但自从这两幅画之间的连续性再次被多梅尼科·吉兰达奥的《富裕青年蒙召》打断后，谁又会把目光从科西莫·罗塞利描绘的治愈麻风病人的细节转移到净化献祭呢？在科西莫·罗塞利的壁画中插入治愈麻风病人的场景证明了波提切利所绘的净化献祭主题的广泛性，有很多线索揭示了其原因，这大概在后来才被发现。事实上，在《旧约》的墙上没有再提到麻风病和净化献祭。也许我们会很容易想到米利暗的形象，正如《民数记》叙述的那样，米利暗身患麻风病，然后通过摩西得到治愈，但之前因为摩西娶了一位古实女子，她与亚伦一起毁谤了摩西。在1481年10月27日的合同和1482年1月17日的壁画评估中[91]，科西莫·罗塞利是这两份文件中明确指定的四位艺术家中的一员。与他的两位同胞波提切利和多梅尼科·吉兰达奥相比，艺术史学的审美方法并不能让这位佛罗伦萨画家得到正确的指引。然而，他被教

14. 北墙，彼得罗·佩鲁吉诺，交付天国之匙、呈贡钱币和在耶路撒冷圣殿试图攻击耶稣

皇委员会授予了一等奖。评论家瓦萨里认为，这是由于罗塞利用在西斯廷壁画上的花费开销巨大[92]。雅各布·布克哈特却不会原谅他“过于死板，也不是很庄重”的画作。在他所著的《西塞罗》中,他特别指出《山上宝训》“表现有些虚弱，填满了很多教徒的手[93]”。

当然，面对西斯廷教堂中两位大师所画的壁画，这些紧凑在一团的人物和至今无法识别的肖像很难给人留下好印象。但是，这个场景明确地阐述了画中的故事。其圆形的立体穹顶和远处的景点，使得《山上宝训》的轮廓完美地显示出来（图17）。许多人仍然怀疑，也许这个细节出自于皮耶罗·迪·科西莫之手[94]。

我们特别感兴趣的是大量符号的隐喻意义，尤其是许多鸟类的含义。事实上，这幅壁画中不存在任何与罗马教廷有关的联系，甚至也没有明确提及赞同或反对西斯都四世的政治意图，更没有提到波提切利粗暴的攻击，因为他的画作完全属于不同的领域。在下一章中，我们将讨论绘画中的教会及其意义，因此将深入研究科西莫·罗塞利的艺术作品。

由于始终停留在帕奇家族的阴谋的背景下，我们必须再次观察波提切利描绘摩西驱逐牧羊人的壁画（图6）。从右侧边缘被埃及人击中前额的犹太人的场景开始观察，我们发现了令人惊讶的结果，画中的犹太人与朱利亚诺·德·美第奇的形象竟惊人般相似。与现存于华盛顿国家美术馆[95]的一幅他的肖像画相比，我们更加确信这一点：在华盛顿国家艺术馆里，我们发现壁画中的那个犹太人和朱利亚诺·德·美第奇有着相同的长而黑、略鬈的头发。波提切利是美第奇家族的支持者，在这里他明显是想暗示对西斯都四世的责备。但斯坦曼的想法却截然不同，他写道：“当教皇坐在宝座上时，他的目光会凝视在对面墙上的波提切利的画上，而这幅壁画用各种巧妙的语言赞扬了教皇的成就、工作和生活[96]！”但坐在教皇宝座上的西斯都四世置于摩西的壁画下，只有在困难的时候，他才会将目光锁定在对面墙上波提切利的“净化献祭”上。但让教皇更加恼怒的是，如果他想登上王位，他将被迫把被暗杀者朱利亚诺·德·美第奇留在身边。这一点在前额受伤的犹太人中表现出来，如上所述，朱利亚诺·德·美第奇被放置在主教的双洞穴中。而罗马教皇的宝座一直都位于绘画的右侧。

除此之外，我们还考虑到了在比喻语言中，埃及人意味着魔鬼。因此，这些暗示解释了为什么波提切利没有完全按照西斯廷教堂的壁画合同完成四幅壁画，也解释了为什么波提切利的第四幅壁画被卢卡·西诺莱利替代。从波提切利的第三幅作品中，我们能看出教皇的耐心减少了，因此他建议波提切利放弃进一步的合作，关于这一点我们还会再提到。

瓦萨里认为波提切利也许是由教皇的工作人员任命的。实际上，在执行壁画方案的时候把教皇肖像的任务分配给了波提切利，这足以证明他在西斯廷教堂作画的所有艺术家中占有主导地位[97]。1482 年 5 月，当装饰任务全部完成时，三位画家——佩鲁吉诺、吉兰达奥与波提切利已经一起前往佛罗伦萨。此外，波提切利一直等到 1483 年 12 月 8 日才拿到他在西斯廷作画的酬劳。有人猜想，三位画家因为酬金被推迟而离开了罗马，但这很难成为导致这样一个决定的唯一原因，特别是教皇还被迫叫了一位叫作西诺莱利的新的画家，他负责绘制了剩下的最后两幅壁画[98]。随着他们的离开，吉兰达奥和佩鲁吉诺的离开难道表示他们也站在波提切利这一边吗？然而，至今保存的吉兰达奥和佩鲁吉诺的唯一壁画，并没有对教皇弗朗切斯科·德拉罗韦雷有任何挑衅。

用活石建造的教堂

佩鲁吉诺的壁画《给彼得交付天国之匙》在西斯廷的壁画中特别引人注目，但起初它还有一个看似不太符合主题的绘画名：《立法者耶稣基督的不安》（图 14）。事实上，只有在远景中，我们才能看到呈贡钱币和在圣殿中试图攻击耶稣的画面，这一点使得绘画名看起来很合理。此外，根据《马太福音》第 16 章和第 19 章内容，我们注意到耶稣不是在耶路撒冷的圣殿，而是在腓立比的凯撒利亚发表了交付天国之匙的演说。

然而，每次只要绘画内容和《圣经》不符时，人们总是会假定这是画家或者神学顾问的某种特定的自信的想法。现在，在壁画中我们看到八角形的圣殿底下延展出一大片空地，位于远景后。圆顶则由框架界定，在这个交界点，我们看到“耶稣基督”这四个字恰好位于这幅壁画标题的正中心（图 14）。谁要是把远景中“试图攻击耶稣”（图 15）的场景与耶稣的名字联系起来，并放置在圣殿圆顶的闭合处和顶端，那他就没有考虑到《圣经》中的诗歌：“匠人所弃的石头，已成了房角的头块石头（或者是拱顶石）。”因此在这一点上，我们就能解释其中包含的想法，即通过耶稣将代表权力的钥匙交给彼得，开始了用活石建造的教堂的建造。

古代神庙的建造者拒不承认耶稣，因此他们想攻击耶稣。但耶稣是向彼得传达他巩固建筑的能力的关键。这里我们会看到绘画中拱顶石和关键这两个词之间的文字游戏。

实际上，所有的壁画似乎都在不断地重复石头或岩石的含义，这些含义都和彼得的名字有关。就像在耶稣的故事里那样，摩西的故事中每一块石头都有含义，它们隐秘地展示了用活石建造的教堂。比如，摩西的儿子用石头施行了割礼（图 7、图 8）。又或者是位于壁画右侧的、井石头边缘描绘“摩西蒙召”的建筑物旁（图 6），我们能发现一位身有佩刀的泥瓦匠在一座类似的寺庙中避难。在下一幅科西莫·罗塞利描绘的壁画《穿越红海》中，云柱上呈现了一个框架分明的建筑物（图 9）。《穿越红海》背后，以色列人来到了一个岩林密布的地区。旁边的壁画（图 16）描绘了摩西将写在石头上的戒律切割成

15. 北墙，彼得罗·佩鲁吉诺，交付天国之匙，试图攻击耶稣的细节

了碎片（《出埃及记》32：19），可能由于科西莫·罗塞利和皮耶罗·迪·科西莫的合作，壁画中央是一头金牛。

同样，耶稣也在沙漠中被几块石头试探（图 10）。他还在圣殿的尖塔上被试探，这里我们能看到一个伸向天空的头冠。最后一次试探发生在一座高山上，波提切利在壁画中描绘了悬崖，魔鬼曾在这座悬崖上被驱逐和追杀，而在悬崖的平地上，天使们听任于基督的差遣。科西莫·罗塞利和皮耶罗·迪·科西莫的作品《山上宝训》中，山上有一座教堂（图 17）。科西莫·罗塞利将《最后的晚餐》放置在一个覆盖着大理石的八角形房间内（图 18）。三幅画中的任意一幅画通过窗户的透视，我们都可以识别出彼得在背景中的身影：彼得是睡在橄榄山上的三个门徒中的第一个，当他把马勒古的耳朵割断时，他对自己的行为感到后悔，这个场景位于各各他山前。

西斯廷教堂的一系列壁画总是在呈现不同的主题，但它们之间巧妙地相互联系，如同一场交响音乐会。比如，玛利亚的故事和新娘教会的主题紧密联系在一起；彼得和信仰的故事又可以在岩层和石块中重新浮现；但其中最重要的当属教堂和活石之间的联系。

如果我们认真观察《交付天国之匙》，在右边我们能看到教徒身边的两个人，其中一个拿着两脚规，另一个拿着直角尺（图 14）：他们是泥瓦匠的代表。但或许他们是西斯廷教堂的建筑师巴乔·蓬泰利和乔万尼·德·多尔奇[99]。我们可以在佩鲁吉诺的壁画中找到这些建筑师的肖像，因为画家想要铭记教堂的建筑是用活石做的，事实上，这座建筑第一次使用了基督和使徒们的肖像。

用活石建造教堂的主题并没有限制在西斯廷教堂的城墙内，这个主题还影响了签署室和海里奥道拉室的壁画。正如马蒂亚斯·温纳所表明的那样，在最后阶段才将圣礼呈现在祭坛上的那幅《圣礼之争》，其特点就是用活石建造教堂的想法[100]。

我在之前关于《圣礼之争》的研究中曾提到绘画本身也暗含了这些想法[101]。为了使两幅壁画留在同一区域，据说在海里奥道拉室北侧的窗户隔间内有两幅单色壁画，这两幅面对面的壁画至今还没有被正确解读。

其中一幅单色壁画位于左下方，描绘了耶稣在圣殿中讲道，这不是耶稣十二岁的时候，而是耶稣成年后，在被迫害和钉在十字架前的最后一段时光[102]。耶稣坐在讲道台上，下面有一群律法圣师看着打开的圣书，和耶稣一起讨论。在远景中的圣殿门厅，我们能看到一个人头顶光环，正在祈祷：他也许是耶稣的门徒之一。

对面还有另外一幅同样大小的壁画[103]，展示了犹大收集石头试图攻击耶稣的场景，但这时候耶稣突然消失了。正如《约翰福音》书中所说，耶稣“藏起来了”或者“被藏起来了”。这些都发生在圣殿门厅前。犹太人想要扔石头的方向清楚地表明，耶稣已穿过圣殿打开的大门和圣帐，因此消失在至圣所前，而敞开的大门之上画家描绘了十字架的轮廓。

这一切都让人想起希伯来书中的话："但现在基督已经来到，作了将来美事的大祭司，经过那更大更全备的帐幕，不是人手所造也不是属于这世界的，并且不用山羊和牛犊的血，乃用自己的血，只一次进入圣所，成了永远赎罪的事……"

建造者抛弃的石头成了由活石构成的建筑的一角。我们发现圣彼得在《彼得前书》中用基本形式表达了这一学说："主乃活石。固然是被人所弃的，却是被神所拣选、所宝贵的。你们来到主面前，也就像活石，被建造成为灵宫……"这一学说被奥古斯丁所著的《上帝之城》[104]第十八章收纳在内，并在圣维克托的休格的更为广泛的寓意解释的内容中得到发展[105]。彼得罗·加拉蒂诺也发展了这两种概念，即建造者丢弃了石头和建筑由活石构成。

彼得罗·加拉蒂诺在《修复后的教堂》中谈道："我们现在说一说那些组成圣殿结构的石头。这些石头象征着所有建立战斗教会的上帝的选民。[106]"在同一段经文中，他还区分了用于建造圣堂（大祭司）的石头和建造圣所的石头。

但奥利金的作品中还有一段话，和佩鲁吉

16. 北墙，科西莫·罗塞利和皮耶罗·迪·科西莫，摩西在西奈山上接受律法，金牛下的舞会和罪恶的惩罚

LEGIS SCRIPTE PER MOISE

17. 北墙，科西莫·罗塞利，山上宝训，治愈麻风病人，耶稣在山上的祷告和十二位使徒的选择

诺绘画中的元素完全吻合；正如在净化献祭的壁画中呈现的那样，我们也有机会看到了这一点。神学家表示："根据各种各样的解释，我认为圣殿和耶稣的身体都体现了教会的形象。事实上，教会是用活石建造的精神上的建筑，它以圣灵祭司的身份建造，是在使徒和先知的基础上、以基督作为基石的建筑。[107]"

佩鲁吉诺描绘的圣殿是八角形的：毫无疑问，数字八与基督有关。科西莫·罗塞利的壁画位于佩鲁吉诺壁画的右边，在他的壁画中，《最后的晚餐》所在的大厅也是八角形的，甚至连桌子也是半八角形的：这个大厅位于顶层，已经成为新的圣殿和基督的形象。

在西斯廷教堂的壁画中，几乎到处都能看见有关建筑的壁画，尤其是关于教堂的壁画。如果风景画的背景中没有出现教堂，那么这些城市也不会出现。这些城市中必须添加单独的教堂，并且教堂要和《旧约》和《新约》中的情节有关。的确，在类似于《惩戒可拉等人》和《山上宝训》这样的壁画里，我们没有看到任何一座教堂，因为教堂被描绘成带塔尖的晚期哥特式建筑，并且与呈现的城市环境完全无关（图 19、20、21）。

也许这里我们正在谈论"教会"这个词，由于圣帐联盟和圣殿之间的某种联系，这个词在壁画中重新出现。摩西在山上看到了圣帐的模型，正如《出埃及记》（25：40）中讲述的那样，而《希伯来书》中也影射过这一点："你要谨慎，神说，作各样的物件，都要照着在山上指示你的样式。"（《希伯来书》8：5）在罗塞利的壁画中，耶稣似乎正是从这座山上下来选择十二位教徒的：这与有教堂的山坡上所展现的场景一样。为了在山上发表演讲，耶稣离开了最高的山峰。实际上，画家将耶稣描绘在山前的一座低矮的山丘上。如果重视这些细节，那么我们还能注意到一幅专门描绘《旧约》的绘画，科西莫·罗塞利展现了神在西奈山上将十诫传达给摩西的场景。

奇怪的是，在惩戒可拉和其他反叛者的绘画中，出现了一座位于入口和凯旋门之间的教堂，凯旋门让我们想到了罗马的君士坦丁凯旋门（图 22）；入口可以特定指显现上帝的圣帐的入口，根据《民数记》记述，上帝周围聚集了摩西、亚伦和其他反叛者（《民数记》16：18）。山坡上的教堂仅有一座钟楼，教堂下面画家描绘了一些单个的船只及其残骸。为了明白波提切利的意图，我们应当在《圣经》的寓意注释中寻找答案。我们在圣维克托的休格的《关于动物和其他事物》中找到了明确的细节，关于这本书我们还将继续深入研究。顺便说一句，与波提切利的这幅壁画的主题相比，我们应当首先提到奥利金的题为《可拉的香炉》的讲道，这部作品就是关于《利未记》的讲道之第九篇。因此，绘画受到了两位神学家——奥利金和圣维克托的休格的影响。

首先我们看到了波提切利把手持香炉的反叛者放在了中央的祭坛四周（图 23）。奥利金的讲道又提到了《民数记》的选段，记叙了亚伦的儿子以利亚撒依据上帝的吩咐，把那些香炉锤成薄片，用来包盖祭坛，给以色列人作鉴戒，叫不是亚伦子孙的外人，不可近前来，在耶和华面前烧香（《民数记》）：奥利金认为不仅可拉和他的同伙们是象征教会中异端的形象，香炉本身也应有相应的寓意。

事实上，一些铜制的香炉也让人想到了《圣经》：异教徒的容器中燃烧的火代表了一个反对真理的神，这意味着异教徒来源于《圣经》。但是，奥利金补充说，反叛者使用的青铜器、银器和金器也可以用其他方式解释。青铜器只是由空洞的文字组成，没有圣灵的能力；金器暗指信仰的纯洁；而在火中净化的银器表明了由经验产生的文字。

圣经《旧约》和《新约》中的场景

然而，《民数记》没有提及铜银金三种不同金属材质的香炉：我们只在奥利金的讲道[108]和西斯廷教堂里波提切利的壁画中找到了它们。我们可以在奥利金的著作中找到关于香炉的另外一个重要的细节，但这个细节至今还无法解读。

波提切利壁画中大部分的香炉都是金色的。这些香炉围绕在可拉和他同伴的耳朵周边，因为它们代表了异教徒。实际上，奥利金在反叛者中已经预示了异教徒将异端教条之火带入了他们的容器中。因此，在绘画中我们能明显地看出异端教条和《圣经》话语之间的冲突，也就是火焰和容器之间的冲突，因为波提切利让这些香炉飞向反叛者的头部，使其引火烧身。

一只银色香炉静静地躺在祭坛前，祭坛位于一位跌倒的反叛者脚下。正如奥利金所说：这意味着异端教条无法经受住迫害之火和逆境之火的考验[109]。

其中一位反叛者位于摩西和亚伦之间，他手上拿着一只铁质的香炉，试图去讨好那些打算攻击摩西的反叛者，但没有成功。奥利金认为，使用铁质香炉的人空话连篇并且缺乏上帝的力量[110]。

亚伦穿着大祭司的祭服，拿着一只金色的香炉，他站在死人与活人之间，通过给圣所两边入口的人奉香，完成赎罪仪式（《民数记》17：11-13）：其中一个人年龄偏大，穿着一身奥斯定会修士的僧袍，而另一位年轻人的面部特征让人想到了波提切利的样貌[111]。

现在让我们回到圣维克托的休格的作品——《关于动物和其他事物》中。根据圣奥古斯丁的教规，休格曾经是一位普通的教士，但他把工作交给了一位非教职人员的普通人。难道我们想不到这是在暗指圣所中绘画的休格和雷内鲁斯吗？或者是存在于波提切利和西斯廷教堂中奥古斯丁僧人之间类似的情形[112]？无论如何，不管是破烂不堪或是扬帆起航的船，这两艘船在休格的作品中都有对应的解释。而我们恰好在《列王纪上》中找到记录，书中谈到了两个船队：所罗门的船队和约沙法的船队。

在第二段经文中，我们可以读到："约沙

法也成立了一支他施舰队，前往奥菲尔寻找金子，但他并没有出发，因为这些船在以旬迦别沉没了。”圣维克托的休格这样解释这段话：“约沙法的形象是一个审判者的角色，以旬迦别是人类的象征，因此意味着忏悔……而当忏悔中的犯罪者审判自身时，约沙法王统治了犹大。但奥菲尔是被草覆盖的一片土地。那片无人耕种但大量产草的地方被称为草原，迷惑了人们的眼睛……杰罗拉莫说过，伽巴尔意味着年轻和强壮。因此，青年的力量造成了忏悔之船的沉没，这没什么值得惊叹的。[113]”

所罗门的船每三年到达他施都会带回来一些金银和象牙。也许试图寻找休格的所有解释具有误导性：我们只需要知道从他施带回来的珍贵物材都用来修建圣殿就足够了。休格认为他施代表了“对幸福的追求”。

“所罗门的船代表了忏悔的力量……人们说在他施遍地金银，因此那些有名的人为了追求智慧，那些善于雄辩的人为了寻找世间的幸福，都为自身忏悔。而当他们坐上所罗门的船到达耶路撒冷的时候，通过忏悔将纯净的金子带入平静的教堂中，他们也变得更加纯洁了。[114]”

18. 北墙，科西莫・罗塞利，最后的晚餐，在客西马尼园的祷告，逮捕耶稣，割断马勒古的耳朵，以及在各各他山的死亡

IS·EVANGELICAE·A·CHRISTO

CONTVRBATIO·MOISI·LEGIS·SCRI
NEMO·SIBI·ASSVMM
AT·HONOREM·NISI
VOCATVS·ADEO
TANQVAM·ARON

如果我们现在再看一眼波提切利的壁画，会发现第二艘船的风帆依然上扬，但风帆指向对面的海滨，在海滨的山景中我们发现了一座隐藏的教堂，之前我们曾提起过这座教堂。船尾的船舱闪烁着金色的光芒。

但为何波提切利描绘了两艘完全不同的帆船呢？从他施出发的约沙法的帆船搁浅和沉没了，而通往耶路撒冷的所罗门的帆船装满了黄金和其他货物（图 24）。这或许是通过波提切利的壁画，从而简单影射了西斯廷教堂总设计方案中的另一幅壁画。

谈到和教堂建筑相关的帆船，我们一定不能忘记诺亚方舟。我们在西斯廷教堂的穹顶上找到了这艘船，尽管它是在尤里乌斯二世期间由米开朗琪罗创作的壁画，但它和西斯都四世制定的原始方案之间有一定的关联。

我们将看到，整个教堂的壁画装饰纳入了唯一而连贯的方案之中，但同时又以令人难以置信的方式呈现出不同的画面。我们可以在圣维克托的休格的作品中找到纳入在这个总计划中的“拱顶石”（关键），因为现在涉及解释鸽子、其他鸟类、植物和《圣经》主题的寓意的问题。

19．北墙，桑德罗·波提切利，对可拉、大坍和亚比兰的惩罚，在埃济恩－伽巴尔等待出发前往绿洲奥菲尔的所罗门和约沙法的两艘船，试图攻击摩西

20．北墙，科西莫·罗塞利，山上宝训，与门徒一同降世的基督细节图，与十二使徒一同降世的基督

21. 科西莫・罗塞利，对可拉、大坍和亚比兰的惩罚，绿洲奥菲尔的细节图

22. 北墙，桑德罗·波提切利，对可拉、大坍和亚比兰的惩罚，铭文为“若不似亚伦那样被上帝召唤，无人可享荣誉”的凯旋门的细节图

23. 北墙，桑德罗·波提切利，对可拉、大坍和亚比兰的惩罚，用金制、银制和铁制的香炉惩罚反叛者的细节图

24. 北墙，桑德罗·波提切利，对可拉、人坍和亚比兰的惩罚，约沙法的沉船和所罗门的军舰细节图

鸟类和树木的寓意以及在西斯廷教堂壁画中的应用

在《圣经》中，鸽子是最重要的鸟类。圣维克托的休格曾在重要的文献中三次提到过鸽子：在《诗篇》第68章（武加大译本第67章）中、在洪水结束时以及在基督受洗时。在西斯廷教堂中，我们在米开朗琪罗的《大洪水》的方舟上发现了一只白色的鸽子，它和佩鲁吉诺描绘的《基督受洗》中的鸽子形状相似，都非常小，并且翅膀张开。但和西斯廷教堂壁画相关的、最重要的鸽子当数第三只，也就是圣维克托的休格在《诗篇》第68章（武加大译本第67章）中仔细描绘和解释的那只鸽子。

《诗篇》第68章第13段（武加大译本第67章第14段）写道："你们在羊安卧在羊圈的时候，好像鸽子的翅翼镀白银，翎毛镀黄金一般。"神学家解释，涂上白银的鸽子意味着教会，但也可以指每一位信徒的灵魂。圣维克托的休格将羊圈与教士联系起来。事实上，在《旧约》中，利未的儿子们没有继承以色列各支派中的任何一部分土地，而在《新约》中，维多利亚时代的神学家认为，教士对世间俗物没有任何兴趣，当他们"在继承的财产中间寻梦"时，带着对俗世的蔑视，耐心地等候来自天堂的财产[115]。

于是圣维克托的休格从银色和金色出发，解释了不同颜色的含义。银色意指讲道，而金色意味着天堂的最终奖励。然后，休格将目光从《诗篇》中的鸽子上移开，为我们描述了鸽子的颜色以及隐含的寓意。

由于殉难的鲜血是红色的，鸽子的爪子也是红色的，正如神学家在自然中观察到的那样，鸽子的翅膀是蓝色和白色的：蓝色是灵魂的颜色，在默祷中，灵魂模仿了天空的颜色和形状；而当鸽子飞向天空时，在亮光的照射下鸽子的翅膀从蓝色变成白色；鸽子其他部分的颜色模仿了波浪起伏的大海，也就是灰色的，这正如无法控制自己内心的欲望的人类。

这些颜色影射了壁画中可拉一行反叛者的服饰，我们之前在最后一章提到过，更明显来说，是西诺莱利所作壁画的相邻壁画中的人物。波提切利的绘画在圣所入口处左侧展现了上帝的荣光，两位年轻人站在云层之中，一位穿着白色和蓝色的长袍，另一位穿着金色的祭司祭服，套在原本可能是银色的主教法衣外面。波提切利在这两个形象中经常使用绿色，因为绿色预示了对未来的希望[116]。

西诺莱利的壁画展现了分割土地的场景，还展现了第二次演讲律法的场景，这次演讲是摩西最后一本书《利未记》(《第二律法》)的起源（图25）。观察这幅壁画的时候，我们会迅速注意到裸身的利未：这实质上暗示了利未没有分到一寸土地（图26）。

在利未前面我们看到了一位年轻男子的背影，他身着浅蓝色的马甲、白色长裤和一双红色长靴[117]，还露出了金色的衬衣袖。利未发现这个年轻人和一位女人交流，并且将目光转向后者：这个女人已经怀孕，肩上还扛着一个婴儿，她穿着一件银色的衣服，金色的披风显得格外闪耀。而另外一位男人的金银色的衣裳则更加明显，他拄着一根拐杖，在摩西讲台下正在认真地倾听。甚至他的帽子也是金色的，波提切利描绘可拉的壁画中有两位在圣所前的年轻人，这位男子和其中一位年轻人十分相似。如果我们现在再来读读圣维克托的休格的作品，会发现壁画间有很多可比之处：《诗篇》第 68 章（武加大译本第 67 章）中的鸽子的背部闪耀的金色光辉（在白色光环中），正如当国王出现他神圣的荣耀时闪耀的金色光辉。

"国王的王冠是用纯金打造的，而雕刻着国王肖像的硬币是银制的（图 27）……如果硬币模仿了基督的生活，那么王冠则模仿了基督的荣光……这就像鸽子的背部是金色的，而羽毛是银色的，因为当鸽子获得那些礼物时，它们不再需要讲道，而会永远地生活在将会得到的回报当中，生活在纯洁、完美的世界中。[118]"

因此，西诺莱利的壁画展现了摩西第二次演说律法的场景。正如这幅画的题目所说，摩西完成了成文法的答辩。此外，处于对角线上的《交付天国之匙》中展现了呈贡的画面，它位于左侧远景中（图 27）。根据圣维克托的休格的指示[119]，我们现在明白了模仿基督的生

25. 南墙，路加・西诺莱利，第二次解读律法，以色列十二支派之间分割希望之乡，摩西将权力转让给约书亚，尼波山希望之乡的显圣和摩西的死亡

TIO LEGIS SCRIPTAE A MOISE

26. 南墙，路加・西诺莱利，第二次解读律法，细节之利未没有接受希望之乡的那部分土地，因为那部分土地属于上帝：路加・西诺莱利展现了裸身的利未

27. 北墙，彼得罗・佩鲁吉诺，交付天国之匙和进贡货币的细节图

活正如“在硬币上呈现的模仿的人物形象的暗示。”我们之前已注意到西诺莱利和波提切利壁画中的帽子是金色的，这让人想起了永生将会得到的回报（图 18、25），帽子可以当作金色王冠的变形体，这也是神学家得以谈论鸽子的金色背部的一种解释。波提切利的壁画中，在摩西面前出现的反叛者的马甲颜色是海洋灰：毫无疑问这就是可拉，因为就像波涛汹涌的大海一样，他也超越了自己的极限[120]。

在西斯廷教堂壁画中，我们到处都能找到圣维克托的休格关于鸽子的寓意解释展现的其他颜色。比如，在《摩西蒙召》和《净化献祭》中（图 6、图 10），我们看见了身穿浅蓝色和白色衣服的女人——这是教会新娘的画面。在《山上宝训》里，我们看到了同样的女性形象（图 17）。科西莫·罗塞利在描绘穿越红海的米利暗时，其披风是浅蓝色的（图 9），而在金牛下的舞会中，一对舞伴中的女士也披着同样的披风，她位于近景右侧，看上去十分明显（图 16）。我们已提到，在西诺莱利的壁画中，新娘穿着金色和银色的衣裳，新娘旁边的两位女同伴也已为人母，和科西莫·罗塞利在《山上宝训》中展现得一样（图 17）。

教会新娘是西斯廷教堂壁画的重要主题，但人们却对这个主题缺乏关注。比如，我们在之前简单提到过，裸身的利未望向的那位身穿金色和银色服饰怀有身孕的新娘，在对墙的科西莫·罗塞利的壁画中，十字架下的玛利亚尽管被描绘得非常小，但很明显能看出她也是一位孕妇。（图 18）

米开朗琪罗的《最后的审判》被描绘在西斯廷教堂祭坛的上方，那里可以看到圣母玛利亚。这幅画把整个装饰的真实的肖像主题掩藏在了背景中。我们仍可以证明米开朗琪罗的壁画，甚至是《最后的审判》都遵循了同样的主题，在这里我们只简单提及：玛利亚是新的夏娃，直到末日审判那天她都是新亚当的新娘，因此她也是教会的象征[121]。

圣维克托的休格在他的作品——《关于动物和其他事物》中，还解释和翻译了那个时代教父和神学家（比如比德和拉巴诺·马乌罗）撰写的其他鸟类的寓意。例如，猎鹰特别重要，但它常与苍鹰或雀鹰混淆。圣维克托的休格将猎鹰和鸽子相比较并且告诉读者们：

“我不仅想为你描述鸽子，还想为你描述猎鹰，这样你就能时常想到它们。你看，鸽子和猎鹰其实栖息在同一个地方。也就是说，不管是身为教士的我，或是作为士兵的你，我们都是为了维持有序的生活而转变习惯，以至于能共处一室。你曾经有偷盗家禽的习惯，那么现在你看到的野禽，也就是那些生活在现世的人，将会通过善行改变习惯[122]。”

猎鹰是忠诚的象征。之前有一位神学家，他曾一度与圣维克托的休格想法一致，把猎鹰分成家鹰和野鹰。野鹰通常会猎捕家禽，而家鹰通常会猎捕野禽。后者是圣父的象征，而圣父会经常捕捉野生鸟禽，也就是说，圣父会引导世间的人类转变，杀死囚犯，并敦促他们通过苦行死在世间[123]。这些捕猎野生家禽、雉鸡和肥鸭的猎鹰在西斯廷教堂的壁画中随处可见。比如，佩鲁吉诺在《摩西和西坡拉给儿子行割礼》中描绘了这一捕猎的场景（图 8）。吉兰达奥的画中也出现了同样的场景，还伴随着天堂和耶稣对使徒彼得和安德烈的呼唤（图 28）。科西莫·罗塞利的《山上宝训》里一只猎鹰落在一只山鹑身上，这时空中悬着的一张脸吹了一口气，推开和散开了云层（图 17）。

山鹑在鸟类中代表了魔鬼，因为它们会去偷别的山鹑蛋，来自己孵化；但小山鹑一旦破壳而出，听到了山鹑妈妈的声音，它们就会抛弃假妈妈，回到真妈妈的身边。所有这些都是圣维克托的休格的思想的一部分，这让人想到了塞维利亚的伊西多尔。维多利亚时代的神学家继续解释着拉巴诺·马乌罗的作品："但那些被魔鬼偷窃了山鹑蛋的山鹑，毫无疑问代表着教会。因为被魔鬼控制的人听到讲道的声音，就回到他的母亲，即教会身边[124]。"在科西莫·罗塞利的壁画中，山鹑意味着"骗子"和魔鬼，善良的猎鹰扑倒山鹑，以至于无法再实施为人唾弃的偷蛋行为（图 17）。现在让我们再来看看画面左侧的其他鸟类：其中一些是灰鹤，它们比其他鸟飞得更高，然后还有一只燕子、一只戴胜和一只金翅雀。除了金翅雀以外，圣维克托的休格对其他鸟类都作出了寓意解释。

灰鹤飞在高高的天空上，它们互相追随，象征着循规蹈矩的人类。燕子宣告了春天的来临，它们不允许自己被任何猎食者捕杀，并在飞行时摄取食物：它代表着忏悔的人类，因为总是在寻找春天，并且行事谨慎而节制[125]。在粪便上，戴胜总是感到轻松，它们是真正的罪恶之鸟，而且也经常抱怨，因为悲惨的世界造成了精神的死亡[126]。

在科西莫·罗塞利的《山上宝训》中，戴胜正在追逐金翅雀。虽然金翅雀并没有出现在圣维克托的休格的文本中，但是当我们看到这些壁画时发现，它们经常与耶稣受难联系在一起。金翅雀以蓟为食，声音非常好听。此外，金翅雀嘴角的红色斑块被认为是隐喻了耶稣受难时流下的鲜血[127]。

我们已提过，圣维克托的休格将鸽子的红爪与耶稣受难和牺牲相对应。因此，我们在分析西斯廷教堂的壁画时，应该明确地关注人物中出现的红色的脚、靴子和袜子。然而，在这些画作中，我们总会看到这位巴黎神学家提到的两种鸽子：一种是《诗篇》第 68 章（武加大译本第 67 章）中的带着银色翅膀和金色背部的鸽子，另一种是带有白色和浅蓝色条纹的翅膀的鸽子，据其所说，这是一种看上去像大自然当中的身体呈海洋灰、爪子呈红色的鸽子。

我们已注意到西诺莱利的壁画中穿着红色靴子、白色袜子和浅蓝色马甲的年轻人（图 26）；还有一点要说明的是，这位年轻人也是在波提切利《摩西蒙召》中形似朱利亚诺·德·美第奇的那位犹太人（图 6）；身旁抱着将他举起的那位女人也穿着红色的鞋子。在罗塞利的《摩西在西奈山上接受律法》的壁画中，一对舞者中间的骑士也穿着红色的长筒袜（图 16）。此外，这位舞者的红色帽子上饰有羽毛和十字形宝石。在《最后的晚餐》中，我们发现了一位穿着浅蓝色马甲的年轻人，他同样穿着红色长筒袜，戴着红色帽子，帽子上虽然没有羽毛，但同样饰有十字形宝石：这位年轻人位于画面右侧近景中，右手上举的姿态给观赏者一种宁静的感受（图 18）。位于左侧近景的教士也穿着红色的长筒袜，戴着红色的帽子，但帽子上没有十字形宝石，因为他不想屈服在濯足礼的辛劳之下，疏远那条正在阿谀奉承的狗。因此，我们可以解释隐藏在颜色和数字中的信息：尽管由于早期殉道者的血液是红色的，教会主教们的脚也是红色的，但教会主教中的领袖们仍在犹豫，是否要和早期殉道者穿一样的衣服，是否要遵循他们确定的价值和义务。

在壁画《对可拉一行反叛者的惩罚》中，有一个反叛者位于牺牲祭坛右侧，穿着红色的长筒袜，他正在摇晃代表着缺乏上帝力量的青铜香炉（图 19）。波提切利或许想说明，那样打扮的话，也许他穿紫袍更合适。在所有的反叛者中，壁画似乎已经揭示了他的失败，因为他是最容易通过转化而被拯救的叛乱分子。

鸽子的眼睛的颜色是橘黄色。鸽子很警觉，它们总是停留在喷泉附近，以便从水中反射的镜像中及时发现危险的到来，从而保证自身安全：因此，鸽子眼睛的橘黄色代表了精神洞察力[128]。所以在圣维克托的休格的文本中又解释了一种颜色，这种颜色经常出现在西斯廷壁画的服饰中，即使在米开朗琪罗的壁画中也是如此。在《耶稣受洗》中，约翰的披风就是这种颜色（图 29）。和红帽子年轻人围着金牛一起跳舞的一位舞者，她的袖子也呈橘黄色（图 16）。我们已观察到，这位年轻人的红帽子上饰有十字形的宝石，所以这对夫妇应该代表了基督（新郎）和教会（新娘）。这里对灵魂和新郎的影射或许更加明显。事实上，尽管在膜拜金牛像时显示出不忠而使魔鬼乘虚而入，但新郎上帝仍然接纳了灵魂作为新娘[129]。画中的舞者穿着珍贵的锦物，锦物上闪耀着弗朗切斯科・德拉罗韦雷金色橡木的光辉，代表着贞洁的白绫将其包裹，画面中舞者正在凝神深思：这无疑暗指了作为教会新郎的角色是教皇而不是基督。事实上，彼得在所有《新约》主题的壁画中，也穿着代表精神洞察力的黄色披风。

通过快速浏览西斯廷教堂壁画中树木的寓意解释，我们能够更加确认迄今所见的壁画的神学解读。比如,奥利金关于《出埃及记》第九篇讲道中认为，棕榈树是在灵魂和肉体的斗争中胜利的象征[130]。

在摩西儿子割礼场景的后面，我们发现了一棵直入云霄的棕榈树（图 8）；当摩西向其人民展示两部戒律时，我们发现摩西身边也有一棵棕榈树（图 16）。圣维克托的休格在他的作品——《关于动物和其他事物》中说到棕榈树长得很高，其树尖似乎要冲破云霄，棕榈树上最高的树枝代表了上帝选择的灵魂[131]

的形象。在科西莫·罗塞利描绘的《金牛下的舞会》中，我们看到棕榈树和这些被上帝选择的灵魂位于画中最左侧。

我们已谈到，在西斯廷壁画中随处可见黎巴嫩雪松：这是因为古人认为雪松的木头不会腐烂。不过柏树也经常在西斯廷教堂的绘画中出现，正如我们在《圣经诠释》[132]中读到的那样，它既可以指使徒、殉教士和那些品德高尚的人，也可以指那些雄辩的人。

西斯廷教堂中出现的大部分被修剪成细长的树干和树枝像灌木丛一样粗壮的树木，似乎是白杨树以及奥利金在关于《出埃及记》的第九讲道中提到的柳树，“它们的力量或名字都像是贞洁的嫩芽[133]”。正如我们所见，如果我们沉浸在图像的解读中，西斯廷教堂中不论多么伟大的壁画都能开口说话。圣维克托的休格想对雷内鲁斯描述鸟类和其他的物体，而教皇身边的神学家通过画家们，成功地在西斯廷教堂内宣布了教会的秘密。

《旧约》和《新约》之《启示录》中教会的本质和壁画的标题

《交付天国之匙给彼得罗》（图15、图22）中在两个凯旋门[134]上出现的题字以及西斯廷教堂的大小和比例[135]，表明了教皇西斯都四世想依照所罗门在耶路撒冷建造的圣殿来建造西斯廷教堂，教会的这一愿望也是教会最重要的预示之一。

在祭坛背后的由佩鲁吉诺完成的原画，显示了教皇对耶稣之母的崇拜，耶稣之母无罪受孕，在天上天使们歌颂她，在地上使徒们遵奉她，连教皇西斯都四世也崇拜她：在这幅壁画中，玛利亚也被基督徒们尊为教会的典范。这幅画的原始构图保存在维也纳的阿尔贝蒂娜博物馆，我们能看到其所有细节要归功于佩鲁吉诺画室的一位弟子。正如之前所说，这幅画不应该被认为是圣母升天，而应认为是圣母升天的草稿图中描绘的圣母玛利亚（图5）。

所有研究圣母的神学学说都认为玛利亚怀孕无原罪，并且她注定是教会的一种类型，更准确地说是圣子的教会新娘[136]。西斯廷教堂的壁画装饰方案都参照了耶路撒冷的圣殿和玛利亚的蒙召（教会的形象）这两种主题思想。其他的主题也都从属于这两种基本的主题，甚至教皇的最高权力和彼得的角色也包括在内，正如我们在阅读《新约》时所发现的那样。

在今天看来，也许将不同的神学图像归纳为唯一的神秘事实会令人惊讶，但如果我们不相信这些解释，西斯廷教堂壁画及其方案将会永远被历史尘封。由于祭坛后墙上的壁画丢失，圣母主题的壁画尺寸也有所调整；我们已提过，这些壁画的思想应当起源于由中世纪一位匿名作者所著的《圣经诠释》中的想法。而进一步详细阐述该方案的神学家们肯定都参考了巴黎神学家圣维克托的休格和奥利金的所有作品。

西斯廷教堂中有太多的壁画都可以溯源到这两位作者的作品中。或许壁画方案的设计者中还有阿玛迪斯，又或许教堂的司事也在壁画的设计中发声。尽管不是教堂的所有画家，但至少波提切利在反对雷内鲁斯的观点时，扮演着和圣维克托的休格一样的角色。

如果按照《圣经》的寓意解释来看，所有的壁画都与我们所见的标题充分对应：这些都是受教皇委托的神学家拟定的标题。当然，这些标题不是代表壁画计划，而是预先已制定的方案，并且以尽可能一致和简单的方式完成。人们几乎可以想象，构思这个方案的人总是从《旧约》和《新约》中彼此对应的文献中选择，并将这些文献带入到唯一的想法中：由两个在彼此面对、互相对称的壁画上的题目中形成对照补充的想法。

将第一批图像聚集在一起的主题思想是救赎，我们发现在两个不同的标题中都存在救赎两字：《摩西通过割礼完成的旧的救赎的宗教仪式》以及《耶稣在洗礼中建立的新的救赎》。在其他的标题中，常见的相关主题思想位于标题句首，比如：试探、集会、公布、混乱和答辩。而每一个更高的主题思想会时不时和律法的概念联系起来，更准确地说，是与摩西壁画中的成文法以及耶稣壁画中的福音法联系起来。

28. 北墙，彼得罗·佩鲁吉诺，施洗约翰的讲道，耶稣受洗和讲道

LI·LEGEM·EVANGELICAM·ACCEPTVRI

《圣经诠释》在有关大洪水后诺亚三次放出鸽子的章节（《创世记》8：8-12）谈到了律法（Lex）的神学概念。事实上，鸽子的三次飞行代表了救赎史上的三个主要时期：摩西之前的时代（在律法之前），从摩西到基督诞生的时代（在律法之下），以及基督诞生后的时代（在神恩之下）[137]。

这三个时期与西斯廷教堂壁画的分布和穹顶上九个主要的场景完全符合。从祭坛沿着入口看过来，我们会看到右墙的壁画主要描绘了在律法之下的摩西领导的事件，而左墙上的壁画主要展现了在恩典之下的耶稣的生活。后来米开朗琪罗在穹顶上添加了在律法诞生之前的九个事件，从而完善了旧的壁画方案[138]。

《圣经诠释》的作者在同一文献中鲜明地指出，由于福音书的传播，割礼和律法规定的许多宗教仪式不再适用于任何人[139]。因此，在《遵守律法》这篇文章中，谈到了一种概念，这种概念让人想到西斯廷礼拜堂右墙上的第一个题目——《旧的救赎的宗教仪式》。奥利金关于《民数记》的第九讲道中提到，割礼是不再需要遵守律法的一个例子，与“十诫”不同的是，律法的基本价值只在耶稣诞生之前有效，而草拟的一些仍然有效的律法，现

29. 比阿吉・德・安东尼奥・杜琪（已归功于科西莫・罗塞利），穿越红海，淹没在浪潮中的埃及人、马和骑士；被魔鬼控制的人类的细节图

EGENERATIONIS·A·CHRISTO·IN·BAPTISMO
OPVS·PETRI·PERVSINI·CASTRO·PLEBIS

在也只是以一种剪影的方式存在。但“十诫”在所有时期都有效，而律法则被认为是未来的价值和内容提前被揭示了[140]。

《提多书》中提到了救赎的概念，并且谈到了救赎洗礼。但保存至今的第一对壁画的题目之间并不完全一致。事实上，神学家们花费了很大的力气去寻找一种简短的、适合两幅画的、相互间也合适的标题。但我们依旧缺乏位于祭坛后墙的绘画的左右两侧壁画的题目，这和缺少摩西系列的第三幅壁画的题目情况如出一辙。但有关“试探”的两幅画的名称显得十分单一，它们由同一个主题组成，题目的差别仅仅体现在绘画中两个不同的名字——基督耶稣和摩西上。这种情况也可以被认为壁画的设计方案是从有关“试探”的壁画开始的。

《新约》中教徒的选择及其继承的基本思想来源于奥古斯丁的作品《上帝之城》。在书中第十八卷，我们首先读到了浸礼会，然后读到了耶稣讲道并请求忏悔，耶稣选择他的门徒，并称他们为使徒，但其中有一个叛徒。救赎是通过耶稣受难、耶稣复活、基督升天和圣灵降临完成的。

现在我们更清楚地知道，那些制定壁画计划的人总会创作出与《旧约》对应的选段，并且努力将它们归结在同一个概念之下，然后表达在两幅相对的壁画的两个题目之中。

《圣经》中的《诗篇》是《上帝之城》第十八卷书的出发点和进一步阐述和发展的基础。根据《诗篇》第 39 章(武加大译本第 40 章)第 6 节所述，它可以做出如下解释：“我纵愿宣扬申述，也多得不可胜数。[141]”于是我们的目光立刻落在一堆聚集的人群身上，因为在西斯廷教堂的壁画里他们无处不在。

仍然在《上帝之城》的第十八卷书中，奥古斯丁用先知哈该的话澄清了对圣殿的想法，哈该宣称：“这殿后来的荣誉必大于先前的荣耀。”(《哈该书》2:9)[142]。奥古斯丁解释，耶和华赐给我们平安的殿宇，就是指基督建造的教会[143]。

到目前为止，有关摩西与基督是宗教团体的领袖和由索尔提出的基督在人世间的化身是教皇是一致的，索尔的观点与斯坦曼的意见相左，后面由埃特林格重新提出[144]。但这只是一个单一的观点，仅仅基于从对教堂中的绘画的思考中得出的肤浅的第一印象。甚至，或许斯坦曼没有想到壁画中出现了赞扬教皇的政治行为的暗示[145]。然而，这种情况恰恰相反：画家和神学家打算向教皇展示一面表现其内心的镜子；但这面镜子巧妙地以寓意式的神学镶框，以至于不明白中世纪神学语言的观众将无法掌握这些描绘中有关西斯都四世的评论。教皇总会明白这些评论，但在不损害自己利益的情况下，他无法反抗画家和神学家。不过，在壁画完成后不久，西斯都四世就于 1484 年 8 月 12 日逝世了。

此外，不仅是领袖，整个上帝的子民都很重要，因为他们出现在《圣经》的各种情节中。正如我们所见，人民代表了圣洁的社会，新娘的典范是纯洁的玛利亚，而她的唯一的新郎——基督，与此对应地出现在摩西的生活和使命中。与摩西一样，教皇在基督之后成了上帝了民和教会的新郎，因此也意味着是等级社会中一块可见的拱顶石。然而，只有上帝的子民在敬奉玛利亚的时候，他们才能找到自己的形象。事实上，在祭坛背后的绘画中描绘了被一群天使们拥护的身处天堂高处的玛利亚，在玛利亚下方，教皇西斯都四世也同样对其屈膝跪拜，因为玛利亚注定是圣母，是纯洁无染的新娘。

事实上，所有的标题都没有直接指向玛利亚，而是始终并仅仅指向人民，这和我们的解释以及对壁画解释的评论完全相反。标题中提到的是那些首先接受摩西律法、然后接受福音法的人，连彼得也没有提及，更不用说教皇。由于当时神学家仍然是讨论此学说的主体，教皇礼拜堂的铭文中还不能出现"圣母玛利亚"这个词以及圣母纯洁受胎的教义，该教义认为上帝之母从在人世间存在的那一刻起就免于亚当的原罪。其实在最初的证明中，位于祭坛背后的佩鲁吉诺壁画就被认为是"圣母升天"而不是"圣母无染原罪"。

"血郎"这一主题将教皇和基督联系起来。事实上，与基督一样，当时第一批殉难的教皇都成了教会的血郎。这个主题与圣维克托的休格的解释相互交织，圣维克托的休格在鸽子的红爪中看到了教会新娘的殉难。在这里我们概述了这两个主题：一是教会是新娘甚至是自己的牧师；二是人们和教皇（最高职责的牧师）之间的关系，如同新娘和新郎之间的关系。然而，我们现在必须说明一下这种神圣的结构来自于摩西律法。事实上，摩西律法是一部有结构的律法，因为它规定了由活石组成的圣殿的建造方式。律法决定了精神领袖和人民之间的具体正确的关系，人们应该在乐土上追随其领袖，而不应像可拉、大坍和亚比兰那样反叛他；而领导者必须愿意为那些顺从他们的人施行濯足礼，这一幕被描绘在了《最后的晚餐》中。

当摩西对人民重述成文法时，他宣告并命令大家应爱上帝和众人；而当基督重述福音法时，他劝勉门徒应彼此相爱，爱他人当爱自己，直至在十字架上死亡。正如摩西将权威传给约书亚、耶稣将权威传给彼得一样，这种权威的传递也来自于律法，因为律法为教化和组建上帝子民提供了规范。这一场景突显了教堂壁画的另一种构图标准：注重主题和细节。也就是说，壁画之间不仅仅是面对面互相对应，而且在对墙的对角线上也相互对应。

在台上重述成文法的摩西，可以视之为发表山中宝训的基督，或者是福音法的带信人。正如在西斯廷教堂壁画中描绘的那样，由于人们所犯之罪，成文法的颁布受到阻碍，如果它没有以影射的形式出现，那么新郎将和新娘一起转圈唱歌。因此，福音法的颁布很有可能取得成功，因为基督从罪恶的麻风病中治愈了自己，他是带走世间罪恶，并训示人类的上帝羔羊。科西莫·罗塞利的壁画中不仅描绘了山中宝训中福音法的带信人，而且还展示了麻风病的治愈。我们还可以在

近景中发现与小男孩一起玩耍的小羊羔，那即是上帝羔羊。（图 17）

摩西已准备好接受考验，因此将假的牧师从井里赶了出去，而基督战胜了恶魔的诱惑，给了摩西这种信任。耶稣的忧虑在于建造者的拒绝，建造者想击碎圣殿，想阻止建造由活石组成的真正的圣殿。而摩西的焦虑在于人们的拒绝，他们不打算跟随他进入乐土。同时，摩西也不被允许踏入上帝的乐土，只允许在死前从高山上望着这片土地。正如我们在最后一个保存至今的、最近才发现的标题中读到的那样，只有人们遵循福音法的带信人所说的“复活与升天”后，耶稣才在会上升的那一刻死亡。在科西莫·罗塞利的壁画中，“重述福音法”的主题多次出现，比如，我们找到了施行濯足礼、默祷天堂之事的画面，还有耶稣默认犹大背叛的故事。这三个画面其实指代了新法的内容,代表了这几句话的含义——“上帝啊，完成使命不是我的意愿，而是你的意愿”“把你的剑放在鞘里”以及在十字架上的话，而观众都应该了解这三种观点。最后一个画面（我们已了解过）则明确提到了教会新娘和教会母亲——玛利亚。

在《最后的晚餐》所在的画室中，穹顶上悬挂的许多金色椽子很可能表现了对教皇西斯都四世的恭维，但观众应辨识出这幅壁画的真实主题，事实上，壁画中重申了福音法的真正含义，这与教皇行为造成的影响相反。与重述成文法相比，展现裸体利未的壁画既让人想到无法占有神圣法律所规定的圣地，也让人想到教士对新娘、教会和上帝周围的人们的纯洁的爱。即使在西诺莱利的这幅画中，只要当我们想到波提切利所画的魔鬼对耶稣的第三次诱惑，就会意识到基于世俗的感受和态度对教皇强权政治的批评，以此来表达画家和神学家组成的阵营对教皇政治的一些不满。

正如摩西穿越红海和离开埃及后，上帝的子民才能够组建红衣主教会议，耶稣的门徒被呼唤后，也得到了身后所有的东西，包括他们的渔网、船只和家庭。出于这个原因，在吉兰达奥描绘的最后一个场景上方，代表清修苦行的猎鹰正在猎捕一只肥硕的水鸟（图 28），出于同样的原因，在科西莫·罗塞利壁画的近景右侧，一个男人正在红海中沉溺，而他的右拳中紧紧地握着一些银币（图 9、图 30）。

我们只有理解了西斯廷教堂壁画的标题，才能以合适的方式解读壁画。我们采用的从细节着手的方法，与《新约》和《旧约》故事顺序显然不一致，而且为了理解西斯廷壁画的《圣经》寓意式语言，我们需要不断地重复细节。当坚信的想法和获得的结果完全符合壁画上的拉丁语标题时，这种方法则被证明是行之有效的。我们的方法在于必须横向比较。首先，将绘画的特殊性和中世纪神学家和教会神父的手稿做比较，然后相互比较了它们之间相似的细节，这不仅仅针对个别壁画，而是基于整个西斯廷教堂的壁画方案，以此来探寻相互间的关系。

得出的结果是令人惊讶的，由此我们需

30. 比阿吉·德·安东尼奥·杜琪（已归功于科西莫·罗塞利），穿越红海，淹没在浪潮中的埃及人、马和骑士；被魔鬼控制的人类的细节图

要重新整理迄今为止形成的观点。事实上，西斯都四世时代的画家和神学家掌握了一种形象化的语言，他们能从壁画的内容而不是形式出发，在微小的细节中定义西斯廷教堂的壁画。甚至连服装的颜色也从不缺乏含义。在尽可能精确地掌握这门语言的词汇和语法后，我们不得不以全新的方式评论和描述教堂的每一幅壁画，并且只能在一条主线上完成这项工作。当我们对图像中表达的词汇有更深入的了解后，画作各个细节也应重新定义。但总体而言，对西斯廷教堂的壁画方案或许已有了正确的理解。

画家们对教皇的敬意要比以前少得多。正如我们注意到的那样，西斯廷壁画的颜色毫无疑问表露了对执政教皇的不满，然而，波提切利的《净化麻风病人》展现了一次和四旬斋有关的忏悔布道。如果神学家和画家是想暗示那个时代的事件，那么他们做这些不是为了祝贺西斯都四世，而是为了在他面前放置一面通向悔改和改变的镜子。也许批判开始于佛罗伦萨的画家，最晚也应从帕奇家族的阴谋和刺杀朱利亚诺·德·美第奇开始，因为当时阿诺市及其公民发现他们和西斯都四世以及弗朗切斯科·德拉罗韦雷族都处在紧张的关系中。只有佩鲁吉诺的《交付天国之匙》和《耶稣受洗》才可能完全与对教廷和教士的批判无关;其壁画《摩西儿子的割礼》属于四旬斋布道一类的画作，在之前我们已说明，这幅画来源于圣维克托的休格的想法。

首先，有关表明基督与教会之间夫妻关系的壁画，米开朗琪罗肯定知道其各种颜色的含义，或者说至少是能意识到的。1508年，在教皇尤里乌斯二世任职期间，米开朗琪罗着手描绘西斯廷教堂的穹顶，穹顶上绘满了各式各样的人物（我们将在第二部分的研究中探讨）。通过比较《旧约》和《新约》场景之间的关系，我们的读者了解到了《启示录》中神秘而深刻的意义：在完成《旧约》所述事件的过程中，基督的所做所说都完全能够被理解。但这些事件只有涉及耶稣的言行时才值得一读。耶稣的言行充分代表了教会的奥秘中提到的《启示录》的内容，其中教会建立在十字架和耶稣复活的基础上。玛利亚是圣母无染原罪的模型，事实上，她既是母亲，同时也是新娘。而在壁画中，新郎基督出现在百姓和牧师中，带领和指导着百姓。玛利亚则是百姓的真正形象。虽然米开朗琪罗的《末日审判》将圣母玛利亚从中心位置中移出，但在他的画中，同样展现了教会和新郎基督的相遇,展现了从创造夏娃（一切生灵的母亲）到新的夏娃的诞生。新的夏娃因新郎的决断而感到害怕，转向了右侧人物手中呈十字形的横梁。在第二部分的研究中，我们将从了解到的新知识出发，以全新的视角学习西斯廷教堂中米开朗琪罗的壁画。中世纪的教父和神学家让这个激进而伟大的托斯卡纳人倍受约束，已经超出了可承受的范围。牢记这一背景，我们将能以一种新的方式认识到他个人的贡献，这种贡献不仅体现在艺术层面，也体现在形象化的神学上。

第二章

尤里乌斯二世时期米开朗琪罗·博纳罗蒂的壁画

耶稣的谱系和菲奥雷的约阿基姆的《新约与旧约的谐致》

我们在第一章已解释过[1]，西斯廷教堂的壁画计划可以追溯到尤里乌斯二世的叔叔——弗朗切斯科·德拉罗韦雷的一次布道，1448年，他曾为帕多瓦的主教方蒂诺·丹多洛做过一次布道[2]。如果我们将同年12月8日德拉罗韦雷举办的布道，同1508年至1512年尤里乌斯二世指导下的米开朗琪罗的壁画联系起来，那么无数的细节将会浮现出来。我们会得出这样的结论:关于“圣母无染原罪”的布道直接促成了壁画方案的启动。

壁画上描绘了所有之前提到的人物，尤其是在西斯廷教堂的拱顶上。我们能在这里找到先知以赛亚、但以理、以西结、耶利米和以利亚，他们都与玛利亚、圣母无染原罪相关[3]。从前三位先知的著作中，我们可以找到证实此教条的真实性的经文。而弗朗切斯科·德拉罗韦雷认为，其他与“圣母无染原罪”相关的人物应该是夏娃、诺亚、撒拉、利百加、雅各、拉结、约瑟、大卫、摩西、基甸、约书亚、友弟德和以斯帖，几乎所有这些人物都能在西斯廷教堂的壁画中找到。此外，让我们再看看布道中提到的事件吧:创造光、创造夏娃、原罪、诺亚造船和基甸毁灭巴力祭坛。

所有这些事件都是重要的或值得描述的，因而展现在教堂的拱顶上。在这方面，布道中指出:“鉴于玛利亚的纯洁，上帝才创造了纯净的光芒；玛利亚必须被认为是无罪的，因为夏娃一出生就是完美无瑕的，如果玛利亚有罪，夏娃需要在玛利亚之前遭遇更多的事情；最后需要指出的是，玛利亚是罪恶之水绝对不可侵蚀的方舟。”

在《旧约》中，只有两个事件被认为与西斯廷教堂的壁画没有任何关系，而这两个事件支持了神学家有关“圣母无染原罪”的讲道。这两个有关基甸的事件分别讲述了羊毛上的露珠和艾城的毁灭的故事。而其余所有从《圣经》中摘录并在“圣母无染原罪”的讲道提及的事件都与教堂壁画有关。

西斯廷教堂一共有九幅穹顶画：其中五幅画都和布道中所叙述的事件一致。壁画中选择的七位先知，有四位都出现在布道中;同时，布道中提到的两位人物出现在四幅穹隅画中。因此，有关“圣母无染原罪”的布道提到了米开朗琪罗壁画中一半以上的主题。

如果说穹顶画是一幅精致而理想的平面画，那么它必须考虑到各种建筑数据，例如凸面和尺寸。穹顶整个表面的比例与耶路撒冷所罗门圣殿的内部尺寸相对应，也就是长宽比为三比一。因此，绘画空间可以很容易地分为三大部分，而每个部分又可细分为三个场景。穹顶两端的四个凸出的区域位于教堂长边的最后几扇窗上方，形成了四个三角形的穹隅；长边剩下的四个凸出的部分穿过垂直于其纵轴的半圆拱，在拱顶或拱面上产生八个弯曲的三角拱面。由于所有这些具有弧边的三角拱面，无论是穹隅还是拱面，相对于穹顶的其余部分都具有弯曲的脊线，因此被认为是单独的部分（事实上也是如此）。从美学的角度出发，穹顶上其余区域的壁画需要考虑到拱面的端点和斜脊线。

方形壁画的划分也有一定的规律：面积较大的壁画位于三角拱面的顶点之间，而面积较小的壁画位于穹顶的两个凸出部分之间。穹顶上那些看上去像拱门的壁画将这些矩形壁画互相隔开。通过一些假的“檐口”，九幅壁画连接成为一幅巨大的矩形图画。“拱门”对应着底座上的“柱子”，上面的人物看上去就像倚靠在这些“柱子”上。底座与穹顶的斜线相交，两个三角拱顶之间是大理石制的宝座，上面坐着先知和女巫。米开朗琪罗还在“柱子”上描绘了精彩绝伦的裸体像，裸体像一共十对，坐在隔开檐口的上方，每对之间还有一个仿浮雕的圆画。

此外，长边上的五个先知各自对应着一个女巫，但这些女巫中没有一位与弗朗切斯科·德拉罗韦雷的“圣母玛利亚的祈祷”有关。或许，我们应该考虑到“男女互似性”是壁画计划的一个最新原则。这一假设在两位孩童身上得到了证实，他们被描绘成了大理石制的擎天神，而在柱子上的这些孩童位于“檐口”分隔之处，均为一对女孩男孩。唯一的特例是以赛亚的宝座旁是四个女孩。同样，四个穹隅的壁画也遵循“男女互似性”原则。根据圣母无染原罪的讲道，如果友弟德和以斯帖的形象类似于上帝母亲，那么我们在另外两个穹隅上的壁画中也能找到她们和耶稣的联系：大卫摘下哥利亚的头颅，以色列人得铜蛇的帮助在沙漠中生还。在神学传统中，玛利亚被认为是纯洁无瑕的新娘，作为教会的象征，如果其圣子被认为是教会新郎，玛利亚将获得更强大的力量。

对现在的人来说，这种新郎和新娘的关系可能会让人感到惊讶。其实早在1200年前，菲奥雷的约阿基姆在他的作品《新约与旧约的谐致》（后简称《谐致》）中就提出了这个观点。这部作品最近被认为与西斯廷教堂的米开朗琪罗壁画设计方案有关[4]：

“或许有关新娘的秘密促使我们去思考这个问题——为什么基督是圣母的儿子？我不想看着你们绞尽脑汁去想：为什么基督既是儿子，也是新郎。总之，亚伯拉罕代表了圣父，以撒代表了圣子，以撒的妻子利百加代表了教会新娘。但如果是亚当，情况就有些不一样了。亚当是圣父，夏娃是教会，而亚伯是基督。但如果将亚当和夏娃分开看，那么亚当就是基督，而夏娃是教会。因此，教会是基督的母亲，而不是基督的新娘。[5]”

从西斯廷穹顶壁画找到的各种新娘新郎的关系中，我们有可能发现壁画设计结构中采用的一个补充原则。在这里，我们进一步证明了菲奥雷的约阿基姆的作品《谐致》对西斯廷教堂的壁画计划施加的决定性作用。但这部作品很难被列入天主教神学的正统书籍中，因为菲奥雷的约阿基姆（当时已去世）曾在1215年发表了有关“三位一体”的错误学说，受到了第四次拉特兰会议的谴责。《谐致》其实由教皇克雷芒三世委托，由卡拉布里亚西多会的一位空想主义者神父执笔[6]。至少对于西斯都四世时代的壁画，或者说波提切利的摩西的试探（诱惑）系列，《谐致》必定是一个重要的灵感来源。事实上，在菲奥雷的约阿基姆的作品中我们可以读到："摩西……代表基督。摩西离开埃及之后进入了沙漠，正如被证实的那样，当他击毙埃及人之后：这与上帝的化身的受难有关，与他死亡后进入这个世界化身为教皇的时间有关。[7]"

令人惊讶的是，《谐致》引用的段落紧跟在上面提到的段落之后，不过应该记得，波提切利在他的壁画中描绘了摩西刺死埃及人的场景，而下一个场景中，我们看到了摩西肩扛手杖正如基督背负十字架那样[8]。所以结论是波提切利或者至少他的神学顾问知道《谐致》这本书。但由于西斯都四世时代的其他壁画没有和《谐致》进行对照，在当时的画家及其神学顾问存在的情况下，我们不应该过分将恶名归因于这本书。大环境完全颠覆了米开朗琪罗的壁画。在所有的基督教人物艺术中，没有一位艺术家像米开朗琪罗那样，一个一个地呈现了庞大的、详尽的耶稣谱系。在一些基督教文献中，耶稣谱系扮演着重要的角色，正如在菲奥雷的约阿基姆的《谐致》中写的那样。这一联系应归功于马尔科姆·布尔，几年前他曾在一本出版物中指出这一点[9]，但马尔科姆的观察和思考仍需要完善。

这位英国学者希望看到菲奥雷的约阿基姆的作品对西斯廷穹顶的肖像画方案造成的整体影响。事实上，他简单而幼稚地认为，没有必要对壁画做出新的解释，因为穹顶上描绘的内容已经非常清晰，除了一些小细节可以再做出不同的解释[10]。布尔尤其被这些壁画的形象震惊，这些形象透露了约阿基姆对于草图的想法。这些形象为类似的壁画提供了基础，这些壁画组成了壁画方案的结构。

在当时负责西斯廷壁画且居住在罗马的神学家中，彼得罗·科隆纳对约阿基姆的想法尤其感兴趣——他的著作中经常提到这位卡拉布里亚的神父[11]。所以，如果不是米开朗琪罗已从萨沃纳罗拉的吉罗拉莫的讲道中了解到约阿基姆的想法，那么他很可能是因为彼得罗·科隆纳才关注到约阿基姆。

约阿基姆将历史划分为六个时代，并根据耶稣的谱系与这六个时代的关系[12]，划分了耶稣的谱系。耶稣的谱系被描绘在六个三角拱面内及其与此对应的六扇拱门上。和《马太福音》一样，壁画方案中也没有出现亚哈谢、约阿施和亚玛谢的时代。此外，《谐致》中不时地提到耶稣的六位祖先与约翰《启示录》中提到的七印有关，约阿基姆因此概述了七个时代。在西斯廷教堂的六扇拱门中，我们发现了规律划分的六位耶稣祖先，他们分别代表了前六个时代。

该系列从雅各、犹大和法勒斯开始，在米开朗琪罗介入之前，这些画被描绘在装饰祭坛后墙的两扇弦月窗上。后来，米开朗琪罗移除了这个系列的壁画，为巨大的《最后的审判》腾出了空间。幸运的是，这个系列的遗迹（现已丢失）被保存在后来的版画中[13]。由此我们得知，左边的弦月窗壁画中描绘了亚伯拉罕、以撒、雅各和犹大，而右边对应的板块中我们看到了法勒斯、希斯伦和亚兰。

如果我们看到了祭坛后墙的两扇弦月窗上的这个系列的前五个人物，那么根据约阿基姆的说法，如今我们就能知道与《启示录》第一印有关的前六幅画中最后一幅画的名字。这个名字出现在祭坛后墙第一扇拱门的弦月窗上。在右侧窗户的上方，我们读到了唯一的名字——亚米拿达。这个系列的画被安排在祭坛后墙上，按顺序展示了摩西的生活场景。然后，从正墙继续此主题，描绘了耶稣的洗礼。在最后一幅画上方的弦月窗上，我们看到了另外一个名字——拿顺：这是与约阿基姆讲解与揭示第二印相关的下个六个人物系列中的第一个名字。拿顺是出逃埃及的摩西时代里犹大之子中的一位将军。在波提切利《出逃埃及》上方的弦月窗左方，我们可以读到接下来三代谱系的名字：撒门、波阿斯、欧贝德。和位于前方的拿顺、位于其后的耶西和大卫一起，这六个人物聚集在一起，并且和约阿基姆对揭示《启示录》第二印的讲解有着密不可分的联系。现在我们来到西斯廷教堂的第二扇拱门。在展示《新约》场景的墙上的弦月窗上出现了三个名字：耶西、大卫、撒门。撒门是约阿基姆与揭示《启示录》第三印相关的原型之一。剩下的五个名字在第三扇拱门上。在展示《旧约》场景的墙上，我们能读到罗波安、阿比娅，而在对面的墙上则写着亚撒、约沙法特、约兰。因此，非常明显的是，画家遵循了约阿基姆的指示，注意到了谱系壁画的分区适应了西斯廷教堂的建筑特点。

而本应在西斯廷教堂第四扇拱门上找到的亚哈谢、约阿施和亚玛谢却不见了。在位于《金牛下的舞会》上方的弦月窗上，我们继续观察该系列的作品：在上面我们读到了乌西雅、约坦、亚哈谢。现在我们注意到，以耶路撒冷圣殿为原型的西斯廷教堂参考了至圣所和圣所的分区。（至圣所是犹太教中帐幕和后来犹太圣殿中的最内层的位置，用幔子和外面的圣所隔开。至圣所被认为是耶和华的住所。犹太人离开埃及后，尚未进入迦南地，还在旷野中的时候，首先建造了帐幕，耶和华的云笼罩了帐幕。还有一次类似的记载是耶和华在云中显现在施恩座上，不允许祭司们随时进入幔内。）

这幅画位于第四扇拱门上，由于占用了原先的位置，隐藏了栅栏的位置，它被分成了两个区域。后来因为《最后的审判》保存和损坏的问题，这幅画才被移到入口处，因此至圣所的空间增大了，而圣所的空间缩小了。也因为圣所缩小，西斯廷教堂中为神职人员准备的地方才为亚哈谢、约阿施和亚玛谢找到了安置之处。

马尔科姆·布尔已经引起人们对乌西雅的注意[14]，乌西雅一家人（他的妻子和儿子）出现在一个角落里，似乎指向了《原罪》[15]。

马尔科姆·布尔正确地提到了《谐致》，但遗漏了最重要的段落，只是让大家注意到犹太人被逐出圣地。以下是他的一段话："亚当被驱逐出天堂，正如乌西雅被驱逐出神殿一样，因为他们都肩负罪名。事实上，这意味着除了我们所说的主耶稣之外，犹太人因为其罪责不得不被驱逐出圣地。[16]"但在这里，就像布尔的翻译那样，没有提到这种呼吁。

事实上，这只是一种对菲奥雷的约阿基姆思想的一种回应，约阿基姆的预言在所述的事件中同时得到了实现。因此，如果米开朗琪罗把乌西雅安排在先于至圣所的地方，那么任何了解《谐致》的人都会向声称在至圣所中占有一席之地的教皇和枢机主教们提出具有讽刺意味的警告。因为我们仍会看到，约阿基姆认为所有和《旧约》相关的事件在未来都会重演，这些壁画似乎在告诉教皇和红衣主教："注意了，不要在你们身上发生曾经发生在乌西雅身上的事。"

在约阿基姆设想的系统中，乌西雅被放置在亚当和基督之间。亚当开启了"夫妇团体"，即是说，在约阿基姆制定的三重模式中，亚当开启了三个团体中的第一个。在此之后指向神职团体，然后再指向修道士团体。三个团体显示了约阿基姆区分开启、确认和实现三个不同级别的概念。乌西雅开启了神职团体以及《新约》。神职团体的基督和《新约》则获得了他们的全部力量[17]。至于谱系传承，先于乌西雅有二十一代人，后于乌西雅也有二十一代人，他刚好位于雅各和基督之间。这也和他在西斯廷教堂中整幅壁画的位置相对应。由于在菲奥雷的约阿基姆所设想的系统中，乌西雅位于中心位置，所以几乎不可能在西斯廷教堂的壁画系列中为其找到更好的位置。

在第四扇拱门从《新约》场景壁画的一侧起，描绘了乌西雅之后的基督的谱系，这与揭开《启示录》第五印有关，呈现了希西家、玛拿西、亚们。在第五扇拱门的同一面《新约》墙上，描绘了耶稣谱系，其中铭文为约阿施、希西家、撒拉铁[18]。布尔正确地选择了后者撒拉铁，这对约阿基姆尤其重要，因为撒拉铁是所罗巴伯的父亲，这种首要地位不仅仅因为《闪的谐致》中建立的联系。而且最重要的是因为所罗巴伯是耶路撒冷第二座圣殿的建造者。现在从这条垂直线向下，在名为撒拉铁的壁画下，我们找到了佩鲁吉诺绘有耶路撒冷神庙的壁画。所罗巴伯应该是和这幅画相关的描绘在弦月窗上的两个孩子其中之一，其名字可以与亚比玉、以利亚敬一起在对面的墙上找到。与后者一起，所罗巴伯与约阿基姆解释揭开《启示录》第六印有关。

在第六扇和最后一扇拱门中，米开朗琪罗在两边墙上的弦月窗上刻上了两个独立的名字，即新约墙上的亚所、萨多克和旧约墙上的亚金、以律。与揭开《启示录》第六印有关的时代以亚金结束。虽然以律被描绘在第六扇拱门上，但约阿基姆的《谐致》认为他和揭开《启示录》第七印有关。在这个时期，入口墙面的两个标题也提到了其他人：以利亚撒、马但、雅各、约瑟。

米开朗琪罗从入口处着手绘制巨幅壁画，

但并没有按照谱系的顺序绘制。拱顶的三角拱面描绘了大卫摘下哥利亚头颅的场景，而根据铭文的指示，下方的弦乐窗可能描绘了雅各和约瑟的形象。由于技术限制，从拱顶上滴下的颜色可能会覆盖墙上的壁画，所以我们假设米开朗琪罗首先描绘了穹顶画，也就是描绘了先知撒迦利亚、友弟德和诺亚醉酒的场景，随后才专注于描绘墙下方的弦月窗壁画[19]。与穹顶画不同，弦月窗和拱面的颜色直接通过石灰涂抹，米开朗琪罗没有准备任何的纸板，以素描和草图的方式得以实现。按照米开朗琪罗选择的谱系顺序，我们回过头来将会谈到耶稣谱系，这一谱系的色彩将得到人们的赞赏。如果我们要正确识别每个人物，将会遇到很多困难。正如最近经常发生的那样，穹顶的弦月窗和拱面画似乎没有完全向观众开放。

雅各和约瑟（取代、增长或成长）

人们普遍认为，入口处墙右侧的弦月窗描绘了约瑟的父亲雅各，后又被推定为是耶稣的养父[20]（图 31）。因此约瑟可能将被描绘在最左边，并且抱着一个孩子。这意味着几乎完全遮挡住约瑟的右侧的女人应该是耶稣的母亲——玛利亚。在这种背景下，这两个孩子只能是施洗约翰和耶稣：坐在女人膝上的是较大的施洗约翰，而紧靠在约瑟背后的是较小的耶稣。

玛利亚也曾和壁画中坐在约瑟前面的女人一样，被描绘成佩戴着奇特的三角形状头吗（图 32），此外，我们还看到约瑟和雅各旁边的两个女人彼此对应，分别位于弦月窗漩涡花饰的左右两边。其实，这里是想描绘雅各的原型（谱系最初的人物）和他的两个妻子利亚和拉结。这是对弦月窗唯一可能的解读。

靠近雅各最左边的小男孩只能是犹大，犹大紧邻着以耶稣的养父结束的谱系。然而，犹大是利亚的儿子：因此，如果弦月窗右边的人物是《创世记》中的约瑟，那么两个孩子可能是以法莲和玛拿西，其母亲是阿塞纳特（《创世记》46：20）祭司的女儿。而右边的女性应该同时代表了拉结和阿塞纳特。我们一边搜集最新的观察结果，一边试图认真研究弦月窗绘画中的内容。随着最近修复工程的完成，我们现在可以准确识别壁画的颜色。如果在我们描述和解释的基础上假设，这些壁画颜色的含义与西斯都四世[21]时期的壁画颜色含义相同，那么我们将会发现一项惊人的内容，接下来将会讨论。

在可能的解释上，我们认为像利亚那样的形象身穿绿色长袍，头戴紫色饰带。绿色是希望和承诺的颜色，而紫色是忏悔的颜色。雅各身着一身金黄色的披风。如果天蓝色代表了默祷，根据圣维克托的休格关于颜色的理论，金黄色意味着履行承诺；如果是鸽子眼睛的藏红花色，就意味着心灵的洞察力。雅各的妻子就将注意力转移到雅各肩上的金黄色的披风。这刚好对应着弦月窗右侧的破破烂烂的、几笔豪放的勾勒线条的天蓝色披风，

31. 入口处右侧弦月窗，雅各和约瑟，利亚（积极）和拉结（沉思），以法莲和玛拿西

32. 拉结、约瑟、以法莲和玛拿西的细节

这件披风搭在了在一位年轻的女子肩上。这位女子朝观众望去，给观众留下了无论在教堂何处都被其目光追寻的感觉。我们会被其肩上奢华的披风所吸引，或者说我们会很容易联想思考天堂之事。根据寓意解释，利亚是充满生机的化身，而拉结代表了沉思。如果做进一步的解读，那么利亚其实是希望和忏悔的化身，她指引了精神洞察力。这种洞察力更倾向于沉思，正如相比于利亚，雅各更偏爱拉结一样。所有的细节都点明了利亚和拉结的性格特点，这也使我们能从两位女人中认出雅各的妻子。但根据解释的不同角度来看，我们能得出这样的结论：同一个人代表了不同的人物。

在菲奥雷的约阿基姆的《谐致》中也可以找到类似的处理方式，除了涉及最深刻的解释层面的所有内容之外，还有与“教会既是母亲也是新娘”的三位一体的上帝启示相关的内容。因此，约阿基姆在其作品的前几页上的话道出了他的原则：“因此，我们必须将三代人作为一个整体考虑，这和圣人的奥秘与不可分割的三位一体相对应”[22]。

约阿基姆还细致地描写出与《旧约》中约瑟和他的儿子们有关的其他细节，这样今天我们就能更好地理解米开朗琪罗的弦月窗。《谐致》的第三卷书第十四章开头这样写道：

“因此，我们总结一下雅各儿子们的秘密：正如之前所说，约瑟在埃及降临，代表了圣灵，但事实上圣灵降临在圣母身上，圣母属于犹太民族。约瑟在埃及又诞生了玛拿西：但由于圣灵，圣母玛利亚诞下了上帝之子，他成了被圣灵赋予生命之人”[23]。

在最后一个引用之处的同一页上，约阿基姆采用相同的主题，将他的理念与利亚和拉结联系起来：

“约瑟降临到埃及，但圣灵降临到犹太人，并通过先知讲了很长时间。自耶稣诞生以来就在犹太民族中，约瑟的儿子玛拿西在埃及出生。同时代表上帝的仆人和基督的摩西从埃及逃出后进入沙漠，因为基督在离开犹太人的成员（也就是在使徒中）后，就去了异教徒的群体。摩西留在沙漠中的四十年成就了异教徒。摩西在第四十年去世，继而被约书亚取代。事实上，为了解开及另一个谜团，在第四十代结束后，教会的这种情况应该从利亚转变为拉结，从雄辩的语言转变为精神意义，从美丽的树叶转变为美味的苹果。[24]”

现在我们需要暂停一下，将大量的想法重新梳理一下。首先，我们注意到摩西死亡和约书亚继承任务的场景可以在西诺莱利的壁画中找到，也就在我们刚刚谈到的弦月窗附近的壁画。但我们逐渐发现，由约阿基姆指派的总设计难道没有组成西斯都四世时代壁画的部分基础吗？

《旧约》和《新约》人物之间的相似预言以及与之相关的事件曾出现在《谐致》中，是指约阿基姆预言的从第六时代到第七时代的过渡时期。第七个也是最后一个时代以沉思的平静为特征。但在西斯廷教堂壁画中，过渡时期与教皇西斯都四世的更迭有明显的联系，换句话说，西斯都四世尚未完成的任务将等待和期望尤里乌斯二世完成。

因此，被约阿基姆熟知的约瑟指的是圣灵，而约瑟的儿子玛拿西被作者和耶稣一起放在《谐致》中。

约阿基姆还特别关注约瑟的两个儿子——以法莲和玛拿西。正如《创世记》中所说，约瑟把他的两个儿子从年迈的父亲那里带来，是为了让父亲祝福他们，于是雅各双臂交叉，将他的右手放到弟弟以法莲的头上，将左手放到长子玛拿西的头上（《创世记》48：13）。

约阿基姆看到了不止一个伟大的奥秘，而是一系列伟大的奥秘。正如他所观察到的那样，首先是颁布律法，然后才是耶稣降临，耶稣降临被置于律法之后。在这一点上，我们是否会马上想到西斯都四世时期教堂的两面竖墙上的壁画呢？其中一面墙展示了律法时代关于《旧约》的事件，而另一面墙展现了耶稣时代的事件。我们继续解读约阿基姆的作品，在《谐致》最精彩和最深刻的部分中，作者在一系列神学反思中详述了约瑟的两个儿子代表的精神意义以及雅各对小儿子的偏爱。例如，长子玛拿西在接受祝福时，他的爷爷只用他的左手触摸他。其实他代表了基督的形象。

“因为他想要遵守律法，想要生来就是女人，想要接受约翰的洗礼，并为他的子民服务。事实上，他成了一名被赐予恩典的仆人，他的目的就是将子民从律法的奴役中解放出来。他由一位女人诞下，使我们成为由上帝抚育的孩子……他将肉体与自身融为一体，这样我们才能在精神上与圣灵相通。他将身体降低至地面，这样我们才能上升至天堂……当他受难时，他紧握着神父的左手，以便我们可以从受难中被拯救，被上帝的右手触摸……因此，为了让以法莲或者说圣灵的恩典显灵，我们的主就成了玛拿西在犹太人中的样子。因为如果没有肉体的律法，我们就会因主的死而被遗忘，恩典就无法统治我们，也不能在我们心中结出正义的果实和制造生活的法则。[25]”

直到现在我们才能认出弦月窗右边的两个男孩。那个跪在女人旁边的男孩是玛拿西，也就是基督。他把一个木桶状的物体交给弟弟的行为代表了圣灵的恩赐。这个恩赐是异教徒神圣的子孙们为之奋斗的理由。

为了使描述更加综合，菲奥雷的约阿基姆将约瑟的两个儿子与基督和施洗约翰进行了比较。根据律法的安排，长子出现在前面，但更受尊崇的属于恩赐，因为基督在他的前人之前就存在了。因此，两个弦月窗上的男孩代表了施洗约翰和基督。从精神层面上看，玛拿西代表了施洗约翰和以法莲（基督）。因此，在米开朗琪罗的壁画中，阿塞纳特成了耶稣的母亲玛利亚，而玛拿西和以法莲的父亲约瑟成了耶稣的养父[26]。

上述解释其实与之前《谐致》段落中的描述无关，因为这种解释放弃了确切表达的意义，并且难以解释米开朗琪罗描绘圣母玛利亚时的感觉。但约阿基姆的思想具有交叉性，就像约瑟之子的祝福中雅各的手臂一样：按第一个解释玛拿西是长子，代表了基督，但另外一个更深层次的解释却是次子以法莲是基督。因此，米开朗琪罗在第一扇弦月窗中描绘的内容与西斯廷教堂的壁画计划达成微妙的一致。

“我们能在以法莲那里得到更有价值的内容，是关于约瑟的儿子，”约阿基姆继续说道，“在以法莲那里，我们不仅认识到圣灵之人，而且学到了圣灵之精神。圣灵是在子民的心中产生的。在子宫中孕育了有形果实的圣灵产生出了无形的心灵果实。事实上，圣灵使玛利亚的子宫孕育生命，而通过恩赐激励其子民的灵魂，也使他们孕育了生命[27]。”根据约阿基姆的说法，两个儿子的父亲约瑟指定了圣灵本身。因此，不久之后约阿基姆就引用了《哥林多前书》中的话：“这里有不同的神恩，但只有一个是圣灵。”

在米开朗琪罗的壁画中，我们可以看到约瑟的头紧挨着小儿子的头。这个动作代表了人类的头脑由圣灵孕育，使人类成为上帝的子民。多亏约阿基姆使用的拉丁语概念，这种孕育被清晰地表达：上帝的恩典也被比作

33. 入口处左侧弦月窗，以利亚撒和马但通过与孩子玩耍，教会杜绝嫉妒的丈夫，被年轻新郎遗弃的教堂

ELEAZAR
MATHAN

圣餐约阿基姆在《谐致》中写道："这是上帝的恩典的另一种表达，上帝的儿子成了人类，人类的肉体成为食物给了我们。但如果这样做时错过了像使徒保罗证明的那种爱，圣灵的果实带给我们的则是谴责，而不是永恒的救赎。"读到这里的时候，我们是不是自然而然地想到了西斯廷教堂罗塞利的《最后的晚餐》呢？在这幅壁画中，犹大以一种特殊的方式凸显出来。

在考虑了所有可能的解释后，现在让我们对弦月窗做一个综合的描述。在和《旧约》有关的弦月窗左侧，我们看到了族长雅各和他的第一任妻子利亚和儿子犹大，犹大夫妇诞下了约瑟，约瑟夫妇又诞下了耶稣。利亚的绿色披风让人想起教堂壁画上和《旧约》有关的摩西的绿色披风。雅各披风的金黄色和摩西服饰的金黄色或者和代表心灵洞察力的藏红花色紧密相关。在米开朗琪罗的这幅壁画中，我更愿意专注于最后一种颜色和与之相关的解释。原型中的披风还包含代表沉思的天蓝色，但这个颜色完全用在了在弦月窗和与《新约》相关的拉结的肩上。由于有了约瑟及其两个儿子玛拿西和以法莲,《旧约》中的人物和事件充分展示了上帝的救赎，并在《新约》中得以延续和充实，且时不时地映射在我们现在的生活中。拉结的衣服则从一个颜色跳到另一个，尤其突出的是其肩上天青石色的披风。裹在腿上的同一件披风上的紫色代表了忏悔，而其肩上的粉红色预示了温柔的爱。

此外，壁画中拉结的身体一侧转向了雅各。雅各左臂上的披风延伸到肩上，泛着天蓝色的微光，似乎在绿色和红色之间，即希望和爱之间转变，如衬衣袖子的颜色一样。但其膝上的部位没有被披风包裹，泛着一丝金黄色。或许我们可以说，玛利亚通过圣灵怀孕假设了神性和人性之间的精神洞察力。而拉结的头饰分为三个部分，难道是指上帝启示的三位一体吗？有了这种解释，头饰就证明了其重要性。否则，从纯粹正式的假设开始，我们也许只会认为这是一种十分奇怪的发型。

在菲奥雷的约阿基姆的指引下，让我们继续谈谈弦月窗右侧描绘了三位年轻母亲：雅各最年轻的妻子拉结，也是相对于利亚更喜爱的妻子；埃及祭司的女儿阿塞纳特，也是《旧约》中约瑟的妻子和玛拿西和以法莲的母亲；最后是《新约》中约瑟的妻子和耶稣的母亲玛利亚。只有《谐致》的优秀读者才能掌握米开朗琪罗壁画中最深刻的人物关系和暗示内容。米开朗琪罗对菲奥雷的约阿基姆的想法非常熟悉。我们研究的部分结论为大家揭示了米开朗琪罗个性中全新的、未知的一面。这位伟大的佛罗伦萨人也为自己的艺术灵感规划了自由的路线，对教堂的状况毫不吝啬地提出批评，就像他的同胞波提切利一样，故意在教皇和罗马教廷面前放一面镜子，被磨平的光滑表面其实透露着某种讽刺意味。

以利亚撒和马但

下一个弦月窗位于西斯廷教堂前门左侧，但这上面完全没有天蓝色。半拱区域留给了约瑟、以利亚撒和马但的祖父和曾祖父；除了名字之外，《圣经》没有留下任何关于这两个人物的事迹（图 33）。米开朗琪罗用漩涡花饰将这两位老人与他们的家人隔开。马但被描绘在印有德拉罗韦雷家族族徽的橡树的金色教皇徽章旁边。他看上去像一个年轻人，而在他身后是看上去更年老的妻子，她怀抱着小儿子。另一边，以利亚撒用嫉妒的眼光看着他的妻子，她正忙着和站在膝盖上的孩子一起玩耍。弦月窗右侧突出了新郎、年轻人，而左边突出了新娘、孩子的母亲。

米开朗琪罗描绘的这两个场景把夫妻之间的一些主要问题呈现在一种纷乱不宁的婚姻关系中。但我们不要忘记，西斯廷教堂中的母亲和新娘其实是对教会的比喻，而靠近教皇徽章的新郎也暗指了在位教皇。仔细观察细节，我们会发现这位艺术家是如何以极大的勇气表达了对教会的批评。

在之前观察的弦月窗中，米开朗琪罗可能受到神学顾问的强烈影响，但他没有单纯依靠对约阿基姆《谐致》的认识，此刻他显然变得独立了。很明显，他清楚地知道每种颜色的含义。因此，我们根据彩色画的一般标准描述了这两组画。

马但穿着象征信仰的白色衬衣，绿色的衣领象征了希望。衬衣从身侧漏出，没有完全扎进浅灰色的裤子里，这意味着这位年轻的新郎没有太弱或太强的信仰和希望。如果不是系上了一条倾斜的红色绑带，象征爱的红色披风似乎有从肩上滑落的风险。红色披风还盖住了左侧膝盖，马但将右腿搭在了上面。仍然微弱的爱和希望只可能和十字架有关。马但的妻子和他往同一个方向望去，但他一点儿也没有注意到妻子。妻子的头巾是象征着忏悔和禁食的紫色。马但身边还绞缠着一些黄色的布料，他坐在一个同样颜色的垫子上，似乎表明他现在已经脱离了精神洞察力。

也许有些人会觉得这种解释太天马行空，但在左侧的以利亚撒画组中我们再次确认了这种解释。这位母亲穿着象征忏悔的紫色袜子，戴着象征爱的红色头巾，而她的白色衬衣袖的上方有一块黄色的翻领。这种黄色和白色的组合让人联想到教堂现在的颜色。但米开朗琪罗笔下还有一个具有暗示含义的特殊元素——这位女人坐在了一条悬挂着钥匙和小钱包的绳子上。

亚金和以律

现在让我们回到谱系中，亚金和以律出现在眼前（图 34）。和《旧约》有关的侧墙上的弦月窗位于摘下哥利亚头颅的场景下方。这里，米开朗琪罗对同时呈现两代人的一个家庭的描绘感到满意。父亲亚金若有所思地望着一个站着的小女孩，这个小女孩被描绘在弦月窗左侧边缘，身上除了一块从左肩绕

ACHIM
ELIVD

过去的布，其余全是赤裸的。母亲用左臂紧紧地抱着全身赤裸的小以律，用右手给他递过去一些桌子上准备好的食物。母亲的衣服是红色、绿色和黄色。

亚所和萨多克
（帮助者和被证实的或正确的）

前方的弦月窗展现了一个家庭，即亚所、父亲、母亲（让我们忽略名字）以及儿子萨多克（图 35）。为了固定发型，母亲再次在前额戴上一条代表沉思的天蓝色头巾。她用食指指着萨多克，可怜的萨多克只穿了一件很旧很差的白色衬衣。母亲指去的方向其实是西斯廷教堂的下一个拱廊，展示了在巴比伦被囚期间出生并且返回巴比伦的人物原型。

所罗巴伯（巴比伦大师，乱世英雄？）

在由母亲向萨多克展现的谱系中，我们还记住了所罗巴伯、亚比玉和以利亚敬。他们位于中间的拱门上，摩西系列壁画上方（图 36）。这个漩涡花饰中的铭文包含了三个名字。

第一个拱面展示了所罗巴伯和他的家人

34. 南墙，亚金和以律

（图 36）。新娘最突出的特点是与《诗篇》中描述的鸽子一样的颜色，事实上她和西诺莱利壁画的颜色相同。并且正如我们第一章研究所示，新娘的衣服也带有银色：如此大小竟然还能在壁画中实现类似的色彩效果！因此，这里提到了《诗篇》中“鸽子的翅翼涂上了白银”。米开朗琪罗描绘所罗巴伯的新娘的发型，在远处看上去就像在头发上插上了一枚银色的羽毛。而在这里出现的金黄色的披风如在西诺莱利的壁画中出现的“翎毛闪烁着火红的黄金”。

西斯廷教堂《分配土地》中的利未除了一块红色的遮羞布什么都没穿，这就像所罗巴伯也只搭了一件红色的披风，上半身的胳膊和胸都露着，只遮住了肚子和腿，这意味着他只在意爱。事实上他的目光转向了新娘和他们的孩子。

米开朗琪罗给这位完美的新娘穿上了和西诺莱利笔下的新娘同样或十分相似的服饰和利未一起作为“教士的新娘”。这是因为米开朗琪罗遵循了圣维克托的休格的寓意解释，准确地理解了“宣读律法”和“分配土地给十二支部落”的含义。类似的这种知识可能仅能由一位神学家提供。我们推论这位神学

35. 北墙，亚所和萨多克

AZOR
SADOCH

36. 南墙，亚比玉和以利亚敬弦月窗上的三角拱面，所罗巴伯家族

37. 北墙，约雅斤和撒拉铁弦月窗上的三角拱面，约西亚家族

家可能是西斯廷教堂的圣堂管理人，也就是奥斯定会的修道士尼古拉斯，根据其兄弟安杰洛·罗卡·卡梅提供的信息，他在1505年9月1日承担了由尤里乌斯二世委托给他的任务[28]。根据安杰洛·罗卡·卡梅的信息，我们还了解到他是一位杰出的神学家。

《诗篇》的第68章第14节引用到这样一句话，开头如下："如果你们想在继承的部分遗产中睡去……"在这幅画中，孩子躺在裹着金黄色披风的母亲的膝盖上，他除了围在脖子上的一条布外全裸着，左手抱着母亲的右小腿。现在我们能肯定披风意味着"翎毛"是"火红的金色"。根据圣维克托的休格的寓意解释，这预示了教会永恒的幸福。

在所罗巴伯身后还有一位深肤色的小男孩，很有可能不是他的儿子，因为他被这个家庭的和谐氛围排除在外。穿着金色和银色服饰的新娘代表了教会。所罗巴伯不属于利未支，而属于犹大支，但他是第二座圣殿的建造者。圣殿位于佩鲁吉诺的壁画上，佩鲁吉诺的壁画位于绘有所罗巴伯家族三角拱面的前方，三角拱面以一种完全和谐的方式展现了所罗巴伯家族。画面中父亲、母亲和孩子的头部形成一个正三角形，其顶点朝下，与周围的三角形的顶点方向相反。所有这一切都不可能是偶然的：事实上，我们可以假设这里提到了神圣三位一体的概念。这个假设能否从进一步的观察中找到依据呢？

所罗巴伯转向妻子以及妻子在倾听丈夫说话的神情，指明了女人是如何来源于男人。这和三位一体中儿子来源于父亲的过程如出一辙。裸身的孩子被描绘成处在旋转的运动中，他的肩膀和围绕的白布似乎和父母创建了一种联系，很显然，这个孩子来源于他的父母。如果在某种程度上可进行比较，那这就代表了圣父和圣子转变成圣灵的过程。

这就是圣奥古斯丁所阐述的三位一体的教义，他实际上在三方面的基础上采用了菲奥雷的约阿基姆《谐致》中的内容：只有魔鬼被排除在这种和谐的三位一体之外。这幅画中，米开朗琪罗在所罗巴伯的左肩身后描绘了深肤色的男孩。我们在下面还将看到突出区域上楣斜线外的深肤色的裸体人物，这些代表了恶魔的人物被锁定在狭窄的扇区中。

约西亚（主的香火和救赎在哪里）

在介绍亚比玉和以利亚敬之前，让我们紧随所罗巴伯图组再来看面前的一组人物画（图37）：约西亚、其妻及其孩子。根据圣维克托的休格的描述，约西亚穿的白色裤子代表了纯洁。但正如维多利亚神学家在同一段落中观察到的那样，约西亚侧身紧紧包裹的蓝灰色布是波澜起伏的海洋颜色：这象征着激情和不纯洁的爱。他正躺在地上睡觉。

对于所罗巴伯，我们只知道他是公元前520年波斯统治下的犹太首领，在先知哈该和撒迦利亚的推动下，他继续建造了圣殿，因此是犹大支的后裔，被认为是其中一个弥赛亚（意指受上帝指派来拯救世人的救主）。而我们关于约西亚的认知就清楚得多了[29]。约西亚是犹大的第十六任君王（前639—前609年），与大卫和希西家一同被列为是犹大最优秀最忠诚的君王。他废除了祭祀神灵的仪式，并推动了耶路撒冷圣殿的重建。在圣殿的修复工作中律法又重新被发现，这使得他安排了一个新的圣餐仪式并更新了《西奈盟约》。

在画中，他的妻子坐在一堆绿色的布上，身穿紫色长袍，头戴白色纱巾，疼爱地把小儿子抱在怀里，脸贴着脸。与此同时，孩子的脸转向正在睡觉的父亲。这里表现三位一体的情节并不完美。按照她被描绘的方式，新娘起源于新郎，同时仍转向了新郎。但孩子更接近母亲而不是父亲。最后，我们知道约西亚在米吉多被埃及国王尼科击败并受伤，但他最终回到了耶路撒冷，此后才不久于人世。可能出于这个原因，他被米开朗琪罗描绘成睡着的状态，而他的妻子穿着象征斋戒和忏悔的紫袍。

亚比玉和以利亚敬
（他是我的父亲和上帝复活）

在所罗巴伯画组的下方，米开朗琪罗在弦月窗右侧描绘了亚比玉，他身穿代表忏悔的紫袍，左边是其妻子，穿着一身白衣和金色的披风，她怀中抱着儿子以利亚敬（图38）。虽然他们背靠着背，中间用漩涡花饰隔开，但这对夫妻似乎在互望着，好像正在互相倾听。小以利亚敬被红色织物和白色绳条包裹起来，由于包裹得很紧，他只有小小的右臂被露了出来：这里同时提到了教会母亲和教会新娘，而孩子则提前宣告了玛利亚的儿子——耶稣的诞生；如果玛利亚代表了教会，那么耶稣就代表了新郎。亚比玉身后是他们的第二个孩子,也穿着一身红色衣服。在这里，米开朗琪罗以一种微妙的方式又解释了弦月窗中有两个孩子的原因，并且再次提及了菲奥雷的约阿基姆关于玛拿西和以法莲的主题。

约雅斤和撒拉铁
（准备好的，上帝是我的祈祷）

前方的弦月窗展示了约雅斤和撒拉铁，更准确地说，展现了母亲、父亲和两个孩子，其中一个孩子是撒拉铁。弦月窗清楚地表明了被漩涡花饰分开的两组人物之间的紧密联系（图39）。母亲和小儿子坐在弦月窗的左边。妻子背对着约雅斤，不过她转过头，尽可能地眯着眼睛看着她的丈夫。约雅斤穿着一身绿色衣服，他扭着身体和头，头部尽量抬高，使他可以很舒服地看着妻子和他的小儿子。小儿子站在母亲的膝盖上，将左臂伸向他的哥哥；哥哥正准备爬上父亲的膝盖，他的左臂也完全伸向弟弟，似乎想递给他一块石头。这又让人想到玛拿西和以法莲关于礼物的主题，哥哥将礼物让给了弟弟，在入口的弦月窗约瑟组绘画也展示了类似的主题。妻子的黄色披风再次暗示了《诗篇》第68章第14节的“翎毛闪烁着火红的黄金”(《诗篇》

武加大译本，67：14）。象征着爱的红裙为象征希望的绿色围巾所包裹，而衬衣袖则是象征信仰的白色，或者白色象征着纯洁？在每次尝试确定颜色的含义时，我们总会始终保持一小部分的自由空间。

玛拿西和亚们
（遗忘的、忠诚的和奶兄弟）

男人和女人之间的矛盾在玛拿西和亚们这幅画中得以展示，他们在下一个弦月窗内被描绘成背对背的场景（图40）。玛拿西坐在右边，他弯着身子，看上去十分疲惫。他的双手交叉着，一只腿搭在另一只腿的上面。他穿着绿色的紧身裤，金黄色的长袍和白色的衬衣，外面还有一件紫红色的双层上衣，最外面还穿着一件忏悔的紫色披风，他把披风拉到了头上。

《圣经》中还提到了亚们的母亲：她叫米舒利密（《列王纪下》21：19-26），被描绘在弦月窗左侧。亚们只统治了两年，由于跟随其父亲玛拿西进行了一次不利的行动，陷于王室阴谋而去世。跟随他的还有可怜的国王约西亚。玛拿西在十二岁时成为君主（《列王纪下》

38. 北墙，亚比玉和儿子以利亚敬家族的弦月窗

ZOROBABEL
ABIVD
ELIACHIM

IOSIAS
IECHONIAS
SALATHIEL

21：1-18）。他在耶路撒冷统治了五十五年并热衷狂热崇拜；据说他曾把其中一个儿子作为牺牲的祭祀品，也许在他之后先知以赛亚也殉了难，这一幕被描绘在西斯廷教堂穹顶右上方。米舒利密忧郁地望着全身被白布包裹的孩子，这难道是暗示亚们的牺牲死亡吗？

希西家（替代了主和主的能力的）

玛拿西的父亲是希西家，《旧约》的几个章节中都描述过其事迹（《列王纪下》18：20）。在弦月窗上方的区域中，我们可以看到玛拿西的母亲协西巴（《列王纪下》21：1）穿着白色和绿色的衣服（图41）。玛拿西的小儿子正抓着父亲已是白色的胡子，父亲表现得很有耐心。希西家在《圣经》中被描绘成一位善良的国王，他曾下令在犹大和其他地方摧毁有关狂热崇拜的建筑。先知以赛亚也和他有联系，并经常给他带去上帝传达的信息。正如之前所提到，米开朗琪罗把先知放在宝座右侧，挨着国王和王后。由于儿子玛拿西的存在，没有必要明确强调希西家家族没有代表三位一体神秘的形象。

39. 北墙，约雅斤和儿子撒拉铁家族的弦月窗

40. 南墙，玛拿西和儿子亚们家族的弦月窗

41. 南墙，玛拿西和亚们的弦月窗，希西家家族

约坦和亚哈斯（完成的、完美的）

在前方的弦月窗中，左侧是约坦家族，右侧是亚哈斯和他的母亲（图 42）。一位可能是天使的小男孩将约坦的注意力吸引到之前的拱门上，拱门上是重建了圣殿的所罗巴伯和其他后代们。约坦在建造了圣殿上方的门后（《列王纪下》15：35），接受了《圣经》的正面判断——他没有摧毁掉用来祭祀崇拜的高地，而亚哈斯是伪神的忠诚之王，他甚至直接牺牲了自己的儿子（《列王纪下》16：3）。但在这里，我们发现在母亲的衣袖和父亲的披风上是代表建立在承诺基础上的希望的绿色。

乌西雅（上帝的力）

约坦是乌西雅和耶鲁撒的儿子。三个人物都位于弦月窗上方的区域内（图 43）。米开朗琪罗使孩子清晰的脸十分贴近父亲的脸，脸颊贴着脸颊。耶鲁撒左手拿着一个羊毛球，乳房靠近大儿子：这个孩子很有可能是约坦。有时我们难以确定这些壁画中描绘的人物序列。

至于乌西雅，我们已了解到它在菲奥雷的约阿基姆《谐致》中的重要性。虽然他属于犹大支派，但神职团体因为他而出现：这就是这位卡拉布里亚修道士的想法。我们知道乌西雅想要在圣殿中献祭，但被麻风病人猎杀和打击（《哥林多后书》26：16-19）。正如之前菲奥雷的约阿基姆观察到的那样，乌西雅由于所犯之罪被赶出圣殿正如亚当被赶出天堂。

亚撒、约沙法特和约兰（离开的、自我审判的、受人尊敬的）

我们第一次遇到的难以解释的是下一幅壁画中关于亚撒、约沙法特和约兰的细节问题。这里要首先认识亚撒家族（图 44）。图中他和妻子阿祖巴、小儿子约沙法特被描绘在一起。根据迄今为止的解释，米开朗琪罗应该在弦月窗内描绘约沙法特和抱着儿子约兰的妻子（图 45）。

但应该描绘约沙法特的弦月窗左侧的人物正在写信。《圣经》中提到了先知以利亚要给约沙法特的儿子写劝诫书，因为约沙法特的儿子和其父亲不一样，他喜欢狂热崇拜。但正在写信的人不大可能是先知以利亚，只是看上去像而已。但为什么米开朗琪罗要改变写信人和收信人的位置呢？在这种情况下我们先来看看国王约兰。弦月窗右边描绘了著名的亚她利雅家族。但这也很难与事实相符。因为我们更期待在那里看到约沙法特的妻子，她的名字一直未知。现在我们只能得出一个结论，米开朗琪罗应该没有太重视神学顾问的意见，因为他让约沙法特写下了应该由先知以利亚写的信；但也有可能都不是这些原因，仍待我们进一步查明。右侧描绘了带着三个孩子的母亲，小儿子把手臂搂在母亲的脖子上，次子正在吸吮乳房，而母亲用左臂搂住长子，这幅画是表现博爱形象的经典画作，并且被及时地给予了关注[30]。显而易见的是，无论是在西斯廷教堂拱面上和还是弦月窗内，重点都放在了女性形象而不是男性形象上，这可能是因为母亲和新娘都被视为教会的形象。但我们可以说，米开朗琪罗现在在教堂内的活动与最开始的活动相比，一点点远离了这些神学顾问。

罗波安和阿比娅
（人民的愤懑，上帝是教父）

下一个弦月窗描绘了罗波安和怀孕的阿比娅（图46）。在这种情况下识别在拱面和弦月窗内耶稣谱系的特点是不容易的。米开朗琪罗在三角拱面内只在以西结和佩尔西卡之间描绘了母亲和孩子（图47），这肯定是罗波安和他的母亲拿玛，拿玛背后在黑暗中的老人应该是所罗门。弦月窗内还描绘了阿比娅的母亲玛迦，或者说罗波安的妻子也叫玛迦吗？也许弦月窗右边的人物也是一位女人。鉴于在这位女人身后穿红色披风的孩子肯定是阿比娅，左边的女人应该就是怀着亚撒的母亲。因此，弦月窗上的两位女人应该都叫玛迦。

大卫和所罗门（渴望的、强烈的和平静的）

当以色列王国的支派抛弃罗波安时，罗波安刚刚成为国王，但他只是作为由便雅悯和犹大支派组成的南方王国的国王，而在大卫和所罗门的统治下，整个王国仍是统一的。这两位国王与所罗门的母亲拔示巴一起被描绘在对面的弦月窗中（图48）。根据圣维克托的休格的想法，拔示巴穿着一双和鸽子血一样颜色的红鞋，这暗示了教堂的春天——一个殉难的血液已经逝去的时期。她还穿着一件代表忏悔的紫色披风，坐在一条代表天堂的辉煌的金黄色的布上。拔示巴手中拿着一个缠绕在杆子上的白色线团：她可能正在织布。

《谐致》中的拔示巴被认为象征了本笃会，而拔示巴的丈夫被认为是士兵乌利亚和大卫王。本笃会（拔示巴）在祈祷和泪水中被净化，吸引了大卫的注意。因此，教皇们代表了基督，他们将目光转向这位净化后热烈地渴望美丽的女人。菲奥雷的约阿基姆在《列王纪下》中开始描述其寓意。必须要提的是，当教皇坐在西斯廷教堂的宝座上抬头往右看时，大卫和拔示巴的弦月窗就在他眼前。

教皇尤里乌斯二世可能想知道为什么米开朗琪罗把拔示巴描绘成一个老年人，而不是她美丽的年轻时的样子。当时的许多神学家可能会提出同样的问题，因为他们可能参加了庄严的教皇礼拜仪式。但如果谁了解了约阿基姆的《谐致》，那么就会立即明白这一点。事实上，这里并没有描绘拔示巴，而是描绘了古老的本笃会。某些神学家可能会想到约阿基姆在阅读《旧约》的通奸故事中用特定的方法注意到的一些其他细节。

约阿基姆解释大卫曾有一个来自拔示巴的儿子：教皇很快使用了本笃会的成员，并将他们任命为主教和红衣主教。这使教皇带领本笃会成员回到沉默的祈祷中，这对修道院的生活是极其危险的。约阿基姆曾说，大卫

42. 北墙，约坦和儿子亚哈斯家族的弦月窗

43. 北墙，约坦和亚哈斯弦月窗上方的三角拱面，乌西雅家族

44. 北墙，约沙法特和约兰弦月窗上方的三角拱面，亚撒家族

45. 北墙，约沙法特和儿子约兰的弦月窗

46. 北墙，罗波安妻子和阿比娅母亲及儿子的弦月窗

47. 南墙，罗波安妻子和阿比娅母亲的弦月窗上方的三角拱面，罗波安家族

48. 北墙，大卫、所罗门、拔示巴的弦月窗，拔示巴暗指本笃会，老年的拔示巴丧失沉思能力

49. 北墙，大卫、所罗门、拔示巴弦月窗上方的三角拱面，耶西家族

王想让乌利亚离开军营，回到妻子那里与她同房，但乌利亚拒绝了。约阿基姆指责乌利亚的拒绝行为，并认为乌利亚像修道士一样，虽然注定在安静的祈祷中度过，但宁愿为神职人员服务，也不愿意为上帝的事业而战。大卫派遣不知情的乌利亚本人带去了这封葬送他性命的信件，让他去了军营中。但《谐致》中提到了什么呢？

独自留在战役中的乌利亚倒下了。约阿基姆认为许多修道士由于他们的特权、对教会任务和世俗工作的过度奉献，完全浪费了沉思天堂之事的天赋[31]。我们现在能够理解为什么壁画中的小所罗门在托盘上放了一封信，而中年的在拔示巴正在织布。这封信不仅暗指了乌利亚的信件，也寓指了教会的特权。尽管壁画中拔示巴被描绘成本笃会的形象，她并没有投身于沉思，而是积极活跃的生活。她坐在一位男性面前，好像正在写东西，这两个人是一对夫妻。从现在的背景来看，她身后的这名男性应该是以利亚，因为根据约阿基姆的说法，以利亚发起了修道士团体，而本笃实现了修道士团体。米开朗琪罗根据这个说法在西斯廷教堂中描绘了先知以利亚和这两个人物中的本笃会的形象，他们像一对夫妇一样坐在一起，就像修道士团体倡导的结果一样。无论如何，写信的这个人也有可能是和乌利亚信件一事有关的大卫王。

根据约阿基姆设定的系统，结果后得以收获。只有在夫妇团体中这种“收获”才最终得以实现。准确讲，通过耶稣的十字架和复活，他和新娘教会的婚姻才最终完成。《谐致》中，神职团体和修道士团体的实现将会以同样的方式完成。这一点上，约阿基姆遵循了三重模式：夫妇团体指圣父，神职团体指圣子，修道士团体指圣灵。同样，“开始”指圣父，“结果”指圣子，“收获”指圣灵。当然，三重模式同样适用于西斯廷教堂的穹顶壁画，神秘的三位一体也将通过基督谱系的形象被观众记住。

拔示巴的红鞋很明显暗示了在殉难中实现虔诚的教会的春天。这让我们想到了圣维克托的休格对鸽爪的描述和解释。整个人物处在半明半暗的环境中，忏悔的深紫色长袍裹住了其身躯，图中她正翘着腿。一条绿色的布裹在拔示巴胸下，衬衣衣袖则闪现着一丝明亮的天蓝色。圣维克托的休格在鸽子的翅膀上也观察到了同样的颜色。拔示巴坐在金黄色的织物上，意味着对未来幸福的承诺，而头上灰色的发饰意味着雄辩之才。淡蓝色的衬衣显得有一点褪色，这位国王的母亲全神贯注地忙于织布的工作。所有这一切都非常精确地对应着圣维克托的休格的寓意解释。在获得教皇的特权后，修道士团体冒着被传教士灌输思想和丧失沉思能力或者说失去年轻的好奇心的危险。

耶西（乳香）

在大卫和所罗门王的三角拱面上方，我们看到了大卫的母亲和在他身后的小波阿斯

（图 49）。母亲穿着一件绿色的上衣和浅紫色的裙子。她闭着眼睛，将手托在脸上，展现出一副睡觉的样子，说明她将希望寄托于未来。位于她身后的耶西穿着一身红色衣服，也闭着眼睛。这个场景告诉我们一切都将在遥远的未来实现。

波阿斯和欧贝德（力量和仆人）

年迈的拔示巴被描绘在大卫的弦月窗内，而描绘在前方区域的波阿斯以年老而丑陋的驼背形象示人，他正看着拐杖上端雕刻的肖像（图 50）。弦月窗另外一端的路得正在安睡，她抱着刚刚喂过奶的儿子俄备得，其乳房还露在外面。年轻而美丽的路得展现了玛利亚的形象。她穿着一件橘红色的长袍，外面的披风是紫红色的，面纱和包裹小俄备得的布都是白色的，不过包裹小俄备得外面的被子是绿色的。老波阿斯穿着丑陋的黄灰色罩衣（图 51），当黄色不是鲜艳的或金黄色的，这种颜色就带有贬义色彩，通常象征着罪恶。由于《圣经》中波阿斯没有被描述成一名罪人或者又老又丑的样子，因而我们必须注意在西斯廷教堂内他被放置在哪儿的问题。我们观察到他被放置在教皇宝座的左上方。因此，我们认为米开朗琪罗试图以一种莽撞而轻率的方式去描绘一幅针对尤里乌斯二世的讥讽作品。但其实那时尤里乌斯二世是一位受人尊敬的老人。波阿斯裸露的双腿暗示了尤里乌斯二世当时刚刚进入方济各会，生活上还十分贫困。粉红色的裤子意味着尤里乌斯二世刚进入方济各会时被塑造成一位红衣主教：他的希望还没有实现。因此，在这里代表希望的绿色和代表罪恶的黄色被描绘在同一个弦月窗内。

所罗门（敏感的）

往上面看，我们发现欧贝德及其家人穿着神圣的金黄色披风[32]（图 52）。母亲坐在地上如同谦卑的圣母玛利亚，她正在为其小儿子剪裁和整理一件白色长袍，小儿子站在母亲旁边，全身赤裸着。母亲的面纱是银灰色的。撒门在欧贝德的背后，头戴红色的帽子，身穿绿色长袍。和圣彼得大教堂中《圣殇》中的玛利亚一样，欧贝德胸前也斜系着一条红带。一家三口的头紧靠着，似乎形成了一个三角形，这让人再次想到了三位一体。从下至上，我们看到了母亲在第二个位置上，儿子在第三个位置上，因此，从三位一体的角度上看，母亲对应着圣子，儿子对应着圣灵。一家人都望向正在剪裁衣服的母亲的手。三个人看着同一样东西代表了创始之时的三位一体。实际上，米开朗琪罗也在同一面拱门上描绘了创造太阳、月亮和植物的壁画。

拿顺（蛇或预兆）

最后一扇拱门上的两个弦月窗展示了和方形壁画对应的两个人物。《圣经》序列上出

50. 北墙，波阿斯和欧贝德家族弦月窗

51. 波阿斯的细节，表现对正在看雕刻在木棍上的自画像的教皇尤里乌斯二世的讽刺

52. 南墙，波阿斯家族弦月窗上方的三角拱面，撒门家族

53. 北墙，拿顺和母亲的弦月窗

现了撒门、拿顺和亚米拿达。拿顺位于有青铜蛇像的穹顶之下，看上去像是一个坏脾气的男孩，他很不情愿地读着讲经台上的书（图53），眼神中带着一丝犹豫和固执。根据《利未记》，其父亲亚米拿达在出逃埃及期间是以色列的将领，因此拿顺也应该和以色列人一起流浪在沙漠中。母亲在弦月窗另外一边，望着镜子中的自己，正如被观察到的那样，展现了其自负的形象。米开朗琪罗通过这两个形象试图公开表明以色列人不遵从上帝和上帝的律法，并且十分傲慢，只关心自己。

亚米拿达（我的父亲出于本能）

现在我们在弦月窗前侧发现了一位像新娘的母亲,她是所有人物中最漂亮的一位。(图54）她穿着黄色袜子和红色长袍，正在梳理她金色的长发，膝盖上搭着一条洁白的毛巾。而弦月窗另外一侧，新郎亚米拿达交叉着的手放在膝盖中间，以嫉妒和渴望的眼神偷偷地望着新娘。新郎在西斯廷教堂中位于教皇宝座的右上方。亚米拿达的衣服颜色十分杂乱，暗黄色的袖子暗示了其犯罪行为。而新娘的袜子则是金黄色的，这意味着教会从存

54. 北墙，亚米拿达和新娘的弦月窗

AMINADAB

在之日就具有的神圣性。然后他全身都穿着一身红色长袍代表了爱。

亚米拿达的名字出现在《圣经》中重要的段落中，根据《诗篇》的翻译，我们可以读到《雅歌》中的译文："我不知道。我的心因为亚米拿达被搅得心烦意乱。"（《雅歌》武加大译本 6：11）可是米开朗琪罗笔下的亚米拿达到看上去并没有心烦意乱。这节经文在《雅歌》中很难理解，然后说道："归来，归来，书拉密女，归来，归来，我们凝视着你。"（《雅歌》武加大译本，6：12）。在弦月窗上梳理头发的新娘不正是《雅歌》中描述的新娘书拉密女吗？

亚伯拉罕、以撒和雅各
（看到整个民族的教父，欢乐？替位？）

我们可以看到最后两个弦月窗上的主题，米开朗琪罗为《最后的审判》牺牲了这两个弦月窗，奥特利的版画涵盖了米开朗琪罗的壁画，展示了亚伯拉罕、以撒、雅各、犹大、法勒斯、希斯伦和亚兰。它们来自同一版画中的相关铭文，我们在本章开头已经提到过[33]。现在应添加一些具体的描述，以便正确识别提及的人物和两个女人。但对于衣服的颜色我们一点儿也看不到。

在弦月窗左侧我们看到了亚伯拉罕，他把左手伸出来，对儿子以撒指着教皇徽章上相互交叉的钥匙，这件事记录了钥匙下的徽章不经过教皇弗朗切斯科・德拉罗韦雷即可识别，上帝的应许将会实现（图 55）。至于弦月窗的左半部分，雅各和犹大仍然有待识别，但可以看到男孩和他身后的孩子。两个孩子看起来都充满热情，他们正望着一本打开的书。在雅各的身后，一位蒙着面纱的女人探出头来，伸向弦月窗的边缘。这个人是谁呢？由于雅各在画中似乎位于女人之前，因此根据解释的内容，我们认为这位女人是其母亲利百加。

法勒斯、希斯伦和亚伦
（分离、指向庭院和高尚的箭头）

我们能清楚地看到，在祭坛后墙右侧弦月窗中一位男子拿着手杖，戴着带子（图 56）。在这里再一次展现了犹大手里拿着儿媳跟他的发生性关系时的两个挡头（手杖和带子），而那时犹大不知道她是儿媳，因为她伪装成了妓女（《创世记》38：18）。但带子和手杖也是主教的象征。在犹大身后看起来受

55. 祭坛左侧的原始弦月窗，位于《最后的审判》前，亚伯拉罕、以撒、雅各、犹大和利百加；威廉・扬・奥特利意大利设计学院

到惊吓的女子往弦月窗左侧望去，她只能是他玛。根据《马太福音》，就像路得和拔示巴一样，她在耶稣的家谱中被有意提到。

弦月窗左侧的三名男子是法勒斯、希斯伦和亚兰，但从他们呈现的方式来看，米开朗琪罗想让他们每个人扮演一个《圣经》中的角色，也就是犹大的第一个儿子和他玛的第一任丈夫——珥，然后是珥的兄弟俄南，最后是犹大血统中最年轻的示拉。正如《创世记》所说的那样，珥早逝且膝下无子，而根据《旧约》律法，俄男与兄弟珥的妻子生下了孩子。俄南所做的在耶和华眼中看为恶，耶和华就叫他死了。于是犹大不想再让小儿子示拉和他玛成亲。但他玛使用阴谋怀上了公公犹大的孩子。米开朗琪罗在这里将过早去世的珥描绘成睡着的样子，俄男将头转过去，示拉还是个孩子，躺在俄男的怀中。这样我们就很容易理解，为何后来的教皇——克莱蒙七世和保罗三世都建议米开朗琪罗把这幅画摘下来。因为这幅画的暗示太过于模棱两可。

56. 祭坛右侧的原始弦月窗，位于《最后的审判》前，犹大，他玛，珥／法勒斯，俄男／希斯伦，示拉／亚兰；威廉·扬·奥特利意大利设计学院

我们意识到认出弦月窗上的所有人物并不是对所有人都有价值[34]。其次，俄男的形象被描绘成一位女性，因为他像母亲一样将孩子抱在怀中。但他露着头——这个细节通常适用于男性。所以孩子可能是亚兰，而睡着的人是希斯伦。弦月窗右侧可能是法勒斯，但我们之前认为是犹大。米开朗琪罗将犹大的手杖和带子放在儿子的手里，难道不是为了提醒他其父不光彩的事迹吗？也许，这个谜底的答案存在于一篇仍然未知的手稿中。

四幅穹隅壁画

大卫和哥利亚

在前门左上方，米开朗琪罗描绘了一个著名的场景——年轻的大卫砍下身躯庞大的哥利亚的头颅（图57、58）。在近景中，我们看到一个白色的弹弓包着一块石头。哥利亚被打倒在地。一个帐篷前，大卫孔武有力地举起胳膊，正准备砍下哥利亚的头，他手中的剑刚好位于帐篷上方金色部分前面。

这个帐篷被分为金黄色的上半部分和银白色的下半部分。于是我们假设这个帐篷代表了天堂。我们在《寓意丛集》中查弹弓的含义，发现“大卫的弹弓”意指《圣经》，而《圣经》对抗了哥利亚或魔鬼。但弹弓可以被认为是十字架的象征，在十字架上放置的石头代表了耶稣，这意味着耶稣击中了魔鬼[35]。

在帐篷的右侧和左侧我们还能认出其他

57. 入口和南墙处的穹隅，大卫杀死哥利亚，中央场景的细节

58. 入口和南墙处的穹隅，腓力斯人，大卫和哥利亚，押尼珥和扫罗

人物。哥利亚的后方（穹宇左上方）可能是他的战友腓力斯人；穹隅右上方是扫罗王与一个将领，这个将领可能是大卫的兄弟之一。至于服装的颜色，哥利亚的战服是绿色的，他将希望寄托于装备上，但最终还是令他失望了。而他的上衣条纹是脏黄色，裤子是深灰色。相反，大卫则穿着天蓝色的衬衣和浅绿色的马甲。

这两个颜色意味着希望和沉思。从天而降的剑代表了《圣经》，砍下了魔鬼的头颅。哥利亚之剑指明了《圣经》的权威，《圣经》中异教徒试图为他们所犯之罪寻求庇护。但大卫的利剑挥向了异端首领哥利亚，所以大卫的形象指的是存在的真理，以惩罚异端首领所犯之罪。

友弟德和何洛弗尼

在《最后的晚餐》上方的三角拱面内，展现了友弟德和何洛弗尼（图 59）。米开朗琪罗为了继续讲述《圣经》故事，再次巧妙地利用了一个三角拱面，尽管由于三角形的顶点朝下，不太适合描绘。三角拱面的下半部分被用来制造和观众之间一定的距离，赭褐色的地板让人产生视觉上的错觉。米开朗琪罗还利用了和三角形顶点垂直的建筑物，没有光源的建筑物左侧在深处消失，而右侧的开口处描绘了幕布间躺在床上的何洛弗尼的尸体。

友弟德站在建筑物的边缘，转身望着建筑，我们很难识别出这是木制的房子或是一个帐篷。友弟德用一张布遮住何洛弗尼被砍下的头颅，她的仆人头顶着装着何洛弗尼头颅的盘子。三角拱面的最左侧草绘了一位靠在盾牌上的卫兵。两样东西跃然眼前：平静、尊贵而巨大的何洛弗尼的头颅以及珍珠装饰的友弟德的奇怪发型。除了何洛弗尼的头颅，唯一可见的是女仆的侧脸，几乎被强行夹在其右臂和友弟德的左臂之间。

何洛弗尼的头让人想到了米开朗琪罗的头。女仆的衣服从黄色过渡到脏绿色，这种颜色通常被认为有罪。类似于十字褡的橘红色上衣暗淡无光，能隐约看见的内衬是代表忏悔的紫色。蓝色的腰带没有一丝光泽。相反，友弟德的上衣从白色过渡到绿色。其丝质的衬衣是天蓝色的，衬衣上还有一块闪耀着黄色光芒的垫肩。贴合头发的帽子颜色和衬衣一样也是天蓝色。友弟德的腰带是红色的，另外一条和脊背垂直、搭在右肩上的带子类似于副主祭的圣带。帽子上一条类似的红带和的镶嵌着珍珠项链的带子互相垂直。这种发型和蓝白色为主的衣服代表了新娘的形象。在西斯廷教堂壁画的整体方案中，这两个女人和摩西岳父叶忒罗的两个女儿相仿，西斯都四世时代的波提切利已经描绘了她们。在第一章的研究中，我们认为这两个女人分别代表了《雅歌》中有罪的新娘和纯洁的新娘。观众们无法看到纯洁新娘的脸，因为她代表了教会和无染原罪的圣母玛利亚，正如上帝预示的那样，那些更美的事物总是隐藏在里面。

59. 入口和北墙处的穹隅，睡着的门卫，友弟德及其女仆（莎乐美），女仆头顶着装着何洛弗尼头颅的盘子，何洛弗尼的尸体

AMINADAB

在中世纪神学中，何洛弗尼是被无染原罪的圣母玛利亚（友弟德）战胜的恶魔。米开朗琪罗为何如此大胆地将女仆描绘成有罪的新娘并认为自己和恶魔（何洛弗尼）一样呢？通常，盘子上的头颅被认为是施洗约翰的头颅。难道是想同时暗示两个不同的故事吗？这个解释模棱两可，因为根据《友弟德传》，女仆接受了被砍下的头颅并且将其装在了包裹中（《友弟德传》13：11）。然而，施洗约翰的头颅被装在了莎乐美或者说希罗底的盘子上（《马可福音》6：25-28）。于是我们在这个三角拱面内找到了一个令人惊讶的事实：殡葬室的尸体是何洛弗尼，而盘子上的头颅是施洗约翰。

在菲奥雷的约阿基姆《谐致》第五卷书中大篇幅地描绘了友弟德，他认为这是耶稣升天前的形象[36]。另外，他还观察到友弟德将何洛弗尼的头和身体分离，因为人类如果无法将恶魔的头颅和邪恶的身体分离，就不能从罪恶中得到拯救，因此，让人类在洗礼中死去是为了能和耶稣一同活着[37]。

这个三角拱面的壁画揭示了一个新的原则：相似的主题却表现了对立的内容。也就是说，友弟德仍然属于何洛弗尼，但女仆却是顶

60. 南墙和祭坛衔接处的穹隅，以斯帖、亚哈随鲁王和哈曼，哈曼被赐死在十字架上，以斯帖和末底改在王殿大门口，末底改给国王阅读关于两个内侍（以斯帖左侧）背叛国王的历史（以斯帖也出现在历史中）

着施洗约翰头颅的莎乐美。这个原则的正确性在菲奥雷的约阿基姆的文章中得以证实。各种对立主题的紧密交织激发了观众们的思考。

在《谐致》的第五卷中，没有提到和友弟德有关的施洗约翰，而在以斯帖的故事中提到了。而在《谐致》的最后一卷中，四位《旧约》中的人物与四位福音传教士以及耶稣基督的重要事件进行了比较。因此，根据《马可福音》的内容，友弟德成了福音传教士和复活的耶稣形象。

《以斯帖记》对应着《约翰福音》和耶稣升天。但从约翰的时代开始，天堂遭受了暴行[38]，在被基督邀请参加宴会前，约翰是先驱者[39]。

以斯帖和末底改

《谐致》中解释的以斯帖的故事有助于理解四幅穹隅壁画的重要细节。这些画我们会在接下来的内容中慢慢解释。事实上，西斯廷教堂拱门上米开朗琪罗描绘的以斯帖的故事（图 60）遵循了约阿基姆书中相对应的细节[40]。穹隅的壁画位于先知耶利米和约拿之间，刚好和友弟德的三角拱面位于一条对角线上。

约阿基姆认为，根据《谐致》的概念，在以斯帖故事中出现的所有人物都有相应的寓意解释，也就是说，耶稣基督降临在肉体中与《旧约》之间存在类似的地方。比如，国王亚哈随鲁是基督，其新娘和王后以斯帖是罗马教会。在彼得接受了以斯帖并让其成长后，她通过彼得或者说末底改被带到基督那里。而哈曼是沉沦之子，《帖撒罗尼迦后书》中讲到他离道反教（《以斯帖记》2：3），而通过代表了教皇或基督的末底改，将在一段时间内接受考验，直到对这位撒旦之子完成应有的审判。

我们还在等待约阿基姆预判的考验。可以理解的是，对于米开朗琪罗和他同时代的人来说，这些预判具有很大的相关性，因为在穹隅的壁画中，米开朗琪罗一直在描绘以斯帖的故事。但壁画中央没有像通常描绘的那样，展现以斯帖冒着死刑的判决谒见国王亚哈随鲁，替将要获死刑的自己的人民求情，相反，他展现了沉沦之子哈曼受惩罚的场景。在整个艺术史上，从未有人像米开朗琪罗那样，将整本《圣经》的故事完美地浓缩在同一幅画中，他的绘画方式展示了综合所有具象艺术的能力，这种能力是不可替代的。

为了正确而系统地理解穹隅壁画，对将壁画分为两个区域的隔墙进行思考是至关重要的。隔墙左侧展现了外部视图，右侧展现了内部环境。那个穿着金黄色长袍的年轻人只能是门卫末底改。在他身后蜷缩着一位穿着白色和红色衣服的女性，她只能是以斯帖，末底改为她指示亚哈随鲁王的床。现在我们知道约阿基姆指出的这些人物的意义：以斯帖象征罗马教会，末底改代表彼得，而亚哈随鲁代表基督。

和谐搭配的各种颜色具有十分精确的意义。新娘穿着代表爱的红色衣服，其垫肩是象征信仰的白色。腰带是象征希望的绿色，

61. 南墙和祭坛衔接处的穹隅，两个内侍、以斯帖、末底改和在床上的国王

62. 北墙和祭坛衔接处的穹隅，以色列人民通过看铜蛇得到拯救，被缠绕在空中的蛇（恶魔的象征）攻击的人民

NAASON

她拿走了一件橄榄棕灰色的披风，这件披风是纪念哈曼十字架的。这些色彩的选择似乎在暗示罗马异教和罪恶的过去，暗示将这座新娘（教会）之城将通过彼得（末底改）交付给基督（亚哈随鲁），在这里，末底改穿着代表神圣的金黄色长袍，而亚哈随鲁的绿色披风对应着新娘的绿色腰带。这种色彩搭配对应着天堂的希望。以斯帖衣袖的银色也不是随意添加的，因为银色象征着雄辩之才，从而意味着罗马教会宣布了福音。

亚哈随鲁王的右手指向了和末底改胳膊相反的方向，他指向了十字架上的哈曼。在他床后我们还能看到和以斯帖一行的门卫和远处两个昏暗的人物，他们在画面最左边，正准备离开这个婚房（图 61）。根据《以斯帖记》第六章，这幅画展现了一天晚上，亚哈随鲁王无法入睡，于是让末底改给他读波斯国历史的故事。刚好国王听到了历史中记录的末底改的功绩——末底改识破了两个想背叛国王的内侍——辟探和提列的阴谋。

约阿基姆认为，粉碎内侍的阴谋意味着罗马教皇对上帝的忠诚，也意味着“他们不会支持异教徒”。在历史中记录的事件和末底改所立之功劳一致，正如约阿基姆在《谐致》中所说，这是“为了让生活在不好的时代的彼得换来一个好的时代”[41]。《诗篇》中也提到类似的话：“那时主像世人睡醒，像勇士饮酒呼喊。”“于是亚哈随鲁王面对王后的请求时，表现得十分温和，任其发泄怒火，因为忍受了一段不好时代的基督耶稣在面对其子民的请求时，很清楚地显示了其审判的讯息。这里还有什么呢？根据国王的吩咐，哈曼最终被赐死在十字架上，而这个特别高耸的十字架是哈曼原本准备给末底改的。[42]”这幅画十分精准地再现了《谐致》中的这段话，因此，米开朗琪罗应该是经过深思熟虑才开始构思和着手绘画。

《以斯帖记》第七章记载，皇后在筵席上揭露了哈曼的阴谋，哈曼当时也在场，正准备对抗以色列人，而皇后得到了她一直请求的东西，正如《谐致》中所说，“因为在这里，教会（新娘）在全力以赴地请求（国王），并

63. 梵蒂冈博物馆观景台上的《拉奥孔》，是铜蛇画面右侧场景的原型

通过遵守上帝和众人之爱的两条诫命召唤上帝。[43]”筵席上，哈曼穿着一身（代表洞察力的）黄色长袍，这一点我们能在主画面上找到——哈曼被挂在十字架上，全身赤裸着，看起来十分痛苦。根据圣维克托的休格的色彩图，哈曼身后的长袍是一种像斑鸠的眼睛一样的橘黄色。

关于友弟德的壁画，我们已经看到米开朗琪罗将其分成了两个相同的部分，也就是何洛弗尼和施洗约翰两个部分。这一点可能来自于他对《谐致》的深刻思考。在《圣经》中，出现过两次国王这样回应一个女人的请求：“你求什么，就是国的一半也必为你成就。”他们是《以斯帖记》中的亚哈随鲁王和《马可福音》中的希律王。于是被装在了莎乐美盘子上的施洗约翰的头颅变成了钉在十字架上的哈曼，而莎乐美变成了以斯帖，他们以一种对立的关系出现在整个西斯廷教堂拱顶的对角线上。

铜蛇

穹隅最后一幅壁画位于祭坛后墙的右上方，米开朗琪罗描绘了《民数记》中以色列人望着铜蛇被救活的故事（图62）。稍微瞥一眼这幅壁画，我们就能看到缠绕在杆子上的铜蛇旁边，有几条缠绕在空中的鲜绿色的蛇，它们正准备攻击饱受折磨的犹太人。这个场景让我们想到了《拉奥孔与儿子们》（图63）。但这些蛇在没有翅膀的情况下就可以在天上飞，这个反自然的细节想说明什么呢？

为了解释为什么这些蛇会缠绕在空中，可能某本不知名的作品启发了米开朗琪罗。这本书是《神秘真理》，人们曾一度错误地认为它是圣伯纳德所著。这本书第45章涉及铜蛇的情节，“如果这些蛇不代表恶魔，我们还能有什么更好的解释？”这部关于圣灵作品的匿名作者如是提问。[44]事实上，这些恶魔就像蛇一样穿过人类的头脑，如果无法识别出它们是恶魔，那么就会给人类致命的一击。所以沙漠中的以色列民族被毁灭了。沙漠就是我们会犯错的一个世界，但我们的立法者——上帝耶稣通过洗礼将我们从这个世界解放出来。

“缺失信仰几乎是一切罪恶的根源。”作者说道。因此，人类成了蛇的猎物，或者说恶魔的猎物。但通过抬高铜蛇，人类缺失信仰的罪恶可以被治愈。作者对十字架上的基督进行了深刻的思考，其中青铜蛇代表了圣像，正如《约翰福音》所说：“因此，如果我们要摆脱邪恶和恶魔的诱惑，那么我们也要面向基督，望着被抬高的铜蛇。[45]”

在穹隅画的左侧，我们看到以色列的子民抬头看着铜蛇。近景中有一位穿着红色外套和绿色渐变红色裤子的年轻人，他抬起了穿着白色长袍的新娘的手。他的胸前穿过一条绿色的缎带，位于其身后留着胡子的男人也佩戴了一条同样绿色的头巾。留胡子男人的身后是一位穿着金黄色长袍的男子，一个赤裸的婴儿坐在他的肩膀上，将他的小手伸向青铜蛇的头部，仿佛要抚摸它。而在穹隅画的右侧，悬在空中的蛇正在攻击孩子和成人们。其中的三个人物正在对抗巨蛇，他们紧紧抓住这些蛇，试图扼杀它们。这组画让人想到《拉奥孔》中表达的感情，在这里，拉奥孔昏倒在地上，穿着一身（代表罪恶的）浅黄色衣服。画面中的中心人物正在和一条蛇决斗，他穿着紫灰色的裤子，外套右边的衣袖像在燃烧的余烬中一样闪闪发亮。作者说，这些恶魔“通过燃烧那些罪恶的闪念[46]”给那些缺失信仰的人类带来了毁灭。画面右侧，我们看到新娘的右前臂被咬了几道口子，她的手被举起来，和文章中的训诫描述的一样：“我们抬起头……面向被抬高的铜蛇……[47]”

在最右侧，一条鲜绿色的蛇马上要钻进一名年轻男子的嘴里。另外一条蛇张着贪婪的大嘴，从一位老人身后吞掉他的头。这组画让人想到《拉奥孔》中流露出的感情，在这里，拉奥孔昏倒在地上，穿着一身（代表罪恶的）浅黄色衣服。画面中的中心人物正在和一条蛇决斗，他穿着紫灰色的裤子，外套右边的衣袖像在燃烧的余烬中一样闪闪发亮。

结论

20 世纪的修复工程指的就是重新清理西斯廷教堂中米开朗琪罗的壁画。将纷繁华丽的壁画公之于众，这有利于研究之前难以理解的壁画含义。通过比较壁画灵感来源的各类文本，尤其是约阿基姆的《新约旧约索引》，我们才明白了壁画所绘的真正的内容。只有这样，米开朗琪罗的艺术技巧才能以全新的视角受到大众的赞赏。

在这方面，人们对西斯廷教堂四幅穹隅壁画表现出特别的兴趣，因为它们展现了整个穹顶壁画的设计方案。当然，米开朗琪罗从事壁画工作一开始就描绘了入口处上方关于大卫和友弟德的壁画，而祭坛后墙上描绘以斯帖和铜蛇的壁画是最后的工作。顺便提一句，米开朗琪罗在 1507 年的最后几个月开始这项宏伟的工作，直到 1512 年 8 月 14 日才竣工。

在内容上，我们发现米开朗琪罗在弦月窗和拱面上运用了自己的构图原则，这项原则迄今为止仍然未知。在雅各和约瑟的弦月窗上，他应用了“一个人物，多重解释”的原则，这取决于同一个弦月窗中这个人物是否和其他人物相关联。

比如，这个弦月窗中的女性可以解释为约瑟的妻子拉结，也可以解释为拿撒勒的玛利亚。此外，正如被鉴定的单幅壁画表明的那样，运用于西斯廷教堂 15 世纪的壁画的色彩图标值仍然有效。由菲奥雷的约阿基姆提出的耶稣谱系的色彩特征、手势和意义，使米开朗琪罗能够不断地在壁画中表达对教堂和教皇的批评意见。

而在穹隅上，米开朗琪罗显露了所有的艺术才华，充分捕捉到《圣经》故事中的寓意。他并没有描绘所有的情节，而是选择了一些支撑教父和中世纪神学的关键性解释。在这里面颜色、姿势、人物间的关系以及一些物品起到了重要的作用。比如，大卫砍下哥利亚的剑似乎是从帐篷的上端挥下来的，这个帐篷构成了整个画面的背景，如果只看到上端的金黄色，这个帐篷还会让人想到圣帐。友弟德的女伴让人想到了莎乐美的相貌，在盘子上的头颅让人想到施洗约翰。这些形象按照米开朗琪罗的构图原则相互交织，相似的形象却以对立的方式解释，这不禁让观众陷入思考，这种构图到底想表达什么。因此，观众们被激发了思考，思考画中的内容，思考何洛弗尼被砍头和施洗约翰被砍头之间的关系、友弟德和莎乐美之间的关系。

在描绘以斯帖故事的穹隅上，以斯帖被描绘了三次，而末底改、哈曼和亚哈随鲁王分别被描绘了两次。因此，这一完整序列的内容被集中描绘在最小的空间内：

被末底改召唤的以斯帖注定是国王的新娘、亚哈随鲁王的不眠之夜、末底改阅读历史组成了统一的内容，而末底改粉碎两个内侍的阴谋、与哈曼一同赴宴、哈曼被赐死在十字架上又组成了统一的内容。米开朗琪罗在最后一个穹隅上放弃写实的手法，描绘了在沙漠中杀死以色列子民的蛇——这些蛇没有在地上爬行，而是缠绕在空中：根据一位中世纪匿名作者的《神秘真理》所讲，这些蛇只能是使人类丧失信仰、误入歧途的邪灵，它们使人类陷入各种罪恶之中。

尽管米开朗琪罗对菲奥雷的约阿基姆的作品和思想非常了解，但他也不可能在没有神学顾问的帮助下，一个人构思西斯廷教堂的所有壁画。但米开朗琪罗能在很短的时间内学到很多东西，并因此能自由出入《圣经》寓意诠释机制，他还从某位神学家那里获得了信心。然而，我们不断发现的壁画中对教会和教皇的批判，这可能是米开朗琪罗的个人贡献。此外，由于寓意解释，《旧约》中的小故事被放置在不同的时间顺序（层级）中。因此，米开朗琪罗要为了多重意义延展其艺术才华和表达的可能性。根据这种不断被应用的方法，将绘画与启发壁画的来源进行比较，通过这些，我们获得了许多新的认识。现在，我们要开始解释这幅伟大的主壁画了，它以创造万物、人类的第一个故事、先知和女巫的关系、创世记（裸体人像）及其周围的圆形壁画作为主题。

第三章
女巫与先知

时至今日人们仍然相信一个说法，这个说法也是由米开朗琪罗本人散布的，那就是原本要实施的设计方案是描绘十二使徒[1]。但是，这样的一个方案面临不少困难。事实上，彼得和保罗这两位使徒中的主教，也位列于最初的几位教皇之中，在教皇西斯都四世时期，他们的形象很有可能就已经被描绘过了，就在祭坛后面的墙壁上，分别列于基督左右。当然，关于祭坛后墙的上方区域在被《最后的审判》修改之前是怎样的一种呈现，我们没有任何相关信息。多亏了保存在维也纳阿尔贝蒂娜博物馆中的一幅图（图 5）[2]，让我们只对祭坛上的装饰屏有了非常准确的认识，那上面曾绘有圣母玛利亚，她置身于空中，如同一名少女，身边环绕着奏乐的天使，下面是十二使徒。

正如大英博物馆保存的一幅草图所展示的那样，起初在弦月窗之间的拱顶的部分绘有坐着的十二个恢宏形象（图 64）[3]。如果这些形象真的意欲呈现十二使徒，那么他们作为教廷的中流砥柱，就应该支撑起拱顶的重量。然而，在这个案例中，使徒被画在了祭坛后墙上的基督的上方，而上帝被画在底部的壁龛里，不管从审美角度还是从象征意义上来看，这都是一个非常不合适的处理。约拿[4]的位置也完全凌驾于基督之上，且并没有因为将这位末日审判者画在他下面而产生干扰。约拿作为先知属于另一个时代，在救赎的历史中处于不同的境地，另外他也涉及基督复活一事。既然这些使徒和基督是同时代的且在救赎的历史中都遵照同样的顺序品级，那么在祭坛后面墙壁上的两个月亮之间，没有任何人能被绘在上帝之上。这也可能是使徒计划刚被纳入考虑就立马被废除的真正原因。另外，也很难理解为什么描绘十二使徒就会是一件“贫乏的作品”（跟上文中说的米开朗琪罗的想法相反）。用先知和女巫来代替坐在宝座上的十二使徒的形象，这不是艺术家自己的主意，而是那些负责主事的神学家构想出来的。于是，米开朗琪罗准备在十二使徒的位置画上七位先知和五位女巫来代替。

事实上，米开朗琪罗本不愿意接受教皇尤里乌斯二世的委任。他的任务首先是为教皇的礼拜堂作画，然后是完成已经开工的教皇陵墓的修建[5]。现在，观察雅各布・洛御蒂临摹的米开朗琪罗所绘的尤里乌斯二世的陵墓草图（此草图现存于柏林国家博物馆），就会注意到和西斯廷教堂的壁画非常相似的布局结构（图 65）[6]。气势恢宏的先知和女巫被上楣分隔开，描绘在站立在壁龛中的教皇形象之上。在教皇陵墓中，也有四个《旧约》中的人物，他们位于底部壁龛里的更小的人物形象的上方。

正如阿斯卡尼奥・孔蒂维[7]和瓦萨里・乔尔乔[8]的文章中所说，在尤里乌斯二世的陵墓设计中，米开朗琪罗可以有自己的想法，但那仅是关于选择呈现哪些人物和寓言。然而关于西斯廷教堂的多层次设计的问题就非常不同了。孔蒂维和瓦萨里解释得很详细，在教皇西斯都四世时期所画的绘画中的颜色是限定的，

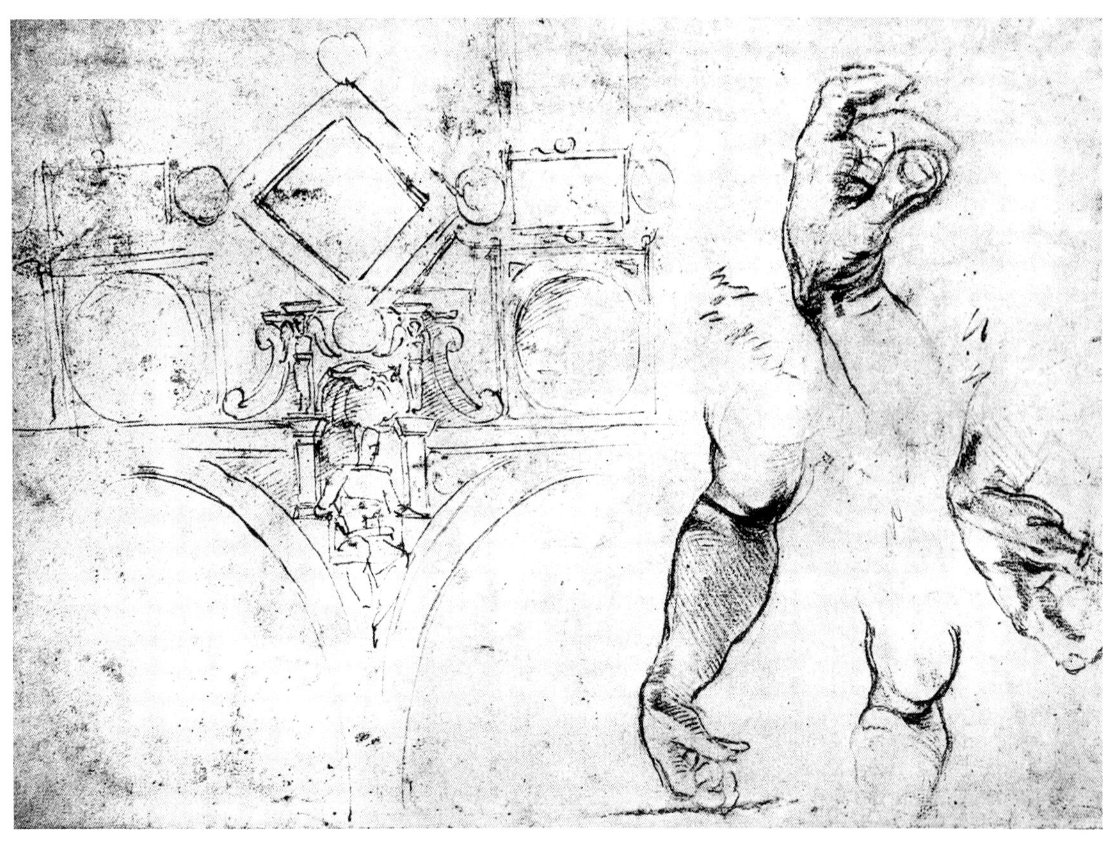

64. 米开朗琪罗为绘制穹顶装饰上的人物而作的草图，现藏于伦敦大英博物馆

是有其自身的含义的。但是，由于米开朗琪罗直到那时从未创作过任何这样内容繁复而大型的作品，因此他必须学习更多东西[9]。也许是因为这个原因，作为雕塑家的米开朗琪罗在面对壁画创作的委任时，总是表现出一些抗拒。实际上，他几乎完全放弃了一些形象艺术语言中富有意义的细节，比如对于鸟和不同树木的描绘[10]。这于他而言是全新的形象艺术语言的知识，再加上还要听从那些被任命负责草拟壁画方案的神学家，这些对米开朗琪罗来说并不是令人高兴的事。于是后来，或许是在描绘穹顶的第二部分壁画的过程中，米开朗琪罗摆脱了他们，并且否认他画出这些作品是归功于那些神学家的指引[11]。

在西斯廷礼拜堂的绘画中，也尽可能地反复出现那些在实施教皇陵墓的设计方案时发展成型的概念。但是，从外到内，从雕塑的立体感到一个绘画的纯二维的感官世界，从可直观感知其含义的雕塑到内容复杂的关系结构，这样的过渡并不容易。同时，这种改变显示出与那种照旧例只重视题材的表现文化的脱离，也意味着米开朗琪罗从所提议的天主教内容中深入地了解了自己的艺术世界。如果仔细研究所有先知和女巫的创作原

65. 雅各布·洛彻蒂，米开朗琪罗的尤里乌斯二世陵墓草图摹本，柏林，艺术图书馆

66. 在修复中的西斯廷教堂东北角，宝座中的德尔菲女巫位于壁龛之上，壁龛里是西斯都四世时期所绘的一个教皇

则，就会发现这些在宝座中的人物形象旁边都有两个更小的裸体画像。另外，除了先知撒迦利亚的画像外，米开朗琪罗在每个宝座的柱脚下方都画有一个站立着的裸体男孩，他头上是一块方形匾，上面写着坐在宝座中的人物的名字。在先知撒迦利亚的画像下，在入口一侧有教皇西斯都四世的徽章，而在祭坛后墙的上方，头顶着写有约拿名字的方形匾的男孩画像则因为《最后的审判》而被移除了。

支撑起上楣的半柱同时也构成了宝座的边界。就像我们在第 2 章的研究中说过的那样，这些半柱上绘有一对裸体孩童作为装饰，几乎总是一个男童和一个女童，绘成大理石雕像一般，非常美观，像是擎天神一样支撑着上楣[12]。另外，在上文中，我们明确地让大家注意到这些性特征显著的成双成对的孩童，他们与教堂的“新郎（基督）- 新娘（教会）”的主题相关。

那些绘在女巫和先知肩上的陪伴着他们的人物形象的意义是什么，这是我们需要思考的。这些画像的头几乎和先知女巫的头在同一高度，理解这些形象的关键就在于对三位一体理念的理解。

按照圣奥古斯丁在《论三位一体》中发展阐述的学说，上帝是三位一体的，是圣父、圣子和圣灵，而人类的灵魂是完全而彻底的精神，是一位的，于是在灵魂中可以识别出三种迥异的性能，也就是记忆、智慧和意志力。正如三位一体中，一切都源于圣父，也就是说圣子源于圣父，而圣灵源于圣父和圣子，在人类的种种行为中也是如此，一切都源于记忆，智慧源于记忆，意志力源于记忆和智慧。

没有什么是凭空产生的，都是一生二，二生三四。菲奥雷的约阿基姆认为这种三位一体的结构是构成整个体系的基础[13]。通过萨佛那罗拉的布道，当时已经在佛罗伦萨的米开朗琪罗极有可能了解了这个三位一体的系统[14]。在当时的罗马，方济各会的修士彼得罗・加拉蒂诺尤为关注菲奥雷的约阿基姆。[15]

在 16 世纪最初十年的罗马，关于三位一体的心理反思主要是由奥斯定会的修道士埃吉迪奥・达・维泰博引导的。他在其讲学和布道中，甚至将关于三位一体的思索推广到非基督教的神话主题中：比如，《帕里斯的评判》中的三个女神，朱诺、密涅瓦和维纳斯（图 67）。[16]

在简单提及了三位一体的基本概念以及米开朗琪罗对这些概念有所认知的可能性之后，我们再次将注意力转向他画的先知和女巫。陪伴着先知和女巫的两个人物形象的其中之一总是在他们的肩头，背部转向空荡的大理石墙壁。另一个人物形象，有时他也会是一个先知——比如但以理——总是与第一个人物形象表现出紧密的关系，就像是由他而生一般。而源自于这两个最初的人物的第三个形象，几乎总是女巫，但有时也会被先知代替，比如撒迦利亚。按照刚刚所述的三位一体的概念去分析每个先知或女巫以及分别陪伴着他们的那些人像，不仅显现出了当时对于艺术领域还很陌生的一种心理的艺术呈现模式，而且也展示出

67. 签字厅，帕纳索斯月亮下的窗户的内弧面，拉斐尔，帕里斯的评判：通过古老神话体现的三位一体心理的范例，明暗对比手法

68. 先知撒迦利亚，壁画草图

了神学在艺术表现中的可能性，正是这些可能性让米开朗琪罗在描绘每一个先知（启示持有者）时富于变化和区分。到此，我们对于每个先知和女巫的壁画的了解和观察，以及对于所绘内容的认知才是完整的。

撒迦利亚

撒迦利亚是《旧约》中所说的十二小先知中的最后一位。他的宝座像是拱顶上方立起来的一整块，那里的两个穹隅呈现着友弟德和大卫的故事场景。通过透视法的视觉错觉，入口处门上方的墙壁显得比实际要高。长边和祭坛后墙也可以说有同样的视觉错觉，但是只有入口处的墙上这种高于拱顶的视错觉效果才是最有说服力的。在画有约拿宝座的祭坛后墙上，这种效果减弱了，因为大型壁画《最后的审判》占据的那块面积中完全没有建筑学的衔接。

对于先知和女巫的宝座，米开朗琪罗并没有选择唯一的视角，因此一直抵到上楣的那面墙的毫无违和感的增高错觉，从整体上来看并不是太显眼。更何况，在那上楣上方的一抹天蓝色只在入口的边和祭坛的边上显得突出，同时也放大了后面墙壁的增高效果。入口处的墙壁上有一个立体感显著的不朽之作，那就是宝座上的先知撒迦利亚，他就像是在天空中显出自己的轮廓一般。画有四个教皇（可追溯到教皇西斯都四世时期）的假壁龛，以及绘在教皇周围的深深凹陷的假窗户，都为这种立体效果添砖加瓦。西斯廷教堂的其他任何地方都不如这一处这般能够让人生动形象地联想到教皇尤里乌斯二世的陵墓。我们之前已经提到过这幅作品的结构和保存在柏林的陵墓草图结构之间有相似之处。但是它让人们回想起来的不仅是教皇陵墓的上楣上方坐在宝座中的先知，实际上撒迦利亚的面孔简直百分百地能让所有同时代的人联想起教皇尤里乌斯二世那张脸。

拉斐尔在他的作品《博尔塞纳的弥撒》中曾描绘过尤里乌斯二世的侧面像，如果我们将撒迦利亚先知的侧面像与之对比的话，不可能不注意到这两者之间的极大相似性[17]。最明显的就是光秃的头盖骨都呈现出同样的椭圆形。在先知撒迦利亚中肯定能看到教皇的样子。事实上，在这位先知的书中，我们可以找到如下的话："欣喜吧，锡安的民，因为我将要居住在你中间，这是耶和华说的"（《撒迦利亚书》2：10），"锡安的民哪，应当大大喜乐！耶路撒冷的民哪，应当欢呼！看哪，你的王来到你这里，他是公义的，并且施行拯救，谦谦和和地骑着驴，就是骑着驴的驹子。"（《撒迦利亚书》9：9）。教皇庄重地走进他金碧辉煌的精美教堂时，一定会想起这几句话。当然，尤里乌斯二世也不是一个博学的人。说到这个，从孔蒂维那里还流传下来一个著名片段：当时教皇在博洛尼亚，准备让人创作他的青铜像，米开朗琪罗问他是否应该在他塑像的左手里放一本书，教皇答道："你给我放一把剑吧。[18]"

69. 入口处墙壁上方的拱顶中间部分，先知撒迦利亚，其画像寓意着意志力，与之一起的还有记忆和智慧的化身。先知是以尤里乌斯二世为原型所绘的肖像，他穿着 15 世纪壁画中摩西的衣服和斗篷

米开朗琪罗所绘的先知撒迦利亚并没有在阅读，而是在翻阅一本书，就像文盲通常会做的那样。另外他的面庞昏暗，隐藏在阴影中，站在他肩后的男孩和女孩的面孔也是如此。正如一对姐弟（兄妹）那般，小女孩的胳膊搭在男孩的肩上。另外，我们之前讲过，这些在先知或女巫身边的小人儿影射着灵魂的性能。把他们和主要人物放在一起，就总能得到那个必须的数字三。更靠近背景的那个女孩代表着灵魂的记忆，男孩代表智慧，拉丁语叫 intellectus。撒迦利亚在这个三方游戏中，占据着意志力的位置，拉丁语是 voluntas。三者的画像都是面部处于阴影中，而在先知左肩上的红色斗篷把他和两个小孩分开来。米开朗琪罗以这样的方式传达出一则确切的讯息，那是关于所呈现的主要人物的灵魂中各性能的状态以及它们之间的联系的讯息。记忆，往昔是昏暗的。智慧也是昏暗的，但两者均没有影响到意志力，它与两者相隔，是独立的。这个人只有意志力是凸显出来的，因此他灵魂中的和谐与平衡是受干扰的。这所有一切难道没有对照出尤里乌斯二世吗?

在上文中提到的埃吉迪奥・达・维泰博的文章中曾经指责帕里斯，因为他片面地选择了在神学家看来代表意志力的维纳斯，而给灵魂的和谐造成了混乱[19]。在这篇文章中，人类灵魂中的三位一体第一次被分裂开并归属于三个人物。米开朗琪罗从这种阐述中获得了灵感。撒迦利亚先知的衣服和斗篷，在色调上与教堂里 15 世纪壁画中的摩西的服装相符。斗篷的浅绿色和摩西的斗篷颜色一样；其含义也很有可能是一样的。两幅作品都寓意了希望：对于摩西来说，希望就是那一片应许之地，而对于米开朗琪罗所绘的撒迦利亚来说，希望也许就在于教会归于平静，甚至，或许是希望有一个像天使一样的教皇，从菲奥雷的约阿基姆那个时代起就一直这样期待着。金黄色的衣服代表了先知或者教皇的神圣性，并以代表默祷的蓝色衣领做装饰。斗篷的上部，准确来说是斗篷的里衬是代表爱的红色；然而这颜色很暗，因为和棕色混在一起了。

关于宝座两侧画得像大理石浮雕的那两对孩童的描绘十分令人感兴趣。这些支撑起上楣及其上方蓝色天空的孩童，

他们显然是蓝色穹顶的擎天神。他们的左臂相互交缠在一起，就这样用各自的右侧身体支撑起上楣。两个女孩都抵着各自伴侣的大腿，而两个男孩则将左臂倚靠在她们俩的肩头。在这天真无知的游戏中，他们如此摆出了夫妇的姿态。

在近期的修复和对所得的结果进行调整记录之后,在安装在脚手架上的电脑的帮助下，我们可以准确地跟踪一遍米开朗琪罗及其助理完成这幅作品的过程[20]。首先是画写有先知(图 68）名字的方形匾。后来的某一天完成了宝座的结构，包括撒迦利亚的左脚。然后开始画下半部分的绿色斗篷。之后连续工作四天，从低到高地完成了先知的形象描绘。在这以后，米开朗琪罗在两个三角状的穹隅里画了朱迪斯和

大卫的故事，然后才完成了把先知框起来的那个强立体感的视错觉画面；最后是画两对小人儿的两个半柱。左边部分一定出自米开朗琪罗之手，右边的部分则可能是一个助理画的。需要格外注意的是半柱上方被分成一个个缩小的上楣：实际上，大部分的空间深度的错觉和先知及周边形象的立体感，都依赖于这个按照透视法缩小的图。

德尔菲

德尔菲是米开朗琪罗画的第一个女巫，也是他笔下最著名的女巫：实际上，她就是德尔斐神谕的女预言者（图 70）。这个佛罗伦萨的雕塑家所绘的预言者中，没有任何一位拥有与通常的预言者不同的特征和属性[21]。但是，为了让每一位预言者都可以被鉴别，米开朗琪罗画了一个裸体男孩支撑着写有女巫名字的方形匾，在画先知的时候也是如此。在窗户之上的弦月窗之间，陪伴着德尔菲女巫的是一个画在穹隅中的女孩。应该把在裸体女孩之上端坐着的女巫与 15 世纪的两幅宏伟壁画联系起来，那两幅壁画就是佩鲁吉诺的《向彼得交付天国之匙》（又或者就像我们研究的第一章中所说的，用活石建造教堂[22]）和科西莫·罗塞利的《最后的晚餐》，那幅画中还有三幅展现了耶稣受难场景的透视法缩小画。也许，正是由于与展现耶稣受难情景的那些附属壁画的关系，德尔菲女巫的头部让人联想起《圣殇》中圣母玛利亚的面庞，那被认为是米开朗琪罗的最重要最有意义的雕塑作品。

在女巫左右两侧的半柱上的两对孩童，是站立着的擎天神，他们站在一起用自己小小的胳膊支撑起分隔开来的上楣。它极大地加重了靠在墙壁上的半柱的负担。每一对孩童中，女童都看向站在她身边的男童。对于那些擅长于观察和沉思的人，在这里一定会回想起教会和基督如同新娘和新郎的那个主题，新娘看向她被钉死在十字架上的新郎，而他受难的场景则呈现在德尔菲女巫的右下方。而这位女预言者也由灵所动，转向先知撒迦利亚的方向，而正如说过的那样，他颂扬和庆祝着新郎从锡安新娘（象征教会）那里到来。仔细观察之后，我们注意到女巫的目光指向了撒迦利亚先知脚下的西斯都四世的徽章。既然这和尤里乌斯二世的徽章相似，显然这里是影射了在位当政的教皇如同教会的新郎一般。

德尔菲女巫的面庞与两个孩童的面庞一起呈现。这两个陪伴着她的人，可能是一男一女，都是全裸的，就和撒迦利亚画像旁边的那两个人一样。他们站在女巫的宝座上。我们认为是女孩的那个人物形象背对着墙壁，手里捧着一本打开的书，站在想要读这本书的男孩面前。她的面庞，除了额头上一点光亮以外，其他全部处于阴影中，那个在读书的男孩的脸也是如此。在读书的男孩可能代表了智慧，而举着书的这个人物，则代表了记忆。右手攥着羊皮纸的女巫源自于这两个孩童。正如奥古斯丁关于灵魂的观点中那样，意志力源于记忆和智

70. 德尔菲女巫，意志力的化身，与她一起的还有记忆和智慧的化身。两对仿大理石浮雕的孩童表现出模仿新郎（代表基督）的新娘（代表教会）的样子

71. 先知约珥，以伯拉孟特为原型的画像，智慧之化身，与他在一起的还有记忆的化身（左侧）和意志力的化身（右侧）

慧；因此这里女巫就代表意志力。而她左手拿着一卷纸，暗指了德尔斐神谕。

德尔菲女巫的头发随风飘扬，而她的披风外层是蓝色的，就像是系在头上的面纱一样遮住了她的头发。女巫的斗篷从头部下垂到右肩，从胸前盖过，遮住左肩，然后膨胀在她身后，这样就可以让人们看到

斗篷里衬是藏红花色。橘红色包裹着背部，遮盖了侧胯和膝盖，而腰周和腿上的浅绿色衣服则露出来，胸部下面系有一条腰带。在腋下扣着腰带的圆形金色带扣。

女巫的嘴微张着，像是正要诉说那神秘的预言，也就是羊皮纸和那一卷纸上暗示的话。不管是那卷纸，还是神谕都触及了斗篷的橘红色里衬，那是鸽眼的颜色，根据上文提到的圣维克托的休格所写的内容，这象征着精神洞察力[23]。现在我们来尝试着解读女巫的服饰。德尔菲女巫要说的话包裹在代表希望的绿色之中，那希望的牢靠稳固性就在于许诺的一种神圣而金碧辉煌的未来。只有具有精神洞察力、默祷以及信仰的人，才能够理解那些话。记忆和智慧都不再昏暗，那么意志力才能够看向基督。至此，也许有人会质疑对于颜色和人物姿态的解读，但不可否认的是这种解读是有一定意义的。

约珥

先知约珥坐在德尔菲女巫对面，穿着一件直触地面的代表悔罪的浅紫色衣服，红色的斗篷搭在肩上，盖住膝盖（图 71）。衣服有一个绿色的领子；一条蓝色的圣带从右肩到左侧胯，而一条白色围巾临时代替了腰带。先知正在阅读一张一部分卷起来的羊皮纸：我们可以假设他本人代表了智慧。

从左到右地观察这幅壁画，我们可以看到他右肩后面，也就是画面的最左边那个裸体男童的形象。到目前为止，这个男童被解读为记忆的化身，他背对着墙壁站立着。在画面最右侧，约珥左肩后面，有另一个人物形象，他面向着第一个男童，举起的手臂和食指高过了先知的肩颈。两个人都是男孩。从右向左吹的风掀动着三个人的头发。在右边的男童可能象征着意志力，他右臂下夹着一本厚厚的绿色封皮的书，面向着记忆的化身。

两个擎天童站立在彼此身边，几乎是用两只手支撑着上楣，就像德尔菲女巫的那两对小童一样，唯一不同的是，在这里两个靠近里面的女童看向下方先知正在阅读的羊皮纸，而两个男童则将目光转向别处。

先知约珥在读什么呢？有可能就是《约珥书》中的那段文字，在圣灵降临日的那天清晨圣彼得的讲话中也提到过这段文字：“以后，我要将我的灵浇灌凡有血气之肉身。你们的子女会变成先知……”约珥是一个天赋异禀的演说者，并且处处劝诫人们忏悔赎罪：“你们应当禁食、哭泣、悲哀，一心归向我。”（《约珥书》2：12）。或许正因如此，米开朗琪罗给他画上了悔罪的浅紫色衣服，还给他画了红色的斗篷，那是圣灵之爱的颜色。衣

领和书的封皮，都是象征着希望的绿色，都与红色的斗篷有接触。正如撒迦利亚的画像那样，先知约珥的脸孔与伯拉孟特的一幅肖像非常相似。圆形的头部，高高的额头，以及太阳穴周围的白色头发都让我们想起拉斐尔在签字厅画的《雅典学院》中的欧几里得。作为教皇的建筑师，伯拉孟特也是米开朗琪罗的直接委托人。我们知道，当教皇尤里乌斯二世卧病在床心烦不安时，伯拉孟特曾给他读过但丁的《神曲》中的章节片段[24]。与撒迦利亚相反，米开朗琪罗所绘的约珥正在读他那卷纸中的启示。他不是仅仅在浏览，而且也没有表现出对启示的不理解。艺术家用这样的方式表现出，在灵魂的三方力量的游戏里，三方都跳不出这运动变化的循环。只有那个代表着记忆的男童的眼睛稍微被阴影遮住了一点，以这样的方式保留着启示的神秘感。

厄立特里娅

根据犹太教《西比林书》的传说，从洪水中死里逃生的诺亚的其中一个儿媳叫作厄立特里娅[25]。因此我们在西斯廷教堂里的《诺亚献祭》下面找到了她（图 72）。根据犹太教的女预言者的神谕传说，

厄立特里娅曾经是一个异教徒，多亏了与诺亚之子的联姻才得以参与真神上帝的启示。

那两对状似擎天神的孩童倚靠在半柱上，带着一些机灵和不知羞的意味，暗指了通过与承载启示之人的联姻而获得的亲属关系。实际上，两侧的女童的膝盖都抵着男童的大腿，并且像是看向下方礼拜堂里的观众，似乎在天真地询问是否可以这样做。

但是更让我们感兴趣的，是陪伴着女巫的那两个人物形象，他们位于用天蓝色的布盖住的讲经台后面。在肩膀处的那个男童好像刚醒来的样子，还在揉着眼睛。而另外一个则用火炬点亮了一盏油灯。那盏灯挂在讲经台上的一个弧形支架上，而女巫正在阅读台上那本摊开的大书。男童对着火焰使劲吹气，于是火苗在厄立特里娅的头上水平地闪烁，仿佛她的灵魂也同那盏油灯一起被这火炬点亮了一般。

我们仍然将阅读理解为智慧的象征，而剩下的两种灵魂的性能则归于两个孩童：揉着眼睛正要醒来的孩童是记忆，点灯的孩童是意志力。对那本书的阅读和理解是建立在默祷的基础上的：那本书放在用蓝色的布盖住的支座上。编在厄立特里娅头发里的头巾有蓝绿红三种颜色。正如我们所见，编发参照了新娘的发式[26]。她穿着一件女式上衣，蓝色的前襟连着领子，肩上是绿色的，盖住胸口的那一部分是绿色和黄色的，两个乳房之间和腹部区域是一抹淡红色，她穿着宽松的无袖长衣，胸下面系着绿色腰带。斗篷是绿色的，而里面的内衬是金黄色的。在棕色的木质讲经台下隐约可以看到一片淡紫色的织物，从大理石座位上一直垂到地面。在女巫体侧有一条打了结的蓝色围巾，而她的绿色斗篷的

72. 厄立特里娅女巫，雅弗的新娘，她借由婚姻而得以参与《旧约》的启示；她代表了智慧，被意志力的化身照亮，而记忆的化身正在半明半暗中醒来

73. 代表智慧的先知以赛亚，与意志力的化身以马利内和记忆的化身童女。先知思索着，理解了他书中所写的内容："看吧，童女将会受孕……"

74. 先知以赛亚和两对仿大理石的女童，德尔菲女巫和两对童男女

色调也趋向于浅黄色。在描绘这个女巫的时候，米开朗琪罗简直展开了他所有的调色板。

我们至少尝试一下解读一些细节。这里捕捉到的女巫的形象，正是她开始感知到所读的那本书中的启示的时刻：神之启示的光芒在她的头脑中点亮。她的灵魂中有默祷、希望和爱：实际上头巾的颜色暗指了这三者，一条头巾的蓝色的边垂到耳朵，还系着三个白色的结。画家用这个表面上微不足道的细节，指出了默祷是如何引领人们去聆听信仰的。女巫整个裹在象征信仰的白色的长衣中，尽管胸部有一抹罪恶的浅黄色掺杂。象征着爱的红色女士上衣则被白色长衣掩盖住，就像是她的第二美德一般，而她首先是被信仰完全覆盖的。虽然斗篷的绿色变成了罪恶的[27]浅黄色，但它还是触到了书下面的蓝色桌布，以及它下面隐约可见的淡紫色织物：默祷和悔罪。相交着的腿上的神圣金黄色染黄了斗篷的里衬。米开朗琪罗是特意按照我们的解读来选择色彩的吗？我们无从得知。然而，不可否认的是，这种解读和阐述与穹顶上的那些关于诺亚的绘画十分吻合。

以赛亚

在厄立特里娅对面的一个大理石宝座上，坐着以赛亚（图 73）。这里的两对擎天神都是女童（图 74），位于里侧的女童看向画在外侧的仿半柱上的女童，而外侧的女童的目光则投向内里，就像是在自我审视。

另一个位于宝座上后侧的孩童的画像也是一个女孩，她被包裹在一件藏红花色的衣服里。在她和先知之间有一个男孩：他的浅绿色斗篷被风吹胀起来，惹眼地飘舞着，而他伸出右手和食指，引起先知的注意，让他看向墙壁后面左边的某处。以赛亚的蓝色斗篷被肩上一个红色的圆形带扣束住，风同样吹胀了斗篷，露出了里衬。画上的先知还很年轻，一头卷曲的银色头发，他刚读完一本书，小手指夹在书页中间，把书夹在左腋下，这迹象表明他读了一个让他内心激荡的片段。应该是以下这段："看吧，童女将受孕并诞下一子，给他起名叫以马内利。"

从分开的书页页码来看，或许他的小手指正指着《以赛亚书》里的这一段。米开朗琪罗对这个部分的照顾到了如此细微的地步。那么现在该如何去理解这三个人物的位置布局呢？此时需要从两个层面去看：一个哲学的层面，一个神学的层面。在画的背景中的女孩只能是代表了灵魂的记忆性能。她不出自于其他任何人。相反，不管是穿着膨胀着的斗篷的先知，还是极为生动地打着手势的男童，他们都来自于她。男孩位于先知和女孩之间。由于他并不注意书本并且以运动中的状态呈现，所以男孩更像是象征着意志力。剩下的智慧这一性能就只能分配给先知了。

在人物呈现的第二维度，也就是在神学层面也给予了高度重视。实际上，女孩寓指了将要怀孕生子的童女，而男孩则寓指了那个孩子：他及其目光中都显示出启发了先知的上帝的圣灵。以赛亚的眼睛眼睑微闭，似乎是在偷偷地打量着整个礼拜堂，目光投向祭坛后面的那面墙，看向那个曾经可以欣赏佩鲁吉诺所绘的圣母玛利亚（图 5）的地方。整个西斯廷教堂的壁画设计都是从弗朗切斯科·德拉罗韦雷（教皇西斯廷四世）《致词圣母玛利亚》开始的——正如我们在第二章中研究的那样——在致敬玛利亚的演讲中，他明确地提到了上文引用的《以赛亚书》第七章的这一段。[28]

先知的浅黄色长衣可能暗示了神的子民和他们的国王犯下的罪孽，以赛亚也以特殊的方式给他们判了罪。他的外衣是浅紫红色的，就和米开朗琪罗后来创作的《创造世界》中的创造者上帝的服装颜色一样。一条白色的长巾系于体侧。阴影中的左衣袖同外衣有着同样的紫红色。这种冷色调且闪闪发光的紫红色是米开朗琪罗的特色颜色之一：它让人想起石头的色调，而不是织物的。这颜色让包裹其中的先知远离了观众：事实上，在这种冷色调中有一些难以接近的东西，就像以赛亚面部的表情会让观察他的人觉得有距离感。

蓝色的斗篷将先知裹挟在默祷之中。它的里衬是代表了希望的绿色，就和给他灵感的那个男童的斗篷颜色一样寓指着未来，寓指着先知之语的那一刻，而先知之语就藏在那本蓝色封皮的书中，呼之欲出："看吧，童贞女将受孕生子。"背景中女孩斗篷的橘黄色可能象征着跟其他分娩不同的处子的分娩？这涉及基督教信仰的基础奥义，也是基督教与其他宗教不同之所在，根据奥义所说，上帝之子的肉身将借由处女玛利亚而诞生。

库玛娜

以赛亚旁边的两个擎天神，一个看向远方，另一个看向内里，陪伴着库玛娜女巫的（图 75）两对小童也是如此。这两对小童分别由一个男孩和一个女孩组成。女孩们的目光看向内里，而男孩们则看向相邻的人物画像，这些画像分别位于拱顶的拱端托左右的三角形瓣块中。

女巫的年纪很大，但却有一双和英雄一样的肌肉健硕的手臂。她转向右侧，正在读一本对开的绿皮装订的书。她微启双唇，似在艰难地理解预言的信息（那本书的绿色代表了未来）。另外她没有拿着那本红皮装订的爱之书，而第一排站在宝座上的那个裸体男孩的右腋下却夹着那本书。第二个穿着绿色（代表希望的颜色）斗篷的男孩，站在他后面拥抱着他。这对兄弟静静地看着女巫的努力。记忆和智慧沉浸在自己的活动中而抛弃了再次由女巫形象代表的意志力。

女巫的蓝色无袖长衣意在表现她的感应神灵的天赋，而她的藏红色斗篷则表现她的精神洞察力。然而袒胸衣领的轮廓是跟绿色混在一起的一抹罪恶的浅黄色。她的宽边女帽和腰带都白得亮眼，那是信仰的颜色。和对开的那

75. 库玛娜女巫，意志力的化身，试图猜出一把匕首指示出的残忍血腥的未来。记忆和智慧互相拥抱着，陪伴着她做着这种费力的尝试

本大书的封皮一样，装着羊皮纸的那个包也是绿色的，带着红色的流苏，从血红色的枕垫上垂下来。女巫就把书放在枕垫上。另外，在左边，在包的旁边还挂着一把匕首。这是什么意思呢？库玛娜女巫预见到了残忍血腥的事件。波提切利在他给教堂画的最初两幅壁画中就已经影射了这些血腥事件之一，那就是佛罗伦萨帕齐家族阴谋谋杀朱利亚诺·德·美第奇。在我们的研究的第一章中，展示了这些壁画和那个事件之间的联系[29]。那幅画的主题是《旧约》中的净化牺牲以及耶稣的诱惑，画的左端可以清楚地辨认出手拿匕首的阴谋者之一。

和波提切利一样，米开朗琪罗也是美第奇家族的支持者之一。因为洛伦佐·德·美第奇是他的第一个资助者，并将年轻的他同其他艺术家们一起安顿在美第奇的家里。

库玛娜和厄立特里娅一样，都是女巫画像中最为人称叹的作品，在西斯廷教堂里，库玛娜女巫代表了意大利半岛。根据维吉尔的《埃涅阿斯纪》第六册里所说，库玛娜女巫为特洛伊人埃涅阿斯打开了通往冥界的入口，他就在那里得知了罗马的未来。埃吉迪奥·达·维泰博在被教皇尤里乌斯二世召唤到罗马并成为教皇宫廷内最杰出的布道者之前[30]，曾在那不勒斯的蓬塔诺学院度过了一段时光，那时他熟悉了解了诗人维吉尔，并认为维吉尔是最伟大的作者之一。另外，不得不说，库玛娜女巫对面那堵墙上描绘的那位先知会让人想起教士维泰博。

以西结

先知以西结出身于一个祭司家庭，他头上和肩上披着犹太人做祷告时用的那种披巾（图 76）。陪伴着他的两个小童之一，只穿着一件轻飘飘的浅绿色斗篷，那斗篷飘动着似乎要从肩上滑下来，而那小童则用两只手指着上方。似乎是在提及左边那个擎天神，与此同时又看向以西结的眼睛，像是要启发他。先知则盯着小童的手。以西结的右手展开，一种典型的祈祷姿态，左手里拿着一卷半展开的纸卷，上面覆盖着无法辨识的字迹。

这一次那两对擎天神可能都是男孩。在背景画布前，两个孩童背对着歪斜地站着。在外侧的小孩的一只手搭在里侧那个小孩的肩膀上。从他们发达的肌肉线条得出的结论就是这两个人物形象应该都是男性。

米开朗琪罗在先知的头部后面，画了一张男孩的脸，他正看向后方，也就是教堂前方空间的方向。而以西结则看向入口的方向，因为他的眼睛转向了另一个男孩正指着高处的手。正是这位先知歌颂了神的荣耀穿过东门重回圣殿（《以西结书》43：2）。同圣彼得大教堂一样，与之平行建立的西斯廷教堂的入口也位于东侧。在教堂里，以西结被画在中殿前的栅栏附近，那栅栏将圣殿和至圣所分隔开来。如果以西结的目光追随着穿浅绿色斗篷的小童（有可能是个女童）的食指方向，他将会看到米开朗琪罗所绘的《创造夏娃》的场景，就绘在礼拜堂正中的穹顶上。

76. 代表智慧的先知以西结，位于意志力和记忆的化身之前，他看到了预言中的幻象。仿大理石雕像的两对小童互相看着彼此

弗朗切斯科·德拉罗韦雷在他的《致辞圣母玛利亚》中引用了《以西结书》中的这一段，研究玛利亚的神学者们也将圣母形象往这一段贴靠："然后，他引领着我到了圣殿东侧的大门：门是关着的。耶和华对我说：这扇门将一直关闭，永不开启，没有任何人由其中进入。因为耶和华，以色列人的神，已经由其中进入……"（《以西结书》44：1）[31]。弗朗切斯科·德拉罗韦雷还谈到被创造的夏娃就像圣母的原型；如果亚当和夏娃是被创造出来的，没有原罪，那么"玛利亚的腹中怀有上帝之人子，世界通过她再次迎来救赎，由于她难以言喻的谦逊，她当之无愧地成为圣母，而比起亚当和夏娃（从他们之后开始有了原罪），她更加卓越和杰出"[32]，这是一件恰如其分的事。被创造的夏娃没有原罪，因此可以说是玛利亚的原型。玛利亚无染原罪而受孕，对男人并无认知，因此才能成为"人神"之母。教皇西斯都四世是方济各会的神学者，对他而言，玛利亚也是以西结的预言中入口处那扇关闭的大门。先知以西结被画在门的上方，那扇门只有作为基督替身的教皇才能穿过，并和其他神职人员一起由此进入礼拜堂的至圣所中。而那些非神职人员能够站在圣殿内就应该很满足了，也就是栅栏前面的这片空间：就是在这儿米开朗琪罗在穹顶的顶点出描绘了《创造夏娃》。

画中三个人的表现，或许应该根据奥古斯丁对于人类灵魂三位一体的阐述来解读。先知脖颈后的那个小童的头，象征着记忆，以西结象征智慧，裸体小童象征意志力。这一次，裸体小童站在宝座上的一本书上。因此，他不仅源自于先知身后的那个小童，还源自于这本书，同样，先知也是如此。这种布局意味着以西结完全理解了他所看到的，并且通过他的口才把所看到的转化成了文字。他受到启发充满灵感，风吹拂着他，抚弄着两个小童的头发，还掀动着象征意志力的浅绿色小斗篷。米开朗琪罗似乎是参照了《埃涅阿斯纪》的中的一段，那一段里描写了库玛娜是如何与神灵碰撞："她受到了启发"[33]。以西结的衣服是代表爱的红色。祈祷用的披巾是浅蓝色的，暗指了对上天的事物之沉思默祷，而那个可能代表意志力的小童正用双手引起先知对上天之事物的注意。以西结的斗篷是悔罪的紫色调：实际上，他就像埃吉迪奥·达·维泰博一样，一直坚持呼吁他的同胞们以苦行赎罪。在这个区域，我们注意到在擎天神的边上有一个古铜色的恶魔，他使尽全身力气用脚推着半柱，就像是想让整个圣殿倒塌一样。我们会在其中一篇分析中深入探讨这些恶魔。在恶魔边上向着祭坛的方向，恶魔的同伴将全身重量倚在另一个半柱上。一个公绵羊颅骨的装饰将这两个古铜色的赤裸形象连在一起，与教堂穹顶上的《创造亚当》相应。在他们之后是另一对擎天童子和一个女巫。

佩尔西卡

佩尔西卡女巫的衣服有代表爱、希望和信仰的三种颜色。在西斯廷教堂里，佩尔西卡女巫坐落于先知但以理的对面（图 77），但以理生活在波斯王国中。佩尔西卡的斗篷里衬是火红色，而衣料是浅红色，在她的膝盖处又变成一抹浅紫色。无袖的长衣是浅绿色，配着金色的腰带。里面的衬衣是白色的，而裹着头发的纱巾是一抹柔和浅淡的绿。女巫由于上了年纪而视力不佳。她转向墙壁，正在阅读一本书，眼睛凑得非常近。在她的右边背景中，站着陪伴她的孩童。西斯廷教堂里的每个女巫都有孩童陪着。

一个男孩裹在一件红色斗篷里，在他身后有一张女孩的脸庞，那张脸只用了寥寥数笔勾勒，她代表了记忆；男孩则可能是智慧，他的思想全都包裹在爱之红色斗篷中。佩尔西卡向后转身面向他们两人，完全沉浸在那本书的阅读中。书的封皮是一种比男孩的斗篷颜色还要深的红色，这色调与女巫的斗篷里衬的颜色无异。尽管佩尔西卡在理解书中寓意时很困难，然而她仍然被笼罩在对神的三德（信、望、爱）中，三德将她与上帝相连。

位于佩尔西卡宝座左右两边的擎天童神，仍然是性别不同的两对。他们的一只胳膊和对方的一只胳膊相互缠绕着，然后把垂在身后的同一块披巾拎起来，盖在自己的小脑袋上（图 78）。米开朗琪罗可能是在让他们模拟婚礼的场景，就像玩过家家那样。

但以理

在佩尔西卡对面，在那面画着《新约》故事的壁画的墙壁上方，端坐着先知但以理。他拿着一支炭笔，在倾斜的写字台上的一张纸上，苍劲有力地书写着（图 79）。仿大理石浮雕的两个裸体小孩在他旁边跳舞：可能跳的是婚礼仪式上的那种舞蹈。

宝座上的两个小孩中的一个，不再和另一个站在一起，而是站在了前面的底座上，在先知的双膝之间。这个男孩全身赤裸，用肩膀支撑着一本暗红色封皮装订的打开的书。为什么米开朗琪罗要选择这样一个不同于其他三方组态的构图呢？看一看西斯都四世的《致辞圣母玛利亚》，我们便可以更容易理解米开朗琪罗的选择。这个方济各会的神学者引用了《但以理书》中的一段，那一段讲的是一块石头在没有人为干涉的情况下从山顶坠落，砸碎了尼布甲尼撒王在梦中见到的那尊雕像。没有任何参考显示，西斯都四世把这一段立刻与其他先知的片段衔接到一起，其中第一个就可以在《以赛亚书》的第 9 章里查到。由于但以理是唯一一个明确地被西斯都四世提及的先知，于是，似乎第二个间接提到的预言片段，那段“解放者……其王国置于其肩”，也同样能在但以理处找到[34]。或许米开朗琪罗故意把意志力描绘在前景中，三个代表了人类灵魂性能的形象之一。意志力源于其他另外两个，作为书的承载者，他与暗指了基督的最后这一段预言联系在了一起。在先知身后可以看到代表记忆的那个小孩，裹在用来遮盖宝座椅背的那件披风里，把披风一直拉到头顶上。因为源自于这个小孩的第一个人是但以理，所以他代表了智慧，尽管在画中他是一个正在书写

77. 代表意志力的佩尔西卡女巫，位于智慧和记忆的化身之前，正在艰难地译解一篇文章

78. 佩尔西卡女巫旁边两对孩童中的其中一对的细节。他们置身于同一块披巾之下，正在玩模拟婚礼的游戏。恶魔用尽全力企图阻止

79. 代表智慧的先知但以理，手拿一支炭笔，在纸上画着他所理解的神谕。意志力的化身承载着书，先知的身后是记忆的化身。仿大理石像的小童跳着婚庆的舞蹈的动作。

但以理的斗篷颜色与代表记忆的小孩的紫色披风形成鲜明对比，那是浅红和紫罗兰混合而成的颜色，斗篷的边缘缀有金色流苏，里衬的颜色从浅黄变成绿色。支撑着书的小孩用右胳膊肘撑在先知右膝上那片浅黄色的里衬上。里衬的其余部分呈绿色，边上镶着金色流苏，在赤身裸体撑着大书的小孩背后展开来，也盖住了但以理的右膝。

教堂里，浅黄色是罪恶之色，尤其是当它和绿色合并或者渐变成这种色调的时候。斗篷的里衬包裹着裸体男孩的背部。我们按照色彩解读这个细节：当男孩用肩膀支撑起那本红色封皮（代表爱）的厚重的书，他的右侧触到了罪恶的斗篷，那斗篷的颜色让人想起在以赛亚先知的画像里已经看到的那种王室的绛红色。或许是想用这个撑书的小孩来暗指基督，因为他曾背负了沉重的十字架，而且也将其王国置于其肩？

但以理穿着一件白色背心，右肩上有一个圆形的金色搭扣锁住，在白色背心外面套着一件蓝色长衣，直垂到脚底，而长衣的翻领由于激烈的书写动作，从肩膀滑下来堆叠着。这样一来，就只能看见长衣的白色内衬，和一点点翻领的浅黄色装饰部分。如果我们试着解读颜色以及先知与两个伴童的形象，那么大约会得到这样的阐述：拥有信仰和神恩的悔罪者，全然投入地记录在册之语，他意识到了（由斗篷象征的）王权的罪恶面孔，而这份沉重和爱的重量，将一并由另一个服从于此项任务的人支撑。那本书有着红色的封皮和金色的断面，还没有交予库玛娜，那它有可能意味着神启。这本书以基督死于十字架而终结。其他细节中，但以理手中的铅笔头更像是用来画画而不是用来书写的。它跟米开朗琪罗所用的绘画工具一样，将灵感即刻转换到纸上。

在此我们要提到一点，即在最近的一次修复中，由于雨水的渗透以及那些牢牢粘在颜料上的深色硅酸盐造成的斑点，导致这幅画像表层的状况堪忧。曾经对这幅画也有过必要的修饰，最好的修饰，是对左膝上紫红色斗篷的整体修复，这是安尼巴莱·马佐里的功劳。他受命于教皇克雷芒十一世，于1710—1712年间在西斯廷教堂修补古画[35]。

利比卡

女巫中的最后一位代表了非洲大陆，就像她的姐妹佩尔西卡代表了亚洲一样（图77、80、81）。另外三位女巫，德尔菲，厄立特里娅和库玛娜，她们属于带有希腊文化印记的地中海文化。然而这些概念并没有影响艺术创作：只能根据对女巫名字的选择，从设计方案中去推断这些概念。这些画像表达的基本理念仍然和新郎（基督）-新娘（教会）的关系相关，正如我们在第二章的研究中阐明的那样。这里的仿大理石浮雕的童男童女用大胆而独特的步伐展示着婚礼的主题：男孩的膝盖穿插进女孩的大腿之间。就连那盖着绿色锦缎花纹布的宝座，也让人想到婚礼时的新床。在庄严的宗教仪式中，尤其是主教会议时，都会用绿色缎纹布盖上座位。在这样的情况下，一个女性形象会让人联想到作为新娘的教会，这个女巫也是如此。她的发髻编缠着明亮的银色头巾，堆在头顶和前额。利比卡的目光投向圣母玛利亚的祭坛的装饰屏，她是新娘的典范。

她的形象和服饰清晰地让观画的人回忆起武加大译本中的《诗篇》的一段。上帝的子民以色列人，是覆满银色羽毛长有金色背脊的鸽子。在我们的第 1 章研究中，已经看到西诺雷利在他的摩西重述律法的相关题材的那幅壁画里（图 25），就描绘了这只圣诗中所说的鸽子，把它画成了一个穿着金色斗篷的新娘[36]。然后我们讲到了这幅画作溯源于对一首赞美诗的阐释，就是被认为是圣维克多的休格所作的《关于动物和其他事物》中的阐释。在研究的第 2 章，我们发现了米开朗琪罗用来象征和呈现鸽子的第一个女性形象。她是题献给所罗巴伯家族的壁画中的新娘。所罗巴伯是耶稣的先祖之一[37]。

利比卡穿着一件抹胸式的衣服，边缘装饰着亮银色的织边，在盖住后背的地方，衣服闪着金色的反光，而在她的膝盖上可以看到红色的里衬，那是爱的颜色。穿在里面的内衣是浅紫色的，提醒着人们悔罪。她舒展双臂，拿着一本放在后垫板上的打开的书，双手扶着书的两端，那姿势让人想起鸟儿拍打翅膀的样子。书的封皮是绿色的，跟盖住

80. 米开朗琪罗，利比卡女巫手臂和面孔姿态研究的设计草图；伦敦，大英博物馆

81. 意志力的化身利比卡女巫，让人想起象征着圣灵的鸽子，她也是神谕的新娘，坐在布置得像新床一样的宝座上；在襁褓中的男孩代表了智慧和圣子，在三位一体中，圣子源自于圣父，就像智慧源自于记忆一样

宝座的那匹缎纹布的颜色一样。书的后面有一个装着笔的银制墨水瓶：根据圣维克多的休格所写的文章，银色代表了口才，也就是布道者的演说艺术。还是在那篇文章的阐述中说到，金色代表了上天应许的未来的荣光[38]。也是由于这个原因，在教皇西斯都四世时期的壁画里，摩西总是被描绘成穿着金色衣服的样子。实际上，他的绿色斗篷也暗指了未来的荣光，在对西斯廷教堂里的摩西相关壁画进行一系列的修复之后，现在他的斗篷变成了利比卡女巫的宝座上的缎纹布和那本书的封皮的色调。

两个陪伴着利比卡的小童被画在宝座座位的高度。米开朗琪罗再一次试图在心理学层面和神学层面之间建立一种联系。在左后方的那个依稀可辨的男孩，靠近仿大理石的童像的脚，他裹在一件绛红色的富丽堂皇的斗篷中。他右手中拿着的那个金色权杖也是富丽堂皇的。这些不仅是寓指了记忆，更寓指了三位一体中的第一位，即圣父。第二个男孩的左臂下夹着一卷纸卷，目光看向左边的男孩：他代表了源于记忆的智慧，正如圣子源于圣父。他的胸部以下就像裹在一个襁褓里；右手指着女巫，就像是在向圣父说：这是我的新娘，神谕的新娘。

代表了圣父的那个男孩张着嘴。他说的神谕，就是圣子；更有甚者，第二个男孩的嘴跟另一个男孩的嘴靠的特别近，这提醒着一个神学真理，即圣灵之气息源自于圣父和圣子。

耶利米

在教皇座椅的正上方，端坐着先知耶利米。他驼着背，满面忧伤，右手托着腮遮住了嘴（图 82）。他灰色的头发乱糟糟的，长长的白胡子垂下来，分成几绺。这面孔让人想起米开朗琪罗的画像。他穿着粗皮的长靴，跟这个佛罗伦萨的雕塑家（指米开朗琪罗）穿的长靴很像。白色的内衣从外衣的紫红色内衬下露出来，外衣包裹着膝盖；只能看到上半身和手臂部分的外衣，从紫红色渐变为金黄色。领子的织边是金色的，而接缝和盖住膝盖的外衣的边缘是绿色的。

先知背后有两个女性形象站立在宝座上。在他右肩后面的第一个女人把脸转向旁边，沉浸在一种深深的痛苦之中。金色的头发从她的额头上垂下来，直到肩膀。这个女人穿着一件白色的长衣和一件浅青色的外套，她代表了灵魂中的记忆。第二个女性形象站在耶利米的左肩后面，是一个侧面像，她面向着第一个女人。她穿着一件外面是红色，内衬是绿色的斗篷。可惜的是，由于雨水的浸润和彼时必要的修复工作影响，她脸上的表情显得缺乏生命力[39]。这个形象代表了灵魂性能之一，是意志力的画像。先知耶利米独与第一个女人形象有所关联，而第二个女人则在先知和第一个女人之间游走。她在耶利米身后步伐庄重地走向那个满面忧伤的金发女人，金发女人的脚一半踩在一张羊皮纸上，一半踩在一块紫色的布上面。羊皮纸和布都从大理石座位

82. 先知耶利米，米开朗琪罗的自画像，他的背后是记忆和意志力的化身。仿大理石的两对小童在跳舞

83. 祭坛墙壁上方的穹顶的中间部分，先知约拿转向光明，看向画着《神分光暗》的穹顶，用手指数着那三天，三天之后就是耶稣复活。意志力的化身被一条大鱼围绕着。背景中举着左手的那个人物形象既代表了记忆，也代表了以马内利

IONAS

上垂下来。在羊皮纸上面那些无法辨认的字迹中，可以看到拉丁字母 ALEF，它们一起组成了希伯来语字母表的第一个字母。

现在，通过描述，我们已经收集了所有元素，那么就可以试着来解读整幅作品了。这里的关键人物是那个金发女人，在三角结构的情况下，她占据了通常代表着记忆的那个位置。她的白色衣服和浅青色的外套，都让她与以色列的新娘别无二致；实际上，正如我们在第 1 章中展示过的那样，白色和蓝色正是上帝的选民和教会（上帝的新娘）的颜色[40]。在米开朗琪罗的壁画中，先知之语还有那金发女人不愿接受的代表悔罪的紫红色面纱，都是以色列民族的象喻。第二个女人，穿着代表爱的红色和代表希望的绿色，向着第一个女人步履庄严地走去，就像是想要救助她一般：蓝色渐变成青色（蓝绿色），就像是希望的微光再次洒在以色列人的身上。

先知身后的那两个女性形象也是对弗朗切斯科・德拉罗韦雷《致辞圣母玛利亚》中的一段的释义，这一段提到了《耶利米书》中第 31 章的内容："耶和华在地上造了一件新事，就是女子护卫男子。"（《耶利米书》31：22）[41]。穿着绿色和红色斗篷的那个女人，显然在劝说金发女子改变信仰，而她将目光转向别处，满面忧伤。与此相关的，是整个中世纪传统包括西斯都四世对于《旧约》的那个预言的解读，也就是暗指了玛利亚处子之身受孕并诞下耶稣的预言。作为方济各会的神学家，西斯都四世故意让人注意到了那些引用《耶利米书》以后的句子。那不仅是母亲受孕诞下的婴孩，更是一个"兼具美德、力量和伟大能力的人，因为他带着自有之力出生，并成为一个在律法下救赎那些在罪恶之律法中生活的人们的人"[42]。

半柱上的两个仿浮雕画像中，女孩的胸部下面绕着腰系着一块布的一端，这块布用作这对小童的背景，另一端则当作帽子盖在男孩的头上，女孩的右手搭在男孩的帽子上。男孩也伸出一只手放在女孩的额头处，用拇指画出十字的标记，就像信天主教的父母对他们的孩子做的那样。由于他们相互把手放在对方的额头和帽子上，于是他们的手臂也交叉起来。《耶利米书》中写到"女子护卫男子"：事实上，女孩用布束住了男孩的头，而男孩却睁大了眼睛，越过女孩看向远方。这是在暗指救赎了新娘的耶稣受难吗？

在耶利米的羊皮纸卷上和武加大译本的相关段落中，都可以找到转写成拉丁语的字母 ALEF，《耶利米哀歌》就是以这个字母开始的。先知约拿在鱼腹中时（那条鱼按照上帝的意愿吞掉了约拿）也突然唱出一首哀歌。实际上约拿想要逃离他施："我遭遇患难求告耶和华，你就应允了我；从阴间的深处呼求，你就俯听我的声音。你将我投下深渊，就是海的深处；

大水环绕着我，你的波浪洪涛都漫过我身。"（《约拿书》2：2-3）。就这样，西斯廷教堂里的最后一位先知以呼唤救赎和复活结束了这系列壁画。

约拿

这个面对上帝及其指令时抗命脱逃的先知，从瓦萨里·乔尔乔时期开始，就因为其按照透视法而作的缩小画而备受所有观画者的欣赏与赞美。但是米开朗琪罗创作这个形象的真正意图却被忽略了。菲奥雷的约阿基姆再一次帮助我们理解这幅作品。实际上，在他写的引言的最初几页中，他提醒了读者约拿的命运，尤其引用了《诗篇》中的一段："我如何远离你的神明，又何处逃离你的存在？"接着，约阿基姆暗暗提及了约拿的故事："如果我们逃亡他施，则会在途中遇阻，狂风暴雨向我们迎面扑来。如果我们任由波涛而去，便会下沉陷入淤泥深处，而那海怪已经准备好赶来吞掉猎物了。"[43]

先知约拿的身子向后弯，眼睛看向上方拱顶的方向，精确来说是看向米开朗琪罗描绘的造物主上帝将光明与黑暗分开的情景（图84）。在这个动作中，先知的头似乎快要撞到那对仿大理石浮雕的小童了。那个男孩正在跳舞，他搂着女孩的腰，想要带她加入到这个转圈唱歌跳舞的活动中来。看到此情景，不能不想到《雅歌》中的段落："转身，转身，书拉密女！你转身，你转身，使我们得观看你。"（《雅歌》6：13）。在武加大译本中，用了另一个词来代替"转身"，就是"归来"："归来，归来，书拉密女！归来，归来，我们凝视着你。"（《雅歌》武加大译本，6：12）。

背景中，在宝座椅背的墙面中间，我们看到一个儿童的形象，在他身后和裸露的肩膀上飘舞着一件紫红色的斗篷：他举起左手，看着先知，就像在发誓。约拿尽可能地远离上帝，然而却不得不抬起头看向穹顶上分开了光明与黑暗的造物主。另一个人物，穿着象征精神洞察力的橘红色的衣服，从哲学和心理学层面来说都代表了意志力，他被一条大鱼的鱼身包围着。约拿的头部让人想起穹顶上《创造亚当》那幅画里的亚当的头。先知似乎是在情绪激动地与造物主对话。他身后直立着一枝蓖麻，它最外面的叶子正在枯萎，弯向背景里的那个小童。从心理学的角度来解读，这个小童代表了记忆，而从神学的角度来解读的话，他代表了上帝之子，他在坟墓中沉寂三天，然后获得重生。约拿在海怪的肚子里度过的那三天变成了现实，就像"这邪恶又虚假的世代"的"神迹"。（《马太福音》12：39）

约拿的画像是整个西斯廷教堂的穹顶壁画高度协调一致的最后一环。他的内衣是代表信仰的白色，上衣渐变成代表希望的绿色，铺在大理石座位上的布变成代表爱的红色。先知一边与上帝对话，一边移动手指，那肯定不是如最近人们所想的那样[44]一个表示想要远离困厄的手势，不是一个祛邪的手势，而是一个计数的手势，更准确地说，是在指示数字三，也就是先知在海怪腹中滞留的三天三夜。如果说手指的造型表示了一种祛邪的姿势，那祛邪的魔法就直接针对了画在附近的末底改和以斯帖。在这样的情况下，这

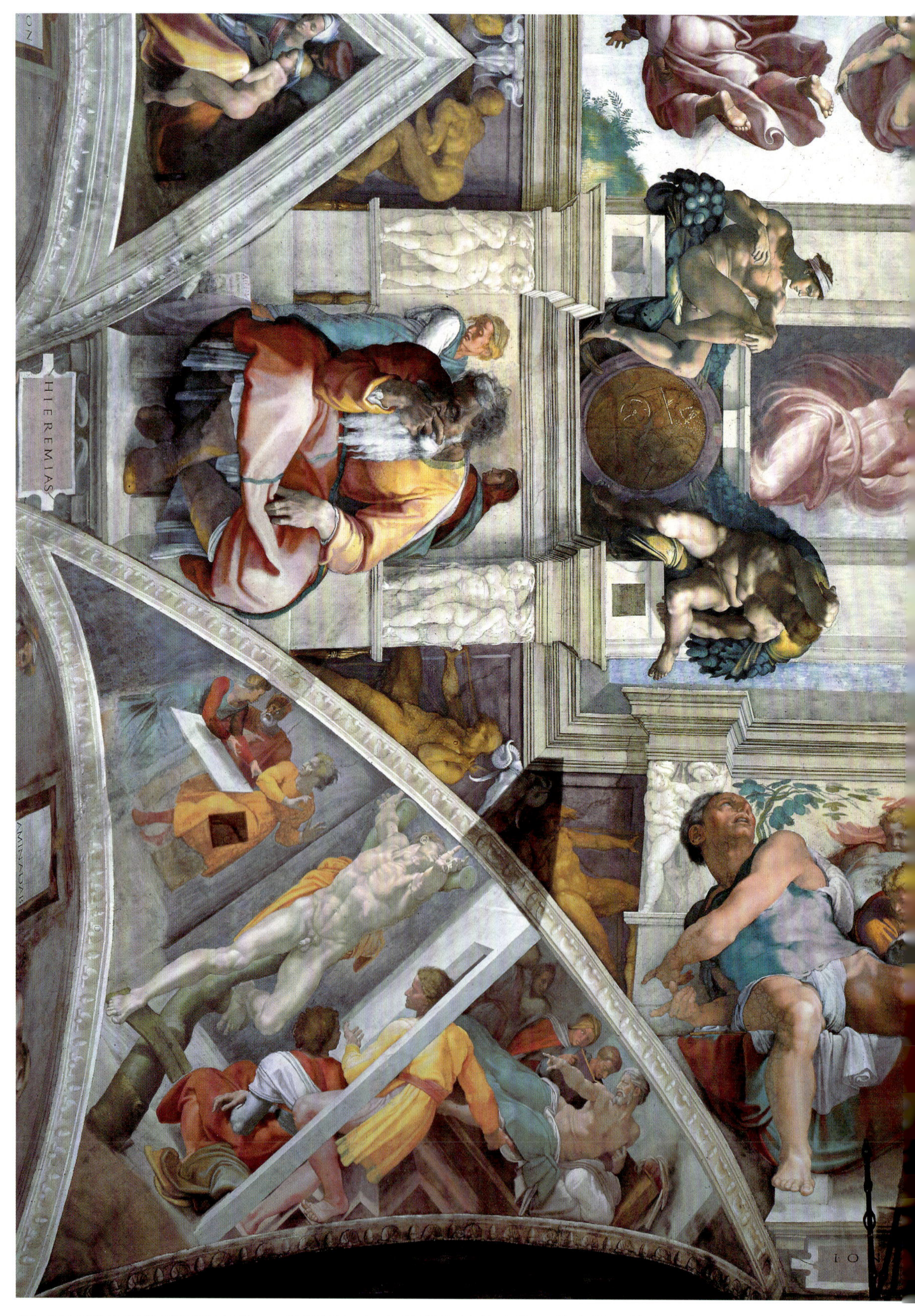

84. 对拱顶的整体跨度的审视；一些细节，如公绵羊颅骨的中线，仿大理石的女童之一所展示出的修复之前的壁画的状况。利比卡女巫看向下方画着玛利亚的那面墙

LIBICA
NAASON

就是针对教皇的一种恶意行为了：事实上，正如我们在第二章的一系列文章中展示的那样，根据菲奥雷的约阿基姆的观点，末底改象征了教皇，而以斯帖则象征着罗马教廷。[45]

约拿裸露的双腿从大理石宝座上垂下来，让人想起被斩首的何洛弗尼的尸体，米开朗琪罗把何洛弗尼画在了入口墙壁上的一处三角形穹隅中。绘着约拿先知的这幅壁画，整体重现了西斯廷教堂内部穹顶的许多细节，而不仅仅只是那双不肯完成上帝意志的腿的细节。实际上，在拱顶上多次出现了一棵树或者一棵植物这样的细节，这些树和植物生长着，从左向右弯曲延伸，比如在壁画《大洪水》《创造夏娃》《原罪》中皆如此。被大鱼包围的那个人的波浪一般的头发，让人想起《创造亚当》中上帝臂弯里的那个女人。这些细节的遥相呼应带领着我们走进第四部分，穹顶上那些方形壁画。

第四章

穹顶的九幅方形壁画和裸体人像及圆画

穹顶上描绘了《创世记》中的场景的九幅方形壁画

米开朗琪罗的绘画作品中，从神学角度来看最有意义的就是穹顶上那九幅方形壁画了，它们描绘了《旧约》中《创世记》里从第一章开始的场景。这些场景中，三幅取材于创造世界，三幅取材于创造亚当，还有三幅取材于诺亚的故事，并且规律地轮流更迭图像大小。在展现创造世界的最初三幅画中，最大的那幅长方形图占据了中心位置，在诺亚的故事的那三幅画中也是如此。然而，在展现创造第一对人类和逐出伊甸园的那三幅图中，那幅用亚当的肋骨创造夏娃的画占据了正中间的最小的方形，正如我们看到的那样，它不仅是这三幅画的中心，还是整个西斯廷教堂的中心。

穹顶上的九幅方形壁画与教堂的整个设计规划相一致，从绘画的组织层面来说，整个设计遵循了保罗神学的规划方案，不管是教皇西斯都四世时期的壁画，还是在他的侄子——尤里乌斯二世时期完成的壁画，都是如此。这些壁画分布于三个不同的区域：穹顶上的天花板和两边纵向的墙壁上。这些画描绘了在摩西律法之前和摩西律法时期发生的事件，以及耶稣的人间生活（图 85、86、87、88）。在我们研究的第一章[1]已经说到，将救赎的历史分成三个时代，律法之前，律法之下和神恩之下，这种划分在《七个异象启示录诠释》(这一度被认为这是安波罗修的作品）中就已经出现了，并且在整个画像的设计规划的完成过程中至关重要。

菲奥雷的约阿基姆的另一种构想，在穹顶设计的整个排版中也同样显得十分重要。在《新约与旧约的谐致》中，按照一种二元的图解，这位卡拉布里亚的神父就看不到《新约》和《旧约》之间的联系，但若是按照一种以三位一体为模型的三元分配，就像圣子源于圣父那样，《新约》即源于《旧约》，又正如圣灵源于圣父和圣子双方那样，对《圣经》的正确解读也只能通过两本圣约书获得。如此一来，根据约阿基姆的观点，需要阅读圣保罗被提到三重天的片段（《哥林多后书》12：2）：以这样的方式明确提及了解读《圣经》的真正的精神意义[2]。我们还会看到米开朗琪罗在创作穹顶上的方形壁画的过程中，不仅仅是按照字面义去描绘，而且总是着意添加了新的细节，以使得呈现出的场景包含更真实可靠的意味。

诺亚醉酒

穹顶上的第一幅方形画是《诺亚醉酒》(图 89)。这幅图的尺寸非常不起眼，它与《诺亚献祭》一起,陪衬着它们中间的那幅《大洪水》。正如所看到的那样，诺亚醉酒这个片段开启了西斯廷教堂的这一组主题绘画。这个片段的深层次主题，是对受难的基督的提前暗示。奥古斯丁在他的作品《上帝之城》[3]中揭示了这种相似性。在教堂里，《诺亚醉酒》这幅壁画和下方科西莫·罗塞利的作品相关联。通过假窗户外面描绘的风景，科西莫·罗塞利在他的《最后的晚餐》和《耶稣受难》之间创造了一种联系，尤其是呈现了耶稣在客西马尼园的致死焦虑和在各各他山被钉死在十字架上的刑罚（图 18）。

尽管在《圣经》中诺亚醉酒这件事在大洪水之后，但在西斯廷教堂里，关于诺亚醉酒这一主题的壁画却在大洪水之前。要考虑到这幅画所依据的文学先例，我们就必须要阅读《创世记》的第 9 章，在这一章里讲述了诺亚在大洪水之后，开始开垦土地，而且还种植了一片葡萄园。第 9 章的第 20 段里所讲述的在土地上的劳作，被完完全全地转换为了背景中左边那个穿着红衣的男人，他正用一把铁锹翻地。诺亚的画像尺寸很大，位置显眼而突出，年老的他长着白胡子，全身赤裸地躺在一个木棚下，背靠着一个枕头沉睡着。他的头垂下来，身后是一个垫在石板上的巨大的木质酿酒桶，靠枕的左边有一个壶，而他面前的地板上放着一饮而尽之后的空碗。画面右边是诺亚的三个儿子，米开朗琪罗把他们全都画成裸体的样子，只有背上披着飘动的斗篷。米开朗琪罗特意将诺亚的三个儿子也画成裸体，尽管这与《创世记》书中所讲述的细节不相符。然而，赤身裸体的诺亚被重新遮盖住，这一个细节却是和书中所述非常一致的。《圣经》中生动形象地讲述了诺亚的两个儿子，闪和雅弗的故事。在兄弟含提醒他们注意到父亲赤身裸体之后，肩披斗篷的两人靠近沉睡的父亲，盖住他的裸体且不曾一觑。正因如此，他们兄弟两人受到了父亲的祝福，而含则受到了诅咒。

然而，米开朗琪罗只描绘了闪用蓝色的斗篷盖住父亲的这个动作。在这个过程中，闪转过头看向后方的含，雅弗也同样如此。雅弗也转过头，另外还伸出右手，指着睡梦中的父亲。含站在雅弗的身后——雅弗的肤色比他的两个兄弟都要浅——他的左手抓住雅弗的腋下，嘴贴着雅弗的耳朵窃窃私语。雅弗的头后面隐约可见含的左眼，透着恶意与惊慌。含伸展右臂，看上去就像是闪的手臂的延长部分，让他们注意到正在沉睡的裸体的父亲。闪也张着嘴，像是正在说着什么，他的眼里也流露出惊慌，但却像是蒙着轻纱一般隐晦和朦胧，实际上也看不见他的眼白中的深色瞳孔，而含的眼白和眼仁却一清二楚。

三兄弟的画像处在一个三角体系内，关联紧密。他们都处在动作之中，从含开始，越过他搭着斗篷的手臂，到给沉睡中的裸体诺亚穿衣服的这个行为，最后在这位族长赤裸健硕的躯体中找到一种平静和安宁。诺亚躺卧在木架上，就像神庙的三角墙上的一个古老神明一般。从这个位置，经过诺亚抬起的左膝所构成的那个角，动作又回到了闪这里，然后又回到雅弗和含：因此，我们可以确认，对这三兄弟的呈现，尤其是对闪和雅弗的描绘，并没有与《圣经》中的讲述完全相符。

正如我们在上文所说，奥古斯丁在他的《上帝之城》第十六卷中的两章里，提到了诺亚的裸体和醉酒的状态，以及他的三个儿子在这种出乎预料的情况下的不同反应。尤其

85. 穹顶的全貌图，九幅方形画描绘了《创世记》中的故事，就像充满寓意的天空一样

86. 穹顶第二个架间的全貌图，三幅描绘了诺亚生平的画:《大洪水》,《诺亚献祭》,《诺亚醉酒》。最后这两个场景相继于《大洪水》，被画在较小的方框里

是第二章，从耶稣受难开始，解读了《圣经》中讲述的诸多片段。奥古斯丁提醒读者，基督是闪的后裔所生，而含则变成了教会中的异端和罪人的象征。

诺亚的裸体预示了耶稣受难，而那些异端和罪人亵渎了耶稣受难。但是，奥古斯丁认为，那些背道而驰的人是可以从他们的活动中辨识出来的，而他们的活动无非也就是行为举止。然而闪和雅弗代表了“割礼”和“阴茎包皮”，他们的后裔分别是犹太人和希腊人，就像保罗说的那样。他们是“被召唤的且正面的形象，他们一发觉父亲的裸体（这裸体也代表了救世主的殉难），就立马拿了一件长斗篷披在自己肩上，然后后退着走到父亲身边，盖住他的裸体……那件长斗篷暗指了宗教奥义（拉丁语是 sacramentum），肩膀则代表了对往昔的记忆”[4]。

但是，在我们详述这些思想和米开朗琪罗的画作之间的关系之前，我们还要简短地阐明奥古斯丁关于解释诺亚醉酒及其裸体的其他思想。

正如我们所看到的那样，完全赤裸的诺亚是耶稣在十字架上受难的提前预告。诺亚种植了一片葡萄园。但是真正的葡萄园是以色列的家园（《以赛亚书》5：7）。装满了这片葡萄园所酿之酒的酒杯，就是耶稣在客西马尼园向圣父祈祷时所说的那个酒杯：“我父啊！倘若可行，求你让这杯离开我。”（《马太福音》26：39）。醉酒暗指了耶稣受难，裸体则表现了耶稣的肉身的脆弱。盖住裸体父亲的这一举动，象征了神秘奥义将耶稣受难守护于心。

我们再次回到米开朗琪罗的壁画上来，并将它和下方科西莫·罗塞利所绘的方形画关联起来（那幅画绘在那面题给《新约》的墙壁上），我们首先会意识到，米开朗琪罗的绘画应该是在一个统一而且内容丰富的设计规划中来考量的。描绘了诺亚醉酒和诺亚三子的反应的这幅壁画，微小的细节里充满了对上文提及的奥古斯丁《上帝之城》中的段落的参考和引用。

米开朗琪罗毫不犹豫地展示了闪割过包皮的男性部位，与雅弗和含的都不一样，就这一点我们可以回想一下奥古斯丁所写的关于闪受割礼的那些文字。闪用来盖住赤裸的父亲的那件斗篷是蓝色的，奥古斯丁认为这暗指了忏悔默祷的态度，闪应该带着这样的态度致敬基督受难。

根据已经做过的对比，至今我们仍旧无法明确这幅壁画中的两个细节之处。比较奇怪的一点是，只有闪像《圣经》中表述的那样拿着斗篷去盖住诺亚的裸体，而雅弗却没有。另外，我们也不能理解为什么含要抓着最小的弟弟雅弗的腋下。两兄弟之间的这个举动让他们的关系显得比《创世记》中所载的要更加亲密，而《创世记》中闪和雅弗更紧密，并且都与排行老二的含比较疏远。

这里要提醒一点，根据奥古斯丁的观点，闪和雅弗的肩膀代表了记忆。在这位神学家的另一部作品《论三位一体》中，记忆、智慧和意志力被描述为“三位一体的统一体”。那么是否有这样一种可能，就是米开朗琪罗想要将三兄弟展现为人类灵魂三个特性的代表者，就像他在画先知和女巫时总是绘上另外两个人在旁边以展现这种观点呢？[5]

如果我们按照这样的方式来解读这三兄弟的画像，那么含代表了记忆，雅弗代表智慧，闪代表意志力。实际上，雅弗转向身后用疑问的目光看着含，正如智慧请教于记忆，就像在问他的兄弟：“你说的关于我们父亲的事情是真的吗？”雅弗指向父亲的食指也突出强调了这个问题。一直以来智慧的任务就是质疑，智慧源自于记忆。延续于含和雅弗的行为动作，闪在观画者眼中表现为意志力。闪源自于记忆和智慧，并且下令执行智慧认为恰当的事情。

至此，我们就能够理解衣服颜色的意义了。诺亚为种得一株葡萄在旷野漂泊，他身穿一件有袖的红色衣服，那象征着上帝对其子民之爱。脱光衣服以后，诺亚躺在一块由黄渐变而绿的布上面，米开朗琪罗总是用这样的颜色来暗指罪孽。因此，这种罪恶的颜色分明是寓指了耶稣受难——这幅壁画的位置也是处在科西莫·罗塞利画的《耶稣受难》的上方——目光抬高至上方，会看到将要用来盖住诺亚的裸体的蓝色斗篷，那蓝色代表了默祷。由于基督为救赎而死的揭示还不为人所知，信仰没有完全清晰明彻地显示出来，因此在闪的肩膀处飘舞的那件斗篷是浅灰色的，雅弗的右肩上搭着一件深橘红色的斗篷。一位中世纪的神学家认为这种颜色代表了精神洞察力，在米开朗琪罗那个时代，人们认为这位神学家就是圣维克托的休格。他对出现在西斯廷教堂的几乎所有颜色都给予了解读[6]。含的肩上紧紧裹着一件黄绿色的斗篷，并从背上垂到地面。绿色是希望和许诺[7]，西斯都四世时期壁画中摩西的斗篷也是这种颜色。在《诺亚醉酒》这幅方形壁画中，绿色明确暗指了未来耶稣受难死于十字架上而带来的救赎。

这幅画中的两个细节将重现于之后所画的穹顶的另一幅壁画《创造亚当》中。第一个是抬着膝盖的诺亚那强壮健硕的身体，可以与刚刚创造的人类始祖亚当的身体相对比；另一个细节是雅弗指示的那只手。这个伸出食指以引起注意的手势，在造物主的右手上再次出现：这个手势表现了上帝唤醒亚当生命的命令。我们还可以在西斯廷教堂的穹顶上，更确切地说是那个描绘了以斯帖的故事的三角形穹隅里找到同样的手势：阿尔塔薛西斯（在武加大译本中也称作亚哈随鲁）在富丽的卧榻上下令将哈曼[8]钉死在十字架上。

雅弗的手势仍旧应该与灵魂特性的形象化概念相关。米开朗琪罗是在怎样的情由下，在呈现三个人物的时候有用三方构图草案来展示灵魂三特性（记忆、智慧和意志力）的想法的？对此，我在之前就已经提醒大家注意菲奥雷的约阿基姆和埃吉迪奥·达·维泰博，他们是灵感的来源[9]。

87. 穹顶第三和第四个架间的全貌图，描绘了亚当和夏娃的三个场景:《原罪与失乐园》,《创造夏娃》(在一个小方框中，但是位于整个穹顶的正中央) 和《创造亚当》

88. 穹顶第五个架间的全貌图，描绘了上帝创造世界的三个场景:《神分水陆》,《创造日、月、草木》和《神分光暗》

89. 穹顶上绘有葡萄园的《诺亚醉酒》。代表了智慧的雅弗，指着父亲诺亚的裸体，转向他的兄弟含。含代表了记忆。源自于两个兄弟的闪，代表了意志力，他试图盖住赤身裸体的父亲

佛罗伦萨乌菲齐美术馆的多尼圆画《圣家族》

在为安杰洛·多尼和马达莱娜·斯特罗齐所画的圆形画中，米开朗琪罗加进了与那三个裸体人物特别相似的一组人。这幅描绘了圣家族的画（图 90），其创作日期通常被注明在 1503 年至 1504 年之间的佛罗伦萨时代，先于他在西斯廷创作的壁画。然而也有一些人认为这幅圆形画完成于 1507 年[10]。

考虑到风格和含义的一致性，这幅圆形画上注明的日期与西斯廷教堂穹顶上最初的那两幅壁画的日期一致。关于其内容，在有相似之处的细节中，让人记忆尤深的是那三个裸体的人,他们在背景的右边,分明按照“三位一体”的结构来构图。这组人的意义是什么呢？我们试着尽可能准确地描述一下。从画框的一端到另一端，延展着画了一个小幅度的拱，就像一块类似于半圆形后殿的岩石台。从观画者的角度看，岩石台的右边，坐着两个年轻人。其中一个全裸，而另一个穿着一件黄褐色的斗篷。在他面前，在他的双膝之间，画着第三个裸体的人，这人双腿交叉站立着。穿斗篷的坐着的年轻人将自己的左臂环绕在站着的人胸前。第一个年轻人抓着一件白衣，显然是正在将它从站着的人的肩上脱下来。他的目光（在身穿蓝黑色衣服的圣约瑟背后刚好可以看见）紧盯在白衣上，因此，也看向了另外两个年轻人，也就是站着的那个人和他身后坐着的那个人。毫无疑问，这里我们所面对的也是一个“三位一体”的构图：实际上，站立着的年轻人，源自于环抱着他的那个坐着的人。因此穿着黄褐色斗篷的坐着的人代表了圣父，站着的人代表了圣子；第三个年轻人，坐得更靠里一些，他源自于另外两个，并且同时也转向他们，正如圣灵一样。多尼圆画很有可能是与西斯廷穹顶上的第一部分壁画同时期，反映出了米开朗琪罗在与罗马教廷的神学家们接触的过程中获得的新认知。

那个受命于教皇，向米开朗琪罗介绍奥古斯丁的三位一体理论研究的神学家，很有可能是彼得罗·加拉蒂诺。在他的作品《天主真理秘事》中，彼得罗·加拉蒂诺着重解释了这一学说。正如我们之前看到的那样，埃吉迪奥·达·维泰博在米开朗琪罗的形象化概念表达中无疑充当了一个十分重要的中间人角色，他将奥古斯丁的三位一体理论应用于古代神话的主题中，第一次将灵魂的三种性能（记忆、智慧和意志力）与三个人物（朱诺、密涅瓦、维纳斯）联系起来[11]。

大洪水

穹顶上第一块较大的区域呈现的是诺亚方舟拯救人类（图 91）。在这幅作品中米开朗琪罗也根据《圣经》的多重含义来展开。根据《创世记》书中讲述的字面意义，他展示了方舟漂浮在水面上的情景，而洪水还并没有达到最高点，这使得一些残留下来的人仍旧对幸存抱有希望。事实上,在画面的前景中,可以看到男男女女以及孩童，带着自己的财物往山顶上爬,并包围了山顶。在画面的右边,背景中有另一个圆形的石山顶，已经变成了一个小岛，上面有一个用帐幕盖起来的棚子,那儿有一些人试图从逐渐上升的潮水中逃生。另外，还画了一艘小船，许多人游过来试图爬上去，即便小船有倾覆的风险。其他人费力攀上方舟的外部，用一架梯子努力想爬到顶端去。

第一眼看上去，这像是创作场景多变性的艺术想象力，然而显示出的不少迹象都证明了米开朗琪罗对《圣经》的其他意义的认知,比如约阿基姆所说的灵智。

首先，我们再次将这些画与《创世记》的第六章和第七章对照一下。

根据《创世记》，方舟建有三层。如果同米开朗琪罗想的一样，我们认可漂浮的方舟的最底层处于水面之下，那么就与《圣经》故事所述的细节一致，差别分明的另外两层浮出水面。自然，米开朗琪罗没有完全忠实地呈现出方舟的规模大小，尤其是方舟三百肘尺的长度。同样他也没有画雨，根据《创世记》所述，大雨直到没过最高的山顶十五肘尺的时候才停止。但是从头发和飘舞的斗篷这些细节中,分明可以感觉到风,而根据《创世记》，持续了一百五十天的洪水在起风时终结。在方舟上，一只白鸽依稀可辨，并且如果眼尖一点的话，还可以看到用棕色略绘的飞向方舟的许多只鸟。还可以看到诺亚在一扇窗边，伸出左臂，指着层层的云。米开朗琪罗一定是想到了第 8 章的 8 至 11 段，里面讲述了在方舟上岸以后，洪水从地面退去，诺亚先放出了一只乌鸦，然后多次放出鸽子，去探查洪水之后的大地。

中世纪的神学文章将方舟和大洪水解读为那个时期在威逼利诱中风雨飘摇的教会，在求助于这些文章之前，先用圣维克托的休格对于颜色的解读来帮助我们定位指导一番。比如，代表了精神洞察力的橘黄色，在这幅壁画中是如此重要，女性形象的衣服都是这个颜色。

在画面的最左边，在一头驴探出脑袋的地方，有一个站立着的女人，她穿着一件橘黄色的衣服（图 92）。一个大胡子男人和一个小孩骑在驴身上，小孩用一条蓝灰色的带子束住女人的头发。一些裸体的人企图爬上方舟浮出水面的狭窄边缘，那上面有另一个女性形象，她穿着橘色的衣服，脑袋和面孔都被一块白色面纱盖住，就像是看不得那上升的潮水激起的恐慌。在画面右边的小小岩岛上，我们也能在紫色的帐幕下，再一次辨识出一个女人，她裹在深橘色的斗篷里，并且掩住右边的眼睛。在画面最右边的两个人物中，其中一个也穿着橘色的衣服，她们看着浪涛，神色充满惊恐。

遮住一只眼睛这个姿态尤为重要，在壁画的左端，一个在女人身后的穿绿衣的男童重复着这个动作。而那个女人坐在画面前景中，基本上全裸着，尤其是那对明显袒露的乳房。一件蓝色的斗篷缠在她的腹部，并在她头上做成一个帽子，将整个脑袋裹起来。斗篷的蓝色一如既往地代表了对上天之事物的默祷，然而这个女人的目光却看向地面。她的两个丰满充盈的乳房或许是人世之智慧的化身。她的孩子，也就是那个遮住一只眼睛穿着绿衣的男童，象征了对人间希望的呼唤，而这种希望只会引向尘世之事物。遮住眼睛的原因可以与这种解释完美贴合。但是，为了充分理解，我们需要去埃吉迪奥·达·维泰博那里找答案，他是奥古斯丁派的神学家，也是与米开朗琪罗的同时代的人。

在他的《关于柏拉图思想的格言》中，可以读到荷马将独眼巨人定义为不虔诚的渎神者，仅仅是“因为只满足于一只眼睛的他，没有认知神圣事物的工具，而那唯一的一只眼睛除了能感知到感官知觉以外，不再有其他任何光芒”[12]。因此，闭着一只眼睛的人，只看到尘世之事物，就像独眼巨人一样。而这大体上是画面右边那个小小岩岛上的人的共同情状。他们看着逐渐上升的浪潮，充满了恐惧，而抬眼看向上方的人也只能看到紫色的帐幕，并没有看到蓝色天空的可能性。我们之前也提到了，在画面左侧边缘的那个穿绿衣的男童也是闭着一只眼睛：因此他代表了对尘世之事物的希望，这希望注定要随着大洪水毁灭。

在《标准释经书》（这是在米开朗琪罗的那个时代广泛传播的一本《圣经》的评注）中与《创世记》的第5章18至21段相关的部分，也就是马上要讲到大洪水的那部分，也可以读到，那些渎神者与以诺相反而行之，将他们的希望根植于现下，因此他们远离了永不凋零的爱，从而变得干涸枯竭[13]。

90. 米开朗琪罗，多尼圆画，以“三位一体”的结构呈现的圣家族：约瑟对应圣父，耶稣对应圣子，源自于他们双方的玛利亚则对应了圣灵。背景中玩耍的裸体人：左边是亚当和夏娃在召唤圣子的帮助，圣子在右边，在圣父的怀里，而圣灵正抓着耶稣的斗篷，将他引向亚当和夏娃这对始祖；佛罗伦萨，乌菲齐美术馆

画面右边那个岩岛上，可以看到一个穿绿衣的年轻女人把一个精疲力竭或者甚至可能已经死亡的裸体男子扶上了岩层的边缘，男子的左手臂搭在她的肩膀上。这两个人物形象互相紧靠在一起，并且从技术层面看并没有很成功。这两个人是在1508年的夏天画的，那是《大洪水》这幅壁画开工的第一天，并且也有可能是整个西斯廷教堂穹顶开工作画的第一天[14]。这个穿着希望之色的女人看着几乎要触到脚的波浪，也正是在这个位置，在画面相当右端的一边，一个赤裸的人在水里游着抓住了一棵被伐过的树的根部，他看向上方，看向那个穿绿衣的女人。这里我们看到上文提到的《标准释经书》中的片段精准转换成了的画面。

在那些试图用梯子爬上方舟的男性形象中，米开朗琪罗在其中一人身上采用了代表希望的绿色，这是他第三次这样做了。这个男人穿着一件绿色的衬衣，然而衣服太短，并不能够遮住他的背部和腿。可能这意味着，对于那些躲上方舟并且想在方舟外部试图从大洪水中幸免于难的男男女女而言，这一点获救的希望是远远不够的。

在画面中间的那群人里面没有绿色。他们在一艘没有舵也没有船桨的小船上，由于船上的人和一个想强行上船的人之间爆发了暴力冲突，并且还有一个游水的人钩住了船舷，小船马上就要倾覆了：这样的场景表明，对于这些人而言，完全不存在任何获救的希望。

这幅画中的人物划分成四组，位于四个位置，对这些人物的着意安排会有什么深意呢？在画面前景的左边，一些人正在往山顶爬，他们似乎并没有因为洪水而感到恐惧，除了那个像个包袱一样被她丈夫背在背上的女人，她看向右侧那个更矮一些的岩岛的方向。然后在山顶上，人们又分成了另外三组：之前我们认定为智慧和希望的化身的两个人，在那头驴旁边的三个人，以及围着树干的人。那棵树没有叶子，它的枝干伸向方舟。

很容易定义那些围着树干的人。第一个正往树上爬的人穿着一件蓝绿色斗篷，斗篷在风中飘舞着。这里我们要提醒一下，绿色代表了希望，蓝色代表了对上天的沉思默祷。那个正往树上爬的女人看向一对夫妇的方向，那对夫妇也正相拥着面向她。男人的肩上搭着一件紫红色的外套，而女人的头上缠着一圈白色的绷带，坐在一块白色的布上面。白色和红色仍然象征了信仰与爱。逐个解读这一个三人组，我们发现它想要表达如下的意思：信仰与掺有悔罪（紫红色）之意的爱相结合，望向默祷的希望。而默祷的希望紧紧抓着那棵象征了十字架的没有树冠的树干。

在这三人组的基础上，还添加了一位带着两个孩子的母亲：这个母亲的形象在艺术语言中是爱的化身。她的绿色斗篷的褶皱阴影中有红色的反光，整个斗篷在风中膨胀起来。这个母亲形象的发型是新娘的那种编发；发髻中编入的浅蓝色发带再次表达了对上天的默祷。米开朗琪罗或许也有意让洪水淹没他们？

91. 穹顶方形画:《大洪水》。描绘了教会和犹太会堂，没有树冠的书，方舟上的异教徒，非基督徒的船，父亲与死去的儿子，以及亚当、夏娃和他们的孩子们的岛

可能并不是这样：实际上，这里不再是画面含义了，而是《圣经》故事的转义。

圣维克托的休格是一名神学家，他的思想很大程度上影响了西斯廷教堂的壁画创作，我们之前也看到了很多例证。在他的《旧约寓意》中写，大洪水象征了当下之时的无序、无常和迫害。诺亚代表了基督或者一个教会的权威人士，他竭尽所能地建造方舟（代表教会），以使自身和其子女（也就是那些服从于他的人们）能够获得救赎。休格在描述方舟时解释了每一个细节。比如，用以防水的沥青是爱的象征，不同的船舱寓意着不同的大师和在教会中正直生活的那些人的不同的功德。方舟分成三层，表明教会由三种人组成：夫妻，独身人士和处子。然后，根据他们的名字和他们的活动，每个人被分配到的地方都有所不同。方舟作两层分配，这是将那些活跃的人和以默祷为主的人区分开，前者处在下层，他们注定要在世上工作和活动，后者处在上层，他们的目光看向天空。方舟长三百肘尺：这是在提醒那三个时代（律法之前，律法之下和神恩之下）以及三位一体的奥义。方舟高三十肘尺则是象征了三超德：信、望、爱[15]。

我们摘取的圣维克托的休格的作品中的这一段，使画面左侧前景中山上出现的许多形象细节的含义变得更加明确。我们可以从人物的衣服颜色中辨识出信、望、爱三超德。带着两个孩子的母亲再一次象征了爱。往山上爬的那组人中有一个家庭（那家人中年轻的父亲带着一个大平底锅，母亲头顶着一张桌子和一些小家具，手里牵着孩子），一个在父亲和母亲之间的秃顶的教士，以及一个戴白纱的修道士。

事实上，山顶代表了教会的充盈时代，根据保罗的观点，这个时代就是神恩之下的时代。在那些爬山的人中，可以辨认出一张微微隐藏起来的面孔，他长着长胡子，头发在额角处变得稀疏，这些都让人想起圣保罗的圣像。这个人看向右方的高处，并且极有深意地穿着代表希望的绿色衣服。

因此，在这山上的男男女女代表了生活在神恩之下的时代的教会的不同成员。但他们也并不是所有人都会安然无恙：关于这一点有一个明显的暗示，就是那个人间智慧的化身，尤其是她那代表了尘世之望的孩子，他遮住了左眼，用右眼悲伤地看着观画者。实际上，紧紧抓住那棵象征了十字架的光秃秃的树，才能获得救赎。

至此，我们可以解读画面左端那组和驴在一起的人了。这里画的是圣父与圣子，圣子被画成一个小孩的样子，与他的新娘，也就是教会结合在一起。通常，驴象征了人的身体，也就是圣子在降世为人时使用的肉身[16]。小男孩看着观画者，并且不管这些观画者走到西斯廷教堂里的哪个地方，他的目光都追随着他们，似乎在说：这是我为你而做的；你属于教会，我降世为人并以教会为妻。

手牵着孩子爬山的母亲头上顶着一张桌子，在《标准释经书》中与《创世记》第 6 章 14 段里，找到了关于那张桌子的解释。根

92.《大洪水》，画面左侧细节：圣子与教廷成婚，犹太会堂凝视着地面，而她的儿子很绝望，仁、爱和希望转过身，紧紧抓住那棵没有树冠的树，那棵树是十字架的象征，它的枝干朝着方舟的方向延伸

据塞维利亚的伊西多尔的观点，在那一段中说到，方舟是用方形的木块建成立方体的样子。圣人们以同样的方式构成了教会，它有被强化的生命力，随时准备着做善事，就像每一侧都有一块方形木块那般坚定而稳固[17]。现在，才可以理解那位母亲头上的桌子这一细节。在那明显可辨的四条胳膊之中，那位母亲的稳固和背景中那条快要倾覆的小船形成了鲜明对比。米开朗琪罗在描绘方舟的时候也着力重现了它的立方体形状。

根据《圣经》的寓意，在画面前景中的山顶上的那些人，代表了神恩之下的时代里教会的成员。那么该如何解读另外三组人物形象呢？也就是那些从外面攀上方舟以自救的人，那些在快要翻倒的小船里的人，还有那住在岩岛上的人，该如何解读他们呢？或许他们所有人都属于神恩之下的时代之前的年代（律法之前）。被认为是保罗的那个人看向小小的岩岛，更精确地说，是看向那里一个年老的男人，他全身赤裸，扛着另一个男人的尸体，登上那三级阶梯，走向已经非常促狭的岩岛顶。死者的身体比扛着尸体的那个人的身体要年轻很多。因此我们有理由认为这组人表现的是父亲与他死去的儿子；整个描绘让人想起那幅所谓的《父之怜悯》，在那幅画中圣父上帝向人类展示了自己死去的儿子。另外，一个更加年老的长着长胡子的男人向他们两人（也就是那位父亲和他死去的儿子）伸出右手，这个老人的画像和撒迦利亚先知的画像呈镜像，并且也和教皇尤里乌斯二世的画像相似[18]。在他前面，可以看到一个比他稍年轻但总之也是一把年纪的女人，她也向那对父子伸出双臂。那么，热情地伸出手臂的这两位老者会是谁呢？那个男人穿着罪恶的绿黄色混合的衣服，而女人则穿着代表默祷的蓝色衣服，头上的发髻中缠着一条白色带子。几乎可以毫无疑问地确定，这两人就是亚当和夏娃，也就是第一对人类夫妇，他们在犯下原罪之后变老了。

如果这种解读无误的话，那么就很容易辨别在人类始祖旁边的其他三个裸体的年轻人了。三人中最大的那一个，在画面前蜷缩着，靠在一个木桶上，他就是该隐，亚当和夏娃的第一个儿子。近距离地观察壁画，甚至可以在他的额头上看到该隐的记号，上帝曾给该隐这个记号，这样就不会有人能杀害他了（《创世记》4：15）。

紧挨着该隐的右边，画着被杀害的弟弟亚伯，他已经死了，脑袋悬摆着。没有生命的那只胳膊搭在上文提到过的那个穿绿衣的女子的肩上。中间，在确定为夏娃、该隐和亚伯的这几个人物形象的后面，是这组人中最年轻的一个男子，他也裸着身子。他显然就是塞特，忧心忡忡地看着哥哥亚伯。

至此可能会有人提出异议，因为这个人类的第一个家庭跟大洪水没有任何关系。可敬的比德的一篇文章或许可以给我们提供进一步帮助。实际上，在他的《创世之六日》的书中，比德明确地说过，该隐的子孙后代在大洪水中全部丧生了[19]。因此，可以得出一个结论，在岩岛上的人代表了那些在其祖先犯下原罪之后，需要通过耶稣基督之死来获得救赎的人。也就是说他们属于律法之前那个救赎的时代。多亏了基督,他们中的一些人，尤其是人类始祖，才从地狱中解放出来。

然而，在画面中间的那些人的结局却截然不同。他们正努力爬上小船以自救。几乎所有的人都裸着身子；除了一个女人，她拿着棍子无情地棒打想要强行上船的人，她头上有一块灰白色的头巾，很像代表了辩才的银色[20]。第二个女人绝望地试图保持快要倾覆的小船的平衡，她身子向后倾，穿着代表爱的红色衣服。但她的努力都是徒劳：一个男人游过来，攀上了船沿，小船不堪重负，水漫过了船舷，一点点淹没小船。如果每个人都只想着自救的话，光有爱是无法将人类从洪水中拯救出来的。或许，在船舷边的人代表了那些放纵自己的天性和本能，没有任何希望的人。或许正因如此，他们中没有任何一个人穿戴了哪怕一点点绿色的服饰。并且也同样缺少了代表精神洞察力的橘黄色。没有任何一幅画像这幅画一样,将“在代表了教会的方舟之外，不存在任何救赎”这一观点如此有力地表现出来。他们完全缺失了信仰和希望。

那些从外部爬上方舟试图自救的人也缺乏信仰。正如我们已经看到的那样，这些人的其中之一穿着代表精神洞察力的橘黄色衣服，但是她头上那象征着信仰的白色头巾遮住了她整张脸，所以这个女人什么都看不见。这个人物像是代表了盲目的未受启示的信仰，而拥有这样的信仰的人，终因找不到方舟的入口而不能获救。

拿梯子爬方舟的那个三人组，绝望地企图在方舟里获得救赎，然而这种尝试注定是要失败的。那个几乎全裸的女人扶着梯子，头上戴着代表爱的红色头巾。一个留着金色刘海的男人在风中摇摆着，穿着一件非常短的绿色衬衣和红色外套，他正在小心翼翼地摆放梯子。另外一个人，可能是个男人，他伸出双臂，试着去扶梯子，但又保持了一定距离，一副害怕梯子倒下来的样子。这个男人也是裸着身子的，只有一块浅灰色的布搭在他肩膀上，随风拍打着他的身体。浅灰色让人想起代表辩才的银色。然而，一切为了进入方舟所做的尝试都是徒劳，因为他们没看见一个赤裸的男人从右边靠近，来到他们身后，举起一把锄头准备杀害他们。尽管那锄头会让人想起人类的第一桩谋杀，因为该隐就是一个农民，但事实上那把锄头只是在暗示着死亡。最后一天仍然没有进入到方舟的庇护中的人，就会被死亡捉个正着。所有互助的行为都没有任何益处。那些靠近方舟寻求救赎的男男女女，实际上影射了故事的结局，最后的画面就是大洪水。

于是，我们证明了在米开朗琪罗的壁画《大洪水》中，完全不同的几个时代被放到一起：律法之前的时代，由那些在岩岛上的人代表；神恩的时代，也就是教会的时代，教会的成员们爬上了山顶，那里有一棵象征了希望的光秃秃的树；神恩之外的时代，这是个持续不稳定的时代，不知晓任何启示的法则，那些在船上的人凶恶残暴地呈现了这个时代，而那条船如此小，它是那些互相争吵的乘客的死亡陷阱；最后，时代之末也就是人类之死亡。

还有另外一种假设，就是这四组人代表了四种不同类型的人：非基督徒，他们不曾听到过上帝的话语；犹太人，他们听到了上帝的话但并没有遵循；异教徒，他们不愿意听；最后是伪基督徒[21]。但根据我们所做的精确到单独个体的色彩含义的分析，我们不能接受这种解读。或许和米开朗琪罗一起商定设计方案的那个人，从方济各派的神学家尼古拉斯·迪·里拉（他在《圣经》研究这方面很有造诣）的评注出发，重拾并且恰当调整了关于这四组人的主题思想。

他尤其想表明的是，在方舟里的人，也就是精神上归属教会的那些人，在末日审判的大洪水中获得了救赎。首先，在小船上的男男女女中可以辨认出不曾听到过上帝之语的非基督徒。或许米开朗琪罗想着用那些在方舟边缘的人来表现异教徒，然而另外两组人不能和壁画中剩下的那些人一致。岩岛上的人不是不遵循上帝之语的犹太人，画面前景左侧的山顶上的那些人也不是伪基督徒，而是教会的成员，但看向低处的成员并不会获救——正如那个人间之智慧的化身——闭上一只眼的成员也不会获救——正如那个象征了尘世之望的人的行为，而只有抓住那棵没有叶子的树才能获救，也就是要抓紧赋予他们圣灵的十字架。

画面左边那个乳房膨胀的女人可能代表了犹太会堂，尽管她将蓝色的斗篷拉到头顶（蓝色代表了对上天之事物的沉思默祷），然而目光却看向地面，她坐在地上，倚靠着一个被伐过的树桩。从表现形式的角度来看，这个女人显然与那个站在驴旁边的女人形成了对比。站在驴旁边的女人嫁给了那个小男孩，也就是上帝之子，因此她代表了教会，这也是为什么只能认为另一个女人代表了犹太会堂的原因。正如我们之前看到的那样，她的孩子代表了尘世之望，他唯一的眼睛只能看到那些感性的事物，因为他的母亲犹太会堂，没有认出她的丈夫弥赛亚。

在上方，方舟的顶上有一些鸟巢。在方舟的第三个窗户那里，可以辨认出一只白鸽，它张开双翼，很像佩鲁吉诺画的《耶稣受洗》中那只落在耶稣的身上的鸽子。一些鸟在方舟的上空滑翔，根据上文提到的圣维克托的休格的文章，这些鸟儿象征了默祷的灵魂。它们在地面上找不到庇护之处，总是又回到方舟，也就是回到教会，那里是休憩的地方[22]。可惜的是，站在地面上抬头看教堂的穹顶时，非常难看出返回方舟的鸟儿的这一细节：地板和穹顶最高处之间的距离达 20.7 米。

我们多次说过，《大洪水》是米开朗琪罗在西斯廷教堂里的第一幅壁画。这意味着在不同的幻术般的广深里对人体进行透视描绘的过程中，他站在下方观画者的角度检验了各个形象的大小尺寸。之后他在教堂其他位置的壁画描绘中，放弃了这种相似的广深效果。

在这幅壁画里，似乎少了一只鸟，而它在大洪水这个故事里又是一个非常重要的角色——乌鸦。诺亚放出去的那只乌鸦，再也没有回到方舟上。或许它曾栖息在那棵枝干伸向右边岩岛上方的树上，但是画面左边的枝干和一部分天空遗失了，那是因为1797年6月28日，圣天使堡的火药仓发生了爆炸，这幅壁画所在的那层灰泥墙面以及穹顶这个位置的其他壁画的灰泥墙面都震落在了地上。

诺亚献祭

穹顶上这块区域的第三幅画展现了在大洪水中受到保护的诺亚家族的献祭（图93）。献祭之举由诺亚三子以及他们的妻子们来完成。族长诺亚和他的妻子以及一个儿媳站在方舟前面，祭坛后面，儿媳正在为献祭生火。诺亚和他的妻子一样，也将一只手放在祭坛的台面上。他的妻子的画像是一幅非常严密精确的侧面像，她朝着诺亚微微俯身，非常近距离地仔细察看着诺亚的面孔。相反，诺亚看向下方的献祭之火，并且用手指着天空。他又白又长的胡须凸显了他的年龄。诺亚穿着一件代表爱的红色衣服，而他右肩上搭着的那件斗篷是蓝色的，寓指着对上天的默祷。诺亚的手势，目光的方向，还有衣服的颜色，让他成了人神之间的中间人这类角色。

他的妻子穿着代表了精神洞察力的橘红色衣服和代表信仰的白色斗篷，斗篷还遮住了她的头部。她整个人的目光和姿态都完全转向自己的丈夫，沉浸在信仰和洞察力之中，正如教会追随基督一样。

诺亚的三个儿子全都裸着。只有他们中最年长的那一个有一件紫红色的斗篷，搭在他右臂上，从背后一直垂到左膝上。那块布还裹住了那头死掉的公绵羊的脖子，诺亚的长子骑在它身上，割开了它的喉咙。斗篷从他的左膝上垂下来，盖住了公绵羊的腹部和背脊。如此一来，这只注定要成为祭品的动物和那个宰杀它来献祭的人，都被裹在了同一块代表了悔罪的紫色织物中。

在长子闪身后的是他的妻子，她穿着象征信仰的白色斗篷，怀里抱着一大捆柴火，那是在燔祭的祭坛上用来添加的燃料。诺亚的次子正在照料祭坛开口处已经燎出来的火。他从左边靠近祭坛，炭在继续燃烧。他的妻子可能是那个穿着绿衣服站在诺亚右边的女人：她左手拿着点燃的火把，举在祭坛上的鲜血的上方，并且举起右手，做出一种向上天祈求的手势。

因为只能看到第二个儿子的背面，并且他的发型和《诺亚醉酒》中那个人的发型一样，所以我们不会认错，他就是雅弗。有两个人负责燔祭祭坛上的火，其中拿着火把的那个女人可能是雅弗的妻子。至此，至此只剩下两个人物了，我们认为他们就是含和他的妻子。

很可惜他们并没有以米开朗琪罗所画的原始的样子保存下来，因为壁画的这块碎片大约在1568年由多梅尼科·卡内瓦利修复，更准确地说，是充分地重画了一遍[23]。从闪的

93. 穹顶方形画，大洪水之后的《诺亚献祭》。五头要剥皮的动物：马、驴、公牛、公绵羊或许还有一头大象，它们等着被献祭。含拽着一只公山羊，另一只已经被闪宰杀了，闪的妻子抱着柴火。雅弗朝着祭坛下的火吹气，他的妻子在台上生火，用以献祭

手里接过用来献祭的公绵羊的内脏的那个女人，曾经穿的是蓝色衣服，代表了对上天的沉思默祷。她的鬓角周围戴着白色的额饰和一个桂树头冠。她衣服的蓝色还残留着丝丝痕迹——在雅弗的背上仍然可以看到——曾经，那蓝色一定与闪的斗篷的紫色构成了奇妙的反差对比。

在她的前面，可以认出含，他带来了第二只要献祭的公绵羊，而在含的后面依稀可见另外三只家畜的头：一头公牛，一匹马和一头驴。在驴头和马头后面画了另一匹马的长长的背脊（或者那是一头看不见眼睛的大象的脑袋？）。三只动物的清晰可辨的头之间有一种独特的关系：首先，通过公牛的牛角和从驴头伸向方舟的牛轭（或许那不是一头略略画就的大象的象鼻），从透视法看，那头牛就像是压在含和他妻子的身上一样。

牛轭很难画在公牛头上，因为这头家畜是面向观画者的，而且它的脑袋朝着左边。然而，牛轭放在一头看不见的动物的背上，它在驴头的后面，向着方舟的方向延伸，如此一来，驴头在牛角和牛轭之间就显得很挤。关于那只套着牛轭的动物，仍然可以辨认出一个类似于眼睛的东西，或许是多梅尼科·卡内瓦利画的"新东西"。只有非常仔细地观察，才能隐约看到在含的一缕头发和他的后颈之间的那只眼睛。

或许牛轭是嵌在作品中的一个不相干的因素，但从形象角度来看它却是非常成功的，至少在一些人看来，那个朝天的驴头似乎显得独特了许多。在锡耶纳的一个教堂里画着一头棕色的公牛，和米开朗琪罗那幅画里的公牛非常相似，并且还有一头灰色的驴，它斜着朝向高处的《耶稣诞生》那幅壁画。比亚焦·迪·戈罗·格奇于1368年在帕加尼科的圣米迦勒天使教堂画了这幅壁画[24]，他与巴罗托·迪·弗莱迪是同时代的人，也是锡耶纳人。在牲口槽边的公牛和驴让人想起《以赛亚书》开篇的那句话："牛认得主人，而驴认得主人的牲口槽……"（《以赛亚书》1：3）。那头驴仰头朝天，张着嘴，都可以看到它的牙齿。但是，那头一边看着圣子耶稣和驴，一边发出哞哞叫声的公牛，却召唤着魔鬼。根据《生理学》所说，野驴在冬至之夜会发出两次声嘶力竭的叫喊声，而那头公牛就像那些野驴一样，朝着新生的圣子耶稣发出震耳欲聋的怒吼声，而多亏了圣子耶稣，夜晚才得以结束，新的一天开启[25]。

然而，在米开朗琪罗的作品中，驴的形象寓指魔鬼，它的怒气全都冲着诺亚为重新祝圣所行的献祭之举。在帕加尼科的那幅壁画和米开朗琪罗的这幅壁画中，公牛的角都用交缠的绷带装饰了一番。

在西斯廷教堂里，那头公牛没有看向圣子耶稣，而是瞪大了眼睛察看着观众，并且引诱着观众看向驴的脑袋。然而，也有可能画的不是公牛，而是一头"纯红色的小母牛"，根据《民数记》（19：2）的说法，这头母牛应该没有斑点，且从来没有戴过牛轭，它将在燔祭中被献给上帝，然后完全被火焰吞噬，最后灰飞烟灭不留下任何东西。这头“纯红色的小母牛”象征了基督那终有一死的肉身[26]。

在左端高处的那两匹马（或者是一匹马和一头大象？）或许是由于它们“温顺听话的天性”而成了天使的象征。根据《天阶序论》的作者伪狄奥尼修斯所做的描述，这些天使听从于上帝，当“他们是黑白相混的颜色时，由于其强制的牵引力，他们一起将相反的两端连接起来，既有回转的余地，又有先见之明的智德，如此使第一级天使和第二级天使相遇”。（如果按照埃德加·文德所说，这里画的是一头几乎全身隐藏在另外三只动物后面的大象，那么我们从伪狄奥尼修斯那里得到的解释就不作数了）[27]。这两匹马之中，有一匹马只能看见一部分，但它们都表现了一种将黑白相混以及将第一级和第二级相连接的尝试。

在关于大洪水之后献祭的讲述中，并没有提到任何一只我们刚刚说过的那四只动物。实际上，燔祭时，在诺亚建造的祭坛上只非常普通地奉上了几只鸟和一些去皮的家畜（参阅《创世记》8：12）。在传统献祭的动物中并没有马，也没有驴，但是必须提到的有公牛和小母牛。米开朗琪罗描绘了另外三种动物，一定是力求达到某种特别的目的。我们已经将牛认为是那头“棕红色的小母牛”，也就是《民数记》中所说的注定要用来献祭的那只动物：事实上小母牛也会让人想起耶稣在各各他山上的牺牲。然而，马向来被视为天使的象征，能够将相反的两端相连，而向着天空嘶吼的驴子则是反抗上帝及其救世行为的恶魔的象征。如果我们按照相同的假设去解读这三种（或者四种？）动物，那么就会将诺亚的献祭和在各各他山上的耶稣受难的牺牲联系起来。米开朗琪罗想尽办法，表现出了张嘴露齿的驴和那头同样张嘴露齿的被割喉的公绵羊之间的关系。

被认为是闪的妻子的那个女人，抱着一捆相当大的柴火；那捆柴火的颜色和造方舟的木板颜色几乎一样。方舟的木板象征了耶稣殉难的十字架，而那捆柴火与方舟的木板正好构成了一个十字的形状。闪的妻子的外表略微有点男人气，她和那只犄角交缠的公绵羊一样，让人想起另一个献祭，也就是燔祭以撒，它预示了各各他山上的牺牲。驴头象征的那个魔鬼反抗着这场献祭，而通过献祭，所有的对立都会和解，生命也会从死亡中诞生。

米开朗琪罗对这些动物寓意的一一解读或许是受到了某位神学家的启发。但理念与图画之间的联系则完全是这位艺术家的原创。那个没有搁置在牛后颈上的牛轭，可以引向另一种完全不同的解读。《民数记》中所说的那头小母牛，由于指定用来献祭，因而不能戴过牛轭。事实上，在这幅壁画中代表了那头“棕红色小母牛”的动物也并没有被奴役，但那个牛轭（拉丁语是 iugum），让人想到已婚者。菲奥雷的约阿基姆将已婚者与教会中的另外两种身份状况的人（也就是神职人员和修道士）放在一起，构成了一种三方关系[28]。实际上，那牛轭压在了含和他的妻子身上。如果这种解释正确的话，那么我们必定要思考这三个动物的脑袋如何对应了教会中三种身份状况的三方关系。

第一个动物是那头“棕红色小母牛”，第二个是马，第三个是驴。教会中的第一种身份状况（菲奥雷的约阿基姆认为这也是圣父的象征），就是已婚者，他们或许以牛的形象呈现。第二中身份状况（象征圣子）是神职人员，在这幅方形画中他们由两匹马来代表。那么代表修道士的就只剩下驴了。米开朗琪罗的神学顾问或许就属于最后这一种身份。既然这头驴子向着天空嘶吼，变成了魔鬼的象征，那么我们便大胆断言，米开朗琪罗是在戏弄他的这位令人厌烦的修道士顾问。

亚当、夏娃的罪与失乐园

这场景只留下了最根本的内容，整个画面被几个重要的人物占满了：亚当和夏娃，蛇以及二级天使（图 95）。智慧之树是一棵无花果树，蛇盘蜷之上，蛇身的上半部分变成了一个像夏娃一样的裸体女人，与夏娃相似得就像是她的姐妹一般。这棵树将整个场景的进展一分为二：一边是原罪；另一边是逐出伊甸园。一切都只保留了基本要点。第一眼就可以注意到，是整个画面呈现之中上帝的缺席。在西斯廷教堂中，穹顶的第四块区域仍然处于在俗教徒的所在区域中，它与耶路撒冷古老神庙的那位圣人相对应；至圣所中放置着祭坛、教皇的宝座和三排安置在所谓“方格”中的枢机主教的座位（图 94）。

从这幅壁画开始，米开朗琪罗在工作中几乎就没有助手了，因为大部分助手都被他开除了。这件事发生在大约 1509 年的 9 月[29]。这幅壁画的每一个细节都是他亲手画的，并且他那时也摆脱了教皇指派的一位神学家的指手画脚。壁画的主题,除了两个纯净的灵魂外，还有不加遮掩的赤裸本性。魔鬼是那个一半是女人一半是粗壮蛇尾的蛇。尽管通常情况下都是六翼天使（而不是二级天使）穿着红色衣服，因为他们对上帝充满纯净的炽爱，但画面中的二级天使却穿着一件红色衣服。或许米开朗琪罗想要将所有天使的品性都赋予这个驱逐那对有罪夫妻的天使。而这次驱逐也有着火焰的灼热，可能也是因为这个原因，这个二级天使才穿着红衣。另外，天使衣服的红色也符合圣像传统。实际上，马萨乔在佛罗伦萨圣母圣衣圣殿的布兰卡契礼拜堂里所绘的《出乐园》中，将亚当和夏娃驱逐出伊甸园的天使也同样是穿着红衣。

米开朗琪罗画的将人类第一对夫妇驱逐出伊甸园的天使所使用的那把剑并没有剑柄，和马萨乔画的剑一样。或许，米开朗琪罗认为天使是纯属灵的物种，因此不会被刀刃所伤。但是那把剑却沉重地压在亚当的后颈上：从这一刻起，这个人类始祖以及他的后代被判处了终有一死的刑罚，天使左手中的剑便象征了那注定的死亡。这一切都是通过左手臂发生的，这一点包含了一个负面的内涵，尤其是在这里意味着惩罚。

蛇从树上递给夏娃禁果，用的是左手，夏娃接过禁果，用的也是左手。夏娃举高了手臂，但并没有亲自去摘禁果，不像亚当，他左手攀折着智慧之树的树枝，右手贪婪地抓住禁果。左手是作恶的那只手。也许，米开朗琪罗在画弦月窗里那幅展现了耶稣谱系之中的雅各和约瑟家族的壁画时，想起了从菲奥雷的约阿基姆那里获知的东西。当族长雅各在祝福他的孙子时，约瑟（雅各的儿子，以法莲的父亲）将雅各的手交叉，于是小孙子以法莲受到了爷爷右手的祝福，而大孙子玛拿西受到了左手的祝福（引自《创世记》48：13）。菲奥雷的约阿基姆把以法莲看作上帝的馈赠，而玛拿西则是耶稣基督的预兆，耶稣为了我们，不惜自己受伤，通过在十字架上的殉难验证了父之左手[30]。

亚当的皮肤光滑，没有体毛。这位艺术家没有迷失在相似的细节里。实际上，米开朗琪罗首先关注的是躯体的可塑性以及它们在三维空间中的对话。这两具躯体相对，让原罪的场景中流露出一种和谐的关系：夏娃的身体顺应着亚当的身体，这样亚当的身体就占据了外侧作保护状，而夏娃则处在内部的空间之中（图 96）。

然而这两具躯体之间的关系在逐出乐园的场景中却变得非常不同：在这里，亚当重重

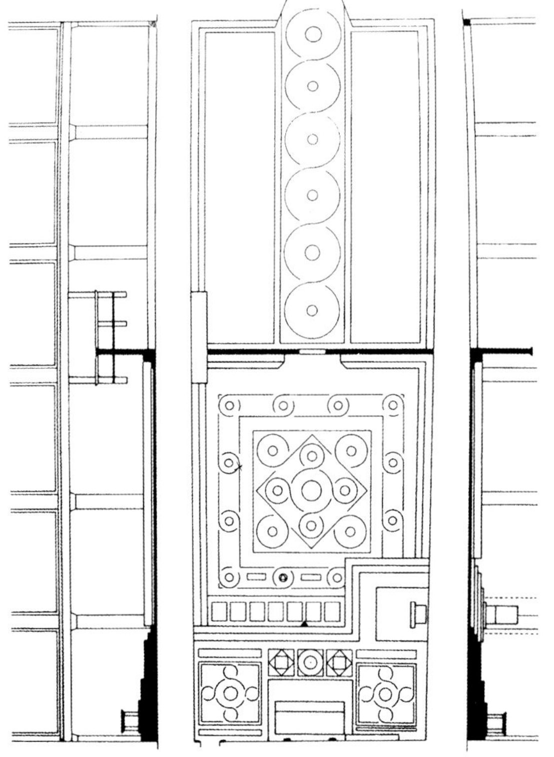

94. 外围墙壁的平面和立视图，标出了教皇穿过在俗教徒所在区域的路径，枢机主教们的座位和教皇宝座所在的“方格”以及祭坛（埃特林格作）

95. 穹顶方形画，《亚当夏娃的罪与失乐园》

96.《亚当夏娃的罪》，细节：亚当没有让夏娃递给他禁果，而是亲手去采摘。没有叶子的树桩象征了生命之树，即十字架

地撞击着夏娃的肩膀。两人渐渐远离了乐园，他们的腹部和大腿紧靠着，而单纯从审美角度来看，他们的侧面像则表现出一种尖锐的不和谐。

亚当使夏娃黯然，她的身体跟亚当的身体相比，像是处在阴影下。由于光从左上方而来，所以连那个把人类始祖赶出乐园的天使也阴着脸。

另外，根据《创世记》，是上帝本人在给亚当和夏娃用兽皮做了衣服之后，将他们逐出了乐园。而画中这个二级天使，不仅肩负着看守乐园的职责，还受命驱逐这对人类始祖，这是画家们的艺术创造。从城外圣保罗大殿的中殿内的壁画起（这些壁画由彼得罗・卡瓦利尼修复），艺术家们就开始描绘驱逐亚当夏娃的天使，他或是飞翔于天空，或是站立在乐园的门前。很显然，在这些场景及其之后的场景中，米开朗琪罗不仅仅模仿了雅各布・德拉・奎尔查在博洛尼亚圣白托略大殿正面大门上的雕塑作品，还模仿了上文提到的罗马城外圣保罗大殿的壁画[31]。

在《亚当、夏娃的罪与失乐园》这幅壁画中，米开朗琪罗不仅摆脱了梵蒂冈的神学家们的限制，而且还找到了属于自己的个人风格。在壁画《大洪水》中描绘了众多人物，但尺寸比例非常小以至于观画者只能费力地勉强辨识出几个特别的个体。而这幅画作中这些人物形象巨大，几乎占据整个方形画，即使与下方观察西斯廷教堂穹顶的人之间相距甚远，这些人物形象的尺寸也仍然非常合适。而整个故事的完整性也不再被诸多细枝末节打破。更何况，那些细枝末节也非常难以辨识。

这里至少需要考虑其中一个细节：夏娃身后那个光秃秃的树桩。它是生命之树的象征。另外，它的两根分枝指向蛇，如此提醒着上帝对蛇的应许："我要叫你和女人彼此为仇，你的后裔和女人的后裔也彼此为仇。女人的后裔要伤你的头，你要伤她的脚后跟。"我们之前在《大洪水》中已经见到了光秃秃的树，那个代表了希望的人物紧紧抓着它，树干向方舟的方向延伸。在《创造夏娃》中，我们也将再次遇见一个相似的、没有叶子的树桩。

创造夏娃

就在西斯廷教堂穹顶的正中间，在五个区域中最小的那一块里，米开朗琪罗描绘了上帝用亚当的一根肋骨创造了夏娃的场景（图97）[32]。亚当靠在一个光秃秃的树桩上，正在熟睡。夏娃已经从亚当的身侧出来了，并且她双手合拢，作出向造物主祈祷的姿态，而上帝伸出右臂召唤着她的生命，仿佛邀请一般。米开朗琪罗避免了对这个事件的一切过于现实的解读。在这个场景的描绘中，他模仿了雅各布・德拉・奎尔查在博洛尼亚圣白托略大殿大门上的雕塑作品，以及城外圣保罗大殿的那组壁画[33]。

略微勾勒出来的地面，一部分画成了多岩石的丘陵的地表，一部分画成绿草地。在

97. 穹顶方形画，《创造夏娃》。亚当靠着生命之树熟睡；象征着灵魂的夏娃正礼拜她的创造者

背景中有一片蓝色水域一直延伸到浅色的地平线，那或许是大海。就这样呈现了三个元素：土地、水和大气。第四个元素火，存在于造物主衣服的颜色中，以及隐藏在亚当和夏娃粉嫩裸体的生命气息中。

米开朗琪罗混着一点蓝色，画了上帝那件浅灰色的沉重的斗篷，而上帝的慈父般的形象与整幅画等高。严肃而内敛的上帝，在他的创造之举中将目光投向亚当的伴侣。长长的胡子飘拂在胸口。他的神情包含着庄严与创造力。沉睡中的亚当，手腕靠在树桩底部一个砍掉的短分枝上，而他的脸颊和胸口都靠在树干上。他移开脸庞，不面向夏娃和造物主,而是转向左下方。夏娃从后面探出来，从亚当的背部而不是从他的身侧。在亚当和夏娃之间，米开朗琪罗画了一块暗色的大岩石将这两个裸体的形象联系起来，同时也将他们分隔开来。

在沉睡的亚当头上，树桩的一枝长枝探出来,它朝着右上方延伸,由于分权变成两枝，因而不能长得很长。这个光秃秃的带着分权树枝的树干，和《大洪水》以及《原罪》中的主题一样。在《创造夏娃》中，这个分杈的枯树的细节似乎是在提醒着即将来临的原罪。同时，也暗指了真正的生命之树，也就是十字架。第二个亚当，即耶稣为了拯救他的新娘（即教会）被钉死在十字架上。

被创造的纯洁无瑕且无罪的玛利亚，应该被视为第二个夏娃的原型。第二个夏娃无染原罪受孕，并且永远保持纯洁，是一个贞洁的新娘。这一点在1458年弗朗切斯科・德拉罗韦雷写给帕多瓦主教丹多洛的《致词圣母玛利亚》中反复提及[34]。圣母玛利亚早先被画在了祭坛后墙上，夏娃作为她的象征，占据了西斯廷穹顶的人像绘画方案中最中心的位置。

瞻仰着刚被创造出来仍然纯洁的夏娃，神职人员们穿过曾经设立在那里的栅栏门，进入到教皇礼拜堂中的至圣所。这时，米开朗琪罗才让人们看到上帝的形象。被创造的夏娃正全神贯注地礼拜她的创造者，她是教会每个成员的灵魂伴侣，而根据上帝的构想，这些一度非常完美的成员，就像圣母玛利亚那样无比纯洁。

创造亚当

穹顶上最著名也最重要的方形画当然要数《创造亚当》了（图98）。造物主上帝不再像前面那些场景中那样站在地上，而是飞在空中，在风暴的咆哮中从右边移动过来靠近亚当，米开朗琪罗把右边的空间构画成了无边际的深邃和空洞。亚当躺在地上一个光秃秃的角落（图99）。这一块是个斜坡，勾勒出一条从左上方到右下方的弧线，地面是绿色的，就像是被草覆盖住一般。斜坡濒临一片蓝色水域，就跟之前《创造夏娃》中的场景一样。因此这里也描绘了三个元素：土地、水和大气。第四个元素火，隐藏在亚当的身体中。

火的色彩在上帝的斗篷里凸显出来，斗

98. 穹顶方形画,《创造亚当》。这次创造所产生的所有现实都仍然在上帝的斗篷中，都仍然是他的想法

篷里裹着一些陪伴着上帝的裸体人物形象（图100）。这些在上帝身边的人代表了谁呢？他们细分成几组，分别跟上帝和刚诞生的亚当之间呈现出不同的关系。在上帝下方飘着三个人。在这三人的基础上，又加了一个男童，他在上帝的右肩后面紧贴着，然后还有另外三个人在上帝的左肩后面，再之后还有另一个三人组在上帝的左臂后面。而上帝的左臂紧紧搂着一个年轻的裸体女人，左手则搭在一个男童的肩上。

飘在造物主下方的这组人中间的那一位肤色很深，完全处于上帝及其肩上男童的阴影下，并且没有面向亚当，而是看向黑暗。这个深色的人物似乎没有在上帝那里找到任何支撑。他的右膝弯曲着，形成的角度正对着亚当躺卧的地面，而亚当则是左膝弯曲着。在这人后面可以辨识出第二个人物的脑袋，他闭着双眼。这一组的第三个人只能看到他的背面以及从他肩上垂下来一件绿色的斗篷，飘向右方。上帝的右腿放在第三个人的前胸和右臂上。

那么，应该怎样来解读这三个人呢？中间的那个人，深暗的肤色，看向黑暗的目光，这些都明显是魔鬼的特征。第二个闭眼的人也可以作同样的断言：实际上，魔鬼不愿意与创造人类有任何关系。最难解释的是第三个人，就是那个披着飘舞的绿色斗篷的人。绿色也是画面左侧地表的颜色，米开朗琪罗或许是想把土地这个元素作为伴随着上帝的精神力量？那件斗篷还拂过了上帝左臂中的那个女人的左膝。通过这个男性人物和女性人物联系起来，或许是想暗指上帝随即产生的关于创造人类夫妻的想法，亚当和夏娃就是这个想法的呈现。那斗篷或许寓指了土地这个元素，亚当源自于土地，而夏娃源自于他。

上帝左肩上方和左臂后面的那些人，每处各三个，一共六个，可能就是六大天使，他们分管了上帝创世的那六天的精神力量。现在还剩两个男童需要解读其含义了：一个在上帝的右侧身边，与他紧密接触；另一个在画面的最右端，他抱住那个女人的左膝，同时转向右边，显得很痛苦的样子。

上帝有长长的胡子和一头灰色的头发，面如慈父。紧靠着他的那个男孩可能代表了圣子。这里呈现了完整的三位一体，暗红色的斗篷被风吹起来，包裹住了所有飞在空中的人，那风吹就代表了圣灵。根据传统的创世说，天主是三位一体的，米开朗琪罗对三位一体的这个全新的描绘和呈现当然没有被毫无批判地接纳，但是这些批判却以意味深长的沉默表达出来，或许教会放任了米开朗琪罗自由地工作。

但是第二个男童是谁呢？他和那个代表了上帝对女人和新娘的构想的女性形象之间紧密联系着。而那个女性形象通过与男童的这种联系多了一份母性的意味。上帝右腿下方的那个男人，上帝左臂环住的女人以及旁边的男童，他们一起象征了家庭的概念。那个男人，或者更恰当地说是那个构想中的男人，他不仅仅通过绿色的斗篷和女人之间建立起联系，他的右脚从上帝的腿下方穿过，拂过那个男童，同这第三个人物也联系起来，以表达家庭的完整。米开朗琪罗还给我们展示了另外两处应该注解的细节。上帝的左手，准确来说是左手的大拇指和食指，压在男孩的肩膀上，而男孩转过脸去不看他。这两个细节须从神学角度去解读。上帝的左手涉及菲奥雷的约阿基姆的一篇文章，我们在与耶稣谱系的壁画相关的上文部分中提到过[35]。那篇文章中谈道："在耶稣受难时，他以某种方式，将父的左手放诸己身，如此我们便从耶稣的受难中获得救赎，且不被父之右手触碰。"[36]因此，米开朗琪罗在他的壁画中可谓将那段文章逐字逐句地描绘了出来。第一个男童代表了三位一体中的第二位（即圣子），第二个男童则代表了圣子的肉身（耶稣）以及因他而获得的全人类的救赎。

对于上帝的左臂圈住的那个女人，还可以进行进一步的阐释。女人的构想不仅只包含了夏娃，还包含了玛利亚，她是上帝对女人的构想中唯一一个真正纯洁无瑕的成果。这才是所谓"纯洁受胎"的真实而本源的含义。纯洁受胎首先是在上帝这里实现，然后才在安娜（玛利亚的母亲）的腹中落实的。对于现如今的神学家们来说，米开朗琪罗的壁画中所表达的神学思想仍然充满启示。这位艺术家凭直觉猜想的真理常常比从思维推理中获得的真理要多。我们甚至可以想得更远一点：在关于家庭的神圣构思中，那个男人和女人只是通过一条绿色的带子相连，而他们的身体却并无触碰。米开朗琪罗或许是想表达圣家族，即玛利亚、耶稣和约瑟，他们一直都在上帝的构思中。

我们再次看向那个代表魔鬼的深暗的形象。他像是转向了黑暗，但随着他的目光，我们注意到他在圣父上帝的下方，朝着女人的方向仔细窥探。就像那魔鬼想要引诱女人落入陷阱一般。但女人紧紧抓住上帝的左臂，紧挨着那个代表了救赎的一脸痛苦的男童，她也被包含在救赎之中。画面里，注定要受难的降世为人的圣子紧抱着他母亲的左膝。上帝那充满了生命活力的右手触及亚当松弛无力的左手（图 101）。这个手势不仅是表达了第一个创造物的概念，还表达了通过救赎而获得一个新创造物的概念。

米开朗琪罗的这幅最著名的壁画的这个第二方面至今仍然被解说者所遗漏。然而，菲奥雷的约阿基姆的那篇关于父之左手的文章却给米开朗琪罗留下了深刻印象。那篇文章讲述了在雅各交叉双手赐福时，左手放在长孙玛拿西的身上，借由以法莲让我们所有人获益。米开朗琪罗一定是通过教皇身边的一位神父知晓了这篇文章，当时他应该在教堂入口处右面墙壁的弦月窗那儿画《旧约》中约瑟的儿子们。

《神分水陆》

穹顶上最后的三幅为一组的方形画中，第一幅画的题目非常不确切。实际上，它和

99.《创造亚当》，细节：亚当和四元素，绿色的地和蓝色的水，天上的大气和亚当鲜活身体中的火

100.《创造亚当》，细节：圣父上帝和紧紧抓着他的圣子，创世的头三天的天使和路西法。这里呈现了反基督的思想，以及关于女人及其与男人的婚姻的思想

101.《创造亚当》，细节：生命之火花从造物主之手传递到没有任何物质接触的人类之手的神圣时刻

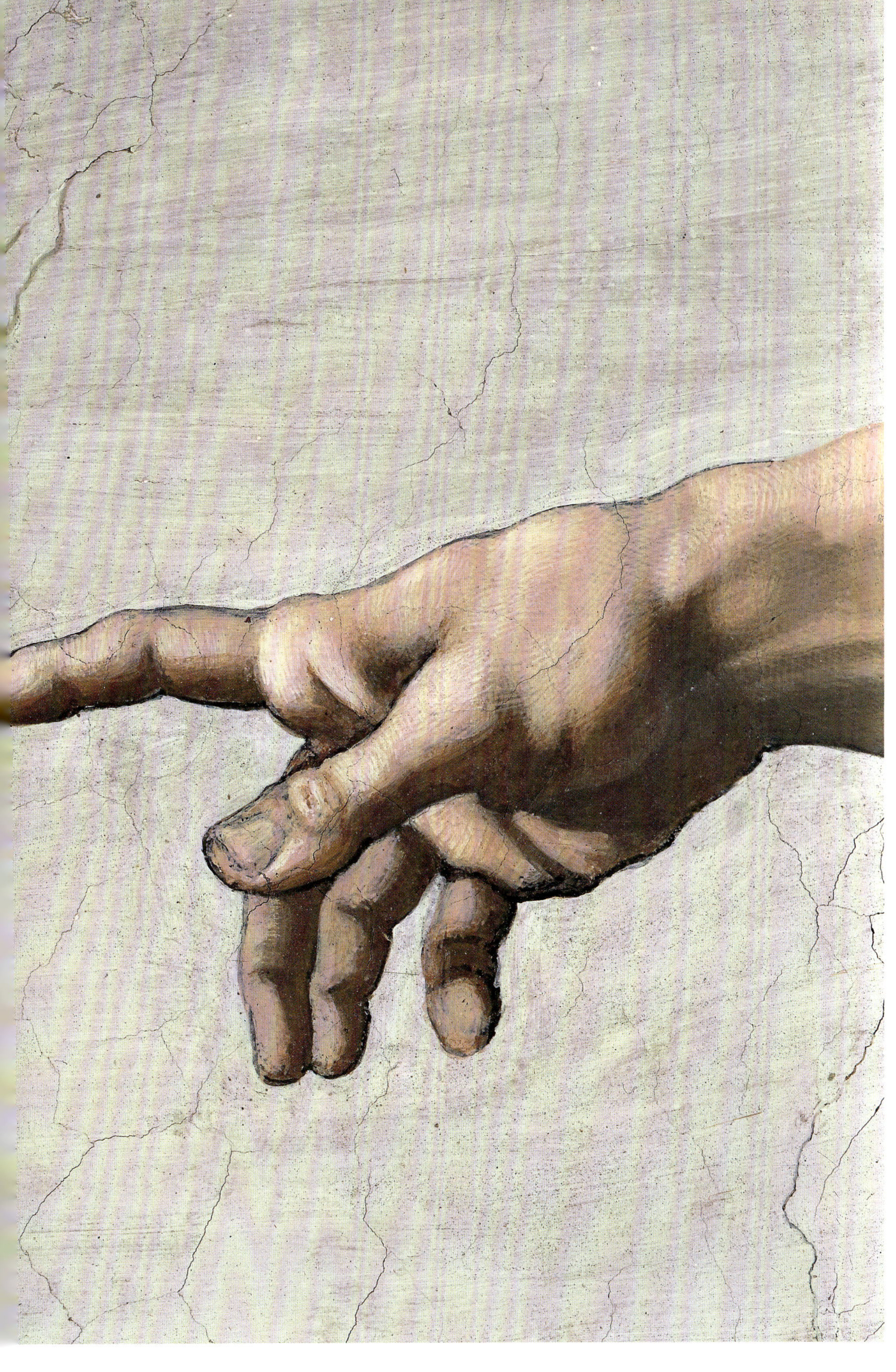

《创世记》第 1 章第 9 段中所讲述的分开水陆并没有关系[37]。也没有像《创世记》第 1 章第 2 段中描述的那样，描绘上帝之灵在水面上飘荡[38]。米开朗琪罗展现的是造物主上帝把水分开的时刻。上帝可被认为是第一个建造者，正如《创世记》第 1 章第 7 段所说，他创造了苍穹，天空之顶，以至于一半的水留在了天上，另一半的水则汇聚在天空下（图 102）。在这幅画的左边，可以清楚地看到蓝色的水，在上帝红色斗篷的上方开始汇聚，几乎就要触到他右手的小指了。

在这幅画中，米开朗琪罗也尽量避免了所有过于生硬的写实主义的形式。正如在《创造亚当》中一样，他描绘的上帝水平飘浮在空中。很显然，艺术家在创作这幅方形画的时候，以古时描绘的河神为参考。但是在身体的延展中，他按照透视法缩小化了人物向后倾斜的身躯，去掉了所有的物理上的重量感，这让上帝的飞翔显得非常真实。

造物主右手的手指指向上方。而左手略微下垂于底部的水面之上。和《创造亚当》中一样，上帝穿着一件浅紫色的衣服，裹在一件红色斗篷里。那斗篷裹住上帝的腹部，在风中膨胀起来，形成第二层边界分明的包衣，在包衣的空间中还有另外三个裸体的人物形象。在圣父左臂和肩膀后面的那个男童飘在空中，我们可以再次认为他是三位一体中的第二位，即圣子。把红色斗篷吹起，让它膨胀成包衣而形成界限分明的空间的风，则暗指了三位一体中的第三位——圣灵。

圣父上帝背后的那两个人像谜一样不可思议。其中的那个女孩看向左边画面之外的地方，而那个男孩，尽管藏在斗篷的凹陷处，他的面孔仍然可以辨识出来。或许，那女孩代表的是《创造亚当》中的那个同样的人，也就是上帝对于女人，尤其是对纯洁的玛利亚的非凡构想。而那个男孩或许暗指了对男人的构想，同时也是对未来的玛利亚之子的构想。

我们刚刚说，女孩的目光看向了画面之外、方形画之外的地方，直接看向了那幅被两个裸体人像用一条布带支撑起来的圆画。关于这些裸体人像和相关的圆画上的描绘，我们在后面会详述。这里真正有意思的是，在所有的圆画中，只有这一幅没有描绘任何人物：实际上，它完全是空白的。穹顶的曲面被用来画成了凹面；米开朗琪罗或许也是用这种方式来象征苍穹或天空之顶。在创造苍穹的过程中，上帝就像方形画所展示的场景中那样忙碌。另外，那空白或许也是象征了玛利亚的纯洁。

这个女性形象的外表是一个女孩，在整个创造过程中，她的实现也是逐步完成的。米开朗琪罗再一次展示了自己的原创想法，并即刻通过形状和颜色、三维空间的视觉错觉以及关联的可能性表达出来。这些关联的可能性是由于三维空间造成的，通过眼神的对话，甚至可以从一个区域延伸到壁画的另一个区域。

创造日、月、草木

米开朗琪罗将穹顶上最后一幅大方形图献给了创造世界的第四天（图 103、104、105）。造物主上帝两次出现：第一次是正面出现，他正在创造天空中的亮光；然后是背面出现，他正让植物发芽。在创造植物世界的场景中，他是独自一人，而在升起日月的场景中，他由四个人陪伴着：其中两个靠近他的胸部和右身侧，在太阳处，而另外两个在他身后，左臂下方，在月亮处。那个从上帝右身侧探出来，脑袋碰到太阳的裸体男童，只能是上帝之子的象征，是“公义的太阳”（《玛拉基书》武加大译本，4：2）的象征。位于圣父上帝和圣子之间的第二个形象，像是一个女人，可以视作三位一体中的第三位，即圣灵，反正在犹太教中上帝之灵是女性。米开朗琪罗所画的这第三位，显然是源自于另外两位，也就是圣父和圣子。

圣子看向圣父。耶稣在《福音书》（《约翰福音》5：19）中这样说，而圣灵则仔细瞻仰上帝的深奥（《哥林多前书》2：10）。这第三个人物形象，用手臂挡住眼睛，看着上帝，让人想起我们刚刚提到的这段文字。

而圣父左臂下的两个孩童则完全是另一回事。那个更靠近月亮的小童裹在一块银灰色的布里，并且遮住了耳朵。在他旁边是第二个人物，只能见其望向天空的面孔。若不将这两个孩童与另外两个位于上帝右臂下方的孩童联系起来，就很难找到一个关于他们的合理可信的解释。这两组小童，构成了一阕四重唱。正如已经看到的关于耶稣先祖的那些画，在菲奥雷的约阿基姆以及为西斯廷作画的米开朗琪罗看来，同样的人物形象可以根据不同的关系体系来代表不同的人[39]。

创造太阳和月亮可以标记时间的流逝。《圣经》中的这一段不仅只提到了昼夜，还说：“有傍晚有清晨……”（《创世记》1：19）在创造世界的每一天结束的时候都会这样说。因此，围着造物主上帝的这四个孩童便是化身。从左至右可分别认定为清晨的化身、白昼的化身、傍晚的化身和黑夜的化身。第一个从上帝那里诞生的是清晨；白昼用手遮挡着太阳刺眼的光芒，保护着眼睛；傍晚看向天空，向黑夜倾斜，而感到寒意的黑夜裹在一件灰色的披风里。或许正是在他该要描绘创造世界的第四天时，米开朗琪罗才获悉这些题材内容，之后这些题材在他雕刻美第奇家族的陵墓时进一步发展成熟。无论如何，我们可以再次假设教皇身边的一位神学家也参与了这幅壁画的创作，然而，也可以怀疑这个神学顾问是否同意在创造植物的场景中，描绘上帝的背面这种大胆的呈现。在这里，米开朗琪罗的创作想象力显然是极为活跃。艺术家是在读《圣经》中的一段文章时，产生了这种背部呈现的冲动。在《出埃及记》中，上帝对想要看他的脸的摩西说：“你不能看见我的面，因为人见我的面就不能存活……我的荣耀经过的时候，我必将你放在磐石穴中，用我的右手遮掩你，直到我过去。

102. 穹顶方形画，《神分水陆》。圣父上帝创造了蓝色的苍穹，可见的天空之顶，但没有触碰它。圣子陪伴着上帝；膨胀的斗篷寓指了圣灵，而那个女性形象寓指了纯洁的玛利亚。在斗篷中的黑暗处是邪恶的灵魂

103. 穹顶方形画，创造世界的第三天和第四天：上帝背对着画面，创造植物并使之发芽。圣父上帝在圣子和代表圣灵的女性形象的陪伴下，创造了日月

104. 创造世界的第四天，细节：圣子也是清晨的化身，圣灵则是白昼的化身，另外两个靠近月亮的孩童则代表了傍晚和黑夜

105. 创造世界的第四天，圣父上帝的头部特写

然后我将收回手，你就可见我的背”（《出埃及记》33：20-23）。武加大译本中的拉丁文逐字地说：“你将看见我的背部”。如此，米开朗琪罗清晰立体地描绘了上帝在第四天创造植物的举动。

但是在对《圣经》的寓意解说中，以及在奥古斯丁的《忏悔录》的第十三卷书中，植物都被视为善作（图106）[40]。太阳和月亮也是如此，而同样依据奥古斯丁的这本书，苍穹、天空之顶象征了《圣经》。太阳代表了“智慧之语”，也就是探求永恒真理的话语，而月亮象征“科学之语”，也就是与可感知的有形事物相关的话语[41]。

从不同的寓意角度可以以不同的方式来解读太阳和月亮。比如，太阳代表了基督，月亮代表了教会。1512年，埃吉迪奥·达·维泰博在罗马的人民圣母教堂的一次布道中，面对皇帝的特使，将皇帝马西米连诺的世俗权力比作月亮，而教皇尤里乌斯二世的精神权力比作太阳：他圆滑老练地大谈上帝在第四天创造的天上最主要的两种光辉，但并没有非常明确地用月亮来影射皇帝的形象[42]。

《神分光暗》

穹顶小方形画的最后一幅，再一次描绘了独自一人的上帝（图107）。这幅画和《神分水陆》一起，放在那幅题献给创世第四天的主要画作的旁边。之前已经说过，米开朗琪罗画的神像的尺寸从天花板的一个区域到另一个区域是逐渐变大的，这是为了防止画在那里的人物由于透视的原因而变小，这样就不会让教堂显得过分延长。

在描绘分开光暗的上帝形象时，米开朗琪罗力求达到巴洛克时期的风格水平。也就是说，在呈现的时候要让这个形象从四面来看都是可见的。另外，着力凸显的右膝也让作为底部界限的边框展现了出来。如此一来，上帝就屈膝在这一段边框上，而这一段边框处于两个年轻人的形象之间，这两个人守着那块展现了以利亚升天（图108）的圆画。在给西斯廷教堂穹顶作画的过程中，米开朗琪罗时常亲自检验其中一些人物形象的位置，这些人物通常不是跪着的，而是站立着，也常常向后弯，就像上帝的那个画像一样。

如果将造物主上帝和穹顶上最近的三幅画的其他形象放到同一条线来看的话，那么可以看到他从左边前进，飘在面画中，并且整个身体都转向右上方的角落。那是我们描述的一片次要区域，而画家或许有意将它作为主要视界。于是在这种情况下，深暗的厚云层位于画面的上方，而浅色的云层则占据了下方的位置。然而，就像所有不好的事物一样，黑暗不应该被画在上方，而是应该在下方的位置。

但是，如果从第三种角度来看上帝，就会注意到他不是只用了左手来压制黑暗，而是用他的整个身体以及他那被风吹胀的浅红色斗篷一起压制着黑暗。在与上帝一致的角度看着画面，就像是要被创造的漩涡吸走了

106. 南墙，画有撒门家族的方形圆拱面。上帝用植物装点大地，创造植物的精神寓意就在于遮蔽裸体。这块方形圆拱面就位于壁画《创造植物》的旁边，展现了母亲为赤裸的波阿斯裁衣一般。目光自然而然地就聚焦到了上头那双造物的手上。隐约可见的左手将帐幔一般的深暗云层推向一边，而右手轻触于白色云层上塑造了一个形状。

根据弗朗切斯科·德拉罗韦雷的布道所述，上帝在完成分开光暗的时候，圣母纯洁受胎便已在望[43]。受教于希伯来神秘哲学的彼得罗·加拉蒂诺说，上帝在创造亚当时，在他的种子里离析出一种非常珍贵的物质，并贮藏起来使其完整无缺，不染原罪。这个创世时期的物质没有被罪恶腐化，保存了几百年，之后用来塑造弥赛亚的母亲[44]。

或许正是因为这样，米开朗琪罗受到他的神学顾问的启发，用一种不同寻常的方式描绘了神分光暗的场景。上帝如同一个艺术家一般用左手推开深暗的云层，且同时用右手塑造了一个光明的形状。这个有形体的形象表现出一种女性的优雅，而上帝的头部则冒险选用了一种缩小画的方法来描绘，只能看到胡子和头部的一部分。

所呈现的上帝正在用浅色的云团塑造一个形状，就像在轻轻爱抚一般。他一定是想到了没有污点纯洁无瑕的新娘，这个构想将在玛利亚身上得以充分实现。

裸体人像和他们的圆画

裸体人像

天花板上的那五幅小尺寸的方形画，每一幅的周边都有四个裸体人像。他们两两一组，位于先知和女巫的上方。他们用织物拦着那些仿青铜的圆画，在那些圆画里描绘着《旧约》中的场景，只有一幅除外。我们说过其中一幅圆画是空白的，没有呈现任何东西：它位于那两个伴着《神分水陆》的年轻人中间。在关注圆画中描绘的那些场景之前，我们先来看看这些裸体人像。[45]

总共有二十个裸体人像。既然他们都是四个为一组，可以假设四这个数字是有含义的。在《圣经》的第一页里就呈现了四种“能”，米开朗琪罗在之后的美第奇家族陵墓的工程中，将这四种“能”分成两对，形成了一组四个主题：清晨、傍晚、白昼和黑夜。如果我们从这个角度去看米开朗琪罗在西斯廷教堂画的最后一组四人裸体像，我们就会知晓每一个形象的寓意了。

伴着《神分光暗》的那四个年轻人的其中之一坐在一块红色的布上面，不规矩地躺卧着，正伸着懒腰，像是刚从酣睡中醒来：他一定是代表了清晨（图 109）。在他对角线方位的那个年轻人肩上扛着一串沉重的栎树垂饰，气喘吁吁：见此情景谁不会想到白日里的辛苦劳作呢（图 110）。坐在喘气不止的男人的对面的那个年轻人相貌分明，正在休息，他代表了傍晚（图 110）。四个人中的最后一个人，色调冷而平淡，注意力都在一块冷蓝色的布上面：他怎会不是黑夜的象征呢（图 111）？实际上，他坐在代表了清晨的那个年轻人的对面。

如果我们的解读是正确的，那么这个代

表了黑夜的男性形象就违背了一条准则，这条准则与用具体的拟人化来呈现不可即刻感知的抽象灵力相关。从古至今，一直遵守的这条准则是如果要通过一个人物形象来呈现一个概念，那么这个概念在词性上的性应该与这个人物形象在生物学上的性保持一致：一个阴性的概念应该用一个阴性（女性）的人物形象来呈现，而一个阳性的概念则应该用一个阳性（男性）的人物形象来呈现。

“黑夜”（拉丁语是 nox）是一个阴性名词。而米开朗琪罗想把所有这二十个伴画的裸体人像画成年轻男子。这种情况应该与他们的基本含义有关。这些年轻男子是带来启示的人，他们只可能是天使的象征，因为他们是传达上帝之启示的媒介，正如《旧约》和《新约》中所写的那样。

实际上，在文艺复兴时期的神学认为上帝的天使全都是灵力。于是，所有可感知的事物都通过女性的裸体来呈现，而纯粹的灵力，所有的精神力量，都通过男性的裸体来呈现。在我们后面讲到那些铜色的女性裸体形象的时候，会再次回到这一点。

如果，我们一步一步地来确定剩下的四组裸体人像的含义，有可能的几种解释就非常有限了：四元素、四枢德、四种气质类型和四个时代。下面，我们来看一看米开朗琪罗如何用他画的年轻男子来呈现上述的这几种可能的组合。

《神分水陆》的这四个裸体人像通过姿势和动作代表了四元素。最容易辨识的就是火，位于右侧，在先知但以理的上方的那个男子坐在一块红色的布上，他的姿势代表了火（图 112）。

在与他相对的穹顶另一端坐着的男人，他的白色斗篷飘舞在风中：这个细节显然是暗指了大气（图 113）。坐在那幅空白圆画右边的男人，他浅蓝色斗篷上的褶皱和绿色的长枕让人想起粼粼波浪，而之前我们也看到了米开朗琪罗想用那幅空白圆画来寓指苍穹（图 114）。

通过姿势和动作来解释说明一个裸体人像代表土地这一元素，这不是一件容易的事。那个在火的对面的男子，右脚撑在一块棕色的布上，然后尽可能地伸长了左脚，提醒着人们土地位于下方（图 115）。

这个年轻男子看着观众，目光意味深长，或许是在说：“你也是泥土做的。”

穹顶正中间画着《创造夏娃》的区域里的年轻男子，全部都坐在金黄色的布料或枕头上（图 85、116、117）。这或许是在暗指人类历史开始时的黄金时代[46]。若真是如此，那么就只有两个区域留给剩下的三个时代了，并且也不会有意将四个时代和四个裸体人像一一对应。一方面，如果是将四个时代和四个人像一一对应的话，那么这四个人应该坐在颜色不同的布料上；另一方面，我们现在面对的是人类所有时代中的第一个，也就是在原罪和所有堕落现象之前的时代，而人类那些不那么幸福美满的时刻是在剩下的那些时代里。

107. 穹顶方形画，《神分光暗》。上帝在光亮中塑造了一个有形体的形象：分开光暗时就已经有了圣母纯洁受胎的计划，玛利亚已经存在于上帝的构想中

108. 伴着《神分光暗》的那幅圆画。这幅圆画位于那几个象征了昼夜的裸体人像之中：先知以利亚乘坐着火焰马车升天

如此一来，米开朗琪罗或许想要将剩下的八个裸体人像和两个堕落的时代联系起来。他不得不放弃描绘一个时代，因为穹顶上没有足够的空间了。我们会看到他选择放弃描绘白银时代，而呈现铁时代和铅时代。

在穹顶正中，坐在金黄色织物上的四个裸体人像的姿态手势各有不同。那么，他们各自都代表了什么呢？黄金时代的第一席位适合于对尘世意义重大的四枢德，即智德、节德、勇德和义德。但是我们怎么才能将这四枢德和四个裸体人像对应起来呢？

右侧位于库玛娜女巫上方的男人是最容易辨识的。他紧握着椽子垂饰的一端，可以确认是勇德，拉丁语是 fortitudo。这个词的词根是 fortis，意思是强壮力大的。那个坐在左边的，勇德对面的男人，他的肌肉线条和形态非常女性化，和勇德夸张展示出来的肌肉力量形成鲜明对比。他的左手碰到了圆画，那上面画着亚历山大大帝在耶路撒冷向大祭司致敬。他的目光转向右边，环顾着展示了上帝之创作的整个穹顶。这两点既不与节德一致，也不同智德相符，而只与义德匹配。

象征节德的那个年轻男子蜷曲着坐在金色绸带上，两个膝盖紧紧靠在一起。金色的绸带穿过圆画周边的扣眼，被他的左手食指紧扣着。坐在对面的另一个男人，用脚和右手固定住同一条绸带，然后用左手将绸带举到头顶上方。显然这个形象代表了有先见之明的智德。

接下来的四个裸体人像与铁时代相关。实际上，米开朗琪罗，或者更确切地说是执行这个项目计划的人，由于空间限制的原因而没有将白银时代纳入考虑。这四个形象显得如此不同，以致让人猜测他们仍然是四种灵力的象征。米开朗琪罗或许想到了从性格的基本特征将人进行区分的四种气质类型即黏液质、多血质、胆汁质、抑郁质。

坐在厄立特里娅女巫左上方的那个年轻男人似乎是受到惊吓一般看着观画者。可以确认他就是抑郁质（图 118）。与他相对应的穹顶的另一端，一个男人向后弯着举起右手，似乎是要打人：他可能是胆汁质（图 119）。在他对面坐着的那一位激动不安，表现出能量与活力：所以，这位应该就是多血质。剩下的黏液质就只能是在厄立特里娅女巫的右上方安安静静地坐着的那个年轻男人了。

我们最后端详的这个四人组，是米开朗琪罗首先画的那一组。坐在德尔菲女巫左上方的那个男人的画像已经剩下极少的东西：头，肩膀和左手，膝盖以下的腿。1797 年 6 月 28 日，圣天使堡的火药仓发生爆炸而导致的剧烈震荡使得一大块米开朗琪罗所绘的穹顶掉了下来。于是形成了一片空白处，从方形画《大洪水》开始，穿过这个年轻男人的身体一直到那幅仿浮雕的圆画（图 74）。

四个裸体人像都表现出同样的淡淡忧伤的表情（图 122、123）。跟米开朗琪罗后来画的那些裸体人像相比，这四个人像的姿势显得略有不同。靠近圆画那一侧的身体姿态几乎是两两镜面相对的。因此，很难说米开朗琪罗有意要画一个四人组。他更多的是想要呈现铅时代。在关于含嘲笑裸体的诺亚的描绘中，以及在即将解说的仿浮雕的圆画题材里，都可以找到确证。我们将从教堂入口处开始，直到祭坛的位置，跟随着米开朗琪罗定义的时间顺序进行解说。

绘有仿浮雕式场景图的圆画

在德尔菲女巫宝座上方的裸体人像支承的那幅圆画中，描绘了被一面墙一扇窗分隔开来的两个人，其中一个人注定要被毁掉（图74、123）。根据《撒母耳记下》（3:26）所述，扫罗王的元帅押尼珥，在穿过城门口时，冷不防地被大卫的元帅约押杀害。

在先知约珥上方的那幅仿浮雕圆画中，描绘的题材取自于《列王纪下》（9：23-26），约兰王被耶户射箭击中背部致死，耶户命令他的军长把约兰王的尸体从战车上扔下去（图122）。

这第二幅仿浮雕画中也描绘了一次背信弃义的谋杀。这两幅画的题材都与所有时代中最糟糕的时代——铅时代相符。米开朗琪罗用图画来表现古时的时代划分的这一假设，在第一个区域和最早的四个画于西斯廷教堂穹顶的裸体人像中得到了证实。

画在以赛亚的宝座上方，由两个年轻男人支承的仿浮雕圆画，描绘了《马加比下》（3：23-30）中所述之事，海里奥道拉潜入耶路撒冷的圣殿想要盗取宝物，全能的主大显异象，让一位威严可怕的天国骑士偕同两名少年狠狠鞭打海里奥道拉，将他驱逐出去（图119、121）。

在厄立特里娅女巫上方的仿浮雕铜色圆画，或许取材于《列王纪上》（15：12），又或者是《列王纪下》（10:26或23:8）。在《列王纪上》中讲到，国王亚撒行耶和华眼中为正的事，把他父亲所造的偶像全都毁掉。另外的尚合情理的段落在《列王纪下》中，其中一段是关于耶户的行为，耶户在杀掉了所有巴力的信徒以后，毁掉了巴力的塑像，另一段则是关于国王约西亚实施的宗教改革（图118、120）。与这幅圆画相关的三个场景都涉及在捍卫对上帝的信仰中所使用的暴力。真神上帝的圣殿由他的天使防护，而假神的神庙则应该被清除。在艺术史中很难找到一个可识别为铁时代的更好的例子了。

接下来在《创造夏娃》方形画中的两幅仿浮雕圆画，呈现了在《马加比一书》和《马加比下》两本书里所描述的时代中发生的事件。在第一幅圆画里，画了《马加比一书》第10章59-65段所述的场景，亚历山大大帝在耶路撒冷向大祭司致敬（图117、124），而另一幅圆画则取材自《马加比一书》第7章39-47段，国王安提阿哥·以皮法尼的元帅和军队指挥官尼迦挪，被砍掉了脑袋和手，犹大·马加比在战役胜利之后命令将尼迦挪的头和手带到耶路撒冷（图116、125）。

画亚历山大大帝向大祭司致敬很显然是想要暗示神权高于俗世权力。亚历山大下马，

109. 围着《神分光暗》的四个裸体人像的其中之一：代表了创造世界的这些日子的清晨

110. 傍晚和白昼的化身，围绕在描绘了先知以利亚乘坐火焰马车升天的圆画旁边

111. 黑夜和清晨的化身；他们中间的圆画是一幅仿浮雕，描绘了献祭以撒

112. 围在《神分水陆》周边的裸体人像代表了四元素。这个年轻男子用生动的姿态表现了火

113. 男子膨胀的斗篷代表了大气这个元素

114. 代表了大气和水的裸体人像，围着一个空白的凹面圆盾，它暗指了天空之顶

115. 代表了土地和火的两个裸体人像，他们之间的圆盾上描绘了悬挂于天地之间的押沙龙之死

116.《创造夏娃》周围的裸体人像代表了四枢德。节德和智德相伴的圆盾上呈现了挂在耶路撒冷城墙上的尼迦挪的头和被砍下的双手

117. 义德和勇德，在亚当夏娃的罪过之前的黄金时代，这两者都是美德，他们中间的圆盾上画着亚历山大大帝向大祭司致敬

谦卑地跪在大祭司面前，这让人想起夏娃在被创造的那一刻，双手合十，向她的创造者俯身致敬的场景。

对于尼迦挪被悬挂于耶路撒冷城墙上的头和手的呈现，应该与上帝最初的应许一并而视。根据《创世记》所述，在原罪之后，上帝对夏娃和蛇应许道："我要叫你和女人彼此为仇，你的后裔和女人的后裔也彼此为仇。女人的后裔要伤你的头，你要伤她的脚后跟。"（《创世记》3：15）。尼迦挪是上帝之子民的敌人，是撒旦的象征。

在佩尔西卡女巫上方的裸体人像之间的那幅圆画是空白的，它就是与创造天空的《神分水陆》相关的那幅圆画（图 126）。那幅空白圆画所覆盖的穹顶的那片小小的区域，实际上是寓指了苍穹就是一个穹顶，米开朗琪罗想表达的就是这个意思，而那幅空白圆画也是一个曲面，可以画出凹陷感。

对面的那幅圆画，展现了悬于天地之间的押沙龙：实际上，根据《撒母耳记下》第 18 章 9-15 段所述，押沙龙在躲避大卫的兵士时，骑着骡子经过一棵大橡树下，长头发被茂密的枝叶绕住，悬挂起来，于是他骑的骡子便离他而去了（图 115、127）。大卫的元帅约押得知此事，便拿了三杆短枪，刺透了押沙龙的心。

在拉丁语的武加大译本中，第 9 段写的是"illo suspenso inter caelum et terram"（他悬挂于天地之间），显然这句话决定了关于此处所描绘之场景的选择，此处与那幅创造苍穹的壁画紧密相关，并且同样，苍穹的上方和下方都是一片空白的区域。我们之前已经确认在这幅圆画左边的那个年轻男子是土地的化身，他对角线的那个人是大气的化身。另外，还可以将那栎树与教皇西斯都四世的族徽联系起来。

最后的两幅仿浮雕圆画描绘了献祭以撒（图 111）和以利亚乘坐火焰马车升天（图 110）的场景。据《创世记》第 22 章所记载，上帝要求亚伯拉罕将他的儿子献祭，以考验亚伯拉罕的忠诚。这幅描绘了献祭以撒的圆画恰恰位于利比卡女巫的上方，之前说过，利比卡女巫代表了新娘，即教会。

在早期基督教教父们的神学观点中，从奥利金的时代开始，就认为差点被献祭的以撒就是基督的原型。基督是圣父之子，但是却与以撒的结局相反，圣父并没有保全他。他遵从父的意志，死于十字架上，以洗掉他的新娘，也就是教会的罪恶。根据一种古老的传统说法，献祭以撒发生在一座山上，后来那座山上建造了耶路撒冷圣殿。之前讲过，西斯廷教堂参考模仿了耶路撒冷圣殿的内部比例。除此之外，亚伯拉罕为了献祭以撒而建的祭坛也象征了另一个祭坛，这个祭坛上所奉的是新盟约的不流血的献祭，而米开朗琪罗就把这幅圆画画在了离西斯廷教堂的祭坛非常近的地方。

亚伯拉罕的顺从与恶天使的反叛形成了鲜明对比，根据古时的传统说法，在神分开光暗的时候，恶天使也与其他天使区分开来。

穹顶上《神分光暗》那幅方形画中的上帝的手，以及上帝构想的那个纯洁新娘玛利亚的光明形象，都离祭坛上的以撒很近。

《列王纪下》第 2 章 1-11 段讲述了以利亚升天。在以利亚生命的尽头，神想要让他乘旋风升天（图 110）。

以利亚对他的弟子以利沙说，在他离开之前以利沙可以向他要任何想要的东西。根据拉丁语的武加大译本中的记载，以利沙说："ut fiat in me duplex spiritus tuus"（愿你的灵两倍予我，《列王纪下》2：9），也就是说，想要那成就了以利亚辉煌奇迹的先知之灵的两倍。

典籍中是这样解释他的请求的：基督的教会从主那里求得了"双重灵"，一个是原谅罪孽的灵，一个是施展奇迹的灵。以利亚回答以利沙说："我被接走离开你的时候，你若看见我，就必得着"（《列王纪下》2：10）。也即若教会睁开了信仰之眼，信任地接受耶稣殉难、复活和升天，那么便可检验所求之效。

在西斯廷教堂的壁画中，描绘在圆画中的先知以利亚被接上天的场景，也是对《标准释经书》中所认定的这一应许的呈现。实际上：在描绘了处死哈曼和用杆子竖起铜蛇的两个穹隅，展现了《旧约》中的两个暗指了耶稣受难的故事；教堂里画的最后一个先知约拿，寓指了耶稣复活；以利亚升天则是圣母升天的前兆，佩鲁吉诺在祭坛上方画的壁画中也是这样解读的。这幅壁画应该是画了圣母玛利亚，后来当米开朗琪罗在这面墙上画《最后的审判》时把这幅壁画抹掉了。不过，关于这一点在最后一章会涉及。目前我们还需要简要讲述最后一组描绘的形象。

仿铜像的裸体画像

这些成对躺在瓣状区域和三角形穹隅上的裸体像，若是不把他们与毗邻的画联系起来，解读就非常困难了。

他们都被画成铜色，每两个人之间有一个公绵羊的头骨。所有这些在淡紫色背景上显现出轮廓的形象都被每一边制辖着：米开朗琪罗把他们嵌在横檐梁和仿檐口之间。

我们之前看到那些漂亮光彩的裸体像代表了灵力，也就是天使；因此，我们可以猜想这些嵌在狭小空间里的深暗的形象描绘的就是那些堕落天使，也就是恶魔[47]。我们可以通过这些形象姿态和动作，与穹顶上的各个场景图联系起来，来证明这一猜想。

在穹顶的第一个区域，题献给铅时代和铁时代，描绘了赤裸的醉酒诺亚和大洪水，那些铜色人像呈现出一种休息的姿态（图 74），而在原罪左边的铜色人像则面面相觑。在亚当、夏娃被逐出乐园的场景的右边，画着他们正在休息的同伴，那筋疲力尽的样子如同完成了一项繁重的工作一般。

创造亚当的场景的左边那两个裸体男人的姿态令人惊讶：他们用力蹬着腿，企图让画着一对裸体小童的那个半柱倒塌（图 128、

118. 围绕着《诺亚献祭》的四种气质类型的化身。抑郁质和黏液质支承着那幅描绘了摧毁偶像的圆画

119. 铁时代，多血质和胆汁质的化身照看着那幅描绘了海里奥道拉被逐出圣殿的圆画

120. 图 118 的细节图：摧毁巴力塑像

121. 图 119 的细节图：一个天使化作骑士，与另外两名少年一起鞭打海里奥道拉并将他驱逐出了耶路撒冷圣殿

122. 铅时代，围绕在《诺亚醉酒》周围的四个裸体人像，面临这一背叛的场景，神情忧郁。圆画里画着约兰王的尸体被扔下战车

123. 裸体人像悲伤地看着约押如何使诈杀掉了押尼珥

124. 亚历山大大帝致敬的场景位于《创造夏娃》的下方，象征了帝王的世俗权力从属于教皇的神权

125. 图 116 的细节图：犹大・马加比战胜尼迦挪，寓指了女人的后裔战胜了撒旦

126. 图 114 的细节图：空白圆盾的凹面象征了苍穹、天空之顶

127. 图 115 的细节图：逃跑的押沙龙被树枝绞住了头发，被大卫的元帅约押杀死

129）。在另一边,上帝的手臂圈住女人的地方，那两个铜色人像是女性：她们的手臂像是被公绵羊的头骨锁住了，于是将身体大力向前探出，试图从这些束缚中解放自己。

上帝的对抗者的形态越来越清晰，他们试图破坏上帝的救赎之举，然而一切都是徒劳。他们无法脱掉死亡的印记，也无法毁掉教会组织。在创造日月的那幅画旁边，画在一边的恶魔（我们可以这样称呼他们）像是瞎了双眼，将目光转向淡紫色墙壁。

最后这一对铜色人像，位于哈曼之死和被蛇咬的人们痊愈（图 84）的场景上方，在约拿先知宝座的两侧，他们几乎像是被囚禁在狭窄的牢房中一般。当上帝拯救他的子民时，他们出现在此，却无力阻止上帝的行为，上帝的救赎之举通过《旧约》中许诺的内容而变为现实。

128. 嵌在檐口处的所有铜色裸体人像都代表了恶魔；他们之间是一个公绵羊的头骨，象征了死亡与罪恶

129. 恶魔用尽力气想毁掉教会组织，并摧毁上帝和人之间的联合，这种联合的象征就是但以理旁边那对仿大理石像的小童之间的婚姻

第五章

米开朗琪罗的《最后的审判》

相比起西斯廷教堂的任何壁画，关于米开朗琪罗的《最后的审判》的起源、后续事件以及相关解读，我们有最多的知识和信息。然而最好还是以全新的眼光来审视这幅壁画[1]。美第奇家族的教皇克雷芒七世，下令在墙上画下这幅最宽大的壁画。这或许发生在他死之前不久，也就是1534年的9月[2]，但是直到下一任教皇保罗三世即位，明确委任了米开朗琪罗，这幅不朽的巨作才于1536年11月开始动工。

这一次，是彼得罗·阿雷蒂诺向米开朗琪罗提出了这个画像方案的构思[3]，但是米开朗琪罗想摆脱一切题材的约束。众所周知的是，阿雷蒂诺是那个世纪最坏的嚼舌根的人，他觉得受到了冒犯，于是便指控米开朗琪罗是同性恋。之后我们将看到这个托斯卡纳的艺术家面对这样的诬蔑，是如何在他的壁画中间利用一个细节反击的。

预备草图

通过分析那些保存至今的预备草图，可以轻而易举地理清这幅画的内容和形式的呈现过程。与西斯廷穹顶壁画相关的米开朗琪罗的设计图，保存至今的为数不多，其中至少有四张《最后的审判》的草图，对于研究这幅壁画的内容和发展脉络至关重要。它们分别藏于巴约那的博纳博物馆，佛罗伦萨博纳罗蒂之家以及乌菲齐美术馆的素描和印品室[4]。

藏于巴约那的两张图纸中的其中一张（图130）展示了这项新任务的第一阶段[5]。左下方处仍然呈现了原先的窗户，只用了线条草草勾勒了一半，然后从上方檐口的位置开始，有一条描绘云彩的曲线，在窗户窗台的高度还有一条它的平行线。这条描绘云彩的线在后来实现的壁画中仍然保留了下来，成为一个特征，在区分弦月窗和主画部分的时候被反复使用。

如果我们以这些表示云彩的线为参照物，来看那些位于线条上方的更加分明的裸体人像草绘，那么这些人像就显得像是位于一个半圆形后殿的右半部分，况且右上方还有一条微微勾画的曲线，画出了上方的界线。在这幅草图中，应该没有特别注重在三组人像和一扇窗户之间创建一种协调的关系。那三组人像聚拢围绕在正在审判的基督身边，而那一扇窗户则是西斯廷教堂祭坛后墙上的两扇窗户之一。米开朗琪罗更在意的是在人像和那面墙之间找到一种平衡和谐的比例。

这一定能帮助他弄清思路，以创作末日审判的上方的那组人像。尽管草图的尺寸很小，我们仍然可以辨识出至少五个人：其中两人的描绘显得明显，另外三个人则仅仅是个可能性的轮廓。末日审判者举起右臂，正在给恶人定罪，在他的下方我们可以辨认出玛利亚的形象，她双手合十，一副祷告的样子，正在向她的儿子求情。

在右边，她的对面，有两个男人背靠着背坐在云层上。坐得离基督更近一些的那个人，目光转向基督，他的肌肉组织尤为发达。另一个男人伸手指向一块岩石，从半圆上方的顶饰来看，这块岩石像是《摩西律法》。第一个男人一定是代表了约书亚，他常常陪伴着摩西，是《旧约》中最重要的人物：实际上，由于在希腊语中约书亚等同于耶稣，所以约书亚与末日审判者同名。再往右边一点，可以清楚地看到一个人抬起双臂，举着两个尖锐的物体。他长着胡子，又因为他献给耶稣两个像是钥匙的东西，我们认为他代表了彼得。他与左边那个我们认为是摩西的人一起，都指向基督。

从外形来看，只有摩西和约书亚被描画得十分明显，也只有他们能够面不改色丝毫不惧地扛住审判的猛烈态势。从这第一张草图就已经确定了之后壁画的基本思路：给恶人定罪的末日审判者，以及在空中根据审判者要求回避的手势而作出不同反应的圣人们（图131）。

无论如何，这些形象在后来也都有所修改。摩西和约书亚位于壁画的右侧，在末日审判者的身后。然而，其他的圣人们则会占据原本草图中分配给摩西和约书亚的位置。玛利亚不再是虔诚祷告的样子，而像是受到惊吓一般，转过脸去不看向儿子。但是，在后来壁画创作执行的过程中描绘的位于顶部的那一组群像，在这幅草图中已经呈现出了基本的线条。在草图里，基督的形象年轻稚嫩，没有胡须，在最终的壁画里，基督也是以这样的形象示人。

刚刚研究的这幅草图以祭坛后墙上的窗户作为参照物，而且勾勒的也仅限于上方围着末日审判者的那群人，然而在佛罗伦萨的博纳罗蒂之家里的那张草图则让人隐约看到了壁画下方的创作意图[6]。首先，紧接在基督的下方，非常轻地勾画了一个飞在空中吹着小号的天使（图132）。图纸的左侧，圣人们在帮助上帝的选民升到自己所在的云端的位置。

笔触突出了一些上升的躯体在运动中的体形的可塑性。在他们下方可以看到死去的人受到永生的召唤，从各自的坟墓中出来。向着右边继续行进，可以看到米开朗琪罗画了一个角，那是佩鲁吉诺在祭坛处所作壁画的灰泥边框的右上方的角。米开朗琪罗又一次试图融入祭坛后墙上先前存在的状况，使自己的创作与之相配。

在灰泥边框的那个角，艺术家想出了第二个题材：米迦勒与路西法之战和恶灵坠落。米迦勒高举起来的正要击打的右臂，与末日审判者的手势相呼应，他也同样举着右臂。但是或许在他身后的那个草草勾绘的米迦勒的形象，其实代表了灵魂的称重员。

灰泥边框框住的那幅画，以及绘有圣母玛利亚的祭坛后墙的装饰画，都给一群管乐天使让出位置，他们位于壁画下方。那群争斗的天使——其内容改变了很多——也不得不挤在一片狭小的空间里，紧靠着右边的边缘，似乎是末日审判中一个次要的事件。

第三幅草图藏于乌菲齐，主要是关于基

督左边的那群人（图 133）[7]。我们刚刚提过，正如在博纳罗蒂之家里的那幅图里所画的一样，在这幅初步的设计图中，玛利亚张开双臂，似乎想要拥抱她的儿子，以阻止他将恶人罚入地狱。就和第二幅草图一样，在第三幅草图里，基督留着短胡子，椭圆形的脑袋展示了传统的肖像描绘。但是在最终的壁画里，艺术家还是选择了年轻而没有胡须的那个。

在草图右边背景中，两个人互相拥抱着，他们的姿势与玛利亚的手臂相呼应。在草图的中间距离基督不远的地方，我们可以看到两个弯腰俯身想要逃避基督的审判的人。从第二个人背上背的烤架可以判断——他背着烤架的样子和那个瘫痪的福音派教士背上披着席垫一样——这只能是那位殉教的执事洛伦佐。在他身后，一个人朝前俯着身子拿起一个十字架，以至于他的上半身朝下：这画的是圣彼得，一定不会错。

十字架这个图案在保存至今的第四幅关于末日审判的草图中再次出现。它也收藏在巴约那的博纳博物馆（图 134），和我们之前讲过的第一幅草图藏于一处[8]。这幅草图中的主要人物是一个背对着我们的裸体男人。他通常被认为是安德烈，因为他位于十字架的竖梁之前，而且还抬着十字架的横梁。之后，这个形象被画进了最终的壁画里。我们的看法是，他不是安德烈，而是玛利亚的丈夫木匠约瑟。在他旁边可以看到一个受惊的人，他匍匐在地，在壁画中我们将之确认为撒迦利亚，即施洗约翰的父亲。

130. 米开朗琪罗，《最后的审判》上方部分的预备设计图；巴约那，博纳博物馆

131.《最后的审判》全景：祭坛处的墙壁像是一个巨大的敞开着的窗户，展示了末日的景象

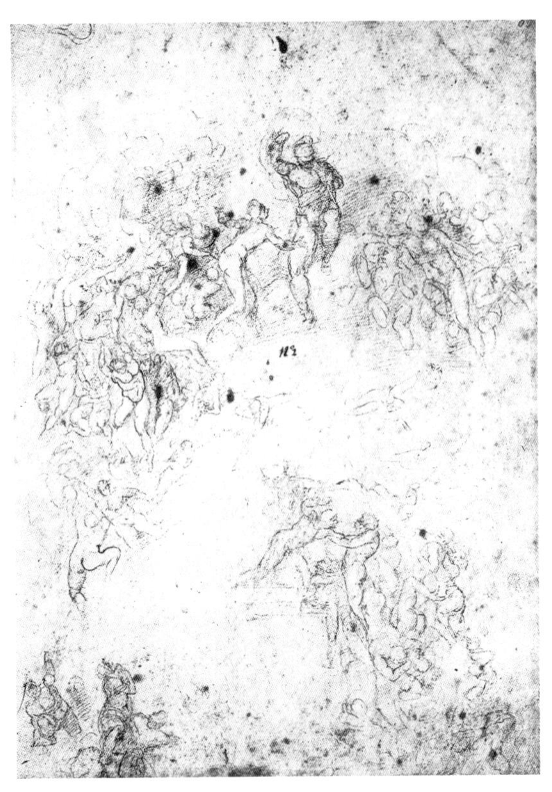

132. 米开朗琪罗，《最后的审判》左上方部分以及天使之争部分的预备设计图；佛罗伦萨，博纳罗蒂之家

就目前我们研究过的所有《最后的审判》的草图来看，米开朗琪罗似乎一点也不想为了这幅墙上的新画而牺牲掉自己那些在弦月窗中的壁画。只有一份描绘了一个飞行中的天使的草图，或许展现了一点这样的迹象。那个天使所在的那群上天生灵位于鞭刑柱附近。这幅草图保藏在伦敦大英博物馆[9]，简单描绘了一个没有翅膀的天使，他在空中以一种唯美而可靠的方式运动着（图 142），但这幅草图并不能进一步地解释说明整幅壁画的内容设计。

133. 米开朗琪罗，右上方部分的预备设计图，审判者与圣彼得；佛罗伦萨，乌菲齐

我们来比较一下最终画上墙的作品和这四幅初期的设计草图（图 130、132、133、134），便可以一步一步地追踪这幅壁画的完成过程，看到画中的人物是如何改变了他们的位置和特征。首先要说明的是，米开朗琪罗从一开始就在末日审判事件中赋予了玛利亚和彼得十分重要的角色。尤其是两次改动了上帝之母的姿态：第一次改变是在那些设计图里，我们已经看到了，第二次则非常明显地出现在最终的壁画里。

实际上，一开始的时候，玛利亚双手合十祈祷着，向她正在审判的儿子求情。之后，她张开双臂像是要拥抱儿子，而在最终的壁画里，她双臂抱于胸前，在审判者旁边，却同时转过脸不看他，而是看向两根梁搭成的十字架，十字架由她的丈夫——木匠约瑟背负。就如壁画中的玛利亚，在乌菲齐的那幅草图中，洛伦佐旁边也有一个受到惊吓缩成一团的人。就像草图中背负着烤架的洛伦佐一样，壁画左边弦月窗里，一个天使也背着基督的十字架。

同样是在乌菲齐的那幅草图里，右端有一个微微向前探身的人，他或许是施洗约翰的初步草样，在壁画里，施洗约翰笔直得像一个柱子，且尺寸也大多了。总之，只有最终的壁画（而不是那些单个的预备草图）大体上明确了一点，就是米开朗琪罗想给观众呈现一个由裸体组成的建筑构造：或许他是通过这种方式来寓指由活生生的躯体构成的教会。尤其是围着末日审判者和玛利亚的那个半圆，让人想起一个教堂的半圆形后殿，它只有开始，却远未结束。在乌菲齐的草图里看到过的木质十字架在壁画里出现了四次。在左边的弦月窗里，一些天使围绕在基督的十字架周围，而右边弦月窗里他们的同伴们则围着鞭刑柱。运送这两个巨大的刑具需要付出极大的努力，它们象征了基督所承受的灾难。在左边，玛利亚旁边，我们可以看到

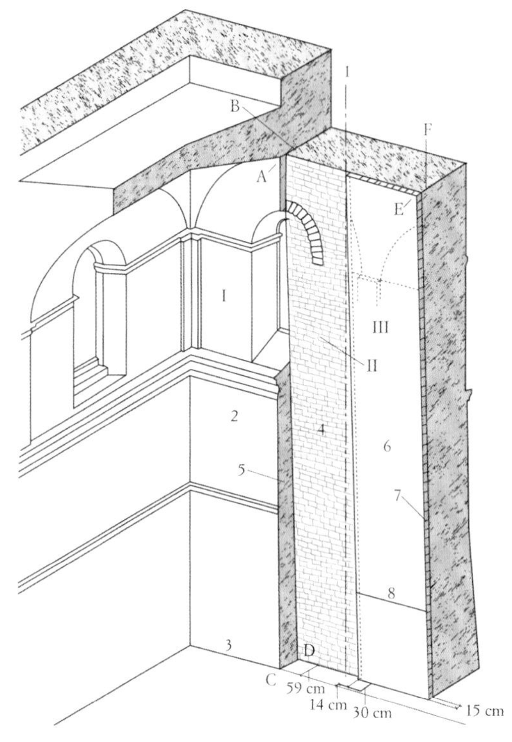

135. 在上墙描绘《最后的审判》之前，对这幅画的墙壁所做的修改的示意图（洛伦・帕特里奇绘）。祭台墙壁被垂直分成了三块，从左至右：I）教皇西斯都四世时期教堂的原始情况；II）在顶部和底部分别去掉了 15 厘米和 59 厘米的墙体，以造出一面前倾的墙壁；III）修改之后的最终的墙壁，凸出，并且抹了灰泥（不算灰泥墙厚 14 厘米，加上灰泥墙厚 15 厘米，凸出部分 30 厘米）；A–B）墙壁最高处凹陷部分的厚度；C–D）墙壁底部凹陷处的厚度；E–F）用砖覆盖倾斜的墙壁；1）纵轴；2）墙壁的原始层；3）地板的原始界线；4）修改之后的墙壁层；5）去除的墙体；6）现在的墙壁表层；7）砖石覆盖层；8）壁画底部

134. 米开朗琪罗，审判者左边的群像设计图，其中有圣约瑟和以利沙伯；巴约那，博纳博物馆

她的丈夫约瑟，他支撑着象征十字架的横梁。在画中，安德烈在哥哥彼得的身后，他的肖像特征就是那一头浓密的灰色头发。

在右边，彼得的下方，在一群带着自己的受难刑具的殉教者的地方，再次出现了一个支撑着十字架的人。他或许就是那个忏悔的囚犯，据说他的名字是狄思玛斯，并且在基督被钉上十字架时，得到了他的同去乐园的承诺。在同样的高度，靠近壁画右侧的边缘处，一个巨人扛起了另一个十字架。这里有两种解释：米开朗琪罗或许是想到了古力奈人西门，又或者是想到了使徒腓力。之后在研究这幅壁画的各个细节时，我们会再次回到这个问题上来，并选择第一种解释。现在我们主要是突出壁画中反复出现的十字架。

这幅作品的一个重要范本：贝尔托尔多·迪·乔万尼的一块章

在纽约大都会艺术博物馆中，收藏着贝尔托尔多·迪·乔万尼的一块章。他是米开朗琪罗的师父，并在1468年至1469年间创作了这块章（图136）[10]。在它里面可以看到西斯廷教堂那幅不朽之作的基本特征。在章的上方是被天使围绕的末日审判者。他左右是分别负责十字架和鞭刑柱的天使们：这两个刑具与西斯廷教堂里两个弦月窗中所绘的刑具类似。在基督的下方，左右分布着一些吹着小号的飞翔着的天使；在他们下面，章的中心位置，山丘之上，两个天使把从坟墓中出来的复活者分开：一些是上帝的选民，一些是打入地狱的人。一个天使帮助前者上升，而

136. 被（洛伦·帕特里奇）认为是贝尔托尔多·迪·乔万尼的作品的那块章，上面呈现了末日审判和死者复生的场景；纽约，大都会艺术博物馆

另一个天使则用利剑将其他人驱逐。章的下方刻着“ET IN CARNE MEA VIDEO DEUM SALVATOREM MEUM”（我这皮肉灭绝之后，我必在肉体之外得见神。）(《约伯记》武加大译本，19：26），在末日时召唤肉体的复活。

这块章的很多细节都可以与我们刚刚讲过的那几幅设计草图做对比，可以证明这些草图如何直接参考了这块章。首先可以比较一下基督的形象，他总是位于上方，举着手臂，正在审判。在我们讲解的第一幅巴约那的草图中，上方那条明确的曲线更让人想起这块章的上方的边缘，而不是教堂的弦月窗的边界。在博纳罗蒂之家的草图上，那个位于（原本是佩鲁吉诺在祭坛后墙上所作壁画的）灰泥边框上方的天使——这里仍旧出现在草图中——举起右臂以击退一个企图往上爬的人。那个天使的前例就在这块章的角落里，他站在山顶，拔出剑，意欲击退那些已被罚入地狱的人。

那些从坟墓中出来的各种赤裸的躯体，听到小号的声音就升起来，在章的刻文上方形成横向的带状，而那句刻文几乎占据了这块章六分之一的空间。关于那些从坟墓中升起的人和帮助他们的天使，还有一份草图保存在温莎城堡中，上面都是米开朗琪罗精心设计的图样，这张草图可以追溯到1538年至1540年间[11]。在之后研究壁画的相应部分的细节时，我们再回来看这张草图。

在完成这幅作品的时候，米开朗琪罗不断地考虑雕塑大师贝尔托尔多·迪·乔万尼的这块章，最后只是放弃了描绘这块章上左边的那几个树桩。然而，这块章里面没有的部分，是天上的圣人梯队，对地狱之火和魔鬼的呈现，对卡隆和冥界判官米诺斯的描画，以及壁画右边那些向还没有准备好上天堂的人挥舞拳头的天使们。

画着基督受难的刑具的弦月窗

当米开朗琪罗完成了他的第一张设计草图也就是现在保存在巴约那的那一张时，（图130），他意识到教皇克雷芒七世想要的新的末日审判图并不能够与窗户以及他在弦月窗里画的壁画相配。给他的新题材需要很多人物，因此对比起他先前在弦月窗里描绘的基督先祖的那几个人，末日审判中的人物尺寸将缩小很多。于是他迅速作出决定，把祭坛后墙上的窗户都砌死，并且为了新画而牺牲掉自己先前的画作（图135）。

那么，如果是在1534年的秋天，这位艺术家设计了《最后的审判》最初的草图，那么直到1536年的4月他才准备在祭坛后墙上开始作画。按照他的习惯，他从上方开始作画，也就是从弦月窗的那些区域开始。他选中的那些细节，也就是哈曼旁边的十字架，铜蛇旁边的鞭刑柱，都与三角形穹隅相符，并且通过刑具不停地重拾这些题材，那些刑具往往按照对角线的方位熟练呈现。

在左边的弦月窗中，可以看到或是赤身裸体或是身着衣物的天使，不管是在米开朗

137. 祭坛墙壁的左上方部分，带弦月窗：围绕在十字架和荆棘冠周围的天使，女人之天，耶稣谱系和先祖

138. 祭坛墙壁的右侧弦月窗：围绕在鞭刑柱周围的天使，摩西和大卫，画着拿单，保罗和德克拉的先知之天，思嘉和本笃，诺亚及其子，奥古斯丁和莫尼加

139. 左侧的弦月窗：十字架和荆棘冠旁的天使，女人之天的上方部分，年迈的夏娃，诺亚的妻子和诺亚的儿媳们，拉结和利亚，与雅各较力的天使，雅各和犹大

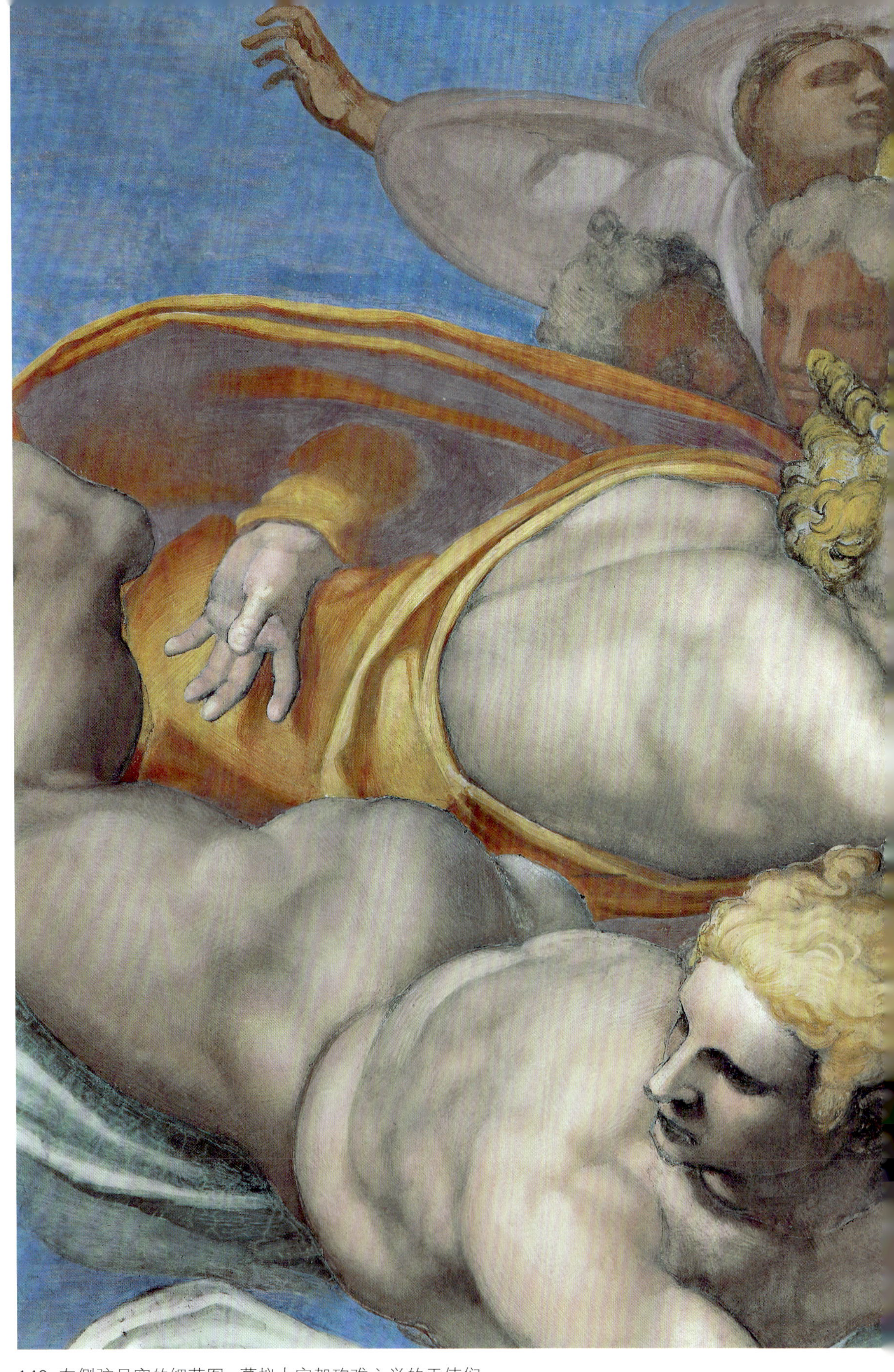

140. 左侧弦月窗的细节图：摹拟十字架殉难之举的天使们

141. 图 140 的细节图：一个飞翔中的天使。可以清楚地看到米开朗琪罗的笔触，以及他在威尼斯逗留期间向师父学来的新色调

琪罗的设计草图中还是在最终的壁画里，他们都是没有翅膀的。他们努力暗示着被钉在十字架上受难的每一个时刻（图 139）。一个穿绿衣衫的天使拥抱着十字架的桅杆，暗示着把希望引向基督十字架的方向，就可以避开审判。绿色是希望之色。另一个天使抱着十字架桅杆的下端，像要举起它。米开朗琪罗给他画了一条浅紫色的裤子：白色和紫色的混合表现了信仰与忏悔。

绿衣天使身后有一个穿着橘红色斗篷的天使。在前几章里，我们知道了橘红色代表了让人靠近十字架的精神洞察力。在左端边缘处的最后两个天使，一个穿着白色的衣衫，一个穿着红绿色的斗篷。这些颜色代表了信仰以及与希望混合在一起的仁爱，这些都是皈依基督教并获得救赎所需要的不可或缺的美德。

靠在十字架前后的两个天使曾经是完全赤裸的，以让人明白他们是悬挂在十字架上的。斗篷的深色衣边遮盖住了十字架前面的那个天使的私处，这是特伦托会议之后那些众所周知的举措的结果，在米开朗琪罗逝世以后，在 1564 年，整个壁画都被这些不愿去除的遮羞布给毁了。

天使肯定不是裸体的。米开朗琪罗清楚地知道天使没有身体，也因此不能是裸体的。但尽管如此，他还是想画那么几个裸体的天使，这一定有其深意。我们已经看到，他画的天使们所穿衣物之颜色总是象征了美德，比如信仰、仁爱等等。然而，这里的裸体则成为暴露在受难所用的刑具下而没有任何保护的形象。对于那两个一前一后靠在十字架上感受着这木头的两个天使来说尤为如此。

在弦月窗右边的中间位置，穹顶的拱底石倚靠的上檐标记了另外一群天使，他们正在朝中心飞去。为首的天使回过头来看着那个穿浅紫色裤子，试图举起十字架的天使，而他手里拿着荆棘冠，像是要让它旋转起来一般。这头冠是由两枝荆棘条编起来的。只有距离很近才能看到荆棘冠上的刺：米开朗琪罗并没有着意将刺画得又长又尖。

142. 米开朗琪罗，右侧弦月窗中一个悬浮在空中的天使的身体运动草图；伦敦，大英博物馆

143. 右侧弦月窗里的右边部分：抱住鞭刑柱的天使和拿海绒的天使，含抓着鞭刑柱，诺亚和闪（在右下方的角落里）

同样，我们也只在一个天使的右手上看到了唯一一颗钉子，他飞在拿荆棘冠的天使身后，腹部和腿都裹在一件橘红色的斗篷里。另外一个天使穿着由绿变黄的斗篷，正用右手拿那颗钉子，同时用左手挡住了第三个天使的左前臂，像是要在他的手里钉下那颗钉子。第三个天使用右手递上自己的左手，以便被钉（图 140、141）。

在这个由拿荆棘冠的天使和三个拿钉子的天使组成的小队后面，有三个暗色的且互相距离很近的脑袋，并且在那块纯洁的白色背景中还出现了第四个脑袋；在背后有另外一个穿着紫衣的天使，展开被钉在十字架上的双臂。或许，米开朗琪罗是想用这三个暗色的脑袋寓指大头针的针头？如果真是这样的话，这些苦难就转换成了色彩的抒情诗。弦月窗里的整个作品就是一首五彩斑斓的十四行诗，就同米开朗琪罗所写的为数不少的十四行诗一样。

将目光看向右边，在支承着教堂的交叉穹隆的上檐拱底石处，可以看到一些小天使，穿着绿色、红色和棕色的衣服，正为支撑穹顶的重量做着贡献。或许，米开朗琪罗觉得，从美学角度看，穹顶所倚靠的这一大块不能够撑起描绘的蓝天，并且在观画者眼里，整个穹顶都有直接垮塌在《最后的审批》上面的危险。

第二个弦月窗拱里面挤满了天使，他们围绕在鞭刑柱周围，它同十字架一样，倾斜地嵌在天上（图 138）。这里也是五个天使双臂环抱着鞭刑柱。他们中间一个年轻的天使位于鞭刑柱的底部，用头和双臂支撑着棱角锋利的柱底，将自己赤裸的身体暴露在鞭刑柱的重压之下。

紧挨着他身后，可以看到一个肤色深暗且目光多思的人，他触摸着鞭刑柱，穿着代表了希望的绿色衣服。米开朗琪罗莫不是想到了含？他嘲笑父亲诺亚的裸体，而且所有的非洲人都是含的后裔。之后在研究右上方中间相邻位置的上帝的选民时，我们会再次回到这个问题上来。右边有一个天使，身侧裹在一件象征爱的红色斗篷里，从后面抱住鞭刑柱：但他并没有直接紧抱柱体，而是在上面盖了一块浅紫色的布，让人想到悔罪和基督受难的珍贵圣物。

当然，米开朗琪罗并没有模仿圣巴西德圣殿中的圣泽诺内堂里的那个鞭刑柱。实际上，他画的大理石柱，柱体光滑，还有陶立克式的柱头，更像是一个建筑物更不是一个刑具。而天使们也似乎是在准备搭建一个建筑。

上方那个全裸的天使用右手扶靠着离他最近的那个绿衣天使的大腿，绿衣天使在较高处跪着，触到了柱体，同时拥着一个穿红衣的上帝的信使。如此，赤裸暴露于刑罚之下的这一行为就与希望和爱之间的关系松散地交织起来。在伦敦的大英博物馆中，收藏着这个扶着绿衣天使大腿的全裸天使的设计草图，之前我们也提到过。米开朗琪罗让他在空无一物的空间里活动，就像是在水里游

泳一样（图 142）。

在高处有三个年轻的天使，鲜有衣饰，紧抱着柱体：一个天使的背面裹了一块浅紫色的布；第二个天使的左腿处垂下了一条衣边，而第三个天使跪在一件紫色斗篷的衣边上，那斗篷的里衬是代表了精神洞察力的橘色。盖住了私处的丑陋的深色布条应该是后来加上去的。

在这里，代表悔罪的浅紫色旁带着白边，那是信仰的颜色，并且还有代表希望的绿色和代表精神洞察力的橘红色，这些颜色都在代表悔罪的紫色背景上以富有深意的形式相遇。为了那些准备好忏悔的人的爱和希望，上帝之子承受了鞭刑。这就是各种衣服的颜色的意义。从一开始，米开朗琪罗就把从一个神学顾问那里获得的关于颜色含义的知识坚定地运用于自己的创作过程。

跪拜的这个姿态非常重要，在两侧的弦月窗中都反复出现。代表希望的天使和代表悔罪的天使之间距离很近，他们跪在十字架的梁木旁，抱着它；然而在鞭刑柱那里，两个跪在柱体旁的天使的其中一个比另一个要画得更高些。下方的那个天使的右腿跪在一片云彩上，跪姿与那个腿裹在绿衣中跪在柱体

144. 末日审判者。左边：玛利亚，约瑟，以利沙伯，撒迦利亚和以撒，在玛利亚和耶稣脚下是安娜和约阿希姆的头，圣洛伦佐和圣巴多罗买。右边：福音约翰，安德烈，彼得和大雅各

145. 末日审判者和玛利亚，扶着十字形梁木的约瑟的手，安娜，巴多罗买的刀和约阿希姆

146. 玛利亚的头部展现了通过小孔掸尘的方法，沿着设计图的线条，将底图转化为作品的技术。可以看到掸尘留下的小点，比如在嘴唇处

147. 观景殿的阿波罗的头部，这是判官基督的原型；梵蒂冈博物馆，观景园

148. 审判者基督的头部

旁边的天使一样。

在抓着绿色斗篷飞下来的没穿衣服的天使下方，画着另一个天使，他在右边，从外面飞向鞭刑柱，手里拿着一根棍子，上面有一块用醋浸湿的海绒：他的橘黄色斗篷飞舞在风中，与天空的蓝色形成了鲜明的对比（图143）。这蓝色对于米开朗琪罗来说尤为重要。实际上，当从威尼斯运来的天青石蓝到达以后，他才开始动手作画，而这种天青石蓝源自于波斯。这位画家通过平行地相近描绘红色和黄色而成功获得了这种橘黄色的效果。

天使们的目光并没有集中在一处。在鞭刑柱和上方穿红色衣衫的天使之间，嵌入了一个脑袋，他肤色深暗，眼睛看向上方。通过这目光的方向可以指向希望。在左侧弦月窗里也有一个类似的暗色脑袋，他紧靠在十字架前面那个像是要滑下去一般的天使的左腿旁，通过目光与观画者相交流，在十字架底端跪着的那个天使也是如此。天使们的视线不断相交，让天空中的三维空间充满了一种巨大的张力，并且通过身体的动作，这种张力进一步加强。

基督受难的刑具仅限于十字架、钉子、荆棘冠，鞭刑柱和带海绒的棍子。在这些刑具上还应该加上一架梯子，在右侧弦月窗的背景里，那架梯子和三个天使的脑袋隐约可见。然而，仍然还差两个鞭子、骰子，尤其是长矛。在基督受难的刑拘中，除了荆棘冠以外，只有那些可用来建造建筑物的刑具才应该重点展示吗？这是一个合乎逻辑的假设。

天使不是血肉之躯，因此也不会受苦，他们忙于展示基督受难的刑具，是想向人们展示如何使用这些刑具来避开审判的制裁。从那个快要从十字架上滑下去的年轻天使身上就可以很明显地看到天使们是不会真的受苦的。但是他们可以感到忧愁，在阴影里一对漂浮在云上的天使表现出这一点：这两个上帝的信使的眼中流露出痛苦、忧伤和严肃。

末日审判者

画着基督受难的刑具的两个弦月窗，经由带状的云彩，与壁画的其他部分区分开来。基督和玛利亚一起，通过左右两边的上帝选民和上方飞向高处的天使形成的半圆形，与其他形象隔离开，并且以一块狭长的蓝天和黄色的太阳光芒为界线（图144）。

玛利亚的身子微微蜷缩，离基督非常近（图145、146），她显然不如她的儿子那么重要。她通过眼神与她右边的那群灵魂热切地交流，而她的儿子与他左边那些灵魂的交流则并非如此。肌肉的活动关节使圣子的形象保持一个唯一的动作，这个动作在定罪时那高举的右臂中达到了顶峰。这手臂挥出去的下一个瞬间，所有恶人都会下到地狱深处，无一例外。

这个基督，尽管有一件垂到腿上的紫色外衣装饰他，但仍然迅速引发了很多评论家的谴责。他的头部让人想到观景殿的阿波罗（图147、148）[12]。也就是说，使基督区别于芸芸众生的天主的构思，竟然以一个非基督教的模子为范本来呈现。他的面孔并没有再现我们熟知的传统圣像，而那种传统的圣像类型在罗马教堂中的每一幅后殿壁画里都可以看到，比如拉斐尔所画的《圣礼之争》和《耶稣变容》。这是第一次在罗马，在一个教皇官方委任的情况下，基督的形象与惯常的类型不同，而在观众眼前呈现了一个与异教神灵非常相似的形象。第一次一个被教皇任命的艺术家敢于描绘一个不那么分明的基督的脸庞，而没有选择仔细画他的肖像。

如此一来，在宗教范围里，这个形象被赋予了完全不同的特性。实际上，它并不想重现基督一贯显现的神明形象，而是意图再造一个接替它的新形象，并向观众传达出一些精神上而非身体上的特征。

而在距此处百米左右的教堂里还供奉着印在维罗尼卡的面纱上的基督真容。描绘一个不同的基督的面孔究竟是怎样做到的，我们还不得而知。米开朗琪罗画的末日审判者，暗示出了他对于“维罗尼卡”之真实性的怀疑态度，而基督的影像印在那面纱上，全世界的信徒都来朝拜[13]。

对于米开朗琪罗而言，与他所知的古代神明最美的形象之一相似，和同圣物中的基督肖像相符，显然前者重要得多。与中世纪相比，这就是近代的主要特征之一：艺术不再以圣物为导向，而是朝出土的古代文物靠近，将古代文物视为所有艺术表达形式的典范。

在近古时代的基督教艺术中，很容易为描绘一个年轻而没有胡须的基督找到合理的解释。尤其是在4世纪中期的石棺上总是出现仍然年轻而没有胡须的基督的形象，比如拉文纳的新圣亚坡理纳圣殿中还有不少中世纪的马赛克壁画和画饰。

基督的审判手势不仅仅震动了他整个健硕的身体，而且还是使整幅壁画生气勃勃的重要元素。它似乎让整幅壁画战栗，连最偏僻的角落也瑟瑟发抖（图149）。对于基督手势的解读，任何质疑都不会持久。甚至连玛

149.《最后的审判》右侧部分，在西斯廷教堂修复之前从游客角度拍摄的照片；可以看到每个人物都按照艺术家的预估拥有合适的尺寸，并且在运动中的身体也充满了随之而来的生机活力

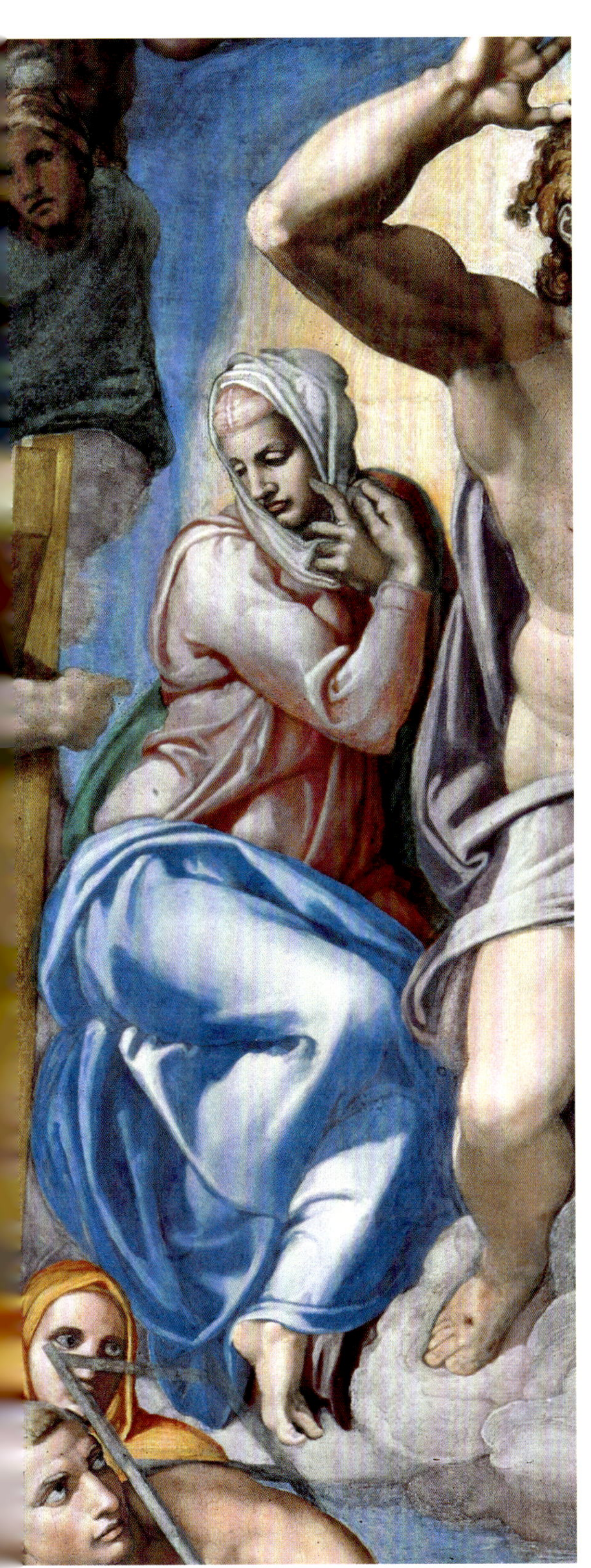

利亚也不再看向儿子向他求情，尽管在预备的设计图里她就是这个样子。而现在，她的目光看向那两根架构成十字架的梁木，一个男人用右手将它按在自己身上，他在最近的一次修复中恢复了原来裸体的样子。

基督穿着一件紫色的斗篷，盖住他的背部，然后自然随意地绕着他的左肩和大腿垂下来。用紫色或许是因为米开朗琪罗想到了王室的紫红色或者想到了悔罪的颜色。然后，略微描绘了手上，脚上和身上还没有闭合的伤口。

左侧群像

在玛利亚右边，有一个赤身裸体的人，把十字架形状的梁木按在自己身上，他就是玛利亚在人间的丈夫，木匠约瑟（图 150、151）。经常有人把这个人物看作使徒安德烈，这简直就是乱认。安德烈被画在哥哥彼得旁边，位于基督左侧的群像里。其他在基督右边的人，位于我们认为是约瑟的那个人物形象附近，他们毫无疑问是《福音书》中承认的玛利亚的家庭成员。那个看向末日审判者的强大有力的巨人只可能是施洗约翰（图

150. 左侧群像：根据菲奥雷的约阿基姆的神学文段的观点，撒迦利亚的家族与亚伯拉罕的家族之间是一种“相谐”的关系。从左至右：夏甲、以撒、撒拉、亚伯拉罕、利百加、施洗约翰、以利沙伯、撒迦利亚、约瑟、玛利亚

151. 左侧群像，以利沙伯和约瑟

152. 左侧群像，施洗约翰的一条腿和约瑟的一条腿之间的撒迦利亚细节图

150）。沿着倾斜的方向，在他的右上方，我们看到他的母亲以利沙伯穿着一件绿色的衣服，而他的父亲撒迦利亚藏在两条腿之间，裹在一件红色的衣服里（图152）。

与这群人相关的玛利亚看着十字架形状的梁木。她穿着一件色调柔和的浅紫色的衣服，与圣子所穿斗篷的深紫红色十分相配（图145）。而她的斗篷，则是与壁画中的天空同样明亮的天青石蓝色。她衣服的浅紫红色是悔罪之色，而天蓝色则代表了默祷。玛利亚注视着十字架的那两块梁木沉醉其中，而在她的视线与梁木的交汇处，露出了她的斗篷绿色的里衬：这或许是想说，在末日审判引发的慌乱中，唯有十字架是希望之源。

玛利亚的形象是一个怀孕的女人。因此艺术家又一次走了自己的路，给我们展现了一个象征，而不是一个玛利亚的肖像：玛利亚是教会的象征，正如图中那样，怀有身孕，直到在末日审判的一片惊愕中，在天堂诞下所有信徒。

约瑟的左手扶着以利沙伯的身侧，她穿着绿色的衣服，而撒迦利亚穿着红色的衣服，正如我们看到的那样。可以这么说，耶稣的先驱源于爱与希望的结合。那么在左边，在施洗约翰旁边用左手抓住他右臂的那个小伙子又是谁呢？这里，从菲奥雷的约阿基姆所著的《新约与旧约的谐致》[14]中摘出的一段文章可以再次帮助到我们。实际上，这段文章是以大小事物之间的寓意对比为基础的："亚伯拉罕是一个人，他代表了整个宗主教团体，这里面包括了很多人。撒迦利亚是一个人，但他只代表了自己"[15]。换句话说，在亚伯拉罕身上我们看到他自己，也看到了他寓指的整个宗主教团体。因此，在亚伯拉罕和撒迦利亚之间不存在寓意关系，但是，仍然是约阿基姆表明，《旧约》和《新约》之间却存在实实在在的联系。

对于撒拉和以利沙伯而言同样如此："撒拉象征了犹太会堂，它不是那个由夏甲代表的被否认的教会，而是那个再无正人君子的教会……撒拉的儿子不是自然诞育的肉身，而是在她年迈之际获得的神的应许……以利沙伯也同样如此，因为她也是在已经不能生育的晚年，诞下一子"[16]。

153. 米开朗琪罗，犹大（上）和雅各（下）的头部设计草图；伦敦，大英博物馆

想着这段文字，在左边，在以利沙伯、撒迦利亚和施洗约翰这一组人的旁边，我们可以看到另一个三人组。他们是以撒、撒拉和亚伯拉罕，一定不会错。夏甲和以实玛利也在左边，在以撒的右腿后面。我们认作夏甲的那个人物形象裹着一件白色的衣服，一直盖到脑袋上，她就像是从云层中跌落一样。在她的脑袋后面可以看到她儿子的头。

亚伯拉罕的头上有一顶橘红色的帽子，那是代表精神洞察力的颜色。而撒拉则穿着代表悔罪的浅紫色斗篷。在施洗约翰的后面是以撒的妻子利百加，她正指着施洗约翰，左手搭在以利沙伯的肩上，而她的衣服像是从头上垂下来的面纱，由天蓝色变成红色，由默祷转为爱。

菲奥雷的约阿基姆也说利百加是玛利亚的原型，因此也是基督教会的原型，而以撒则是基督的原型[17]。在另一篇文章中，这位卡拉布里亚的神父说，亚伯拉罕充当圣父之位，以撒则是圣子，雅各则是圣灵[18]。在《新约》中，与这些人物相对应的是撒迦利亚，约翰和基督。于是，在《新约与旧约的谐致》中，圣子之位归于约翰，圣灵之位给了基督。至此，我们才明白了为什么作为教会原型的利百加指向了约翰。根据菲奥雷的约阿基姆的整个“三位一体”模式，这些人，比如以撒，占据了圣子的位置。于是，在米开朗琪罗的《最后的审判》中，用一种奇怪的方式给观众呈现了约阿基姆的三位一体说，从亚伯拉罕 / 撒迦利亚开始，接着是以撒 / 施洗约翰，最后直到雅各 / 基督。

现在，我们理解了为什么在利百加的上面，她的儿子雅各向基督的方向屈身，热切地看向下方的基督。雅各用右手唤起人们对一个裸体人像的注意，那人在他的身后，充满了能量的样子：他一定是在扎卡河与雅各摔跤的那个天使（参见《创世记》32：25-29）。就是从那次摔跤的较量中，产生了以色列这个名字，意思是与神较力的人。

如果我们现在再次仔细端详各个人和群组，便会在其中看到多重联系。比如，可以看到四个女人被一条看不见的线紧密联系起来，从玛利亚到以利沙伯，然后通过利百加，最后到撒拉。以利沙伯公然看着撒拉，而撒拉一副受惊害怕的表情，把手举到眼睛的高度，似乎在听耶稣宣读的定罪之词，这些定罪之词先于耶稣挥向下方罪人的那个手势。

之前已经说过，米开朗琪罗画了一个怀孕的玛利亚。玛利亚实际上就是在分娩的痛楚中诞下全人类的教会。她的丈夫约瑟把十字架的梁木按在自己全裸的身体上，玛利亚正看着那梁木。尽管约瑟源自于玛利亚，但却转向了以利沙伯（图 151）。尽管玛利亚的位置与末日审判者十分接近，但通过约瑟，她与表亲以利沙伯之间仍然建立起一种联系，以利沙伯既源自于玛利亚，也源自于约瑟。就这样，米开朗琪罗的作品中的第一个“三位一体”关系显现出来。下一个这种关系出现于利百加处，她有两重联系：一个是与以利沙伯，利百加的手臂搭在以利沙伯的肩上；另

154. 审判者基督身后的群像，耶稣的先祖。从左至右：雅各，珥，他玛，示拉，以扫，犹大，底拿，西缅，利未，撒门和喇合

155. 审判者基督身后的群像，从左至右：天使，俄备得和他的妻子，耶西，摩西，大卫，拔示巴，所罗门。第二排：以利米勒，拿俄米，路得，耶弗他，约书亚。第三排：基连，耶弗他之女，撒母耳，抹大拉的玛利亚，彼得罗妮拉一个是与约翰，她指着施洗约翰。在约翰身后可以看到撒拉、亚伯拉罕和以撒的头，以一个三角形的构造呈现。从以撒开始，经由正看向基督的施洗约翰，最后直到基督，这一系列动势非常抢眼。这是一种持续不断的相互联系，以一种“三位一体”的形式实现，通过姿势和目光的方向而运作。

还有三个像是从云层掉下来的人；他们还是一个父亲，一个母亲和一个儿子，但是，从渊源上来看，他们互相间并没有直接联系起来：这三个人是以实玛利、夏甲和撒迦利亚。他们像是躺在云上，因为他们听到了认定有罪的审判，尽管这审判并不是针对他们的。

在菲奥雷的约阿基姆的《新约与旧约的谐致》中读到的内容，在《旧约》和《新约》之间的关系中有着极为重要的意义。“《旧约》和《新约》之间均衡相等，这种相等是就数字而言，而无论高贵庄严，因为……人与人，修会与修会，战争与战争，都源自于某种程度的相等，他们彼此面面相觑，就像亚伯拉罕与撒迦利亚，撒拉与以利沙伯，以撒与施洗约翰，耶稣与雅各。”[19]

米开朗琪罗显然受到了菲奥雷的约阿基姆的这种思想的影响，他采用了这种思想并进一步发展了它。以利沙伯看向撒拉，她意味深长的手势把耶稣宣读的定罪之词传达给了撒拉。撒拉听着审判，目光却掠过以利沙伯，直到那个末日审判者的地方；约瑟用他的左臂想让他的亲戚以利沙伯重新转身面向中心。

亚伯拉罕看向基督，与撒迦利亚之间联系甚微。撒迦利亚半掩在他的儿子施洗约翰的腿之间，有着和亚伯拉罕一样的白色胡子，眼神与观画者相交。以撒站在施洗约翰旁边，和他一样看向中间基督的方向。如此，通过交汇的各个目光而形成了不同方向的动势，使整幅壁画生气勃勃，并且总是三人一组卷入到这个关系来往的游戏中，有时连观画者也会加入进去。

向后继续行进，这“相谐”的整组人在利百加这里终止。利百加位于《旧约》里的族长们和耶稣与玛利亚的亲戚之间。她的一条手臂搭在以利沙伯的肩上，另一只手指着施洗约翰，她源自于玛利亚的表亲，并且让人注意到那位耶稣的先驱。而施洗约翰的动作和姿态表明他显然源自于利百加和以利沙伯。这个“三位一体”的阵式于此闭合，然后又再次开启，因为约翰正看向基督。米开朗琪罗在探索一个永远新颖的布局，来向观众展示他笔下的人物，就像是在做一个不断再现三位一体的游戏，这种关系结构总是以基督的形象为止，然后又以基督的形象为起点重新开始。

在利百加身后裸着上身，身侧裹着红色斗篷的人是雅各。那个充满能量的天使追赶着他。那个天使在画面左边那群相邻的女人中显得格外突出，我们之前也提到过他。雅各的右臂指向这个天使，左臂轻轻掠过利百加的头，而身子探向中心，目光牢牢盯住基督（图 150）。

接下来可以观察到，在天使与雅各之间

和雅各与基督之间有一种匀称性，而在雅各之子犹大和耶稣的一位先祖中也有同样的匀称性。画中耶稣的那位先祖赤身裸体、肌肉健硕，目光也看向那位末日审判者。在大英博物馆收藏着一张关于雅各和犹大的头部的设计草图（图 153）。

米开朗琪罗先前在同样的这面墙上画过所有这些族长的肖像，就在高处左侧弦月窗里的那一系列耶稣谱系壁画里，但是为了这幅新的壁画他不得不牺牲掉原来的画。根据保存至今的那幅仿画上的记载（我们在本书的第二章里也研究过）在第一个左侧的弦月窗里描绘了亚伯拉罕、以撒、雅各和犹大，这四个人也全都出现在了《最后的审判》中。但是，曾经在这面墙壁右侧的弦月窗中描绘过的人物，米开朗琪罗还会再画吗？在这个弦月窗中我们看到了犹大和他的儿媳他玛，以及他玛的两个接连死去的丈夫，也就是珥和俄男，于是注意到这个描绘与仿画上的记载不符。那个在背景里穿着绿衣服完全模糊不清的女人就是他玛（图 137）。在她前面紧挨着雅各，画着她的两个低垂着眼睑的丈夫，像是在说着他们的早逝，而在他们旁边向基督屈身的人就是犹大。犹大是他玛的公公，他玛通过犹大生下了渴望已久的孩子（参见《创世记》38：6-18），拿撒勒的耶稣便出自于他们的后裔（参见《马太福音》1：3）。

在雅各旁边那个肤色深暗的人或许是他的哥哥以扫。在右边，在犹大旁边可以看到一个在阴影里的女人，她也穿着绿色的衣服，她的上方是两个男性形象。我们通过《创世记》中讲述的族长故事可以确认这些人的身份，这女子是底拿，雅各和利亚之女，雅各的十二个儿子的妹妹，她被示剑强行奸污，引发了底拿的兄长西缅和利未对示剑及其族人的血腥报复（参见《创世记》34 章）。就这样，关于族长的这一群组以这三个人的形象为终。

描绘在基督后方的群像：士师与王

后面的半圆环面由三个天使和《旧约》中的人物组成，尤其是耶稣的那些女性先祖们（图 154、155）。飞翔在耶稣的审判之臂上方的那个天使，腿上裹着一件代表悔罪的浅紫色斗篷，头上戴着一顶天蓝色的帽子，在《最后的审判》这幅壁画中，这颜色依旧代表了默祷。

一个穿红衣的天使指着摩西，在他上方一个没有翅膀的穿着浅灰色衣服的信使正从云层中升起。穿紫衣戴蓝帽的那个天使上方，画着一对互相拥抱的情侣（图 154）。那个女人是喇合，耶利哥的妓女，她接待了约书亚派去侦察的两名探子（参见《约书亚记》2：1-6），她穿着红色衣服。实际上，她用红绳标记了她的家，让全家人在耶利哥城被占领时活了下来（参见《约书亚记》2：18-21）。

和他玛一样，喇合也是《马太福音》里提到过的耶稣先祖中的女性之一（参见《马太福音》1：5）。她的配偶撒门穿白衣，或许是因为米开朗琪罗想印证信仰与爱的关系。

其他出现在基督身后的半圆中的先祖名单中包括大卫王、拔示巴和所罗门。

摩西是那个头上有角，身穿绿衣的人，他占据了先知拿单的位置。实际上，他紧挨着大卫王，向上方伸出食指，就大卫与拔示巴通奸一事向大卫示警（参见《撒母耳记下》12：1-9；图 155）。然后在更右边的地方，我们看见先知群中的拿单同摩西一样，伸出食指提醒着通奸一事。

穿红衣的天使手臂的阴影处，在摩西的手臂延伸到的地方，可以看到拿俄米和她的丈夫以利米勒，尤其还有摩押女子路得和她的第一个丈夫，也就是拿俄米的儿子，早逝的基连（参见《路得记》1：2-5）。路得是在耶稣家族的先祖系列里出现的第三个女人（参见《马太福音》1：5），她就是大卫的曾祖母，在这幅壁画中她也占有一席之地。

在喇合和撒门这对夫妻后面，可以辨识出其他的耶稣先祖，他们或许是亚米拿达和拿顺（参见《马太福音》1：4）。在穿浅灰色衣服的天使身后，是耶西的父母，而大卫的父亲耶西被画在右边摩西的身后，在他父母的旁边。可以从那顶状似王冠的帽子清楚地认出大卫。拔示巴戴着一顶类似的帽子，她位于大卫前面和儿子所罗门在一起，所罗门的目光看向末日审判者。

一个穿着红衣，头顶削发圈的男人也看着基督。他旁边的女孩看着他，头上戴着一个花环，她只能是耶弗他的女儿，由于她父亲向神许下了欠考虑的誓言，于是被残忍地献祭给了神（参见《士师记》11：30-39）。耶弗他就是那个穿红衣的男人，由他开启了《旧约》中的新群像，士师，他们在末日审判中可谓再合适不过了。

在耶弗他下方有一个胡子浓密的人，不难认出那就是撒母耳，士师中的最后一位，也或许是最重要的一位。在撒母耳旁边，有一个人位置突出，身侧裹着一件同耶稣的衣服颜色相同的衣服，几乎可以说是基督的主要配角，他就是约书亚，耶稣的名字取自于他，他就是带领以色列人进入应许之地的人。

右侧群像：使徒与弟子

在离约书亚的画像较远一点的地方，画家在观众眼前呈现了另一群人：主的使徒和弟子（图 156）。短暂思考一下，也可以辨识出他们。首先，对于彼得后面的那个巨大形象的身份存在不同看法，这真是让人惊讶。在彼得旁边的那个人一定是他的弟弟安德烈，而在左边的那个健壮的年轻人肯定是约翰，耶稣最喜爱的门徒。在他背后的穿着紫色衣服的女人是他的母亲撒罗默，她为自己的两个儿子——约翰和大雅各——向耶稣祈求特权，希望他们在天国里能够坐在上帝左右（参见《马太福音》20：20-23）。

米开朗琪罗笔下的约翰并没有被骇人的审判吓到，但他的母亲和哥哥大雅各却惊恐不已。大雅各满脸恐慌，姿势与施洗约翰后面的撒迦利亚相同，藏在彼得和安德烈的两

156. 右侧群像，从左至右：撒母耳，彼得罗妮拉，安德烈，彼得的岳母，抹大拉的玛利亚，西庇太的儿子们的母亲，福音约翰，拿着两把没有匙柄的钥匙的彼得，大雅各，约阿希姆，巴多罗买

157. 女人之天，夏娃，夏娃的女儿们，诺亚、闪、雅弗和含的妻子们，圣嘉勒（？），以斯帖（？），拉结，利亚，女巫，友弟德，寡妇和处女，夏甲和以实玛利

158. 利比亚女巫，德尔菲女巫（？）和库玛娜女巫（？），寡妇和处女

腿之间。那个穿着代表罪孽的黄绿色衣服的较年轻的女人，同样也被审判吓得不轻，她或许是抹大拉的玛利亚。另外两个女性形象不易辨识。

安德烈后面的那个姑娘的脑袋或许是画的彼得罗妮拉，她是外经中所认为的彼得的女儿。有一个女人站在阴影处，可以看到她的头在安德烈和彼得的后面，这个女人或许是被耶稣治愈的彼得的岳母（参见《马太福音》8：14）。

彼得向末日审判者呈上他的钥匙，银钥匙在右手，金钥匙在左手。此刻，这些钥匙便不再有用处了[20]。面对上帝高举的审判的手臂，约翰并没有后退：实际上，在他的第一封书信中，他写道："……爱里没有惧怕……"（《约翰一书》4：18）。在福音约翰前面，巴多罗买坐在一片云上，他右手拿着自己殉教时的刀伸向基督，左手拿着自己被剥下的皮（图 144、145、168）。众所周知，这张被剥下的皮上的面孔正是米开朗琪罗的自画像。但是，关于这位殉难者的面部解读却有争论。或许是根据某种传说，很多人猜想米开朗琪罗将自己的对头彼得罗・阿雷蒂诺的相貌特征画给了使徒巴多罗买[21]。

实际上，我们知道阿雷蒂诺曾向米开朗琪罗自荐当这幅壁画的设计者，但是遭到了拒绝[22]，因为米开朗琪罗想自主设计和确定他的壁画内容。失望又愤怒的阿雷蒂诺便指控米开朗琪罗是同性恋。因此，也不能排除米开朗琪罗为了报复而给巴多罗买画了阿雷蒂诺那张爱嚼舌根的脸。而把自己的脸画在被剥下的皮上，则暗示了米开朗琪罗当时的处境，他觉得像是被阿雷蒂诺扒了一层皮。这种完全个人的行为只能是米开朗琪罗的特色。

在巴多罗买和福音约翰之间有一个男人的脑袋，他的目光看向耶稣的亲戚那边。他穿着一件代表精神洞察力的橘黄色斗篷，离末日审判者的脚十分近。在背着烤架的洛伦佐后面，有一个女人，她在玛利亚的脚边，也穿着橘色的衣服。同样的衣服颜色可让人确认这个男人和女人是互相归属的关系，而他们彼此都非常靠近基督和玛利亚，由此可得知他们是玛利亚的父母，约阿希姆和安娜。

根据《黄金传说》中的说法，约阿希姆和安娜直至晚年也没有子嗣，那时他们得到了一个建议，把他们的遗产分成三份：一份献给圣堂；一份给穷人；只剩一份留给自己。正是由于这个慷慨的举动，安娜怀上了玛利亚[23]。或许是因为这个原因，米开朗琪罗给他们两人画了代表精神洞察力的橘色衣服。

圣女子群像

在壁画左边有一群女人，她们互相帮扶着登上满是云彩的天顶，其中有一个穿紫衣的老妇人，她位于左上方，在中间还有一个两人组（图 157）。

那个年迈的穿着代表悔罪的紫色衣服的妇人应该是人类之母夏娃。那个两人组让人想到尼俄伯和她的小女儿，她们的样子画得和经典塑像里一样（图158）。年轻的女儿抱住母亲的大腿。她穿着一件代表爱的红色衣服，而她母亲穿着一件绿色衣服。暴露的乳房凸显了母亲的角色，在乳房下面系着一条蓝色带子。代表希望的绿色或许是暗示了这是一位寡妇。她看向基督。也许米开朗琪罗画这两个女人是想表达圣女子的两种主要类型：处女和寡妇。

把旁边的那个女人同米开朗琪罗先前在西斯廷教堂里所完成的画对比，不难认出她就是友弟德。她的头发用一个十字架作饰纹的头巾包起来，与教堂入口处的穹隅里所画的友弟德的发型一致，在穹隅里描绘了这位女英雄和何洛弗尼被砍下的头（图159、160、161）。和穹隅里的友弟德一样，这里的友弟德也向后转身，因而看不到她的面孔。她穿着一件黄绿色的衣服，露出背部和肩膀。腿部垂着一件代表悔罪的紫色斗篷，因为她在开始自己的勇敢之举之前，便是穿着紫衣斋戒和祷告，然后打扮一番去了宴会，迷惑何洛弗尼（参见《友弟德传》9：1和10：3）。那件黄绿色的衣服，那代表了罪孽的颜色，不是在提醒着人们这场欺骗吗？

这里的友弟德将左臂伸向一个裸着上半身的人，从她的编发可以看出来这是一位新娘。另一个穿红衣戴白头巾的女人向友弟德探着身子。这些颜色往往表明了基督教会的化身的特征，而犹太会堂的化身，则是罪恶的浅黄色。我们已经看到米开朗琪罗选择了一种向绿色过渡的浅黄色。或许，我们应该把他笔下的这个友弟德看作被基督教会救济的犹太会堂的化身？

衣服的颜色代表了信仰和爱的那个女人象征了基督教会，在她与友弟德之间，从左边插入了另一个梳着新娘发式的屈膝跪拜的女人。她的衣服闪着银光，而裹住她背部的斗篷则闪着金光：因此她就象征了那只长着银翅金背的鸽子，是武加大译本中所说，《诗篇》67节所写的“后背为金”的鸽子。她的衣服和西诺雷利的壁画中的新娘衣服相似，也和教堂穹顶上利比卡女巫的衣服相似（图162）。她的目光越过友弟德的肩膀，直盯着观众。

她的右臂搭在一个女伴的肩上，那个女伴的腿裹在代表默祷的蓝色斗篷里。她的双臂伸向高处，指向在云层上方的那群女人。那里有一个女人向她伸出双臂以救助她（图163）。这个女人也梳着新娘的发式，她让人想到以斯帖。以斯帖通过说情，使她那命悬一线的民族得到了救助。一个穿着灰色衣服的老妇人，看向高处的以斯帖，她或许是波斯人的女巫。然而如果观察她的面相，并把她和教堂穹顶上的相似形象对比，又会把她认作是库玛娜女巫。

在我们认为是以斯帖的那个人左边，还有一个露着乳房的女人，因此她也是一个母亲。她用左手吸引着那群跟着友弟德努力向上爬的女人们的注意力。她的目光看向右边基督的方向。或许米开朗琪罗画的这个人是厄立特里娅女巫？如果确实如此的话，那么

159. 友弟德与众女巫

160. 穹顶，东北角，友弟德和她的女仆

161. 女人之天，友弟德，利比卡和另外两个女巫的头

162. 穹顶，利比卡女巫。仿大理石的两个小童在婚礼结束后尽情玩耍

163. 女人之天，上方部分

164. 男人之天，细节图：保罗和德克拉，一个拥抱着儿子的父亲（这或许也是《旧约》与《新约》之间的拥抱？），思嘉和本笃，雅弗和安波罗修，奥古斯丁和埃乌斯托吉，忏悔的囚犯，巴拉削，凯瑟琳，塞巴斯蒂安

我们可以认出三个画在穹顶上的女巫了。

如果我们排除那一对像尼俄伯和她小女儿的女人，也排除友弟德，那么在壁画的这一块区域中可数出十个人来，这个数字刚好与女巫的数目相对应。

在右边，紧接着这个区域，有一个几乎全裸的女人的形象十分突出，一条蓝色头纱从她的头上一直垂到云层。这个女人是拉结，她转向她的女伴利亚，而利亚则伸出左手就像是在要礼物。这意味着在以末日审判为起点的永生中，世俗生活仍然舒适称心，并且从默祷中获得一切生活所需。拉结的礼物就是对女伴的完全投入与献身。

在这个给与和获得的互动中，卷入了一个肤色深暗的非洲女人，她从拉结的背后探出头来。她或许是含（诺亚之子）的妻子，就像先知书中所说的厄立特里娅女巫成了雅弗的妻子那样，在那个我们认为是厄立特里娅的人像后面，有一个周身裹着白布作祷告状的女人。米开朗琪罗或许将她用作信仰的化身。她左肩上有一条橘黄色的布带，提醒着人们精神洞察力的馈赠。

在左边，她旁边有一个穿红衣的人，是爱的象征。右边稍远一点的位置，有一个穿绿衣的露着乳房的女人，她位置突出，看向上方穹顶上米开朗琪罗所画的《神分光暗》。这个人是希望的象征，她可能是诺亚的妻子，是大洪水之后的人类之母。

在那个非洲女人的头上面，可以看到一张特别美丽的脸庞，她的头发金光闪闪，头上缠着蓝色的绸带。如果那个非洲女人是含的妻子，那么这个女人就是闪的妻子。但是她的发型和肤色一般会让人想到一个欧洲女性的形象。在左边，挨着诺亚的妻子，有另一个穿红衣的女子指着上面教堂穹顶的方向，也就是说与那个画在她前面的白衣女子的目光相同的方向。她们两人都盯着穹顶上画着耶利米的地方。尽管徒劳，但先知耶利米从未停止劝说耶路撒冷的居民信仰神，这样他们的城市才不会被巴比伦人攻占和毁灭。

此处提及先知耶利米，莫不是想让人们即刻想起罗马之劫吗？1527 年，罗马被北方民族攻占洗劫，而菲奥雷的约阿基姆早在几个世纪以前就预告了这件事[24]。我们猜想，约阿基姆的思想再一次对这幅壁画产生了影响。

在左端高处，在拱的底部，坐着一位年迈的母亲，她的皮肤被太阳晒得黝黑，露着乳房。她的头纱是无光泽的灰白色，而垂到膝盖上的斗篷有着代表悔罪的紫色：她是夏娃，人类之母，在犯下原罪之后，她在疲惫与忏悔中度过余生。米开朗琪罗画的那个穿红衣指向穹顶方向的女人，或许是夏娃的女儿之一。尤其是这些位于上方区域的女人，代表了最初的那些正直的人，她们生活在大洪水之前，但她们看起来都很陌生，并不知名。

她们由天使陪伴着，很难区分，因为复活的人在天上当与天使一样（参见《马太福音》22：30）。

右上方边缘处的群像：圣人与先知

在女巫的区域的对角线的位置，米开朗琪罗画了众位先知，他们在背景中，在那鞭刑柱附近的天使的下方（图 164）。在那个女人占据的云层区域找不出一个男人，然而在圣人们所在的天堂的右半部分里，他们却有女人陪伴着。先知中的第一位，在队伍的一端，位于年轻的所罗门的右边，他发色很深，旁边伴着一个穿绿衣的女人，那女人几乎把他全藏住了。一位先知，听从上帝的命令，娶了一个名叫歌蔑的妓女为妻，以这种方式暗示了以色列人与上帝之间的关系。他的名字就是何西阿（参见《何西阿书》1：2-9）。

另一位先知白发苍苍，他就是拿单。他伸出食指，让人注意到那对通奸的男女，也就是大卫和拔示巴，他们位于末日审判者后面的半圆中。在先知拿单的下方，可以看到一个戴王冠的王。在《旧约》中，除了大卫和所罗门以外，就只有一个好王了，那就是亚撒，他“行耶和华眼中为正的事”（《列王纪上》15：5）。因此，只有他能够在先知中得到一席之地。

那么，其他谴责众人并向他们预告未来神的审判的人又是谁呢？所有人中第一个入眼的是一个穿着代表了悔罪的紫色衣服的王，他的头上戴着王的装饰。在歌蔑的前面可以辨识出他的头。他的眼睛看向身旁的先知：这位先知的绿色斗篷垂在膝盖周围，他高举着双臂像是在求情。还有一个全裸的先知伸长了手臂，似乎想要阻止耶稣的审判手势。这两人中的一个，或许就是先知约拿，他向尼尼微城的居民预告了神的可怕的判决。或许那个靠近王，举着双手祈祷的先知就是约拿。

在位于彼得下方的那些《旧约》的见证者中，我们看到了以赛亚，他拿着锯子，那是他殉难时的刑具，我们通过吉罗拉莫写的《以赛亚书评注》[25]得知了这一点。在先知群中，我们还可以数出另外十个人，如果加上伴着约拿的那个裸体人像，便有十一个人了。《旧约》中包括了十六位先知的先知书。我们目前看到了其中的三位先知，在他们的基础上，《旧约》中还提及了其他的先知及其门徒。其中最重要的当属以利亚和以利沙。

他们俩应该与亚撒王画在一处，因此有可能是位于亚撒王左右的那两个人。菲奥雷的约阿基姆也认为先知以利亚占有尤为重要的地位，因为从他开始便有了修会。从《列王纪上》的 16 章和 17 章中，很容易就可以推断出以利亚和亚撒王是同时代的人。在亚撒王右边的或许就是以利沙；而以利亚则位于亚撒的左边，穿着代表悔罪的紫色衣服。

然而，以西结和耶利米所在的位置却不是那么容易确定。或许，那个穿紫色斗篷的男人就是耶利米，他面向那两个互相拥抱问候的男人。其他的先知出现在背景里那许多的脑袋中间。米开朗琪罗把以赛亚和但以理也分到了《旧约》的证人这一群人中。

以赛亚或许是先知书作者中最重要的一位了。从吉罗拉莫的《以赛亚书评注》中，

165. 后来的改动部分示意图：巴拉削和凯瑟琳，在壁画右侧，在裸体上干绘了遮羞布

166. 马尔切洛・维努斯蒂，《最后的审判》摹本，1549：这幅作品证明了改动之前的情状；那不勒斯，卡波迪蒙特

我们知道他被锯成两半殉教而死；因此，我们在那群信仰的证人中找到了他，那群人位于画面右侧的前景中，在云幔的中间（图 167、169）[26]。他正把自己殉难时的刑具，也就是锯子，递给那些要净化的灵魂，就像是这个锯齿锋利的刑具可以拯救他们上天堂一样。在以赛亚的上方，是弯着身子的但以理，米开朗琪罗给他画了一条白色的裤子。但是在近距离观察他和他的同伴之前，我们先来看看那个跃入眼帘的全裸的人，米开朗琪罗将他放在先知群中，在亚撒王和他的两个伴从前面。在米开朗琪罗逝世之后，这个全裸的人被画上了一块极丑的遮羞布，而这块遮羞布在最近的修复之后仍然保留了下来。他身后紧跟着一位弟子，穿着紫色衣服，系着白腰带，戴着天蓝色的帽子。那个全裸的人向前迈步，紧紧跟随着彼得，因此我们认为他是保罗，他身后是他的弟子德克拉。

殉教者

用鲜血证明信仰的那群人，以背着烤架的圣洛伦佐为起点：他坐在玛利亚下方的一朵云上（图 167）。接着是使徒巴多罗买，他手拿匕首和自己被剥下的皮，米开朗琪罗将自己痛苦而扭曲的自画像画在了皮上（图 168）。右边相邻的云层上聚集了六个男人和一个女人。我们刚刚讲过，以赛亚就在这群人中。在左端的那个女人几乎要藏起来一般，手臂上裹着一块紫色的布，托住脸颊，看着上方但以理的白色裤子。

在但以理的后面可以看到另外三个男人。他们中的第一个穿着绿衣，第二个穿红衣。右肩上搭着红色斗篷的那个男人指着凯瑟琳，她手里拿着一个坏掉的大车轮。在红衣男子和拿十字架的男子中间，隐约可见另一个年轻男子的脑袋，像是嵌在中间似的，只是没有任何彩色的衣物可以帮助确认他的身份。

既然我们已经认定那个穿白裤子的人是但以理，那么这三个年轻人又是谁呢？他们是但以理从火窑中救出来的那三个人（参见《但以理书》第3章）。如《但以理书》所述，这三个人尽管无辜，却被指控，但一个天使将他们从酷刑中拯救出。因此，他们中的一人提醒着人们注意凯瑟琳的轮子，那是她殉难的第一个刑具，根据传说，这个刑具被一个天使毁掉了。

那个穿紫衣的女人也在《但以理书》中被提到过。她就是因为伪证而被判刑的无辜的苏珊，但以理受到圣灵的启示，得知了苏珊的无罪，便从死亡中拯救了她（参见《但以理书》13：44-47）。正如我们先前看到的那样，先知但以理的白色裤子吸引了这个穿紫衣的年轻女人的目光，这也暗指了苏珊的无辜。

拿十字架的年轻男子穿着一件代表了精神洞察力的橘色斗篷，这就是为什么这个人只能是那个忏悔的囚犯的原因，因为他与钉在十字架上的另一个囚犯不同，他看到了耶稣的无罪；也因为这个原因，被钉上十字架的耶稣向他许诺要带他上天堂（参见《路加福音》23：43）。通过苏珊和但以理，无罪和救世主的题材再次出现在后来的事件中：和基督一同被钉十字架的囚犯看出了基督的无罪和救赎之能。

在这片云上的七个人里，米开朗琪罗运用了他所有的色调标准，他为了凸显和确认各个人物身份而精心设计并使用各种色彩。苏珊的手臂托着脸颊，那条手臂完全被紫色的布裹住了。不公的审判让她痛苦不已，也让她有了赎罪的意愿。她看向穿着白色裤子的但以理，他会证明她的无罪。白色暗指了信仰的纯洁：这个颜色也暗指了新娘的纯洁，但还应将白色与代表了默祷的蓝色联系起来。以赛亚向前弯着身子，就俯身在这蓝色的斗篷上。但以理裤子的白色还应该和他两个伴从的衣服的绿色与红色联系起来，它们分别代表了希望与爱。最后，那个忏悔的囚犯以代表了精神洞察力的橘黄色为特征。

接在忏悔的囚犯后面的是新盟约的殉教者，圣巴拉削和亚历山大的圣凯瑟琳（图169）。圣凯瑟琳原本是完全裸体的，在遮羞布措施之前，在米开朗琪罗去世之前所临摹的古代副本中都清楚地展示了这一点（图166）。凯瑟琳把破轮子递向那些想要爬上天的人们，但天使们却挥舞着拳头阻止着那些人。凯瑟琳的头扭向与末日审判者的头相反的方向。这两人的身体方向相反，形成了鲜明对照，而如今却因为凯瑟琳的那件绿衣服变得不那么明显了。

167. 殉教士洛伦佐，巴多罗买，苏珊，但以理和三个伴从，拿锯子的以赛亚（或者使徒西门？），忏悔的囚犯，巴拉削，凯瑟琳，塞巴斯蒂安，巴西德（？）和普正珍（？）

168. 画有米开朗琪罗面孔的巴多罗买的皮，苏珊，先知但以理的白色裤子的边缘

甚至连圣巴拉削的头部位置都被改动了。圣巴拉削手里拿着受难时用来撕碎他的铁箝（图 165）。当然，他的衣服仍然保留了红色，但他不再看向下方那个正在实施惩罚的天使，也就是他的殉难刑具的方向。圣塞巴斯蒂安的左手拿着一把箭，仍然保持了裸体。只有一条后来干绘上去的衣边，遮住了他的私处。他从云层上看向下方那些被拦阻而不能上天堂的人，三个女人陪在他身边（图 167）。

这三个女人是谁呢？她们分别穿着绿衣、蓝衣和红衣。最后那个也是她们中间最年轻的女人，梳着新娘的发式。另外两个在塞巴斯蒂安身后的女人都盖着头巾。若是观众平行地扫视一番，会觉得她们两人的相貌像是一对姐妹，一个年轻一些，另一个年老一些。那个年轻一些的女人穿着绿色衣服，右臂指向圣巴拉削的铁箝，而目光却越过左臂看向圣塞巴斯蒂安。年老一些的女人在绿衣女子的手臂下面，看向下方。

根据罗马天主教的说法，圣姐妹巴西德和普正珍与殉教也是有关系的。据说，她们是普正奇奥的女儿，普正奇奥在埃斯奎利诺的住宅中接待了圣彼得，而这姐妹两人悄悄地隐藏和埋葬了殉教士们的尸体。穿绿衣的女人或许就是普正珍，穿蓝衣的那个是巴西德。

第三个靠着边框的穿红衣的人，完全隐在了那个拿十字架的体形健壮的人的阴影中，以至于只能勉强认出她衣服的红色。她或许是罗马天主教中最著名的女殉教士圣阿格尼丝。若是在罗马天主教的范围内来看，她也有可能是圣比娅娜，或者另外的处女殉教者，比如圣阿加莎、圣露西或者圣多罗泰娅，但无法确认其确切身份。这个在十字架阴影下的形象或许是想要凸显同样类型的殉难。只有描述了底下的场景以后，我们才能最终确定这个人到底是谁。

米开朗琪罗画那些把自己受难时的刑具递给下方仍然倍受折磨的人的殉教士，或许是想影射《启示录》中的一个片段。根据这一段所说，那些因上帝的话而牺牲的人们大喊道："圣洁真实的主啊！你不审判住在地上的人给我们伸流血的冤，要等到几时呢？"（《启示录》6：10）。那么，无疑这个主持正义的时刻到了。

基督的信仰者

在右边边缘画有一个令人望而生畏的背十字架的人，将那群殉教士和那些声明信仰基督的人联系起来（图 170）。或许一开始的时候，米开朗琪罗想到了古利奈人西门，就是被兵士强迫着背了耶稣的十字架的那个人（参见《马太福音》27：32）。然后他把这个题材进一步发展了一番。一个画在右侧边缘处的女人，穿着橘色的衣服，亲吻着十字架的木头。还有两只手从右边伸向十字架，想要抓住它。更高一点的位置，有一个老年男子，他穿着白色衣服，长着胡子，脑袋光秃秃，靠近十字架看着它的梁木沉思。在他上面有一个穿红衣的健壮男人，正从古力奈人西门的肩上去抓十字架。十字架是圣人们要求的目的，这里，米开朗琪罗或许是暗指了圣保罗给加拉太人的信中的一段：“你们各人的重担要互相担当”（《加拉太书》6：2）。

他们之间的颜色也协调得很好：信仰对着十字架沉思，爱要把十字架从他人处拿走。在左边，拿十字架的人身后，有一个女人的小脑袋，她盯着观众。她的绿衣服影出红色，头纱是白色的：她是希望的化身，她让观画者信任她，并看向前方，也就是带着爱与信仰的希望引导着人们走向十字架。左边挨着这个女人，有一个长着白胡子的男人，他的一个膝盖被红色的外衣裹住，这红色与外衣上的白色形成鲜明对比。他右手指着拿十字架的人，虔诚地看向耶稣。另一个基督的拥护者也同样看着基督，他的手指强调了目光的方向。

通过目光和手的看不见的轨迹线条，在中间的基督与在边缘的拿十字架的人之间，创造了一种联系。在十字架的左端，有一个男人的小脑袋，他的眼睛藏在红绿色连衣帽的阴影里，与米开朗琪罗的自画像非常像。这位艺术家在画这个人物的时候有意识到他与自己画像的相似性吗？我们不得而知，但是如果那真是他的自画像的话，那么他旁边的那个完全处于阴影中的人应该就是信徒托马索·加伐利利，米开朗琪罗与他有极为深厚的友情。在那个从西门肩上拿十字架上的人身后，有一个女人，她或许是维托丽娅·科隆纳[27]？她穿着涂有紫色阴影的白色衣服，紧紧盯着耶稣的方向。

目前我们讲过的所有人物都位于拿十字架的人周围。然而，从那个全裸的坐在前景中的男人到这群人的中心位置，却是一个离心运动的态势。他看向一个全身裹白衣的女人，那女人微微张着嘴，满脸痛苦的表情盯着观画者。一个年轻人从后面向她俯下身，用左手抱住她，右手拂过坐在左端第一排的那个裸体男子的脸颊（图 171）。神圣的金黄色斗篷在那个拥抱白衣女人的少年身后膨胀起来。

这里，米开朗琪罗一定是想到了一位圣母和她的儿子；这一对母子让人想到圣莫尼加和早期基督教著作家圣奥古斯丁。如果这种解读正确的话，那么被抚摸脸颊的另一个少年就只能是圣安波罗修，若是靠近一些，我们还能看见另外两个基督教会的早期教父，格雷戈里和哲罗姆。哲罗姆一定是那个长着灰白胡子的人——传统神像中他就是这样——他看向基督，同时指着拿十字架的人。如此一来，格雷戈里就只能是那个看向那对母子的人了，他右手伸向观众，像是想要传达什么消息。

那么，那个我们之前认为是希望的化身的女子之身份便清楚了：她是哲罗姆的弟子埃乌斯托吉，跟随着哲罗姆在伯利恒度过了自己的修道生活。哲罗姆在伯利恒时致力于《旧约》的翻译工作。埃乌斯托吉就坐在这位基督教早期教父的前面，而紧靠着那个拿十字架的人则是暗指了她在圣地的苦修生活。

169. 苏珊，但以理和三个火窑中的年轻人，以赛亚，忏悔的囚犯，巴拉削，凯瑟琳，塞巴斯蒂安

在安波罗修后面，一个被绿色衣服包裹的女人看向那位母亲痛苦的脸，举起手作祷告状：她就在圣保罗的弟子德克拉的旁边。在她身后，有一个年迈的男人看向她的方向。这两人或许是圣思嘉和她的兄弟圣本笃。在他们两人的头后面中间，有一个年轻人，我们可以认为他是西方苦修主义之父圣本笃的最早的弟子之一：圣毛罗或圣普拉西多。如此，这里有了圣母子，圣兄妹，且本笃同时也是思嘉的导师。

我们认为是圣安波罗修的那个人高举着右臂，一个十分显眼的年轻男子抓住了他的手臂，这个男子裹着头巾，穿着白色外衣。这个有福之人不属于早期基督教教父这个群组，而是那些互相拥抱亲吻问候的人中的一员。在后方的这个区域里，我们首先看到的是一个长着长长的白胡子的老人。他的目光越过整幅壁画，看向在壁画左端边缘夏娃下面的那些《旧约》中的女人。因此，我们可以认定这个男人就是人类始祖亚当。这可以帮助我们识别其他的人物，并叫出他们的名字。

亚当的后面是他的儿子，为人正直的亚伯。那个讨喜的希望之象征，穿着绿色衣服，被亚当抚摸的或许就是塞特，亚伯被该隐杀害之后夏娃再次诞育的儿子（参见《创世记》4：25）。塞特热切地看着他的儿子以挪士，那时才第一次求告上帝之名（参见《创世记》4：26）。塞特的外衣是罪恶的黄色，因为亚当和夏娃的原罪代代相传。

以挪士的身后有一个男人，他双臂环抱于胸前，看向下方的彼得；他的红色斗篷一直盖到头上。他旁边的那个更年老的男人长着白胡子，穿着绿衣服，双手合十作祈祷状，眼睛看向上方。他的目光投向一个肤色深暗的年轻人。那个年轻人尽管不是天使，却位于鞭刑柱的底部。这三个男人是谁呢？

在亚当的一连串后代之后，最重要的人物无疑是诺亚了，他就是那个穿绿衣服的白胡子老头。由于他的三个儿子之一是非洲人的始祖，那么位于鞭刑柱底部那个肤色深暗的男人可能就是含，诺亚正在为他祈祷。至此，我们可以判断，那个看向彼得的人就是他的哥哥闪。只缺雅弗了，他是诺亚的第三个儿子，他的后裔是印欧人，因此意大利人也是雅弗的后裔。雅弗就是那个戴白头巾的年轻人。他在那对互相拥抱的人前面，抓住米兰主教安波罗修的右手。就这样，所有的分组都有理有据地符合上了。在左边，拉结的后面，我们已经辨别了诺亚的三个儿媳妇。

在右上方的角落里，可以看到圣方济各的脸和两个穿着绿色连帽衣的男人。他们或许是一个佛罗伦萨兄弟会的成员，这个兄弟会至今仍然致力于帮扶病患和事故中的受害者。

无论如何，米开朗琪罗把天堂的这一小块留给了他那个时代和紧挨着的先前时代的圣人们。那些互相拥抱亲吻问候的上帝的选民们，表明了生活在相去甚远的时代里的人们最终可以相聚。

管乐天使

在壁画中间的下半部分，米开朗琪罗在三层云上画了十一个天使，他们降到下面是为了吹奏长号，唤醒逝者使之复活：一些人将会在天堂中永生，另一些人则会受到永恒的惩罚（图 172）。记载了打入地狱的人的那本书十分厚重，以至于需要两个天使来打开它，且要在一众被记录在这书里的不幸者面前打开。然而，那本记录了上帝的选民的书却只有这本书的四分之一大。从那个拿着下地狱者之书的天使肩上垂下一件浅绿色的斗篷。这颜色暗示了被天堂接纳的条件，即充满希望的信仰。一个天使穿着代表希望的绿色斗篷，另一个则穿着代表精神洞察力的橘黄色斗篷。这是说那些下地狱的人在尘世生活中从未践行过信仰之美德，更不在意精神洞察力，那么现在精神洞察力终究要回击他们。

在下地狱的人中间，四个天使吹奏着四个金色的长号。一个穿红衣服的小天使面向上方对角线的方向，朝着上帝的选民们，对着观众，吹奏着长号。他代表了爱德。他前面有一个肤色较深的天使，穿着紫色斗篷，向着下地狱的人吹奏着他的乐器：这意味着他们直到生命的终结也仍旧是执迷不悟不知悔改。那个穿橘色衣服的天使，被画在扶着书的天使上方，他肩上还搭着自己的长号。

在两个拿着下地狱者之书的天使旁边，有一个穿绿衣的天使，他准备好了自己的乐器，转头听着那个穿橘黄色衣服的天使，以便在恰当的时候接替他，同时跟着这个同伴的手势，朝正确的方向演奏。

似乎那些下地狱的人只能听到悔罪的声音。实际上，爱的长号声完全被他们忽略了。再加上代表爱德的演奏者还是一个小孩子。他们的耳朵里重复着悔罪之音，而不是那个被他们漠视的希望之声，但事实上洞察力的声音也会到达。

一个尤为健壮且全裸的长号吹奏者将两个拿着下地狱者之书的天使和另外两个拿着上帝的选民之书的天使分开来。另外三个天使鼓着腮帮子吹奏着，把好人从死亡中唤醒。他们的斗篷分别是蓝色、绿色和红色：也即是默祷、希望和爱负责帮那些复活的人做好上天堂的准备。

死而复生的人

这位佛罗伦萨的艺术家用十分个性的方式和极端戏剧性的色调来呈现了一个传统题材：天使与恶魔之间为了争夺复活者的躯体而引发的战斗。在温莎皇家图书馆的这幅草图中（图 173），用非常小的形象勾勒了这个场景以及后续的场景[28]。米开朗琪罗此时对自己的技艺已经非常有把握了，因此那些草图里十分微小的形象在壁画里几乎没有什么改变（图 174）。

一个长着公山羊角的魔鬼抓住了一个复活者的头发，把他向下方地狱入口处拽。两个天使赶来救这个全裸的男人。一个穿绿衣

170. 基督的信仰者群像：奥古斯丁和莫尼加，格雷戈里一世，哲罗姆，埃乌斯托吉，古力奈人西门；西门右手的上方，米开朗琪罗（？），右上角是维托丽娅·科隆纳（？）

171. 拥抱着儿子的父亲，思嘉和本笃，雅弗向安波罗修伸手，奥古斯丁和莫尼加，格雷戈里一世，哲罗姆，埃乌斯托吉

172. 管乐天使：两处铁质的长方形遗迹展示了重大庆典仪式上，给祭坛华盖上钩的地方

的天使把这个男人的双腿扛在自己肩上，另一个穿红衣的天使正要去牢牢抓住那两条腿。这个时刻非常戏剧性。而男人那张五官都缩紧了的脸透出了他的紧张，因为这场天使与恶魔之间的争斗还不知输赢。这里，画家再一次用颜色来暗示了爱德与望德。

一个穿着代表悔罪的紫色衣服的天使，正把一个男人往上拽，他穿着灰白色的亚麻布，像是已然死亡的样子：天使从后面抓住他，把他向斜上方拽，就像正在救一个溺水者游出水面一样。这个身体僵硬像死人的男人，被一条恶魔的绿色蝰蛇缠住了脚。一个魔鬼从阴间伸出手，把那条蝰蛇打了一个活结，紧紧套在男人的脚后跟上。那个男人处在极大的危险中，因为那条蛇正试图把他拽向地狱之火。这个受害人的眼睛盯着穿绿衣的那个象征希望的天使，他正在与象征爱的天使一起与恶魔争夺并拯救他的同伴们（图175）。

另外的一些刚刚复活的人正要被拖进地狱之咽喉。两只恶魔的手从烧红的地狱之口伸出来，抓住了两个不幸者的亚麻布丧服，用无法遏制的力量将他们拽到了大洞穴里。第一个人痛苦至极，努力反抗着这个漩涡，用尽全力试图获得拯救。他后面的那个人抬起头看向上方，似乎在呼救，还用左手拢音。米开朗琪罗在此处的力量和队形配置让观众觉得这两个男人都会被拽进地狱的火焰里。

在他们左右正从地下出来的那些人的结局还未知。或许对于那个眼睛虔诚地看着上方，仍然被裹尸布裹住的女人来说，上天堂还是有可能的。在她身后，观众可以看到一张土色的已经干成木乃伊的脸正在复活。在画面非常前方的位置，另一个人从地面的裂缝中出来：他的脸仍然是灰色的，带着死人的僵硬，闭着眼。

左边相邻的那群人组成了一个金字塔状。一个正从坟墓中升起的男人，像一个局外人一样看着那两个被恶魔的手拖拽的人。旁边那个尤为让人印象深刻的复活者，被画成了骷髅，象征着死亡。这两个形象把拉丁语赞美诗《震怒之日》[29]中的那句“mors stupebit et natura”（吃惊的死亡与自然）转换成了画面。如果这个假设正确，也就是那骷髅象征着满是惊讶的死亡，那么，那个从坟墓里出来的男人象征自然的说法似乎有一点牵强。实际上，拟人化身的生物性征要与概念的语法性征一致，因此，自然的象征应该是一个女人。

在骷髅的裹尸布下面出现了一张看着观众的脸，再一次与米开朗琪罗的自画像非常相

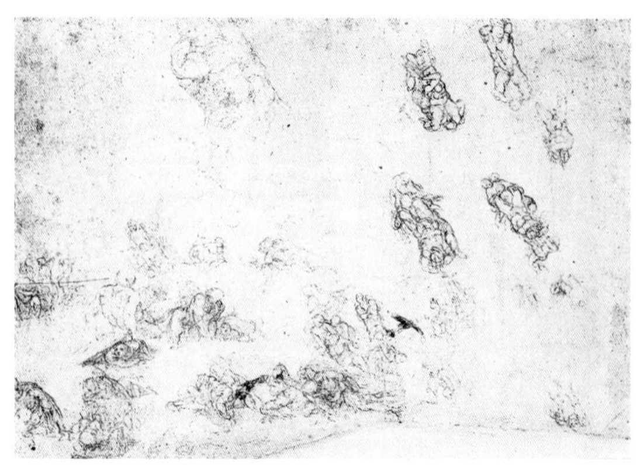

173. 米开朗琪罗，天使与恶魔为了一个复活男子而争斗的草图；温莎皇家图书馆

似。那个吓人的骷髅头的空眼眶指向他。在左边，那个从坟墓里出来的男人身后，有另一个龅牙男人，他仍然处于死亡的静止中，被一个女人扶起来。那个女人整个被裹在亚麻布里：这里我们看到的是一幅友爱他人的画面。

那个女人的身后，有另一个骷髅，而他的头部已经重新长出了肉，他看着斜上方的天空，看向吹长号的天使们。另一个完全被绷带裹起来的女人，看着对角线的反方向，看向那片圣女子的天空，一些已经没有了重量的人正朝那里飞去。

左下方，一个男人匍匐着从坟墓里爬出来，而另一个人正撑起那块禁锢了他的石板。上方，四个人围绕在一个头顶削发的穿紫衣的修道士周围。他一副保护的姿态，一只手在一个正从坟墓里出来的修女上方，同时举起右手像是在祈求。他穿着代表了悔罪的紫色衣服，像一个听忏悔的神父，在他周围聚集起一众悔罪的复活者。

在这旁边是另一组复活的人，他们的目光总是斜着看向上方。这六个人中最显眼的或许就是那个女人，她伸着手向悔罪天使寻求帮助。这一组人的上方，一个全裸的男人焦虑地看着右边，他完全被那两个从魔鬼手中抢人的天使的努力所征服。

另一个人正从死者中醒来，尽管他的目光已经看向高处，但他仍然半睡半醒似的躺着。他后面有两个披着裹尸布的正要起身的骷髅，他们的空眼眶似乎看向了管乐天使。米开朗琪罗在地平线上画了一抹蓝色，就跟我们之前在《创造亚当》中看到的一样；在蓝色的远处也出现了两个人，其中一个举着双臂，升上了天空。

一个修道士的脸藏在深灰色的衣服里，透过连衣帽看着天空，他飞翔在地平线上的蓝天里。在左边，他后面那些人从坟墓中出来，立马飞起。同很多正在复活的人一样，他们也裹在灰白色的亚麻布中。实际上，除了左侧边缘的那个神父，没有人穿了彩色衣服。这再次表达了彩色衣服的不同含义。不同的颜色分别寓指了对应的美德，人们在尘世生活中践行了这些美德，而在死者复活之时，天使会替他们保存这些美德。

升上天堂的复活者

在壁画的左侧边缘，在与那个镀金柱头同样的高度（那跟柱子是佩鲁吉诺的壁画的边界），可以看到两个人：一个仍然穿着死者的灰白色衣服，而另一个梳着新娘发式的人已经得到了天堂的新衣，是代表了希望的绿色衣服。第一个人的左臂被一只从云端伸出的手抓住，把她向上拉（图 176）。

另一个被拉向上方的年轻人曾经是全裸的，后来给他画上了丑陋的遮羞布，在最近的一次修复中还加深了遮羞布的颜色。他虔诚地看向上方，朝云层举起右手。云上一个人伸手救他，那人跪在一件蓝绿色的衣服上：意思就像是只有通过与望德相融的默祷，才可能升上天堂，悔罪引他升向天堂。在他的

174.《最后的审判》下方部分：复活并升上天空的身体，天使为了拯救某个人而与恶魔争斗，管乐天使，绝望的化身，炼狱和地狱

175. 复活的人与努力拯救快被拽入地狱的人的天使。左端边缘的一个神父（米开朗琪罗的多明我会的兄弟？）和向他忏悔的人。中间是因为肉体复活而满是惊讶的死亡的化身

176. 复活的肉体升上天空；其中有棕色皮肤的男男女女，可以认为是美洲土著。右边有一对人也是深色皮肤，他们拿着一个天使带来的一串阿拉伯的念珠

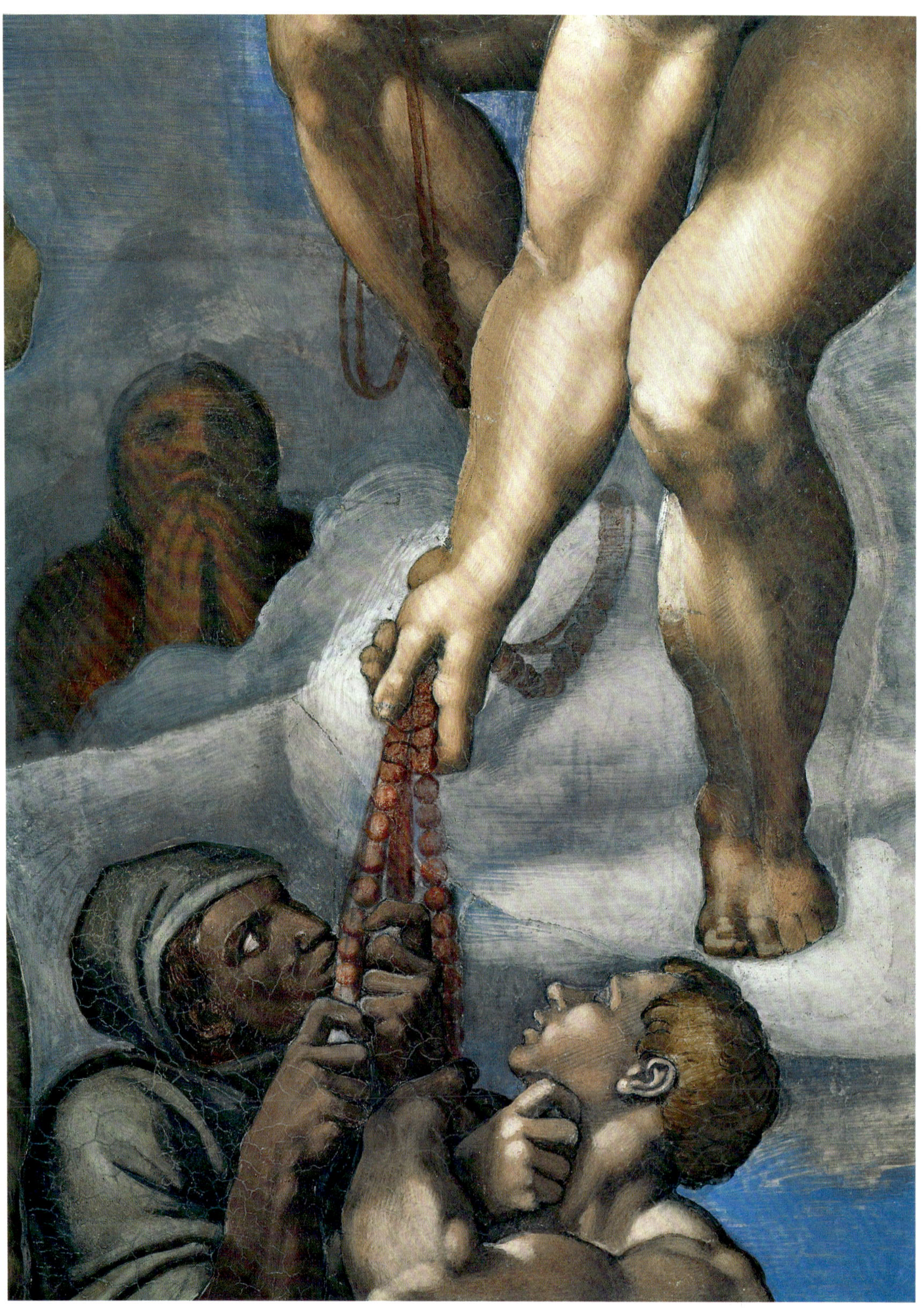

177. 阿拉伯念珠细节图

178.《最后的审判》右边部分：基督的使徒与弟子，先知，基督的信仰者，殉教士，管乐天使，绝望的化身，七宗罪的炼狱，地狱，卡隆和下地狱者，米诺斯和路西法

179. 炼狱，细节图：悔罪天使用力拍打着一个男人的屁股。易怒者和淫欲者

180. 贪婪的教皇。爱德天使扶着一个赎罪者，他正接受另一个天使的打击。贪食者和易怒者

181. 卡隆的头，在侧光下展示出刻痕，这些刻痕是间接划上去的，是把草图上的线条划到灰了泥墙上：这证明了最后米开朗琪罗不得不匆匆完成作品

两腿之间隐约可以看到一个穿浅紫色衣服的人。

在这个人旁边，升起了另一个狂喜的人，他在上升的过程中丝毫不在意丧服和他被太阳晒成古铜色的裸体。或许米开朗琪罗那时已经得知了美洲的土著？那时刚发现美洲不久，欧洲人给那些土著带去了衣服。在这个人上方，有一个肤色较浅的女人飞在云层近处：她仍然穿着灰白色的带帽子的丧服。或许她代表了一个欧洲女人。

在右边又有一个全裸的浅肤色的男人：他也一定生活在旧大陆上。他跪在一片云上，想去到更高处的那片云，他几乎就要抓住那片云了。但是他的救助者，也就是那个穿着紫色衣服的天使却背对着他，像是没有意识到他的存在，因为他转向了另一边。那边有一个人已经摆脱了他的丧服，飞向一片云上的两个天使。那两个天使分别穿着绿色和红色的衣服，绿衣天使还有一条紫色的围巾，头上裹着橘色头巾。

在这个飞上天的人下方，有一个衣着颜色较深的天使，头上裹着渐变成绿色和红色的橘色头巾。他托着一个棕色皮肤的男人的腋下，那个男人也是新世界的原住民，即美洲大陆的土著。

还没有脱掉丧服的白衣男人的救援者，被一个红衣天使引导着，去向那片已经有两个天使的云层，那两个天使分别穿着红衣和绿衣。在他们左边，一个穿着紫衣且配有发饰的女人用双臂支撑着自己，闭着眼睛，专心的样子像是在沉思内省。她旁边有一个穿绿衣的天使，上面一点还有一个红衣天使，他们观察着死者复生和升上天空的过程。

在那些正在升天的人中，一对肤色深暗的人物形象十分突出，他们抓住一串天使带来的念珠，那个天使很年轻，站在他们上方的一片云上。念珠的颜色是代表了精神洞察力的橘色。这不是一串基督教的念珠，而更像是一串伊斯兰的念珠（图177），它让人想起真主安拉的九十九个尊名：这一串连续不断的念珠的珠子远远超过十颗。这串念珠的一端垫着白色的布条，套住那个男人的胸口和背，而女人则用右手抓住念珠，亲吻着珠子，并用左手数着。

在这一对拿着串珠的人和那个被认为是美洲土著的深肤色的男人之间，可以看到两个穿灰色连帽衣的人，正斜向飞上天空。在他们上方画了一片云，在那片云的前景里坐着一个浅肤色的裸体男子，他靠着一个穿蓝色衣服的女人。蓝衣女人后面坐着一个穿红衣服的女人。裸体男人和这两个女人都盯着左上方，看向更高一点的相邻的云层，表现出去那里的强烈愿望。

在他们与拿念珠的天使之间，有一个穿红衣的人，双手举起合十作祷告状。米开朗琪罗解释说被爱包裹的人不再需要其他帮助就可以升到天堂的高处。那片云层显然只是那些升上天堂的人的中间站，云上还可以辨识出其他人物。

一个穿灰色僧袍的人举起祷告的合十的

182. 卡隆的小船，淫欲者和暴力者，猫头恶魔和其他长着公绵羊头的恶魔；一个下地狱的人指着用来穿船锚铁链的孔，但是没有锚；米诺斯和路西法

183. 米诺斯（切塞纳的比亚焦的画像）

184. 地狱入口处的恶魔

185. 祭坛上的耶稣受难像，大约是 1480 年左右的托斯卡纳作品，位于地狱入口前

双手，看向左边那些到达了更高云层的上帝的选民们。在他旁边只能看到被裹在灰色衣物中的一个人的腿和屁股，那个人正试图从蓝衣女子和红衣女子之间挤出一条路来。

那人后面有一个穿灰色衣服的女人，满脸愁容地看向上方。稍远一点的红衣女子身后，我们可以看到一个全白的人，试图去往上方那片相邻的云层，而阴影里的一个裸体的人支撑着他，那个裸体的人或许是个天使。其余的地方，包括云层后方的边缘，在阴影里还有其他的紫色面孔。在壁画的右下半部分（图 178），两个被丢弃给恶魔和地狱的人就画在那些拿着下地狱者之书的天使旁边。一个体形健壮的女人形象十分抢眼，她用手遮住左眼，而右眼虽盯着观众，却是空洞无神。后来在她的阴部干绘上了遮羞布，而在最近的修复中被移除了。

在穹顶的壁画《大洪水》中出现过一个相似的人物，我们已经解释过睁一只眼闭一只眼的深意了。独眼巨人波吕斐摩斯只能看到有形世界中的事物，而有两只眼睛的人类既能够看到可见的且短暂的事物，也可以领悟无形却永恒的事物。这是文艺复兴时期的神学家埃吉迪奥·达·维泰博的教导[30]。因此，在尘世生活中把信仰寄托于世俗之物的人，在末日时什么都得不到，并且会坠落成为绝望的受害者。

在壁画中，米开朗琪罗将定位在尘世的希望画成了一个绿色的恶魔，一条咬着那个绝望的女人的大腿的恶龙。另外两个魔鬼——其中一个有令人恶心的灰绿色皮肤，长着爪子——抓住那个不幸者的腿，把她往下拽。在那条绿色的恶龙右边，曾经草绘了另一个魔鬼的丑陋的头，但后来被天空的天青石蓝色盖住了。最近的一次修复把它重新展现了出来。

在绝望的化身那组人下面，有一个飞翔中的恶魔，他肩上骑着一个穿灰色裤子的男人，越过卡隆的船，向着地狱飞去。他惊愕地看着右上方那群人，由于早前那些诽谤这幅壁画的人的肤浅描述，右上方那群人的含义总是模糊不清。

炼狱

紧挨着那个闭着一只眼的人，在与拿念珠的那组人物相对应的地方，为了平衡两边的灵魂数量，米开朗琪罗在他的壁画中加入了一些古怪的细节，从而引发了他对手的猛烈批评。据说，这一块区域描绘的是天使与那些企图爬上天堂的下地狱者之间的战斗。事情果真如此吗？我们仔细观察一下每个细节（图 179、180、182）。

比如，如果我们仔细研究上方的一些天使，会意识到他们不仅执着地对一些正在上升的人拳打脚踢，甚至还极力惩罚。在最右端，穿着代表悔罪的紫衣天使用左臂紧紧抱住一个男人的腰腹，用右手打他的屁股，就像家长惩罚犯错的儿子一样。

左边的那个高大的人背对着我们，他右

臂抓住绿衣天使，而天使则用左手堵住他的嘴，右手捏拳打他的脑袋。而紧接着左边那个穿红衣服的天使，扶着那个男人稳住他，同时焦虑地看着他，免得他再掉下去。这个男人在尘世中没有德高望重，但是或许他多次表现出慷慨的爱：我们可以这样去解读这种颜色组合的含义。

还是从右向左地看，有一个深肤色的魔鬼正想把一个男人头朝下地拽下来。那个男人带着钱包，公然表现出自己的贪婪之罪。钱包旁边垂下来的两把钥匙甚至让人认为他像一个教皇。钱包是橘黄色的，与他上面那个天使的衣服颜色一致，天使挥着拳头打他光着的屁股，同时用左手把这个不幸的人转个个儿，让他处于正常的位置。另一个穿着红色衣服的天使抓着这个教皇，以防那个恶魔把他拖进地狱。

左端最后那个男人光着背，肌肉健硕，一个绿衣天使膝盖跪在他的头上和肩膀上，从高处用力击打他的脸。被打的这个男人右膝跪在云层上，紧紧靠着天使的衣服。朝着左边的方向更远一点的位置，一个裹在灰白色亚麻布里的女人游荡在空中，就像是浮在水面上的一个软木浮标一样。

那个背对着我们的男人的两腿之间，有一个几乎被衣服全部裹住的女人，她或许是一个修女。一个穿浅蓝色衣服的天使飞在她上方，试图抓住她张开的双臂。浅蓝色代表了默祷：这个女人被拯救了，因为在尘世时她时常进行默祷。

目前为止我们看到的所有画面都清楚地表明了这些人尽管被天使们搜寻和惩罚，但他们不会下到地狱受苦了。米开朗琪罗描绘的这个如此独一无二的空间，只可能是炼狱。米开朗琪罗从他那位著名的同乡但丁那里获得了对炼狱的认知。炼狱是抵偿罪孽的地方，尤其是七宗罪：懒惰、嫉妒、傲慢、贪婪、贪食、愤怒和淫欲。

我们已经看到了贪婪的人：这片区域画的那个教皇的钱包显然暗指了这宗罪。那么教皇左边，那个头上跪着一个望德天使的男人或许就是傲慢及其惩罚的象征。在天上漫无目的地游荡的女人代表了懒惰，而那个被默祷天使抓住的女人或许充满了嫉妒。拉丁语invida（羡慕，嫉妒）的词根是videre，也就是“看”。但是默祷在于用信仰的眼睛正确看待事物。这是那些满心嫉妒而斜眼看人的人需要学习的。

在带钱包的教皇旁边，可以看到一张男人瘦削的脸，他面如土灰，饥饿不已地张着嘴：他就是因为贪食而被惩罚的人。被望德天使拳打的那个男人旁边，我们可以看到一个男人愤怒的深色面孔。最后，一个荒淫的男人被一个魔鬼折磨着。那个魔鬼抓住他的生殖器，努力把他拽向地狱。强烈的痛感让这个可怜的男人咬紧了牙关。

瓦萨里早已说过米开朗琪罗在这里描绘的是七宗罪，但是要把它们与相应的地狱惩罚联系起来看[31]。只有仔细观察每个细节才会明白，尽管这些人受了苦，但《最后的审判》

的这片区域并没有呈现最终的惩罚。在右边，那个犯了淫欲罪的男人旁边，有一个穿着灰色丧服的人试图毫无阻挠地飞上天。然而，一个衣服一直裹到手臂和面孔的女人在空中摇摆不定，双手合十作祷告状，倾斜地朝着观众滑向下方，像是要远离那个挨饿的人一样。她并不绝望，而是承受着精神的折磨，同时表现出想要结束这苦难的强烈愿望，从而尽早找到一条升上天堂的自由之路。

卡隆的小船和地狱

米开朗琪罗从但丁的《神曲》中汲取了灵感，在他的壁画的右下角，画了卡隆的小船。那条船把下地狱的人从冥河的那边摆渡到刑罚之地。这里的卡隆（图 181、182）并不像但丁的著作中描述的那样，用船桨敲打着船里的人逼迫他们，而是挥着船桨把他们赶出小船，赶向已经在那里等候受害者的恶魔。他们用长长的带钩的铁棍将下地狱的人拖出来。

在右端下方画着冥界判官米诺斯（图 182、183），他的尾巴是一条蛇，在他的身体上缠了两圈，向新来的人暗示着地狱的第二层。一个准备趟在地狱的火床上的猫头女魔，也已经张开双臂等着那些新来的人了。

米诺斯长着驴一样的长耳朵，也忍受着折磨，一条蛇沿着他的腿爬上去咬住他的阴茎（图 183）。米诺斯的脸是教皇保罗三世的典礼官，来自切塞纳的比亚焦。正如瓦萨里给我们讲述的那样，当比亚焦被问到对这幅新壁画的看法时，他回复教皇说，已经告诉了米开朗琪罗他非常不喜欢在一个地方有这么多的裸体人像。于是，米开朗琪罗便把他画成了《最后的审判》中的米诺斯，以此报复[32]。

在米诺斯旁边，一个下地狱的人睁着惊恐的双眼，指着船头，那里可以看到用来穿船锚的铁链的孔，但是并没有锚。这寓意着希望的缺席。或许在构思卡隆的船之前，米开朗琪罗先想到了长着巨大翅膀的鸟身女妖：他只画了一个女妖，而且只有一个翅膀。她驮着一个裸体的女人，女人的腿搭在女妖的肩上，女妖用尖利的牙齿啃噬着这个不幸者的小腿肚子。

那女人的身体比例与船上那些肌肉健硕的大块头男人的比例一点也不相符。实际上，那条船的一半都是女妖的右边翅膀和另一个想象中的恶魔生物重叠而成的。然后，那个女人被挤在两个裸体男人中间，以至于她的右臂都没有搁置的空间。她左边那个背朝着我们的肌肉男用右手抓住一块铁，一个长着狮头的恶魔拽着那块铁，让他翻过船舷。

左边的另一个恶魔长着尖利的爪子，在冥界判官米诺斯的下面，左手像拿匕首那样抓着一块没有手柄的铁块。在前面的章节中，我们已经知道了左手是惩罚和灾祸之手，而不管是天使还是恶魔都无法割舍，因为他们本没有躯体。因此，如果一个下地狱的人的右手像黏在铁块上一样，并且这也成了他不幸的原因，那么我们可以得出的结论是，画家想给我们呈现的是一个罪犯和杀手。

画面左边，那个不幸的女人旁边，另一个男人甚至像是迫不及待地想要下船，他跨在那个鸟身女妖的翅膀上。相反，另一个女人在最后关头用她健壮的双臂抱住了丈夫，想要把他拉回船上，然而他的右手已经紧紧抓住了铁块，身子也已经翻出了船舷。另一个男人像是被一种神秘力量推动着，双脚并拢双臂展开，正要跳下船。

他前面就是那个让猫头女魔张开双臂等着的裸体男人，他是被两个长着公羊角的恶魔用铁钩子钩下船的。他十分愤怒，捏紧了拳头想要跳到两个恶魔身上去。另一个年轻的裸体男人，跨坐在船舷上，失去了平衡快要从船上掉下去了。

船头上有一个深肤色的男人，被一把镰刀状的铁棍钩住了脖子，头朝下直接被拖向了地狱。只能看见拿铁棍的恶魔的两只手从地狱烧红的洞口伸出来。判官米诺斯周围聚集了许多恶魔的脸。在背景中，或许可以辨识出路西法的头，他在所有的恶魔之上，飘在红色的且充满了火的硫黄味的空中。

在船的左边，当卡隆挥舞着船桨要打下地狱的众人时，这些不幸的人都弯下身子躲避挨揍。几乎总是裸着身子的男人们惊恐地看向空洞处，而那些仍然穿着灰色丧服的女人，把丧服拉到头上，躲在男人身后或者他们之间。

在卡隆的摆渡船左边，也就是壁画下方边缘的中间位置，米开朗琪罗给观众呈现了烧红的洞穴，恶魔从洞穴里看向观画者，里面还有一个裸体的下地狱的人背对着观众，从火海中升起（图 184）。米开朗琪罗专门为那个在西斯廷教堂的祭坛上做弥撒的红衣主教直接展现了地狱的景象。

这个地狱的景象成了祭坛上基督受难像的背景（图 185）。尽管这个雕像十分珍贵，并且可以追溯到教堂里西斯都四世时期所作壁画的同一时代，然而人们通常都不太注意到它。这个雕像的作者或许是一个佛罗伦萨的大师，甚至有可能是伟大的雕塑家多纳泰罗的晚期作品，他在那个时期仍然继续着创作。这个问题值得更加深入的研究。

米开朗琪罗想在祭坛的耶稣受难像和壁画的地狱场景之间创造一种联系，这一点大有深意：只有体验了耶稣受难的经历，并带着这种体验直到被上帝遗弃的那一晚，才可能一探地狱之究竟，并克服所有的惊慌失措战胜它。

后　记

我希望这份研究成果能够帮助人们用全新的视角去观察西斯廷教堂及其壁画。

西斯廷教堂的装饰不是一种器乐之音，而是合乐。我非常高兴地预告一下，一个音乐史学者布鲁诺·梅尼，正在对一个教堂合唱团所演唱的乐曲进行研究，这个合唱团与西斯廷同名，且存续至今。西斯廷教堂的魅力和带来的情感冲击是如此丰富，并且也完全能够用合声表达出来。这位学者已提前告知我，与米开朗琪罗的画作同时期的合声作品，实际上展示了与教堂墙上的色彩之作同样的题材。因此“教皇的礼拜堂”这个词语其实有三重含义：允许参加教皇组织的盛大典仪的人（神职人员和在俗教徒）的礼拜堂；用砖石建造和各种色彩装饰的礼拜堂；最后是教皇合唱团的歌者所在的礼拜堂。这个三重含义的礼拜堂包含了一个意义：色彩之乐犹如一首美妙的歌，一部伟大的作品，它戏剧化地讲述了《圣经》的故事和当代（文艺复兴时期）的故事，最后以世界末日的宏大景观结束。

西斯廷教堂装饰的丰富与充实过程经历了两代人，先是15世纪晚期的托斯卡纳和翁布里亚地区的画家进行创作，然后是米开朗琪罗作画，他是个唯一且无法复制的天才。而艺术家们笔下的题材，却是由那些可以参加教皇组织的盛大典仪的神学家们精心设计的。然后，艺术家们一旦从早期基督教和中世纪的文章中获得了形象化语言的灵感，便非常直观地表达出来，并且在面对各自的神学顾问时都有一种批判性精神。在多数情况下，可以确认神学家们与画家们在这种直白而自由的态度里，表现出协调与和睦。

设计西斯廷教堂壁画方案的神学家们，根据自己的神学知识，复审艺术家们的形象化语言。这种语言是如此丰富，以至于现在的观画者很难看懂。但是,如果直面这个困难，便会得到许多弥补。那些几乎被当今神学忘却的题材，会重新变得显眼：一、基督与教会之间的关系在画像中呈现为新郎和新娘的关系；二、《诗篇》中被视作鸽子的新娘，在这篇赞美诗中“clero”这个词的原始含义表达了上帝专属之意，而那只“后背为金”的鸽子象征了向上帝之子民所做的应许，即未来进入天堂；三、米开朗琪罗的壁画中各种各样的三人关系都表达了三位一体。

西斯廷教堂的壁画还激发了人们再次思考玛利亚圣灵怀胎说的真正含义，需要从上帝构思纯洁受孕和安娜孕育玛利亚这两件事之间的神秘关系中去思索。然后，对于壁画的全新解读让我们接触了一位伟大的卡拉布里亚神父的著作，他就是约阿基姆·达·菲奥雷，或许应该重新审视和评价这位神父的价值。

因此，以这寥寥几笔的概述，我一方面希望可以引起读者对西斯廷教堂壁画的精神价值的兴趣，另一方面，我想请艺术史学者们精炼和完善他们的研究方法，通常他们的研究都过分单一地基于画技、画材和艺术语言风格及形式的研究（这一点从瓦萨里·乔尔乔时期便是如此）。

我还认为，由于一种过去没有的愈发强烈的促动因素，或许这个时刻已经到了，即把艺术作品视为多重因素与影响的结果的时刻。实际上，不应该只考虑艺术家和委托人，还应该想到设计主题和方案的人，这件事所需要的知识往往超越了艺术家的知识水平。这样一来，或许不同的学科才有可能相互靠近，并共同努力以求越来越深刻地理解历史中的艺术珍宝，而不是互相各行其是。这份关于西斯廷教堂的研究的目的，实际上就是为了展示宗教和艺术史的结合是可以带来意想不到的成果的。

如此一来，字词和图像也紧密联系起来，并且互相完善。文字重新找到了栩栩如生的实体，而图像也不再只是视觉享受，还带来活跃了人类历史的伟大思想，比如对上帝及其行为的信仰。

注 释

第一章

1. 基于此版本参见 O. Fischel, *Raphael*, London 1948, p.148, e M. Putscher, *Raphaels Sixtinische Madonna*. Tübingen 1955, p.32 e n. 226, 其结论不具有说服力。

2. 基于此建筑参见 S. Valtieri, in *Raffaello Architetto*, Milano 1984, pp.143-156 e ill. a p.156; Ead., in *Raffaello a Roma. Il Convegno del 1983*, Roma 1986, pp.323-330.

3. 由 Pier Matteo d' A-melia 完成的草图（乌菲兹美术馆，Gabinetto dei Disegni e delle Stampe, dis. di arch. n. 711）展现了穹顶原始壁画。另参见 E. Steinmann, *Die Sixtinische Kapelle*, I, München 1901, pp.191s., ill. 92; L.D. Ettlinger, *The Sistine Chapel before Michelangelo*, Oxford 1965, pp.15s., tav. 34a; R. Salvini, *La Cappella Sistina in Vaticano*, con un' appendice di E. Camesasca, Milano 1965, pp.152s., ill. 171.

4. Giorgio Vasari, *Le vite de'più eccellenti Pittori, Scultori et Architetti*, IV, a cura di G. Milanesi, Firenze 1879, pp.335s. 另参见 H.W. Pfeiffer, *Zur Ikonographie von Raffaels Disputa*, Roma 1975（"Miscellanea Historiae Pontificiae, 37"）, pp.46s.; M. Winner, "Disputa und Schule von Athen", in *Raffaello a Roma* 1986（注释 2）, pp.29s.

5. Pfeiffer 1975 (cit. a n. 4), pp. 162-208; da último Id., "Die drei Tügenden und die Übergabe der Dekretalen in der Stanza della Segnatura", en *Raffaello a Roma* 1986 (cit. en la n. 2), pp. 51-57.

6. 比如，《圣礼之争》的左边部分没有描绘任何的基督教建筑。参见 Ch.L. Frommel, "Eine Darstellung der 'Loggien', en Raffaels 'Disputa'?", en *Festschrift für Eduard Trier zum 60. Geburtstag*, Berlin 1981, pp.103ss. 我对签字厅使用的这个表达 "päpstliches Gerichtszimmer" 应替换为 "un tribunale papale"（宗座圣玺最高法院）。

7. Petrus Galatinus (Pietro Colonna) 大约于 1454 至 1460 年出生于加拉蒂纳（普利亚大区），在年轻的时候即加入方济各会。1480 年在土耳其占领期间，居于奥特朗托。然后被派往罗马学习，并一直居于罗马。1492 年居于塔兰托，1506 年在那不勒斯，1518 年在巴里。1524 年至 1536 年在加拉蒂纳担任省长。1539 年，他在罗马，不久后去世，葬于天坛圣母堂。他精通拉丁语、希腊语和希伯来语，是罗马大学的哲学、神学和希腊语教授，还是梵蒂冈圣彼得教堂的宗座神父。有关他本人及其手稿参见：A. Kleinhans, "De Vita et Operibus Petri Galatini O.F.M.", *Antonianum*, I (1926), 1, pp.145-179, 327-356; A. Morisi, *Apocalypsis Nova*, Roma 1970（"Istituto Storico Italiano per il Medioevo, Studi storici, 77»), pp.35s. y n. 60; C. Vasoli, *Profezia e ragione*, Nápoli 1974, pp.43, 119 y n. 181; C. Colombero, s.v. *Colonna, Pietro*, en *Dizionario biografico degli Italiani*, 27, Roma 1982, pp.402ss.

8. 参见 Giorgio Benigno Salviati cfr. Morisi 1970 (cit. en la n. 7), pp.37s. y en la n. 67; Vasoli 1974 (cit. en la n. 7), pp.15-126 y de una manera muy especial en la p.21,n.9.

9. Cristoforo Marcello 向尤里乌斯二世贡献了自己的作品：*Universalis de anima traditionis opus*, Venetiis, impressum per Gregorium de Gregoriis, Anno Domini MDVIII, Kalendas februarii, fol. 291v。这部作品表达了拉斐尔的《雅典学院》的基本思想。另参见 Winner 1986 (cit. en la n. 4), pp.39s。其生平参见：N.H. Minnich, "Concepts of Reform Proposed at the Fifth Lateran Council", en *Archivum Historiae Pontificiae*, 7 (1960), pp.181ss. y en la n. 61.

10. Amadeo, Joao da Silva e Menezes 是方济各会 Amadeiti 团体的创始人。他于 1420 年左右出生于西班牙，1452 年成为阿西西的方济各会员。根据另一个说法，他可能是 1431 年出生在摩洛哥的休达，其姐姐可能是 Conceptionist 团体的创始人 Beatrice de Silva。唯一确定的是他被总会长 Giacomo Bassolini da Mozzanica (1454—1457 在位）送到米兰，在那里他受到弗朗切斯科・斯福尔扎的青睐，也因此受到教皇庇护二世以及西斯都四世的青睐，尤其是在弗朗切斯科・斯福尔扎去世后，爆发了一场持久旷日的方济各会修士之间的争斗，西斯都四世使 Amadeo 摆脱了这场争斗的危险，并任命他为私人的听取忏悔神父。后来教皇派他去金山圣伯多禄堂。他晚年在贾尼科洛山洞和萨宾山的树林里孤独地度过，直到 1482 年教皇才允许他探望他在伦巴第大区创建的团体修士。同年于 8 月 10 日在米兰去世，葬于和平圣玛利亚教堂旁边的修道院。其生平参见：Morisi 1970 (cit. en la n. 7), pp.1-4; Vasoli 1974 (cit. en la n. 7), p.24; B. Pandzic, "Amadeo", en *Dizionario degli Istituti di Perfezione*, Roma 1975, pp.503s. Cfr. H. Pfeiffer, "La Disputa di Raffaello, il Beato Amadeo e gli Amadeiti, il 'Pastor Angelicus' e Giulio II", en *Giulio II papa, politico, mecenate* (acta de la convención, Savona 25-27 marzo 2004), ed.de G. Rotondi Terminiello y G. Nepi, Génova 2005, pp.61-67.

11. 参见 F. Navarro, "Lo Pseudo-Bramantino: proposta per la ricostruzione di una vicenda artistica", en *Bollettino d'Arte*, LXVII (1982), 14, pp.42-46. 这幅画最初收藏于 Amadeo 在蒙托廖罗马诺镇（列蒂）发起的运动中成立的一座教堂内，这座教堂位于一个偏僻的隐居地。现保藏于罗马国立古代艺术美术馆。壁画完美地展现了被称作 "raptus" 的第一幅场景，正如 *Apocalypsis Nova* (Vat. Lat. 3825, foll. 1r e 2r) 所述："Ego Amadeus fui raptus ex spelunca mea ubi orabam in monticulum quendam et in rota ubi Deo astabant angeli et animae sanctorum... antiqui

patres: Adam... Abel... Noé, Abraham, Moyses, Samuel, David Rex, Esaias, Hieremia, Daniel: Ab illo latere quasi dextro est Petrus cum reliquis Apostolis. Ille qui inter hos et illos quasi in medio sedet est Ioannis praecursor domini... et qui iuxta illum sedet est Joseph... Suspexi et vidi scalam cuius cacumen videbantur caelum tangere et cum fulgenti diademate vidi Christum Dominum scalae innixum"（我被囚禁在山丘上的大山洞里，在这里我祈祷着，感觉自己跟随着上帝的命运，和天使及圣徒的灵魂站在那里……还有教皇们：左边是亚当……亚伯……诺亚、亚伯拉罕、摩西、撒母耳、大卫王、以赛亚、耶利米、但以理，右边是彼得与其他使徒们。坐在他们中间说话的人是约翰，他是主的先驱……坐在约翰旁边的是约瑟……我抬起头，看到一个梯子的顶端似乎要触碰到天空，我看到基督耶稣戴着闪亮的王冠，他正靠在梯子上。）另参见 Morisi 1970（注释 7), pp.7 y 47; Vasoli 1974（注释 7), pp.85ss.

12. 拉斐尔很可能认识"巴贝里尼美术馆之谜"的画家，F.Navarro 称其为 Pseudo-Bramantino。当拉斐尔在签字厅作画时，他将其留在罗马。参见 Navarro 1982（注释 11), p.47。

13. 参见 Morisi 1970（注释 7), p.35。

14. N.H. Minnich 善意地为我提醒了缩略图。另参见 Morisi 1970（注释 7), pp.38-41 e n. 69; Vasoli 1974（注释 7), pp.102-105.

15. 参见 Pfeiffer 1975（注释 4), p.61. Georgius Benignus 在 *Vexillum christianae fidei* 中描述了有关圣礼之争的金色光线的神学："Lux deitatis... est profecto essentia seu usia, ipsa natura divina, que est spiritus incircumscriptus et origo radiorum, ac fundamentum omnium divinorum···"（神圣之光……无论是本质还是实质，是神圣的本质，是没有边界和光源的灵魂，是所有神圣事物的基础。）(Cod. Pal. 4797 [Theol. 28], fol. 7r)；..." Lux deitatis equivalet omni processioni vel productioni divine"（神圣之光等同于每一次圣事的产生或过程。）(fol. 20r).

16. 参见 Morisi 1970（注释 . 7), pp.27-83.

17. 参见注释 7。

18. 梵蒂冈，宗座图书馆，Vat. Lat. 5568, 5569, 5576.

19. Vat. Lat. 5578.

20. *De vera Scriptura* (Vat. Lat. 5580).

21. "...sub coeli nomine multa continentur mysteria, prout scripturarum exposcit diversitas. Quia et si anagogice quidem ecclesia triumphans, allegorice vero ecclesia militans, quae instar triumphantis instituta est,... per coelum hoc loco designetur. Tropologice tamen, prout (scilicet) scriptura in se ipsam per reflexionem convertitur, per coelum hic aliud quam sacrae scripturae sacramentum, non intelligitur"（天堂这个词包含了很多奥秘，正如《圣经》的多样性要求的那样。如果从神秘解释上看，它象征了凯旋教会，那么从比喻意义上看，它实际象征了和凯旋教会结构相同的战斗教会……这段经文暗示了通过天堂的事物。然而，从拓扑学上看，《圣经》通过反思转向自身时，天堂的意义只能是指《圣经》中的圣礼。）(Vat. Lat. 5580, fol. 34r).

22. *Sylva Allegoriarum Totius Sacrae Scripturae Mysticos eius sensus, et magna etiam ex parte literales complectens, syncerae Theologiae candidatis perutilis, ac necessaria.* Auctore F. Hieronymus Lauretus Ceruariensi, Monacho Benedictino in Coenobio Montisserrati, et Abbate Monasterii S. Foelicis Guixolensis, 2 voll, Venetiis, Apud Gasparem Bindonum, MDLXXV.

23. "Coelum, ex quo loquitur Dominus, dici potest sacra scriptura: de qua nobis et Sol sapientiae, et Luna scientiae, et ex antiquis patribus stellae exemplorum atque virtutum, lucent" (*Sylva Allegoriarum* [同注释 22], I, fol. 218r).

24. 参见 Pfeiffer 1975（注释 4), pp.60-63, 196s.; Id., "Raffael und die Theologie", en *Raffael in seiner Zeit. Sechs Vorträge*, herausgegeben von V. Hoffmann, Nürnberg 1987, p.111.

25. Qui vult ergo Dei arcana inspicere, ac coelestia contemplari: relictis inferius carnis operibus, debet in spiritu ad huiusce scripturae caelum ascendere: ut cum Paulo usque ad tertium caelum raptus, ostiumque hoc ipsius scripturae apertum ingressus, videat arcana verba: quae prae eorum excellentia, non licet homini loqui (Vat. Lat. 5580, fol. 35v).

26. 参见 Pfeiffer 1975（注释 4), p.255。

27. 我希望在我的 *Disputa*（同注释 4）最后一章中讲明白，这些诗歌并不是针对早期罗马时期的艺术家所谓的情人。但 R.e M. Wittkover, *Born under Saturn. The Character and Conduct of Artists: A Documented History from Antiquity to the French Revolution,* London 1963, pp.153s. 继续坚持当下的无稽之谈。

28. Cfr.V. Golzio, *Raffaello nei documenti, nelle testimonianze dei contemporanei e nella letteratura del suo secolo,* Città del Vaticano 1936, p.192.

29. Cfr.V. Redig de Campos, "I 'tituli' degli affreschi del Quattrocento nella Cappella Sistina", en *Atti della Pontificia Accademia Romana di Archeologia. Rendiconti*, 42 (1969-1970), pp.299-314.

30. Steinmann 首先在壁画中看到与摩西和基督有关的重要生平事件，并且看到他们之间的紧密联系，即基督继承了摩西。然而，Steinmann 在一些应该参考教皇的重要事件的细节上偏离太远——在这一点上，他在 Ettlinger 1965（注释 3), pp.4s 中受到了的批评。Ettlinger 将壁画解释为表达了教皇西斯都四世的政治和神学思想，特别是在教会会议至上主义期间，西斯都四世肯定了教皇的首要地位。我们的这篇文章将证明这一观点仅适用于佩鲁吉诺而非佛罗伦萨画家，尤其不适用于波提切利。另参见 *le Arli in Vaticano*, Milano 1980, pp.55-86，在壁画计划中展现了阴谋政治的影响。最近的贡献源于 J. Shearman 的 *La Cappella Sistina*。初期的修复工程参见：*la scoperta del colore,* Novara 1986, pp.22-87，简要地在壁画计划中概述了上面提到的 Steinmann 和 Ettlinger 的作品结论。只有 E. Wind 试图解决壁画真实内容的问题，朝着正确的方向研究，其研究大部分在身后出版，收录在 E.Sears.Cfr.E.Wind, *The religious Symbolism of Michelangelo; The Sistine Ceiling*, Oxford 2000；La última obra,*Vaticano.La Cappella Sistina. Il Quattrocento* 由 A. Nesselrath

编辑，Ciudad del Vaticano-Miláno 2004，对许多新细节提出了有趣的观察，但总的来说仅限于对壁画内容的已知解释。

31. 参见 H. De Lubac, *Exégèse Médiévale. Les quatre sens de l'Ecriture,* 3 voll., París 1959-1964.

32. Francesco della Rovere 是未来的西斯都四世，他将作品 *Quaestiones de Christi sanguine*（1462—1472 编辑）献给了教皇保罗二世，随后在罗马的 Lignamine 印刷出来（在梵蒂冈宗座图书馆珍藏了一份 1471 年或 1471 年的手稿，Cod. Urb. Lat. 151, fol. 6r-132r）。他提到了当时的中世纪寓意法大师 Hugo de San Váttore (v. Cod. Urb. Lat. 151, fol. 78r)。有关基督之血的讨论和 Francesco della Rovere 成为教皇。参见 L. v. Pastor, *Geschichte der Päpste*, II, Freiburg im Breisgau 1926, pp.458s.; E. Lee, *Sixtus IV and Men of Letters*, Roma 1978（"Temi e testi, 26"), pp.19s. y por último C. Vasoli, "Sisto IV professore di teologia e teologo", en *L'età dei Della Rovere*, V Convegno storico savonese, Savona 7- 10 novembre 1985, *Atti e Memorie della Società Savonese di Storia Patria*, n. s., XXIV, 1988, pp.182-191.1448 年 12 月 8 日，帕多瓦主教 Fantino Dandolo 可能起草和宣读了一份关于圣母无染原罪的布道，这份布道可能保存于 Francesco della Rovere 的原手稿中 (Padova, Biblioteca Capitolare, Cod. C. 46, fol. 265r-272r)。这份布道也被 Francesco della Rovere 宣读过：*L'Orazione della Immacolata*, a cura di D. Cortese, Padova 1985。另参见 Vasoli 1988, p.207, nota 87。在这次布道中，Francesco della Rovere 证明了自己完全是一位了解和掌握寓意法的神学家（见本文第 76-95 页）。另参见注释 36。

33. Etlinger 在 1965 年出版的文章（注释 3）pp.122s. 提及了"venerabiles et egregios ac honorabiles viros dominos magistrum Antonium de Pinerolo in sacra pagina magistrum ord. fratrum minorum Bartholomeum de Bollis canonicum basilice principis apostolorum de Urbe, Laurum de Sancto Johanne de Padua, Johannem Aloysium de Mantua, Ladislaum de Padua depictores et magistrum Johannem Petri de Dulcibus de Florentia Rome habitatorem tamquam arbitros et arbitratores ac judices ad taxandum et judicandum picturam per dictos Cosmam Alexandrum Dominicum et Petrum Christofori in capella maiori sanctissimi domini nostri pape factam in quatuor primis istoriis finitis cum cortinis cornicibus et pontificibus,…"（尊敬的、令人敬畏的、尊贵的先生们：宗教经典大师和方各济会大师 Antonio da Pinerolo，来自罗马 la basilica del principe degli Apostoli 的牧师 Bartolomeo de Bollis，来自帕多瓦 an Giovanni 的 Lauro，来自曼托瓦的 Giovanni Luigi，来自帕多瓦的 Ladislao，来自佛罗伦萨居于罗马的 Giovanni Pietro de' Dolci，评判和鉴定 Cosma 作品的评判人、估值人和鉴定人 Alessandro、Domenico 和 Pietro Cristofori。他们在我们为教皇准备的最神圣的主教堂中出现在前四个以床幔、上楣和大祭司结束的故事中。）

34. "... liber vero scriptus intus et foris non solum vetus Testamentum, sed et novum significat, qui intus scriptus est secundum allegoriam, foris secundum historiam. Hic igitur liber vetus et novum Testamentum in se continet; quia spiritualis intelligentia in veteri Te- stamenti nihil est aliud, quam novum Testamentum"（事实上，"里面写着字的书"和"外面写着字的书"不仅指《旧约》,也指《新约》。"里面写着字的书"根据的是寓意，"外面写着字的书"根据的是历史。所以这本书包含了《旧约》和《新约》,《旧约》中的属灵智慧指的就是《新约》。)(Migne, PL 17, col. 807).

35. 参见注释 38。

36. 参见 D. Cortese a *L'Orazione della Immacolata*（注释 32), pp.11ss., 27, 30, 57- 63. 另参见 A. MathaniČ, "Xystus PP.IV scripsitne librum 'De conceptione beatae Virginis Mariae'?", en *Antonianum*, 29 (1954), pp.573-578, quien sin embargo niega que Sisto IV abbia scritto un trattato con questo titolo. 最后参见 V. Francia, *Splendore di Bellezza. L'iconografia dell'Immacolata Concezione nella pittura rinascimentale italiana*, Ciudad del Vaticano 2004.

37. 这一页纸"也许是来自商店为客人提供的模型"，来自于维也纳阿尔贝蒂娜博物馆。参见 A. Stix, L. Fröhlich-Bum, *Beschreibender Katalog der Handzeichnungen in der Graphischen Sammlung Albertina*, III, n. 41, Vien 1932, p.8 (Sc. R. Inv. n. 4861). 另参见 Salvini 1965（注释 3), p.174 e ill. 174 a p.177；E. Camesasca, *L'opera completa del Perugino,* Milano 1969（"Classici dell' Arte, 30"), pp.90s. 这幅画一直被错误地称为 *Assunzione de Maria al cielo*（圣母升天）或 *Assunta*（圣母升天），Shearman 1986（注释 30), pp.47s 中也这样称呼。如果这是 *Assunta*（圣母升天），那么这幅画应该描绘圣母玛利亚的空墓，旁边还应有一群使徒。Vasari 1879（注释 4), III, p.579 叙述了佩鲁吉诺位于祭坛后的壁画如同"圣母升天的木版画"。顺参见 Redig De Campos 1969-70（注释 29), p.300。当时西斯廷教堂还没有致力于"圣母无染原罪"的设计，但多明我会指定的宫廷神学家 *Magister Palatii* 可能解释过圣母升天。

38. "... per menses autem tres quibus absconditus est Moyses, tria tempora designantur: unum ante diluvium: secundum post diluvium usque ad Moysen: tertium a Moyse usque ad adventum Domini... Per fiscellam vero scirpeam beata virgo Maria designata est: mater ergo fiscellam scirpeam, in qua Moyses poneretur, praeparavit; quia sapientia Dei, quae est Filius Dei, beatam et gloriosam Mariam semper virginem elegit, in cujus intemerato utero hominem, cui per unitatem personae conjungeretur, formaret. Per bitumen vero quod ab aquis solvi non potest, virginitatem Mariae, quae nullo aestu carnali violari potuit, intelligere possumus; per picem autem, quae custos est vini, humilitatem custodem caeterarum virtutum" (Migne, PL 17, col. 823).

39. "...Possumus per rubum qui flammas ex se producedat, et non comburebatur, beatam virginem Mariam intelligere, quae Filium Dei ex suo utero protulit, et virginitatem non amisit..." (Migne, PL 17, col. 824).

40. "Rubus ergo ardebat, et non comburebatur; quia Filius Dei hominem assumens, sicut ejus divinitas non est mutata in humanitatem, ut

amitteret quod erat; sic nec ejus humanitas per divinitatem ardens, non est absumpta ita a divinitate, ut amitteret humanitatem: sed ex duabus substantiis humanitatis atque deitatis unus Christus permansit et permanet···"（灌木被烧却没有化为灰烬，因此发生在上帝之子身上。上帝之子成为人类后，他的神性并没有变成人性，也没有失去神性的本质；他的人性也如此，他开始通过神性燃烧，但并没有被神性消耗，也没有失去人性。神性和人性这两种性质共同形成了唯一的基督……）(Migne, PL 17, col.824).

41. "Quamvis mortuos suscites, quamvis umbra corporis tui aegrotos sanes; in nullo tamen te mihi comparare audeas: quia magna quae agis, non sunt de te, sed ego operor per te. Calceamenta autem pedes muniunt, ne terram tangant: per terram vero gentes designantur" (Migne, PL 17, col. 825).

42. 根据《出埃及记》2：16 记载，可能刚好是七姐妹。但波提切利只描绘了两个人。另参见第二章内容和本章注释 60。

43. "Album", en *Sylva Allegoriarum*（注释 22), I, fol. 73v. 在这里及之后，我们使用 *Sylva Allegoriarum* 作为逐渐遗失的圣经语言词典，而不参照教父学中的文章。

44. 参见 R. Lightbown, *Sandro Botticelli. Leben und Werk*, Munchen 1989, p.102. 作者没有思考更深刻的含义，这样描述细节："在他身后（摩西），一个受到惊吓的女人后退到一座华丽的圣殿前，伸出她的手臂，环绕在被埃及人击中的年轻犹太人身上。"我们稍后会看到，这个细节代表了西斯廷教堂中波提切利所有壁画的关键性解释性之一。

45. " Tota AEgyptus sepulcris plena est... In talibus sepulcris noluit mortuum suum sepelire Sanctissimus Patriarcha sed ubi? In spelunca duplici ubi spes bonorum operum et amor contemplative requiescit... activa finem habet, contemplativa semper parit... Sara et Rachel numquam parere cessabunt..."（整个埃及遍地是坟墓……在这些坟墓中，最神圣的主教不想埋葬自己的尸体。然后在哪里呢？双洞穴中埋葬着好作品的希望，爱情在沉思中……行动会终结，但沉思总会产生……Sara 和 Rachel 永远不会停止思考。）(Migne, PL 184, col.755).

46. Ettlinger 1965（注释 3), p.50.

47. "Quem et sponsum sanguinum vocat; qui Christi sanguine est redempta. Filii ergo Ecclesiae post circumcisionem vitiorum, et in bonis operibus vitae consummationem jam non filii, sed sponsi vocantur; quia illi conjuncti sunt in coelis per copulationem membrorum, qui sponsus Ecclesiae in terra vocatur et est" (Migne, PL 17, col. 827).

48. "Tardat quoque Sephora mater circumcidere pri- mogenitum suum, timendumque ne Dominus veniat, et eum interficiat, Sephora Ecclesia, primogenitus ejus clerus, secundus natu populus, petra acutissima fides Christiana, sponsus sanguinum Christus, qui non venit pacem mittere in terram, sed gladium" (Migne, PL 177, col. 1037).

49. "... quia quum sit Christi vicarius, qui naturam sibi humanam in virginis utero desponsavit: totius dubio procul universalis ecclesiae sponsus est"（因为他是基督的代理人，基督在圣母的子宫里与人性结合，毫无疑问他是普世教会的新郎）（梵蒂冈宗座图书馆，Vat.Lat.5569, fol.164v）.

50. "Reuel", en *Sylva Allegoriarum*（注释 22), II, fol.748v.

51. "Ietro", en *Sylva Allegoriarum*（注释 22), I, fol.472r.

52. "Et qui antea erant filii diaboli, ex aqua et Spiritu sancto, qui per columnam ignis designabatur, renati effecti sunt filii Dei"（那些曾经是魔鬼儿子的人，在水中和由火柱所示的圣灵中重生，并成为上帝的儿子）(Migne, PL 17, col.827).

53. "Per sacerdotem Christus intelligitur, per lignum vero cedrinum Pater, per hyssopum Filius: per lanam autem coccineam, quae fulgorem ignis habet, Spiritus sanctus designatur... (Christus) a peccatis nostris, qui per leprosum designamur, per eorum (Pater, Filius, Spiritus) invocationem, et per aquam baptismatis ablutis" (Migne, PL 17, col.829). Steinmann 1901（注释 3), p.236. 证实了通过治疗麻风病人进行净化牺牲一般性解释。

54. "Propter quod nec sanguis gallinae offertur ad altare, sed dicit quia occidetur gallina in vasculo fictili, in quo vase aqua viva sit missa, ut et aqua assumatur ad purificationem, et compleatur plenitudo mysterii in aqua et sanguine, quod dicitur exisse de latere Salvatoris, et illlud nihilominus quod Joannes ponit in Epistola sua, et dicit purificationem fieri in aqua, et sanguine et spiritu" (Orígenes, *Homélies sur le Lévitique*, ed. M. Borret S.J., II, Paris 1981["Sources Chrétiennes, 287"], pp.46s.). Orígene 有关"治愈麻风病人"的手稿对 E. Wind 产生了影响：见"The Revival of Origen", en *Studies in Art and Literature for Bella da Costa Greene*, ed. D. Miner, Princeton 1954, pp.419s. 除了 Orígene 以外，Girolamo 也在他的第三十四封信 *De diversis generibus leprarum* (Migne, PL 30, col. 248) 中将这两只鸟称作母鸡："Duae gallinae animam indicare videntur et carnem. Sed unam, inquit, gallinam occides, alteram aqua ablues. Caro utique in passione iubetur occidi: anima vero quae per naturam aeternae morti videtur esse subiecta, abluta aqua baptismatis a criminibus relaxari."（这两只母鸡似乎指灵魂和肉体。但只杀死了一只母鸡，另一只母鸡用水洗净。毫无疑问肉体在受难中被杀死，但灵魂似乎天生就是永恒的死亡，灵魂在洗礼中得到净化，在罪恶之中消散。）Lightbown 1989（注释 44), p.99 的观点是完全错误的，他认为这不是《利未记》中描述的麻风病人的净化牺牲。

55. 参见 Ettlinger 1965（注释 3), p.6.

56. 参见 el commentario del hijo de Dante, *Petri Allegherii super Dantis ipsius genitoris comoediam commentarium*, ed de V. Nannucci, Firenze 1845, pp.299s. 另参见 Dante Alighieri, *Die Göttliche Komödie*, herausgegeben von H. Gmelin, Kommentar, II. Teil, Stuttgart 1955, pp.40, 43s. y el articolo "giunco" nell' *Enciclopedia Dantesca*, III, Roma 1971, pp.228s.

57. Steinmann 1901（注释 3), pp.251ss. 另参见 la crítica de Ettlinger 1965（注释 3), p.4.

58. 她被描绘成一名孕妇，评论中从未考虑过这个形象的重要意义。

59. 这个主题参见 H. Riedlinger, *Die Makellosigkeit der Kirche in den lateinischen Hohenliedkommentaren des Mittelalters*, Münster 1958 ("Beiträge zur Geschichte der Philosophie und Theologie des Mittelalters, 38/3"). 另参见 F. Ohly, *Hoheliedstudien. Grundzüge der Hoheliedauslegung des Abendlandes bis um 1200*, Wiesbaden 1958.

60. "Origenis Homiliae in Canticum Canticorum" , en *Origenes Werke*, ed. W.A. Baehrens, 8, Leipzig 1925 ("GCS 33"), pp.35-41. 另参见同一作者的 *Commentarium in Canticum Canticorum*, ed. W.A. Baehrens, *ibid.*, pp.113-150.

61. "Puteus" , en *Sylva Allegoriarum* (注释 22), II, fol. 741r.; 另参见 la introduzióne de M. Simonetti alla traduzione italiana di Orígene, *Commento al Cantico dei Cantici*, Roma 1982, p.61, n. 130.

62. "Aegyptus, Aegyptius" , en *Sylva Allegoriarum* (注释 22), I, fol. 62r. Cfr. Simonetti 1982 (注释 61), p.61, n. 128.

63. "Per hyacinthum, quem Philo Iudaeorum disertissimus, in vestibus Aharon aeri comparat, ac coelestia significare putat, coelestium contemplatio designatur" (亚伦服装中的红锆石色以及希伯来人中最雄辩的 Filone 与 aere 相比，并认为是天堂之事的意义，描绘了对天堂之事的沉思。) (Vat. Lat. 5568, fol. 305r).

64. "Templum" , en *Sylva Allegoriarum*, II, fol. 857.

65. "Fructus" , en *Sylva Allegoriarum*, I, fol. 417r.

66. "Per legem omnes tamquam oves erravimus: per Christum... diriguntur pedes nostri in viam pacis: A lege, unde iniquitates nostrae sicut onus grave graventur super nos; in Christo vero posuit Pater iniquitates omnium... Per legem vulneratur et infirmatur anima: Christi autem livore sanati sumus" (*Sylva Allegoriarum*, I, fol. 417rv).

67. "Agnus" , en *Sylva Allegoriarum*, I, fol. 71v.

68. "Canis" , en *Sylva Allegoriarum*, I, fol. 183v.

69. "Vas" , en *Sylva Allegoriarum* I, fol. 891v.

70. "Egredi, Exire, Prodire" , en *Sylva Allegoriarum*, I, fol. 331v.

71. "Octonarius" , in *Sylva Allegoriarum*, II, fol. 950r. Cfr.también H. Meyer, R. Süntrup, *Lexikon der mittelalterlichen Zahlenbedeutungen*,Munich 1987("Münstersche Mittelalter-Schriften,56"),col.566.

72. "... lapis sub quercu, est Christus in cruce" (*Sylva Allegoriarum*, I, fol. 529v).

73. "Lapides aut petrae fixae sunt angeli in bono firmati... qui... cadente cum suis angelis diabolo, remanserunt» (*Sylva Allegoriarum*, I, fol. 530r).

74.《圣经》中的许多"三个一组"使我们想起在 *Sylva Allegoriarum*, II, fol. 942rv; Meyer, Süntrup 1987 (注释 71), coll. 214-221. 中的三位一体。

75. "Salomon" , en *Sylva Allegoriarum* (同注释 22), II, fol. 781r.

76. "Deus igitur, conditor noster, ut nos probaret... apparuit nobis in forma talis hominis qualem postea assumpsit... Tunc dixit nobis: Audite me, angeli mei... Numquid nostis formam et naturam in qua vobis appareo? Nos diximus: Novimus te esse Deum, conditorem nostrum; novimus et formam illam esse formam hominis qui nondum creatus est, et miramur de tam stupendo commertio... neque intelligimus quid sibi velit ista apparitio. Dixit Deus: ut sciatis et agnoscatis me decrevisse et magno consilio firmasse hominis naturam assumere velle; voloque homo esse et in utero unius mulieris concipi et ex ea nasci. Et aperuit nobis mentem, quod percepimus quae nobis dicebat, sed mirabamur quare id facere vellet. Subdidit: Ero homo ego, et homo erit Deus, et si Deus, ergo et vester dominus, vester rex, vester princeps, et vos omnes subiciemini potestati eius. Coletis eum et adorabitis sicut me, quia ipse et ego una persona erimus, unica adoratione adorabimur a vobis: Illamque mulierem, quam in matrem elegi, praeponam omnibus vobis: erit regina vestra, honorabitis et coletis eam tamquam genitricem Dei et domini vestri" (Morisi 1970 [注释 7], p.52).

77. "Ego Deus esse cupio, valde maior sum homine, volo ut homo me adoret, non ego hominem" (Morisi 1970 [注释 7], p.53).

78. Petrus Galatinus OFM, *De Arcanis Catholicae Veritatis*, Romae 1518, fol.202.

79. Morisi 1970 (注释 7), p.4.

80. 参见注释 53。

81. Orígenes (注释 54), p.44.

82. Pastor 1926 (注释 32), p.557. Steinmann 1901 (注释 3), p.367 准确地描述了这一事件，但忽略了波提切利在壁画中暗示的东西；对于迄今为止进行的研究也是如此。

83. Lightbown 1989 (注释 44), p.17 描写到波提切利"偏爱诙谐的讽刺和以牺牲他人为代价的重击……是一位真正的佛罗伦萨人"。作者还说到（p.56）波提切利是美第奇家族及其党派最喜爱的艺术家。

84. "Offendere" , en *Sylva Allegoriarum* (como en la nota 22), II, fol. 650v.

85. 参见 "Botrus cypri dilectus meus mihi..." (我的快乐对我来说是一堆没药) (Ct 1,13).

86. 应坚决赞同 Steinmann 1901 (注释 3), p.236, contro Ettlinger 1965 (注释 3), pp.4, 78s. 反对 Lightbown 1989 (注释 44), pp.99s. 但当 Steinmann 以完全错误的方式解释细节时，也有必要向他提出批评。他写道："一个在圣殿里服役的男孩给大祭司端上一个金色的盘子，盘子上盛满了牺牲的鸟血，为了撒血时成为麻风病人的世界，他将牛膝草枝浸泡在血液中。"事实上，盘子里不可能发现鲜血。

87. 有关帕齐家族的阴谋参见 Pastor 1926 (注释 32), pp.532-541. Para un juicio equilibrado v.por último G. Pistarino, "Elogio di Papa Sisto IV" , en *L'età dei Della Rovere* 1988 (注释 32), p.44.

88. 参见 Lightbown 1989 (注释 44), p.72.

89. 参见佛罗伦萨乌菲兹美术馆，波提切利，*Adoración de los Reyes Magos* 中洛伦佐·德·美第奇的肖像 ,1475 年左右。Lightbown 1989 (注释 44), p.66 e 细节描绘在 p.68。

90. Steinmann 1901 (注释 3), p.245, e ill.109.

91. 有关合同和评估参见 v.Ettlinger 1965 (cit.en la n. 3), pp.17-21. 合同和评估的内容在第 120-

123 页上公开。

92. 参见 v.Steinmann 1901（注释 3), pp.278s.

93. J. Burckhardt, *Der Cicerone*, III, Leipzig-Berlin 19018, p.660.

94. 归功于 Vasari 1878（注释 4), III, p.187s. 另参见 Steinmann 1901（注释 3), p.393.

95. Lightbown 1989（注释 44), pp.58s. e il. 24.

96. Steinmann 1901（注释 3), p.129.

97. Lightbown 1989（注释 44), p.92.

98. 参见 Lightbown 1989（注释 44), p.94s，由 D.A. Covi 出版，"Botticelli and Pope Sixtus IV"，en *The Burlington Magazine*, 111 (1969), pp.616s. 波提切利一行来到侄子居住的罗马，其侄子被授权接收波提切利尚未从西斯都四世那里领取的费用。我们可以在"Notarile antecosimiano"中读到这一行人，参见 300 (*Ser Antonio Vespucci, Atti dal 1478 al 1485*), legajo 2, fol. 132r- 32v, Firenze, Archivio di Stato.

99. 在 1481 年 10 月 27 日的合同中，Giovanni de' Dolci 被任命为创作西斯廷教堂十幅壁画的四位画家的评选人。参见 Ettlinger 1965（注释 3), p.120. 在 1482 年 1 月 17 日前四幅壁画的鉴定中，他也是其中一位鉴定人。根据 Vasari 1878（注释 4), II, p.647（注释 33），Baccio Pontelli 可能是西斯廷教堂的建筑设计师。

100. M. Winner, "Disputa und Schule von Athen"，en *Raffaello a Roma* 1986（注释 2), pp.32-36. 在 36 页上他肯定了我的观察，"拉斐尔最初对用天堂的活石建造的教堂的想法，变成了对 Corpus Domini 的一种讽喻，准确说对教会的一种讽喻，因为教会是由 membra vive 组成的。""祭坛上的活面包和基督神圣的身体都是天堂中完美的形象，它们决定了建筑最终的构成并在推动着建筑寓意。"

101. Pfeiffer 1875（注释 4), pp.57s., 198.

102. 在 Elena 女王前试图解释的一个争论是完全错误的，这个解释受到 J. Traeger, "Raffaels Stanza d' Eliodoro und ihr Bildprogramm"，en *Römisches Jahrbuch für Kunstgeschichte*, 13 (1971), p.76 e fig.36 的支持。

103. 再次证明了 Traeger 1971（注释 102), p.76 e fig. 37. 关于"亵渎教会？"的解释是完全错误的。

104. 教会圣师根据《哈该书》(2：10) 写道："Haec domus Dei maioris est gloriae, quam fuerat illa prima lignis et lapidibus ceterisque pretiosis rebus metallisque constructa. Non itaque Aggaei prophetia in templi illius instauratione completa est. Ex quo enim est instauratum, numquam ostenditur habuisse tantam gloriam, quantam habuit tempore Salomonis; immo potius ostenditur primum cessatione prophetiae fuisse domus illius gloriam diminutam, deinde ipsis gentis cladibus tantis usque ad ultimum excidium, quod factum est a Romanis, sicut ea, quae supra sunt commemorata testantur. Haec autem domus ad Novum pertinens Testamentum tanto utique maioris est gloriae, quanto meliores sunt lapides vivi, quibus credentibus renovatisque construitur"（这座神殿比之前的宫殿更加辉煌，用木材、石头、贵金属和其他材料建造。因此，圣殿的重建并没有实现哈该的预言。值得注意的是，自从它被重建之后没有显示出像所罗门时代那样的荣耀。很明显，那座神殿的荣耀随着预言的结束、犹太人的巨大失败以及罗马人最后的灭绝而逐渐丧失。但这座属于新联盟的神殿，与建造它的活石一样辉煌，也就是有信仰的新人类）(*De Civitate Dei* 18,48, en *La Ciudad de Dios*, II, intr. A. Trapé, R. Russell, S. Cotta.

105. 参见前三个 omelie dei Sermones centum (Migne, PL 177, coll. 901-907): "Singuli lapides sunt singuli fideles, quadri et firmi, quadri stabilitate fidei, firmi virtute patiendi. Caementum est charitas, quae singulos coaptat, conjungit et vivificat; et ne per aliquam discordiam invicem discrepent, uniformiter aequat. Fundamentum sunt prophetae et apostoli... Parietes sunt contemplativi, Christi fundamento, quod superius est, vicini, terrena deserentes, caelestibus adhaerentes. Tectum in hoc spirituali aedificio non sursum eminet, sed deorsum pendet: in hoc ab aedificio materiali diversum, et ab ipso talis dispositionis dissimili modo remotum. Tectum sunt activi, terrenis actionibus proximi, propter suam imperfectionem minus coelestibus intendentes, et necessitati proximorum res terrenas administrantes"（个别石头代表了个别的信徒，方形的石头意味着信仰的坚定，静止的石头意味着忍耐力。水泥代表了仁爱，它将个体团聚起来，赋予其生机；为了统一不和谐的意见，平等地对待每块石头。根基是先知们和使徒们……高墙意味着沉思，它们是靠近基督的更高的根基；它们放弃尘世间的事物，强烈地依附于天堂之事。这座具有灵性的建筑并没有向上突出，而是向下悬挂：与材料建筑的不同之处就在于这种不同的安排。而屋顶是活跃的，他们转向尘世的行为，由于事物本身的不完美和众人的需要，屋顶会更少致力于天堂之事和尘世事物的管理）(Sermo, I, col. 901). "Habet ergo Ecclesia ista, id est anima, lapides per virtutes, caementum per charitatem, fundamentum per Christum, parietes per contemplationem, tectum per bonam actionem..."（因此，这座教堂即灵魂，它通过美德有了石头，通过仁爱有了水泥，通过基督有了根基，通过沉思有了高墙，通过善行有了屋顶）(Sermo, II, col. 905). "Habet haec civitas sancta, id est Ecclesia, lapides suos, murum suum, turres suas, aedificia sua, portas suas. Habet lapides, scilicet fideles, qui sicut per caementum lapis jungitur lapidi, sic per charitatem junguntur sibi. Habet murum per munimen virtutum, quibus ipsa contra vitia firmatur, ne vitia irruentia auferant illi spiritualia bona. Habet turres per illos qui sunt in contemplatione sublimes. Quasi namque turres in sancta Ecclesia levantur, dum perfecti quique, relictis terrenis, ad coelestia per contemplationem sublimantur. Habet aedificia minora, habet majora, habet maxima. Minora habet aedificia per vitam conjugatorum, majora per vitam continentium, maxima per vitam virginum..."（圣城里有石头、城墙、塔楼、建筑物和大门，因此这座圣城就是教堂。有石头意味着有信徒，这些信徒就像每块石头一样，通过水泥和其他的石头相连，同样信徒也通过仁爱相互联系在一起。有城墙是因为受到了美德的保护，从而抵制恶习，使恶习不会进入内心并夺走精神财富。有城墙是因为他们要在高处沉思。事实上，在神圣教会中，只要是抛弃了尘世的完美事物通过沉思上

升到天堂之事，就会有塔楼。圣城有更小或更大或超大的建筑物，小建筑物对应着夫妻生活，大建筑物对应着节制的生活，超大建筑物对应着纯洁的生活……）(Sermo, III, col. 905s.).

106. "... nunc de iis lapidibus qui ad eius structuram pertinebant nonnihil dicamus. Per quos electi omnes, ex quibus militans ecclesia construitur significati sunt: iuxta illud, tamquam lapides vivi superaedificamini in domos spirituales..." (Vat. Lat. 5568, fol. 230r).

107. "Attamen utraque, tum templum, tum corpus Jesu, juxta unam intelligentiam, figura mihi esse videntur Ecclesiae; eo quod haec aedificata sit ex viventibus lapidibus; facta domus spiritualis in sacerdotium sanctum; superaedificata supra fundamentum apostolorum et prophetarum, summo angulari lapide Christo Jesu, revera templum exsistente" (*Commentarium in Joannem*, 10,20, Migne, PG 14, coll. 369ss.).

108. "Hoc ergo mihi per hanc figuram videtur ostendi quod batilla ista, quae Scriptura nominat aerea, figuram teneant Scripturae divinae. Cui Scripturae haeretici ignem alienum imponentes, hoc est sensum et intelligentiam alienam a Deo et veritati contrariam introducentes, incensum Domino non suave, sed exsecrabile offerunt... Potest autem et alio adhuc modo intelligi, quod de batillis praecipitur peccatorum, ut iungantur et socientur altari. Et primo hoc ipsum, quod aerea dicuntur, non otiosum videbitur. Ubi enim vera fides est et integra verbi Dei praedicatio, aut argentea dicuntur aut aurea, ut fulgor auri declaret fidei puritatem et argentum igni probatum eloquia examinata significet"（我认为这个形象展示了《圣经》所说的铜制香炉代表了《圣经》。当异端教徒把异端邪说之火带进《圣经》后，可以说，他们把异端认知和异端智慧呈给上帝，与真理相反，给上帝送去了并不温和的、令人讨厌的香火……然而，也可以用另一种方式理解将罪者的香火与祭坛联合起来的指令。首先，香炉被称为青铜似乎并不是废话。事实上，在真正的信仰和完全宣告《圣经》的地方，香炉是银制品或金制品，因此金子的光辉显示出信仰的纯洁，而用火净化的银子说明了经过证实的演讲）(Origenes, *In Numeros Homilia*, IX, ed. W.A. Baehrens, Leipzig 1921[GCS, 30], pp.54s.).

109. "Si enim, ut verbi gratia dicam, ponam dicta Marcionis aut Basilidis aut alterius cuiuslibet haeretici et haec sermonibus veritatis ac scripturarum divinarum testimoniis velut divini altaris igne confutem, nonne evidentior eorum ex ipsa comparatione apparebit impietas?... Sed idcirco doctrinam catholicam contradicentium obsidet impugnatio, ut fides nostra non otio torpescat, sed exercitiis elimetur... oportet haereticorum batillis altare circumdari ut certa et manifesta omnibus fiat fidelium atque infidelium differentia. Cum enim fides ecclesiastica velut aurum coeperit refulgere et praedicatio eius ut argentum igni probatum intuentibus resplenderit, tunc maiore cum turpitudine et dedecore haereticorum voces obscuri aeris vilitate sordebunt."（因为如果我给你们讲 Marcion, Basilides 或任何其他异教徒的话，我会用真理之语和《圣经》以及神圣祭坛之火来谴责他们，于是他们的虔诚就不会出现，或许同样的比较会更加明显？……但那些相互矛盾的人的攻击收紧了天主教教义，正是因为我们的信仰不会因懒散而变得麻木，而是通过锻炼而变得更加完美……为了区分那些教徒和异教徒，我们应当将异教徒的香火围绕在祭坛周围。因此，当教会的信仰像金子一样闪耀，而布道显露出火焰般的银色，那些异教徒的声音在没有光泽的青铜中显得更加丑陋和可耻。）(Origenes, 注释 108, p.55).

110. "Ista vero, quae dicuntur aerea, in sono tantum vocis consistunt, non in virtute spiritus,..." (Origenes, 注释 109).

111. 我们不确定大家是否知道波提切利的真实相貌。大部分学者推测在 *Adoración de los Magos* 中能找到波提切利的自画像，他出现在最右侧站立的人群中；画中还描绘了美第奇家族的成员。参见 Lightbown 1989（注释 44), p.69 y la ilustración de la p.59. 另参见 *L'opera completa del Botticelli*, ed de G. Mandel, Miláno 1967（"Classici dell' arte, 5"）, 83s. y la n. 50 de las pp.90s. 我们推测在 *Castigo de la banda de Coré* 中已经看到了波提切利，他是壁画从右数第二个人。更合乎逻辑的是，我们推测在 *Sacrificio de purificanión* 壁画的最右侧是波提切利的自画像，他位于 *Girolamo Riario* 背后。在任何一种情况下，*Castigo de la banda de Coré* 中左侧站立的年轻人都与 *Adorazione de los Magos* 中提到的波提切利的自画像完全一致。但从观众的角度看过去的年轻人似乎在往画外看。另参见注释 112。

112. 当时圣器看管人 Magister Johannes Castellanus 处在西斯廷教堂壁画完成的年代，他从 1460 年开始负责西斯廷教堂壁画。直到 1475 年圣器看管人和图书管理员的办公室合并，西斯都四世第一次将这项工作交给了一位平民 Platina。参见 Rocca Camers, *Chronhistoria de Apostolico Sacrario*, Romae, apud Guillelmum Faciottum, MDCV, pp.59, 72-75. Johannes Castellanus 去世后，Johannes Paulus Bossius 于 1483 年继位。Steinmann 1901（参见注释 3), pp. 510s 中推测在壁画中看到了另一个人 Pomponius Laetus，而他左边的年轻人是其弟子 Alessandro Farnese，也就是后来的教皇保罗三世。R. Harprath 在他的"La formazione umanistica di papa Paolo III e le sue conseguenze nell' arte romana della metà del Cinquecento"（《论教皇保罗三世的人文思想及其对十六世纪中期罗马艺术的影响》）, en *Roma e l'antico nell'arte e nella cultura del Cinquecento*, ed.de M. Fagiolo, Roma 1985, p.65 e il. 1 de la p.64 中也提到了这一点。而 Pomponius Laetus 不可能是未来教皇身边的希腊大师，只可能是一位奥古斯丁修道士或西斯廷教堂的圣器管理人，书中清楚地展示了 Pomponius Laetus 的形象，他身穿奥古斯丁修道士和圣器管理人的黑色长袍："Vestes igitur Sacristae extra divina officia sunt nigri coloris... cum capitio rotundum"（圣器管理人的服饰和每日祷告无关，是带有圆形风帽的黑色长袍……）(A. Rocca Camers, p.16).

113. "... Josaphat judicans, Asiongaber lingua viri, id est confessio interpretatur... Cum enim peccator in confessione seipsum judicat, tunc rex Josaphat in Judaea regnat. Ophir vero herbosum

interpretatur, herbosa terra dicitur quae ab aliquo non elaboratur, in qua nascitur abundantia graminis, ut moveat affectum delectationis... Gaber, sicut dicit Hieronymus, juvenis sive fortis interpretatur. Non est igitur mirum si classem confessionis frangat impetus juventutis" *(De bestiis et aliis rebus*, 1,54, Migne, PL 177, col. 52).

114. "Tharsis interpretatur exploratio gaudii... Classis Salomonis est virtus confessionis... Aurum et argentum in Tharsis esse dicitur, id est viri sapientia clari, eloquentia praediti, qui dum praesentis saeculi gaudium explorant et exquirunt, seipsos cognoscunt. Et dum per classem Salomonis de Tharsis ad Jerusalem veniunt, et aurum purum advehunt, in pace Ecclesiae per confessionem puriores fiunt" (como en la nota 113, coll. 51s.).

115. "Columba deargentata est absque felle malitiae quaelibet adhuc vivens praelatorum persona, quae inter medios cleros dormit. Cleros Graece, Latine sors. Unde et cleronomia proprie vocatur haereditas quae defertur ex testamento. Inde contingit ut filii Levi, inter filios Israel non haberent sortem, id est haereditatis partem, sed ex decimis viverent. Duae autem sunt haereditates, terrena Veteris Testamenti, et aeterna Novi. In medio igitur istarum dormit, qui in contemptu terrenorum, et ipse coelestium vitam finit, dum nec nimis ardenter praesentibus inhiat, et futura patienter expectat. Et posteriora ejus in pallore auri"（银鸽指的是那些没有恶意的、仍有生命的高级教士，他们睡在神职者之间。神职者用希腊语，命运用拉丁语。由圣约书转移的财产也称为 cleronomia。所以在以色列的子民中，利未的子民没有享受到任何遗产，他们靠什一税为生。但他们拥有两样遗产:《旧约》中的尘世之事和《新约》中的天堂之事。因此，他们在尘世事物的蔑视中睡在这些人中间，将自己的生命限制在天堂之中，而他们对现存的事物并没有表现得过于热情，并耐心地等待未来闪耀着金色光芒的事物。）

116. "De qua columba hic agitur, rubros pedes habere perhibetur. Haec columba est Ecclesia, quae pedes habuit, quibus totius mundi spatium perambulavit. Pedes sunt martyres... Alarum colorem non reperi scriptum, sed ex similitudine materialis columbae potest assignari, ut si columbam pictam respicias, colorem materialis columbae eam habere non contradicas. Alarum enim superficies sapphirino colore superfunditur, quia coeli speciem animus contemplantis imitatur. Sed color sapphirinus candidis lineis distinguitur, ut sapphirino colore niveus misceatur. Color enim niveus sapphirino mistus designat munditiam carnis et amorem contemplationis... Color reliqui corporis imitatur colorem turbati maris. Mare motu fluctuum saeviens ebullit. Caro motu sensuum ebulliens saevit. Mare perturbationis suis arenas movet et sublevat... Marinus igitur color in pectore columbae tribulationem designat in humana mente."（这是那些有红色爪子的鸽子。这种鸽子代表了教会：它们的脚走过了世间的千山万水。它们的脚意味着殉难……我们无法找到鸽子翅膀的描述，但可以和大自然中的鸽子做比较，这样当你看到壁画中的鸽子时，会发现和自然中鸽子的颜色一样。鸽子翅膀的表面覆盖一层宝蓝色，因为思考的灵魂等同于天堂。但宝石蓝突出了白色线条，使纯白色与宝石蓝混合在一起。这种混合表明了肉体的纯净和沉思的爱……身体其他部分的颜色模仿了那种汹涌澎湃、波浪起伏的海洋灰。通过感官的冲动，肉体仿佛沸腾起来。风雨如磐的海洋推动和激起沙石……因此，鸽子胸前的海洋灰表明了人类内心的煎熬。）(De bestiis et aliis rebus, 1,7,10, come cit. a n. 113, coll. 18s.）

117. 裤子上的一条腿来自于格言"tout à droit"。相关参见 Steinmann 1901（注释 3), p.530 e il. 243.

118. "Oculi enim justorum videbunt regem in decore suo. Tunc enim aurum in posterioribus habebis, cum apparuerit in futuro gloria divinae majestatis. Coronae siquidem regum ex auro purissimo fabricantur, ex argento vero monetae fiunt, quibus imagines regum imprimuntur. In moneta notatur imitatio formae, in corona signum victoriae. Moneta siquidem divini eloquii docet imitatione vitae Christi, corona vero victoriae... Ibi igitur quasi in posterioribus aurum, hic in pennis praedicationis argentum, quia cum ad illa dona columba pervenerit, jam praedicationis eloquio non indigebit, sed in eo quod pro retributione percipiet, in puritate perfectionis sine fine vivet"（注释 115, col. 17s.).

119. "In moneta notatur imitatio formae..."（注释 118).

120. "Mare terminos suos egrediens..."（注释 116, col.19).

121. 在米开朗琪罗《最后的审判》中，造物主面前的夏娃似乎是转向基督的玛利亚，这幅场景位于西斯廷教堂的正中心。玛利亚作为新的夏娃，就像是万事万物的圣母以及新娘：这一点可以在弗朗西斯科·德拉罗维尔的"圣母无染原罪"布道中加以证实，注释 32 也提到过，我们在其中读到："Nonne Genesis capitulo primo dictum est 'Fiat lux', et facta est lux illa sancta et immaculata que lucet in tenebris, sine qua factum est nihil, que divinum illum solem nobis peperit in terris a quo salvatum fuit genus humanum? Hec est illa Eva que de viri costa assumpta fuit. Nam Eva vita interpretatur, ut viventium mater, gloriosa domina sancta Maria vere vita est peccatorum, et omnium sperantium in ea pia auxiliatrix mater..."（《创世记》的第一章中不是说"要有光"吗？不是说要有照亮黑暗的圣洁之光吗？不是说如果没有光就没有其他事物，就没有地球上拯救人类的神圣日光吗？夏娃是从男人的一根肋骨中诞生的；事实上，夏娃意味着生命，意味着万事万物之母，光辉的圣母玛利亚是罪者的生命之源，是所有相信圣母的人间慈母……）(Francesco della Rovere, *L'Orazione della Immacolata*, 注释 32, pp.77ss.). 夏娃代表了西斯廷教堂中的圣母玛利亚，参见 E. Guldan, *Eva und Maria*, Graz-Colona 1966, pp.53ss.

122. "... tibi, inquam, non tantum ad praesens columbam, sed etiam accipitrem pingam. Ecce in eadem pertica sedent accipiter et columba. Ego enim de clero, tu de militia ad conversionem

venimus, ut in regulari vita quasi in pertica sedeamus, et qui rapere consueveras domesticas aves, nunc bonae operationis manu silvestres ad conversionem trahas, id est saeculares" (*De bestiis et aliis rebus*, "Prologus", 注释 113, col. 13s.)

123. "Duae sunt species accipitrum, domesticus scilicet et silvester, iidem tamen sunt. Sed diversis temporibus potest esse silvester et domesticus. Silvester rapere consuevit domesticas volucres, et domesticus silvestres. Silvester quas rapit continuo devorat, domesti- cus captas domino suo relinquendas servat... Domesticus vero accipiter est spiritualis pater, qui toties silvestres volucres rapit, quoties saeculares ad conversionem praedicando trahit. Captas occidit, dum saeculares mundo mori per carnis mortificationem cogit"(世界上有两种鹰，家鹰和野鹰。但这两种鹰是一样的，即使是在不同的时刻，野鹰也可以再变成家鹰。野鹰通常会俘获家禽，而家鹰会俘获野禽。野鹰会迅速吞掉猎物，而家鹰会保存部分猎物在家里……事实上，家鹰代表了精神之父，多次的追捕野禽意味着多次的布道，以吸引世俗之人转变。家鹰杀死猎物意味着带领世俗之人通过苦行死于世间)(*De bestiis et aliis rebus*, 1,14, 注释 113, col. 21s.)

124. "... perdix... avis est dolosa, adeo autem fraudulenta, ut alterius ova diripiens foveat. Sed fraus fructum non habet. Nam cum pulli vocem proprie genitricis audierint, naturali quodam instinctu hanc, quae eos fovit relinquunt, et ad eam, quae genuit, revertuntur... Perdix vero illa cujus ova diabolus furatur, Ecclesia procul dubio intelligitur... cum aliquis diabolo subjectus fuerit, et vocem ecclesiasticae praedicationis audit, ad Ecclesiam quasi ad genitricem propriam relicto diabolo transvolat..."(……山鹑……是一种具有欺骗性的鸟，因为它们会去偷别的山鹑蛋，拿回来让自己孵化。但这种欺骗没有任何作用，因为当小山鹑听到了山鹑妈妈的声音时，就会出于自然的本能抛弃那个孵化它们的假妈妈，然后回到真正的山鹑妈妈身边……那些被魔鬼偷窃了山鹑蛋的山鹑，毫无疑问代表着教会……当一个人受魔鬼控制，听到了教会的讲道时，就会抛弃魔鬼，立马回到教会或者说母亲身边……)(*De bestiis et aliis rebus*, 1,50, 注释 113, col. 49)

125. "Hirundo cibos residens non sumit, sed in aere haerens escas edit... Hirundo ab aliis avibus non impetitur, nec unquam praeda est; rapaces enim aves nunquam hirundinem rapiunt, quia contriti corde nunquam daemonibus praeda fiunt... Revertitur hirundo post frigus hiemis, ut annuntiet initium veris. Similiter justus post frigus nimiae tentationis revertitur ad temperantiam moderatae mentis, ut qui frigus tentationis evaserat, ad aestatem, id est dilectionis calorem moderate per ascensus boni operis accedat. Haec est igitur natura hirundinis, id est animae poenitentis, quae semper quaerit veris initium, quia in omnibus tenet discretionis et temperantiae modum."(燕子不吃那些静止的食物，而是吃那些飞行的食物……它们不受其他鸟类的攻击，也不会成为其他鸟类的猎物；猛禽从不捕捉燕子，因为那些心中懊悔的人永远不会成为恶魔的牺牲品……燕子在寒冬后飞回来，宣布春天的来临。同样，在强烈的诱惑之下，善人会因为坚定和明智的心灵而懂得节制，以便逃离试炼的寒冷来到夏天，也就是通过增加善行适度地享受爱的温暖。因此，燕子的本质是忏悔的灵魂，它不断寻求春天的来临，因为在一切事物中它都不会跨越自由和节制的界限。)(*De bestiis et aliis rebus*, 1,41, 注释 113, col. 42s.)

126. "Avis est spurcissima... semper in sepulcris, et humano stercore commorans. Unde Rabanus: 'Haec avis sceleratos peccatores significat homines, scilicet qui sordibus peccatorum assidue delectantur'. Upupa etiam luctum amare dicitur, quia saeculi tristitia mortem spiritus operatur"(这种鸟是肮脏的……它们住在坟墓和人类的粪便中。所以 Rabano 说："这种鸟是渎神和罪恶的象征，他们在罪恶的污秽中努力寻找快乐"。据说戴胜也喜欢哀悼的呐喊，因为世间的悲伤造成了精神上的死亡。)(*De bestiis et aliis rebus*, 1,52, 注释 113, col. 50).

127. H. y M. Schmidt, *Die vergessene Bildersprache christlicher Kunst*, Munchen 1981, p.33. 在德国南部的一份手稿中，金翅雀被用来和西缅做比较，西缅向玛利亚痛苦地分享了其儿子受难的故事："hie singet auch ein vogelin genant ein distelfinck. Daz war der liebe alte her Symeon do im daz heile aller der welt bracht wart in den tempel."(这里还有一只名叫金翅雀的小鸟在歌唱。它就像在圣殿中等待的西缅，而这座圣殿意味着全世界的救赎。)(*Der lüstliche Würtzgarte*, ms. Germ. Oct. 515, fol. 6r). 手稿参见 H. Dedering, *Kurzes Verzeichnis der germanischen Handschriften in Oktavformat*, Leipzig 1932 (再版, Graz 1970), p.176.

128. "Columba super aquas sedere saepissime solet, ut cum viderit umbram supervenientis accipitris fugiens declinet. Ecclesia vero scripturis se munit, ut insidiantis diaboli fraudes evitare possit. Haec igitur columba croceos oculos habet, quia Ecclesia matura consideratione futuros casus ostendit, et providet. Color itaque croceus in oculis discretionem designat maturae considerationis, dum enim aliquis agat, vel quid cogitet mature considerat, quasi croceo spirituales oculos adornat. Habet enim crocus colorem maturi fructus. Croceus igitur oculus est maturitas sensus"(鸽子通常在靠近水源的地方休息，这样它就可以在水中看到即将飞来的鹰的倒影。教会也会注意理解《圣经》以避免恶魔的欺骗。因此，鸽子有着番红花色的眼睛，是因为教经过成熟的考虑，能看到未来的事件并采取相应措施。因此，番红花色的眼睛表明了这种成熟考虑后的差别：当一个人经过深思熟虑或表现出成熟的行为，他就会像番红花色的眼睛那样拥有灵性的眼睛。番红花色也是水果成熟后的颜色。因此，番红花色的眼睛代表了思想和判断的成熟)(*De bestiis et aliis rebus*, 1,9, 注释 113, col. 19)

129. 参见《何西亚先知书》第三章。

130. "Palma victoriae signum est illius belli, quod inter se caro et spiritus gerit" (Orígenes, *In Exodum Homilia*, IX, Leipzig 1920 ["GCS, 29"], p.244)

131. "Jam palma crevit in altum. Jam cacumen illius penetravit coelum. Jam cum capite comae,

quae sunt elatae palmarum, id est electae animarum”（*De bestiis et aliis rebus*, 1,22, 注释 113, col. 24).

132. “Cypressus”, en *Sylva Allegoriarum*（注释 22), I, fol. 267r.

133. “... arbor autem populus et salix tam virtute quam nomine virgulta sunt castitatis”(Orígenes, 注释 130). 参见 H. Rahner, “Die Weide als Symbol der Keuschheit in der Antike und im Christentum”, en *Zeitschrift für katholische Theologie*, 56 (1932), pp.231-253.

134. IMMENSU(M) SALOMO TEMPLUM TU HOC QUARTE SACRASTI SIXTE OPIBUS DISPAR RELIGIONE PRIOR.（你啊，西斯都四世，你的财富比所罗门王少，但你的宗教信仰比他更高尚，因为你为神贡献了这座巨大的圣殿。）题词参见 Steinmann 1901（注释 3), p.333; Ettlinger 1965（注释 3), p.91.

135. Cfr. Calvesi 1980（注释 30), p.58.

136. *Oración de la Inmaculada* 明确表达了这种比较：“Salamon, Regum lib. 3° cap.5°, rex ille magnus et sapiens (fecit) templum magnum et speciosum de lapidibus dolatis atque perfectis, habens fenestras obliquas, tabulatum per gyrum cum laquearibus cedrinis; quod cum edificaretur maleus et securis et alia ferramenta non sunt audita. Quis dubitat verum templum Domini esse solam Virginem gloriosam? In cuius carne sanctissima et vase Domini purissimo et preparato Dei habitaculo non adfuisse opus malleorum, id est contagio peccatorum, firmiter tenendum est.”（所罗门，《列王纪》第三卷第五章。那位伟大而智慧的国王用粗石建造了辉煌壮观的圣殿，圣殿里倾斜的窗户周围是雪松木做成的板墙。建造圣殿的时候，没有人听到任何建筑工具发出的声音。谁会怀疑上帝的真正圣殿是为圣母的荣耀而修建的呢？我们应该坚定地认为，在上帝最神圣的肉体、最纯洁的血液和为上帝准备的圣殿中，没有出现任何建筑工具意味着从未和罪恶接触过。）(come 注释 32), p.85.

137. “... quaerendum nobis est quid significet trina emissio columbae et bina reversio. Tres emissiones tria tempora significant: primum ante Legem, secundum sub Lege, tertium sub gratia. In hoc vero loco Noe Deum, arca autem coelestem Dei habitationem designat. Noe primo columbam ex arca emisit; quia Deus omnipotens sanctis viris, qui ante Legem fuerunt, gratiam Spiritus Sancti dedit: et qui Legem non habebant, divina praecepta, quae postea data sunt, per donum Spiritus Sancti impleverunt. Sed columba non invenit ubi pes eius requiesceret; quia non solum caetere gentes, sed et ipsi Judaei in AEgypto positi in tantum culturam Dei reliquierunt, ut eo tempore quo Moyses natus est, pene nullus inveniretur in quem Spiritus Sanctus habitare dignaretur: et quodammodo gratia Spiritus Sancti ad eum rediit, a quo missa est, cum homines peccatores deseruit. Secundo emisit Noe columbam ex arca; quia Deus gratiam Spiritus Sancti hominibus Legem puro corde servantibus dedit. Vespere autem quo columba ad Noe rediit, tempus quo Christus natus est designat... Tertio Noe columbam ex arca emisit, quando fidem Evangelii servantibus gratiam Spiritus Sancti dedit. Quae non est reversa ultra ad eum; quia fides Evangelii tamdiu cum electis manebit, usque dum veniente Domino ad judiciam, electi qui in hoc mundo invenientur, rapientur coram Domino in aëra, et sic semper cum Domino erunt.”（我们应该明白鸽子的三次飞行和两次返回意味着什么。三次飞行代表了三个时期：在律法之前的时代，在律法之下的时代，在恩典之下的时代。这一段中，诺亚指上帝，而方舟指上帝在天堂的住所。诺亚第一次把鸽子从方舟中放出来，就像全能的上帝把圣灵送给生活在律法之下的人类一样，人类借着圣灵的恩赐，使那些没有律法的人完成了神圣训诫。但是鸽子找不到可以歇脚的地方；事实上，不仅是其他民族，生活在埃及的犹太人也在很大程度上放弃了对上帝的崇拜。摩西出生的时候，几乎找不到任何一位值得拥有圣灵的人，当然，最后圣灵的恩典还给了被派出的人，因为他放弃了有罪的人。诺亚第二次把鸽子从方舟中放出来，因为上帝把圣灵的恩典赐给那些以纯洁之心遵循律法的人。诺亚再次在傍晚时分送走鸽子，意味着上帝将圣灵的恩典赐给了那些遵循福音信仰的人。这一次鸽子没有回到他身边：福音派的信仰将持续很长时间，直到主的降临作出审判；在那一刻，在这个世界中的子民将被带到天堂面对上帝并拥有地和上帝一起。）

138. 此外，米开朗琪罗的 *Diluvio Universal* 中翅膀张开的鸽子完美呼应了佩鲁吉诺 *Bautismo de Jesús* 中的鸽子。

139. “De hoc tempore Dominus dicit in Evangelio: ‘Lex et prophetae usque ad Joannem (Lc 16,16)’; quia postquam Evangelium coepit praedicari, circumcisio et multae observationes legales nihil profuerunt. Quamdiu Legis observatio Deo placuit, tamdiu homines Legem servantes Spiritus Sancti gratia comitavit: et sicut columba ad vesperam ad Noé rediit, ita et Spiritus Sancti gratia Judaeos infideles deserens, quodammodo ad eum a quo fuerat missa reversa est.”（在这个时候，上帝说：“律法、先知直到约翰［路，十六,16]”;《福音书》开始被传播后，割礼和律法的许多规定都无济于事。只要遵守律法使上帝满意，圣灵的恩典就会伴随着遵守律法的人；鸽子在晚上回到诺亚身边时，圣灵的恩典抛弃了不忠的犹太人，以某种方式回到了被派遣的那个人身上。）

140. “... docemur ex lege quia nemo licite nec legitime utatur fructibus, quos terra produxit, nec animantibus, quae pecudum protulit partus, nisi ex singulis quibusque Deo primitiae, id est sacerdotibus, offerantur. Hanc ergo legem observari etiam secundum litteram, sicut et alia nonnulla, necessarium puto; sunt enim aliquanta legis mandata, quae etiam novi testamenti discipuli necessaria observatione custodiunt. Et si videtur, prius de his ipsis, quae in lege quidem scripta, sed tamquam in evangeliis observanda sint, sermo moveatur, et cum haec patuerit, tunc iam quid in his etiam spiritualiter sentiri debeat, requirimus... Quia ergo et circumcisio sub legis titulo censetur, lex autem ‘umbra’ est, quaero, quid circumcisionis ‘umbra bonorum’ contineat ‘futurorum’, ne forte dicat mihi in umbra circumcisionis posito Paulus: ‘quia, si

circumcidamini, Christus vobis nihil proderit' et 'non enim, quae in manifesto in carne est circumcisio, illa circumcisio est; neque qui in manifesto in carne Iudaeus est, sed qui in occulto Iudaeus, et circumcisio cordis in spiritu, non littera, cuius laus non ab hominibus, sed ex Deo est'. Haec ergo singula, quae nequaquam penitus secundum litteram observanda dicit Apostolus, invenies omnia fere apud Moysen sub legis titulo designari. Iam vero in eo, ubi dicit: 'non occides, non adulterium facies,...' magis haec mandata videntur; et ideo non exinanitur... quia, ut dixi, non mandatum, sed 'lex habere' dicitur 'umbram futurorum bonorum' ... Ostendimus ergo esse quaedam, quae omnino non sunt servanda secundum litteram legis et esse quaedam, quae allegoria penitus immutare non debet..."（律法告诉我们，如果地上的果实和哺乳动物没有首先让上帝或祭司享用，那么人类也无法合法地享用这一切。因此，我认为有必要遵循律法的这些规定，就像其他事情一样；这里还有一些《新约》的门徒需要遵守的律法诫命。我们首先要保留律法中所写的内容，但福音书中也有一些值得观察的事情，明白了这一点后，我们也将研究在里面能找到的精神含义。由于割礼处于"律法"下面的，律法是"阴影"，我问自己哪一个"未来财产的阴影"包含在割礼中，以便让自己放置在割礼的阴影中，保罗没有说"如果你们受割礼，基督就与你们无益"和"割礼不是可见的，犹太人在肉体上也是不可见的，但这是犹太人的秘密。割礼也是心灵上的，而不是字面意义的，其中的赞美不是来自于人类，而是来自于神"。使徒说这些单独的规定不应根据字面意义理解，我们在律法题目下会发现摩西的所有指示。但他在这里说："不要杀人，不要通奸，不要偷盗……"这些看上去更像是诫命；因此这个不会被去掉……正如之前所说，这不是诫命而是"律法占有了未来财产的阴影"。因此，我们已经表明，这里有一些按照律法不应该遵循的规定，以及其他一些不得完全改变寓意的规定……）(Origenes，参见第75-77页，注释108）。

141. "Proinde vocem nunc agnoscimus eius impleri, qui loquebatur in Psalmo atque dicebat: 'Annuntiavit et locutus sum, multiplicati sunt super numerum (Sal 39,6)'. Hoc fit nunc, ex quo primum per os praecursoris sui Ioannis, deinde per os proprium annuntiavit et locutus est dicens: 'Agite paenitentiam, appropinquavit enim regnum caelorum' (Mt 3,2; 4,17). Elegit discipulos, quos et Apostolos nominavit, humiliter natos, inhonoratos, illetteratos, ut, quidquid magnum essent et facerent, ipse in eis esset et faceret. Habuit inter eos unum, quo malo utens bene et suae passionis impleret dispositum et Ecclesiae suae tolerandorum malorum praeberet exemplum. Seminato, quantum per eius oportebat praesentiam corporalem, sancto Evangelio passus est, mortuus est, resurrexit, passione ostendens quid sustinere pro veritate, resurrectione quid sperare in aeternitate debeamus, excepta altitudine sacramenti, qua sanguis eius in remissionem fusus est peccatorum. Conversatus est in terra quadraginta dies cum discipulis suis atque ipsis videntibus ascendit in caelum et post dies decem misit promissum Spiritum Sanctum..."（因此，我们提醒注意《诗篇》中的话："我宣布并声称：他们已经超越了所有数字"[Sal 39，6.]现在这种情况发生了，因为，首先用先驱约翰的话，然后用他自己的话宣布并声称："你们要悔改，因为上帝之国快接近了"[Mt 3,2；4,17.]门徒Elesse也称为使徒，他们一出生就是没有使命没有文化的谦卑之人，所以无论他们是什么或做什么，他们都是自己并且做着自己的事。这些人中有一个坏人，他通过利用好人来达到为受难准备的东西并且给教会提供忍受罪恶的事例。他通过身体播种下福音的种子，他遭受灾难和死亡然后复活，充满激情地表现了为了追求真理需要忍受的东西，展现了他复活后我们在永恒之中希望的东西，除了他为赦罪而流血的神秘的崇高行为。他和门徒们忍受了四十天，然后在门徒面前升天了，十天之后他送去了做出承诺的圣灵……）(De Civitate Dei，参见第748页，注释104）。

142. 参见注释104。

143. "Sed ideo per instaurationem templi illius significata est, quia ipsa renovatio illius aedificii significat eloquio prophetico alterum Testamentum, quod appellatur Novum. Quod ergo Deus dixit per memoratum prophetam: Et dabo pacem in loco isto [Ag Vulg 2,10], per significantem locum ille, qui eo significatur, intelligendus est; ut quia illo loco instaurato significata est Ecclesia, quae fuerat aedificanda per Christum,..."（因此它象征着圣殿的重建，因为重修建筑在先知语言中意味着另一个新的同盟。上帝通过引用先知的话这样说道：我将在这个地方赐予和平[Ag Vulg 2.10]，通过象征之地我们必须理解被象征的地方。因为重建的圣殿象征着教会，意味着圣殿将由基督建造……）（参见注释104）。

144. 参见Ettlinger 1965（注释3), pp.5s. 和注释2。

145. 参见注释30和注释57。

第二章

1. 这部分对应1987年我在罗马宗座额我略大学神学系的第二学期学习的一系列课程。同年夏天，我在海德堡大学和法兰克福大学艺术史研究所举办的会议上提出了相同的概念和想法，特别强调了米开朗琪罗的壁画和菲奥雷的约阿基姆的思想之间关联的重要性。最近有关西斯廷教堂的四卷书籍：I: *La preistoria della Bibbia*; II: *Gli antenati di Cristo*; III: *La storia della creazione*; IV: *Il Giudizio Universale*. F. Hartt著，G. Colalucci注释（其中关于教堂修复的注释：F. Mancinelli），T. Okamura摄影，米兰—东京1989—1995。由于西斯廷教堂最近得到重整和修复，这些书籍重现了米开朗琪罗壁画最真实的色彩，使人们能够详细描述和研究绘画的内容和所有细节。从现在开始，我将使用四部书籍的缩写——*Sistina* I, II, III, IV. 另参见R. Richmond, *Michelangelo und die Sixtinische Kapelle*, Freiburgo de Bisgrovia 1993.

2. Francesco dellaRovere，1985（第一章注释32）.

3. 对于《圣经》中的名字，拉丁文《圣经》中使用的拼写与西斯廷教堂中出现的"tituli（题字)”一致。

4. Malcolm Bull.“The Iconography of the Sistine Chapel Ceiling”, en *The Burlington Magazine*, 130 (1988), pp.597-605.

5.“Sed forte mouet sponse mysterium, cum Christus filius sit uirginis matris? Nolo (ut) te istud moueat: filius Christus et sponsus est. In isto denique mysterio typum patris gerit Habraam: typum filii Isaac sponsus Rebecche, Rebecca ipsa matris ecclesie. In altero uero hoc est in mysterio Ade. Adam ipse typum patris, Eua ecclesie, Abel Christi. Si autem accipiuntur soli Adam scilicet et Eua, Christum significant et ecclesiam. Mater ergo Christi ecclesia: et nihilominus sponsa Christi ecclesia”(Joachim von Fiore, *Concordia Novi ac Veteris Testamenti*, Venetiis, Per Simonem de Luere, 1519 [ed.facsímil. Frankfurt del Main 1964], fol. 31r) 自从 E.R. Daniel 所著的有关修道院长菲奥雷的约阿基姆《谐致》的前四本评论集出版以来，引用都来源于这个版本。这本书对于我不易理解：*Liber de Concordia Novi ac Veteris Testamenti*, Filadelphia 1983 (“Transactions of the American Philosophical Society 73 [1983]，第 8 部分”)。参见 Malcolm Bull（第二章注释 4），注释 12。

6. 有关《新约旧约索引》参见 Johannes Chrysosthomus Huck，*Joachim von Floris und die joachitische Literatur*，Freiburg im Breisgau 1938, pp.133-144。H. Grundmann, *Ausgewählte Aufsätze. Teil 2. Joachim von Fiore*, Stuttgart 1977, (“Schriften der Monumenta Germaniae Historica, 25,2”), pp.403-420.

7.“Moyses... significat Christum, relicta terra Egypti transiit in desertum: et utique ut testatur ipsemet interfecto Egyptio ad passionem unigeniti Dei referendum est, et horam mortis eius qua transiit ex hoc mundo ad patrem”(《谐致》，第二章注释 5，fol. 31）

8. 参见“La teologia espressa negli affreschi della Sistina”，第一章第 28 页（第二章注释 1）。

9. 参见 Bull，1988：599（第二章注释 4)。对西斯廷教堂耶稣谱系贡献最大的书籍：E. Wind *The religious symbolism of Michelangelo. The Sistine Ceiling*, ed. by E. Sears, Oxford 2002, pp.90-112。但 E. Sears 不承认菲奥雷的约阿基姆的影响力。

10. 参见 Bull，1988：599（第二章注释 4)。

11. 参见“Petri Galatini Minoritae... de ecclesia destituta, opus…”梵蒂冈宗座图书馆，Vat. Lat. 5568, fol. 9vf., 19r. Pietro Galatino 参见 *Sistina* I, n. 7. 米开朗琪罗的神学顾问被认为是这位方济各会而不是多明我会会士 Sante Pagnini，参见最后一部 Wind 2002 (第二章注释 9), pp.6-22.

12. 在不同时期的理论上，参见 Huck 1938：232-241（第二章注释 4）和 B. McGinn, *The Calabrian Abbot. Joachim of Fiore in the History of Western Thought*, New York 1985, pp.108, 112s., 147-153.

13. *Sistina* II 插图：pp.22s。在威廉·扬·奥特利的发起下，这些在 1535-1536 年被毁坏的弦月窗壁画的副本被印刻在 *Italian School of Design* 中，伦敦，1823。然而，这些极大还原了壁画的原始雕刻逐渐遗失。见下文。

14. 参见 Bull，1988：600（第二章注释 4)。

15. *Sistina* I 插图：205，207；A. von Euw,“Das Programm der Sixtina”, en *Michelangelo und die Sixtina*, Kommentarheft zur Faksimileausstellung der Schweizerischen Kreditanstalt, Zurich 1992, p.20 y esquema p.34.

16.“Quod vel Adam expulsus est de paradiso, vel Ozias de templo pro peccatis suis: preter illud quod diximus de domino Iesu, qui reputatus est cum iniquis pro similitudine carnis peccati, significabat Iudeorum populum expellendum de loco sancto pro reatibussuis”(《谐致》fol. 24v 第二章注释 5）Malcolm Bull，1988：599.（第二章注释 4）

17.《谐致》(第二章注释 5）fol. 8v，参见 McGinn（第二章注释 12），1985:113.

18. 参见 Bull，1988：599（第二章注释 4)。

19. 参见 F. Mancinelli, en *Sistina* II, p.223：“米开朗琪罗……画画——绘画或者画得更好——绘画，使用与他作为雕塑家相同技巧的颜色”。

20. 参见 F. Mancinelli, en *Sistina* II, pp.6, 42-46, ill. a pp.43s。希伯来语名的拉丁文翻译 Hieronymus, *Liber interpretationis hebraicorum nominum*, ed. P.de Lagarde, CCSL, LXXII, p.59-161.Wind 2002 (第二章注释 9), pp.93s. y la n. 11.

21. 参见 *Sistina* I, pp.144s.

22.“Quod autem tres generationes pro uno accipiendas esse dicimus, non discordat a sacro mysterio sancte et indiuidue Trinitatis”(《谐致》[第二章注释 5] fol. 8v）

23.“Ut autem larga mysteria filiorum Jacob reducamus ad summam. Joseph quem designare dicimus Spiritum Sanctum, descendit in Egyptum: quoniam Spiritus Sanctus supervenit in Uirginem que erat de populo Iudeorum. Natus est in eadem terra Manasses ex Ioseph: quoniam conceptus est Filius Dei de Spiritu Sancto ex Maria Uirgine, et factus est homo in spiritu uiuificante”(《谐致》[第二章注释 5]fol. 31v）

24.“Joseph descendit in Egyptum, quoniam Spiritus Sanctus descendit in populo Iudeorum, loquensmulto tempore per prophetas. Manasses filius eius natus est in Egypto: quoniam homo Christus Iesus in popolo Iudeorum. Moyses famulus Domini, qui pari modo significat Christum, egressus de terra Egypti, ingressus in desertum: quoniam Christus relicta Iudea in membris suis pervenit ad gentes. Quadraginta anni quibus moratusest in deserto, tempus designant, plenitudinis gentium. Anno quadragesimo defecit Moyses, et substitutus est Iosue: quoniam ut alterum tangam mysterium, completa generatione hac quadragesima, que agitur nunc, commutandusmn est status iste ecclesie de Lya in Rachel, de uerbi eloquentia ad spiritualem intellectum: de frondium pulchritudine ad suauitatem pomorum».(《谐致》[第二章注释 5] fol. 31v）

25.“Nam et sub lege fieri uoluit et ex femina nasci, et a Joanne baptizari, et propriis subditis ministrare. Factus est enim seruus, ut eos per gratiam suam a legis redimeret servitute. Natus est ex muliere, ut nos efficeret natos Dei. Baptizatus est aqua, ut nos renasceremur ex spiritu. Sibi ipsi carnem uniuit, ut nos Sancto Spiritu spiritualite runiremur. Humiliavit semetipsum usque ad terram: ut nos exaltatos sublevaret ad celos... Suscepit in passione quasi manum patris sinistram: ut nos ereptos a passione, Dei tangeret dextera... Factus est ergo Dominus noster quasi Manasses in populo iudeorum: ut donum Sancti Spiritus efficeretur in gentibus Effraim: quoniam nisi moriente Domino obliuioni traderetur lex carnis, non posset in nobis regnare gratia, nec perficere in nobis fructum iustítie, donum Spiritus et lex vite"（《谐致》[第二章注释 5]fol. 27v）.

26.《谐致》(第二章注释 5), fol. 27v.

27. "Quid dignius sentire possumus, quam ut in eo non tam personam Spiritus Sancti quam spiritum intelligamus: eum secundum fructum qui per infusionem Sancti Spiritus in electorum mentibus generatur. Qui verum idem Spiritus qui operatus est uisibilem fructum uentris, ipse operatur ubi vult inuisibilem fructum mentis. Qui enim uentrem potuit fecundare Marie, ipse per gratiarum dona electorum suorum animas inspirando fecundat»（《谐致》[第二章注释 5] fol. 28v）.

28. V. Rocca Camers 1605（第一章注释 112）pp.80-88.

29. S. v. "Josia", en *Bibel-Lexikon*, ed. H. Haag, Einsiedeln-Zürich-Köln 1956, coll. 856s.

30. 参见 F. Hartt, en *Sistina* II, p.143.

31.《谐致》(第二章注释 5) fol. 92v- 94r.

32. Euw 1992 (第二章注释 15), pp.18s. 非常准确地认识到了这一点。

33. 同第二章注释 13。

34. 手杖和带子只能出现在他或犹大的手中。因此，Frederick Hartt 在 *Sistina* II, p.23 的解释是完全错误的，在弦月窗右半部分描绘的两个人中，我们看到了亚兰拿着手杖和带子，在他身后是其小儿子希斯伦。

35. "Funda", en *Sylva Allegoriarum Totius Sacrae Scripturae Mysticos eius sensus, et magna etiam ex parte literales complectens, syncerae Theologiae candidatis perutilis, ac necessaria.* Auctore F. Hieronymo Laureto Ceruariensi, Monacho Benedictino in Coenobio Montisserati, et Abbate Monasterii S. Foelicis Guixolensis, I, Venetiis, Apud Gasparem Bindonum, MDLXXV, fol. 422v.

36. 参见 Malcolm Bull，1988：601（第二章注释 4）。

37.《谐致》(第二章注释 5) fol. 119r.

38.《谐致》(第二章注释 5) fol. 119r.

39. 同上，fol. 119r.

40. 同上，fol. 119r-122v. 另参见 también Bull，1988：601.（第二章注释 4）

41. "Mardochaeus propalauit insidias duorum Eunuchorum, quod querebant interficere regem, significat fidem Romanorum pontificum quam habuerunt in Deum suum, et quia non potuerunt sustinere hereticos... Scriptum est autem hoc in libro monimenti coram Domino et repositum est in memoria eterna: ut retribuatur Petri in tempore malo: immo in tempore opportuno" (《谐致》(第二章注释 5), fol. 121v).

42. "Et excitatusesttamquamdormiens Dominus: tamquampotenscrapulatus a vino... IgiturAssuerus Rex qui se prius ostenderat mansuetum pulsatus preceb uxoris iratus est nimis: quoniam Christus Iesus qui aliquamdiu sustinebit iniquum, ad preces electorum suorum signa iudicii sui manifeste ostendet. Quid plura? suspensusest tandem Aman iubenterege in excels acruce quam ipse preparaverat Mardocheo" (《谐致》(第二章注释 5), fol. 122v).

43. "Igitur cum Rex esset hylarior iterato conuiuio promisit se daturum Regine quicquid ipsa petere uoluissct. Quia ibi se totis uiribus conuertet Ecclesia, ad opera pietatis aduocans ad se Dominum suum per obseruationem duorum preceptorum charitatis, Dei scilicet amoris ac proximi" (《谐致》(第二章注释 5), fol. 122r).

44. "Quid autemmelius per serpentes, quam diabolicas suggestiones accipiamus? Ad similitudinem enim serpentum reptant occulte per mentes hominum; sedsubito, nisi agnoscantur, morsus mortales incautis affigunt: quod praefiguratum accipimus in filiis Israel in deserto a serpentibus miserabiliter interemptis."（"如果这些蛇不代表恶魔，我们还能有什么更好的解释？这些恶魔般的想法和蛇一样以神秘的方式在人们的心中蠕动；如果它们无法被识别出来，就会给人类致命的一击：正如以色列子民在沙漠中被蛇杀死一样。"）(Migne, PL 184, coll. 728s.)

45. "Respiciamus igitur et nos in faciem serpentis aenei elevati, Christi, si volumus a pravorum daemonum suggestionibus serpentinis liberari" (Migne, PL 184, col. 730.)

46. "Propter ergo incredulitatem suam dantur, non solum vulnerandi per tentationes, sed etiam occidendi per veneni sui infusionem serpentibus ignitis, id est, daemonibus illius maximi et tortuosi serpentis primi perversoris ministris, qui illos secum pervertunt, et incendiis aeternis addicunt, quos in hac vita incendio suarum pravarum suggestionum corrumpunt"（"因此，由于他们缺乏信仰，他们不仅因为诱惑变得脆弱，而且将自己暴露在风险的环境中，使狂热之蛇通过注入毒药杀害自己。而那条扭曲的巨蛇好比第一个腐蚀者，这些恶魔将人类与自己一同毁灭，并将人类抛弃在永恒之火中，同时用邪恶的想法摧毁他们的一生。"）(Migne, PL 184, col. 729.)

47. 参见第二章注释 45。

第三章

1. 1523 年 12 月，米开朗琪罗在佛罗伦萨给当时在罗马的乔万尼·弗朗切斯科·法杜奇写信，说起了本来要描绘的壁画的最初理念。他在第一封信里详细讲述了细节："原本的设计是在弦月窗上画上十二使徒，其他地方可以画满装饰，就像通常所作的那样。然后，在开始描绘这系列作品时，我感觉这个东西太单薄贫乏，于是我就告诉了教皇，只画十二使徒会让我觉得这个东西太贫乏。他问我为什么，我回答他说因为他们本来就很贫乏。于是教皇重新命我画我想画的东西，而且他会满足我的，让我一直画到下面的故事那里……"（*Il carteggio di Michelangelo* 第三卷，P.Barocchi 和 R. Ristori 主编，佛罗伦萨 1973，第 8 页）他在第二封信中简明扼要地讲述了这个任务的方式："然后我画了几张我感觉内容贫乏的设计图，因此他让我重新设计，并让我在穹顶上画我想画的东西……"（同上，第 11 页）事实上，两封信都没有说米开朗琪罗应该拿多少报酬。鉴于教皇同意让他超越原来确定的内容去自由创作，可想而知，米开朗琪罗应该可以拿到双倍的报酬。另外，在侧墙上画十二使徒显然有很大的困难。每一个使徒都只能被画成一个坐着的人物（在弦月窗里），米开朗琪罗还需要给每一个使徒画上其他人物作伴。实际上这些还没有用壁画装饰的墙壁区域，更适合用来描绘基督的先祖家族。

2. 参见原书第 20 页和第一章注释 37。

3. 参见 M.Hirst，《设计草图》，摘自 *La Cappella Sistina. La volta restaurata: il trionfo del colore*，诺瓦拉 1992，第 9 页和 266 页，注释 4，以及第 12 页上方的图。

4. 参见 M. Rohlmann,*Michelangelos 'Jonas': zum Programm der sixtinische Kapelle*，魏玛 1955, 在第 39-56 页简要评述的完整文献。为了方便，先知和女巫的名字我保留了米开朗琪罗在西斯廷教堂里所写的名字。除了引用《圣经》意大利语版里的人名，其他《圣经》人物的名字则使用武加大译本中的拉丁语名称。

5. 关于米开朗琪罗面对教皇委任时的保留态度，我们从间接的资料可得知。在彼得罗・罗塞利于 1506 年 5 月 10 日从罗马寄给佛罗伦萨的米开朗琪罗的一封信中，转述了信的作者伯拉孟特向教皇说道："……米开朗琪罗向我多次表达不愿参与教堂的装饰工作，但您仍想将这个任务交给他；如果礼拜堂没有雕塑和绘画，他也不愿意去……"（摘自 *Michelangelo e la Sistina: la tecnica, il restauro, il mito*，罗马 1990，第 272 页）。还可以参考 F. Mancinelli, R. Bellini,*Michelangiolo*, 佛罗伦萨 1992，第 27 页。

6. Cfr.A. von. Euw, en *Michelangelo un die Sixtina*, Ausstellungskommentarheft der Schweizerischen Kreditanstalt, 苏黎世 1992，第 47 页。

7. V.*Michelangelo. La vita raccolta dal suo discepolo Ascanio Condivi*,ed.de P.D' Ancona 主编，米兰 1928，第 88 页。

8. 参见 1568 年的 *Vita di Michelangelo* 的评注版，以及 Mancinelli, Bellini, *Michelangiolo* 1992 第 86 页（第三章，注释 5），以及第 259 页。

9. 同上，第 21、68、70 和 76 页。

10. 在穹顶的壁画里，米开朗琪罗不能不画作为主题的那些植物，比如描绘原罪或者描绘约拿（这位先知的书里总是明确提到一棵蓖麻）的时候。但是他描绘了光秃秃的一棵树或者一个树桩，它们可被视为十字架的象征；比如在方形画《大洪水》和《创造夏娃》中可以看到。

11. 根据 1523 年写给乔万尼・法杜奇的那封信，也就是关于在绘画题材的选择中米开朗琪罗被教皇赋予充分的自由的那封信（参见第三章注释 1），并不能说明整个神学方案都是他设计的。Von. Euw（《Michelangelo un die Sixtina》1992，第 57 页，第三章注释 6）也认为，尽管穹顶的整体构思是米开朗琪罗的，他"并没有不屑于神学家们的帮助，在梵蒂冈的神学家中有不少人非常杰出"。关于各位神学家对米开朗琪罗在西斯廷教堂里的壁画的影响，还可以参看 Mancinelli, Bellini,《Michelangiolo》1992（第三章注释 5），第 30 页。

12. 参见原书第 85-86 页。

13. 参见原书第 92 页和第二章注释 22。

14. 参见 Mancinelli, Bellini，1992（第三章注释 5），第 30 页和第 60 页的注释 37。

15. 参见第一章第 13 页和注释 7；第二章第 87 页和注释 11。

16. "Paris… Veneri uni studens alias reiecit, hoc est, amori dans operam, notitiam intelligentiamque post habuit: quare similitudinem divinam, quasi iovis filiam, violavit, cum a trium partium aequalitate descivit, uni haerens Veneri, inaequalis factus... Paride miseriores sunt qui Iunone non fabulosa sed divina cognita, in veterum patrum coniunctione, amore, consuetudine cum Deo, Minerva visa in Christi nostri prodigiis, Venere suscepta in adventu Spiritus, perstant tamen in sententia et Paridis iudicium vitae imparitate, seu potius impuritate, sectantur; quod ideo eis usu venit, non quidem quia amant, sed quia et id quod est amandum et qua amandum est aequalitate non amant."（帕里斯……选择了维纳斯，而拒绝了另外两人，也就是说他关心爱，而不考虑知识和智慧：因此他亵渎了神圣的相似性，也就是宙斯的女儿，当他只接受维纳斯而忽视三者的平等时，他就变得不稳定而易变了……比帕里斯更可怜的那些人，尽管他们知道了朱诺（不是神话里那个朱诺，而是那个神圣的朱诺），尽管他们就是基督的奇迹中出现的密涅瓦，就是圣灵降临时接纳的维纳斯，他们却仍然固执于帕里斯的评判，他们的生命不仅不平衡，而且不纯洁；他们如此并不是因为爱，而是他们不爱应爱之事物，且爱得没有分寸。）（埃吉迪奥・达・维泰博，"Sententiae ad mentem Platonis"，摘自 I *fondamenti metafisici della 'dignitas hoinis' e testi di Egidio da Viterbo*, E. Massa，都灵 1954，第 95 页 [Biblioteca Apostolica Vaticana, Vat.Lat. 6325, fol 77r]）。

17. 或许尤里乌斯二世只在 1510 年的 8 月到 11 月之间蓄过胡子，从那时开始，胡子才成为他的特征。关于这一点可参考 H.W.Pfeiffer, "Die drei Tugenden und die Übergabe der Dekretalen in der Stanza della Segnatura"，摘自 *Raffaello a Roma*，罗马 1986，第 47 页和注释 5。

18. 参见 Michelangelo. La vita raccolta dal suo discepolo Ascanio Condivi》，米兰 1928（第三章注释 7），第 103 页。

19. H.W.Pfeiffer, <Die drei Tugenden und die Übergabe der Dekretalen in der Stanza della Segnatura>，摘自《Raffaello a Roma》，罗马 1986，第 53 页和注释 29。

20. 参见 F. Mancinelli, G. Colalucci, N. Gabrielli, "Il restauro della Cappella Sistina"，摘自 *Scienza e Tecnica*，87/88（1987），第 348 页，附有按照日程安排的工作示意图。

21. 关于女巫的肖像可参考 G. Seib, "Sybillen"，摘自 *Lexikon der chirstlichen Ikonographie*, ed. E. Kirschbaum, IV，罗马 - 弗莱堡 - 巴塞尔 - 维也纳 1972, coll. 150-153。也可参考 G.M.Lechner, W.Telesko,*Das Wort ward Bild. Quellen der Ikonographie*，展览目录(Graphisches Kabinett des Stiftes Göttweig)，特格特韦格 1991，第 141-150 页；D.Estivill, "Profeti e Sibille nell' Oratorio del Gonfalone a Roma"，摘自 *Arte Cristiana*，81（1993），第 357-366 页。

22. 参见原书第 48 页和 56 页。

23. 参见原书第 71 页。

24. 参见 von Pastor 1926, 第三章，第 912 页和注释 1。

25. 这个说法在 *Oracula Sibyllina* 中可以查到。相关参考 Pauly-Wissowa, *Realencyclopädie der classischen Altertumswissenschaft*, 2ª serie, II/2, Stuttgart 1923, coll. 2120, 2148。

26. 参见原书第 134 页。

27. 同样是浅黄色的还有比如哥利亚的衣袖条纹。参见第二章第 131 页，以及我的论文 *Un Michelangelo nuovo: I restauri degli affreschi della Cappella Sistina*，摘自 *La Civiltà Cattolica*, II, 146 (1995), 第 382 页。

28. 参见 Francesco della Rovere, L'Orazione della Immacolata, D. Cortese 编，帕多瓦，1985，第 87 页。

29. 参见第 40-44 页。

30. 关于埃吉迪奥·达·维泰博，可参见 *I fondamenti metafisici della 'dignitas hoinis' e testi di Egidio da Viterbo*, E. Massa, 都灵 1954（第三章注释 16）; J.W. O'Malley, *Giles of Viterbo on Church and Reform: A Study in Renaissance Thought*, 莱顿 1968；*Egidio da Viterbo, O.S.A., e il suo tempo*、奥斯丁历史学会第五次研讨会会刊（罗马 - 维泰博，1982 年 10 月 20-23 日），罗马 1983（"Studia Augustiana Historica, 9"）。

31. 参见 della Rovere 第三章注释 28），第 87 页。

32. "Item dicitur: si Adam et Eva humani generis parentes primi in Paradiso deliciarum ex limo terre creati sunt absque peccato originali, Virgo que Deum et hominem in utero gestavit, per quam salus mundo redita est, que ex eius inenarrabili humilitate Dei mater esse meruit, nonne aliquid excellentius eam habere decuit quam Ade et Eve originalis culpe principiis primis attributum sit?" (Della Rovere [第三章注释 28]，第 95 页)。

33. 参见 P.Vergilius Maro,*AEneis*，VI, edd. Ribbeck und Ianell, 莱比锡 1920, 第 50 页。还可以参考我的关于拉斐尔所作《圣礼之争》中的肖像的书，*Zur Ikonographie von Raffaels Disputa. Egidio da Viterbo und die christlich-platonische Konzeption der Stanza della Segnatura*，罗马 1975（"Miscellanea Historiae Pontificiae, 37"），第 158 页。

34. "Per hanc Virginem verificatum est quod Nabucodonosor...Danielis 2 ca, nocte vidit lapidem exorsum de monte sine manibus percutientem statuam ipsamque comminuentem. Hec Virgo puerpera nobis illud lapidem salvatorem genuit, cuius imperium super humerum eius,..."（在《但以理书》第二章中，尼布甲尼撒梦见一块非人手凿出的石头从山上出来，把那尊塑像砸得粉碎。尼布甲尼撒所梦之事通过玛利亚实现了。玛利亚怀孕并为我们生下了那块石头，也就是救世主，其统治位于其肩……）della Rovere [第三章注释 28]，第 87 页）。

35. 参见 G. Colalucci,*Cappella Sistina*, III, 第 134 页。同时参见 F. Mancinelli，*La Cappella Sistina*，梵蒂冈 1993，第 95 页；H. Pfeiffer, "Die libyscheSibylle in der Sixtinischen Kapelle, eine Personifikation der Kirche"，摘自 *Haec sacrosancta synodus. Festschrift für Bernhard Kriegbaum SJ. Konzils- und Kirchengeschichtliche Beiträge*，由 von R. Messner, R. Pranzl 主编，雷根斯堡 2006, 第 121-129 页。

36. 参见原书第 68 页。

37. 参见原书第 104 页。

38. 参见原书第 64 页，68 页。

39. Colalucci（第三章注释 35），第 180 页。

40. 参见原书第 36 页和 68 页。

41. "Miserans miserebor, dicit Dominus. Revertere virgo Israel, revertere ad civitates tuas istas. Usquequo dissolveris deliciis, filia vaga? Quia creavit Dominus novum super terram, foemina circumdabit virum"（della Rovere [第三章注释 28]，第 87 页）。

42. "... non enim dicit puerum, sed virum a virtute et vigore, ac potestate magna, quia propria virtute natus, et factus homo sub lege, ut eos qui sub lege peccati erant redimeret"（della Rovere [注释同上]）。

43. "Si fugimus in Tharsis: prepedimur in via et mota contra nos intumescit tempesta. Si nos undis committimus infigimur in limo profundi: et presto est maris belua que captos absorbere festinat"（Gioacchino da Fiore[菲奥雷的约阿基姆], Concordia Novi ac Veteris Testamenti（论新约与旧约之相谐）前言, Venetiis, per Simonem de Luere, 1519 [rist. anast., Frankfurt am Main 1964], fol. 3r).

44. 参见 M. Winner, "Giona: il linguaggio del corpo"，摘自 *La Cappella Sistina* 1992（第三章注释 3), 第 112 页。

45. 参见原书第 138 页。

第四章

1. 参见原书第 78 页和第一章注释 137。

2. "Restat ergo ut in tertio celo finem perfectionis nostre positum esse intelligamus: celo utique spiritualis intelligentie, que de utroque testamento procedit..."（因此，不变的事实是，我们理解了精神完善的目标是在第三重天上：这是神之智慧的天，而神之智慧来自于两本圣约书）（Gioacchino da Fiore，*Concordia* …1519 [第三章注释 43], fol. 6v）。

3. 参见奥古斯丁所著 *De civitate Dei*（上帝之城）16：2，译本 *La Città* di *Dio* II，D. Gentili, A. Trapé 主编，D. Gentili 译，罗马 1988，第 464 页。从教父居普良开始，基督教的早期教父们对这种仪型论就已经很熟悉了（参见 Wind，2002,[第二章注释 9] 第 49 页，及注释 5-6.）在解读这幅方形画时我们接受了另一个观点，即诺亚是教皇的原型：参见 M. Rohlmann,*Michelangelos 'Jonas': zum Programm der Sixtinischen Decke*, 魏玛 1995, 第 29 页。

4. 参见奥古斯丁所著 *De civitate Dei*（上帝之城）16:2，译本 *La Città* di *Dio* II，D. Gentili, A. Trapé 主编，D. Gentili 译，罗马 1988，第 462 页。

5. 参见原书第三章第 150 页。

6. 参见原书第一章第 68 页。

7. 参见原书第一章第 21 页。

8. 参见原书第二章第 142 页。

9. 参见原书第三章第 150 页。

10. 参见 Mancinelli, Bellini,《Michelangiolo》，佛罗伦萨 1992（第三章注释 5），第 23 页。

11. 参见原书第三章第 150 页和注释 17。

12. "... quia instrumentum divinorum

cernendorum non habebat, uno dumtaxat oculo contentus, qui lucem aliam haberet, nisi quae de solo sensu originem duceret"，梵蒂冈使徒图书馆 , Vat. Lat. 6325, fol. 33v.

13. "... reprobi in praesenti vita spei sue radicem figunt, et ab amore immarcessibilis hereditatis arescunt..." (*Liber uite. Biblia cum glosis ordinariis: et interlinearibus: excerptis ex omnibus ferme Ecclesie sancte doctoribus: simulque cum expositione Nicolai de lyra: et cum concordantiis in margine*, 卷三。在按编号渐进的文卷中，最后一卷编号为 1398r，其中有最终的注解："Glosa ordinaria una cum postillis venerabilis fratris Nicolai de lyra..."，Venetiis impressa per Paganinumde Paganinis, MCCCCLXXXXV, fol.15r.

14. 参 见 G. Colalucci, "La preistoria della Bibbia"，摘自 *Cappella Sistina*, I，第 140 页，以及 Mancinelli, Bellini,《Michelangiolo》，佛罗伦萨 1992 (第四章注释 10), 第 38 页："……根据日程顺序，《大洪水》一定是穹顶上画的第一幅壁画"。

15. Hugo de S. Victore, *Allegoriae in Vetus testamentum*, I, XIII (Migne, PL 175, col. 641). 同时参见 H.M. von Erffa, *Ikonologie der Genesis*, I, 慕尼黑 1989, 第 451-454 页。

16. 参见"Asinus"，摘自 Lauretus, *Sylva*1575 (第一章注释 22), fol.130r.

17. "Arca de lignis quadratis, ecclesia de sanctis quorum stabilis vita ad omne opus bonum parata sicut lignum quadratum ab omni parte firmum stat" (*Liber uite* [第四章注释 13], fol. 16rv).

18. 参见原书第三章第 152 页。

19. 参见 Beda Venerabilis, *Hexaemeron* (Migne, PL 91, col. 73).

20. 参见原书第一章第 68 页。

21. 参 见 H.B. Gutmann, "Religiöser Symbolismus in Michelangelos Sintflutfresco"，摘 自 *Zeitschrift für Kunstgeschichte*, 18 (1955), 第 74 页。这位作者认为这四组人代表了《最后的审判》中被罚下地狱的那些人。相关还可参考 von Erffa《Ikonologie der Genesis》，慕尼黑 1989 (第四章注释 15)，第 471 页。

22. 参见 Hugo de S. Victore, *Allegoriae* (第四章注释 15), col. 642.

23. 参见 Colalucci, *Cappella Sistina*, I, 第 167 页、171 页、179 页和第 177 页的图。

24. 参见 P.Torriti (主编), *Il Comune di Civitella Paganico. Guida storico-artistica del territorio*, 奇维泰拉帕加尼科 1995, 第 37-39 页和第 40 页的插图。

25. 参 见 H.y M. Schmidt, *Die vergessene Bildersprache christlicher Kunst. Ein Führer zum Verständnis der Tier-, Engel- und Mariensymbolik*, 慕尼黑 1981, 第 93 页。

26. 参见"bos"，摘自 Lauretus, *Sylva* 1575 (第一章注释 22), fol. 164r.

27. V. Dionysius Areopagita, *La hiérarchie céleste*, 巴 黎 1970 ("Sources Chrétiennes, 58bis")，第 187 页。另参见 : "equus"，摘自 Lauretus, *Sylva* 1575 (第一章注释 22), fol. 346v: "Equi etiam ipsi angeli dicuntur, propter obedientiam, qua divinis obtemperant iussis... quod si ex albo nigroque permisti, vis illa signatur, qua traducente nectuntur extrema, et prima secundis, ac secunda primis, conuersione ac prudentiae ratione iunguntur". 或许正如埃德加・文德认为的那样 (Edgar Wind, 2002,[第二章注释 9] 第 53 页)，这里画的是一头大象，它的脸上没有眼睛，而且象鼻的线条和前额的线条也不是很协调。或许是因为改变了计划，那只位于左侧牛角下方的眼睛的残存部分便可支持这个说法。或者这只是它朝上竖起的一只耳朵？不管怎样这个残存部分在后续的修复中显露出来。很可能壁画的这个角落不是米开朗琪罗画的，而是他的一个助理画的，但这位助理并不能把师父的想法准确地画下来。于是，这个地方到底画的是一头大象还是一个牛轭，仍然是一个开放性问题。又或者说，米开朗琪罗，或者更准确地说是他的助理，原本想画一头大象的灰色背脊，只是后来又加上了象鼻，把背脊重新呈现为前额。但是勾勒象鼻的笔迹非常弱，和牛角的圆润形成对比，因此三种解释中的最后一种应该是不可能的。

28. 菲奥雷的约阿基姆 , (第四章注释 2), fol. 8v. 还可参考第二章，第 88 页。

29. 参见 Mancinelli, 1993 (第三章注释 35), 第 39 页 , 42 页。

30. 菲奥雷的约阿基姆 , (第四章注释 2), fol. 27vs. 参见第二章第 93 页。

31. 见 H. Fillitz, "Michelangelos Genesis-Darstellung in der Sixtinischen Kapelle und die Fresken von S. Paolo fuori le mura"，摘 自 *Römische historische Mitteilungen*, 23 (1981), 第 329-334 页。关于罗马城外圣保禄大殿的壁画，传下来的只有草图。参见 S. Waetzoldt, *Die Kopien des 17. Jahrhunderts nach Mosaiken und Wandmalereien in Rom*, 维也纳 - 慕尼黑 1964 ("Römische Forschungen der Bibliotheca Hertziana, 18")，55 页及后续页码，注释 593-696，图 332-334。

32. 参见原书第三章第 163 页。

33. 参见 Fillitz 1981 (第四章注释 31), 第 329-331 页。

34. 参见第四章注释 32。

35. 参见原书第二章第 93 页。

36. 参见菲奥雷的约阿基姆 1519 [第三章注释 43], fol. 27v.

37. 比如，Mancinelli 1993 (第三章注释 35) 这本书中概括了所有先前的重要文献，在第 33 页仍然错误地研究处理了这幅壁画。

38. 这个观点来自 A. von Euw, "Das Programmder Sixtina"，en *Michelangelo und die Sixtina*, 摘 自 Kommentarheft zur Faksimileausstellung der Schweizerischen Kreditanstalt, 苏黎世 1992, 第 35 页。

39. 参见原书第二章第 92 页。

40. 参见 Aurelius Augustinus (奥古斯丁)，*Confessiones* (《忏悔录》)，XIII, XVIIII (*CSEL, XXXIII, I, I*), rec. P.Knöll, 363 页。

41. 参见同上 , XVIII, 第 361 页。

42. 参 见 C. O' Reilly, "'Maximus Caesar et Pontifex Maximus'. Giles of Viterbo proclaims the Alliance between Emperor Maximilian I and Pope Julius II"，摘 自 *Augustiniana*, 22 (1972), 1-2, 第 107 页。把西斯廷教堂的穹顶和下面这段话对比一下，会很有意思 : "... ad quartum usque diem eumdum est nobis, in quo solem mundo primum apparuisse legimus. Nam primo

constat lucem progenitam esse, die altero aquas ab aquis seiunctas fuisse, tertio e terra subpullulasse omnia, quarto e caelo solem emicuisse"(……我们应该去读一读第四天，在那一天我们会读到世界上第一次有了太阳。实际上，第一天有了最原始的光，第二天分开了水，第三天植物从地里发芽，第四天太阳闪耀于天空)(第102页)。

43. 参见 della Rovere 1985(第一章注释 32)，第77 页："Nonne Genesis cap pr dictum est 'Fiat lux' et facta est lux illa sancta et immaculata que lucet in tenebris, sine qua factum est nihil, que divinum illum solem nobis peperit in terris a quo salvatum fuit genus humanum?"(在《创世记》的第一章里说"要有光"，于是那道神圣而纯洁的光便创造了出来，闪耀在黑暗中，如果没有这光则一切都不会存在，它给我们这些地上的人带来了神圣的太阳，人类被太阳拯救，难道不是这样么？)

44. 参见 Petrus Galatinus, *De arcanis catholicae veritatis* [1518]，第 60 页，注释 1："Nam cum Deus Adam plasmaret, fecit quasi massam, ex cui parte nobiliori accepit intemeratae matris Messiae materiam, ex residuo vero eius et superfluitate Adam formavit"(实际上，上帝在塑造亚当的时候，做了一个块状物，然后从中最高贵的地方取材塑造了纯洁的弥赛亚的母亲，而用余下的部分塑造了亚当)。

45. Giorgio Vasari, *Vita di Michelagnolo Buonarroti Fiorentino*，重印在 Mancinelli, Bellini 1992(第三章注释 5)，93 页，从这些年轻人像开始描述西斯廷教堂的壁画："每一个人都惊讶于人物的精美，缩小画的完美，轮廓的圆润，这些画里充满优雅和轻盈，精美的裸体人像中能够看到一块美丽的部分，围在壁画周边……"

46. 埃吉迪奥·达·维泰博在 1507 年 12 月 21 日于罗马的圣彼得大教堂中举行了一个关于金时代的重要演说，这份演说的讲稿由 John W. O' Malley, SJ 出版了。这个演说的主题是关于构成一切实体的四大元素。当这些元素之间相互对立的时候，作者指出了四种"affectus"(影响)，也就是来自土地的畏惧、水的贪恋、大气的疾病和与火元素相关的色欲。参见 J.W. O' Malley, "Fulfillment of the Christian Golden Age under Pope Jiulius II: Text of a Discourse of Giles of Viterbo, 1507"，摘自 *Traditio. Studies in Ancient and Medieval History, Thought and Religion*, XXV (1969), 282 页。

47. 观点来自 E. Gordon Dotson, "An Augustinian Interpretation of Michelangelo' s Sistine Ceiling", Part I, 摘自 *The Art Bulletin*, LXI (1979), 230 页。

第五章

1. 以下有图解的书籍能够帮助我们完成这个任务：*La Cappella Sistina* IV；L. Partridge, F. Mancinelli, G. Colalucci,*Michelangelo. The Last Judgement. A Glorious Restoration*，摄影作者：T. Okamura，纽约 1997。M. Rohlmann 1995(第三章注释 4)，第 205-234 页，收集了先前的研究中的并不总是很有说服力的观点，并附有丰富的注解。他和前辈学者们都没有找到解读这幅壁画的关键。

2. 参见 F. Mancinelli，*Michelangelo. The Last Judgement* 1997(第五章注释 1)，第 157 页。

3. 参见彼得罗·阿雷蒂诺于 1537 年 9 月 16 日写给米开朗琪罗的信(*Il carteggio di Michelangelo*，IV，1979，82 页之后)和米开朗琪罗于 1537 年 11 月 20 日的回信(*Carteggio*，IV，第 87 页)。同时可参考 Mancinelli，*Michelangelo. The Last Judgement* 1997(第五章注释 1)，第 171 页。

4. 关于这些设计图，仍有一些基本的分析，可参见 L.Dussler，*Die Zeichnungen des Michelangelo. Kritischer Katalog*，柏林 1959，插图 89-91，94，96。还可参见 Mancinelli，*Michelangelo. The Last Judgement*1997(第五章注释 1)，第 157 页，图 1 和图 2；H. Keller (ausgewählt und kommentiert)，*Michelangelo. Zeichnungen und Dichtungen*，美因河畔法兰克福 1975，第 85 页，第 54 页插图；M. Hirst，*Michelangelo and his Drawings*，纽黑文 - 伦敦 1988，第 123 页；M. Hirst，"Giudizio"，摘自 *Michelangelo e la Sistina: la tecnica, il restauro, il mito*，罗马 1990，第 47-49 页；P.de Vecchi，*Michelangelo. Der Maler*，斯图加特 - 苏黎世 1988，第 128 页。

5. 参见 Dussler 1959(第五章注释 4)，第 150 页，注释 246，插图 89。

6. 参见 Dussler 1959(第五章注释 4)，第 64 页，注释 55 及插图 94；Hirst, *Giudizio*(第五章注释 4)，47 页及之后。还可参见 Rohlmann 1995(第三章注释 4)，214 页及之后。不排除一种可能，就是在博纳罗蒂之家找到的这张草图上实际能找到两种不同的构图，左上方是《最后的审判》，右下方是《天使的坠落》。据瓦萨里的观点，后面的这个场景许是教皇克雷芒七世为西斯廷教堂入口处的墙壁设计的。相关可参考 Rohlmann 1995，第 231 页，注释 19。在这样的情况下，草图上画的或许不是祭坛墙壁上那幅壁画的边框，而是对面入口处墙上的边框。

7. 参见 Dussler 1959(第五章注释 4)，第 163 页，注释 294，图 90；Hirst, *Giudizio*(第五章注释 4)，第 49 页。

8. 参见 Dussler 1959(第五章注释 4)，第 149 页，注释 245，图 91；De Vecchi 1988(第五章注释 4)，图 105。

9. 参见 Dussler 1959(第五章注释 4)，第 181 页，注释 333，插图 96；De Vecchi(第五章注释 4)，图 109；F. Mancinelli,*Michelangelo. The Last Judgement*1997(第五章注释 1)，图 3。

10. 参见 L. Partridge，"Michelangelo' s Last Judgement: An Interpretation"，摘自 *Michelangelo. The Last Judgement*(第五章注释 1)，第 16 页，图 9。

11. 参见 Dussler 1959(第五章注释 4)，第 198 页，注释 364；Hirst, *Giudizio*(第五章注释 4)，第 38 页，图 58。

12. 参见 Patridge，摘自 *Michelangelo. The Last Judgement*(第五章注释 1)，143 页及后续页，图 124 等，将米开朗琪罗所画的末日审判者的头部与观景殿的阿波罗的头部进行对比，并发现了两者之间的联系。

13. "维罗尼卡"面纱上的影像已经不在圣彼得大教堂里了，而在阿布鲁佐的马诺佩洛镇的圣面圣殿中。相关参见 W. Bulst, H.W. Pfeiffer, *Das Turiner Grabtuch und das Christusbild, Band 2: Das echte Christusbild*，美因河畔法兰克福

1991，第 65-72 页及图 25-30；H.W. Pfeiffer, “La Veronica romana e i suoi riflessi nell’arte”，摘自 *Il Volto dei volti Cristo*, ed. Istituto Internazionale di Ricerca sul Volto di Cristo, 戈尔莱（贝加莫）1997, 第 189-195 页；H.W. Pfeiffer, *Il Volto Santo di Manoppello*, 佩斯卡拉 2000, 第 20-31 页，图 4-6。

14. “*Concordia* m proprie esse dicimus similitudinem eque proportionis novi ac veteris testamenti: eque dico quoad numerum, non quoad dignitatem, cum vero persona et persona, ordo et ordo, bellum et bellum ex parilitate quadam mutuis se vultibus intuentur: utpote Habraam et Zacharias, Sarra et Helisabeth, Isaac et Ioannes baptista et homo Jesus et Jacob”（相谐意味着《新约》和《旧约》体例相似，这种相似是数量上的相似，而不是人格尊严的相似，因为人与人，派系与派系，战争与战争，都源自于某种相似性，彼此之间面面相觑，就像亚伯拉罕和撒迦利亚，撒拉和以利沙伯，以撒和施洗约翰，耶稣和雅各一样）(Gioacchino da Fiore, *Concordia* 1519 [第三章注释 43], fol. 7rv)。H. Fillitz, *Papst Clemens VII. und Michelangelo. Das jüngste Gericht in der Sixtinischen Kapelle*, 维也纳 2005（“Österreichische Akademie der Wissenschaften, Veröffentlichungen der Kommission für Kunstgeschichte, 6”），第 16 页、35 页，图 16、17，有理有据地解释了孔蒂维等人如何将施洗约翰像认定为查理五世的画像。

15. “Habraam unus est homo, et significat ordinem patriarcharum, in quo multi sunt homines. Zacharias unus est homo et hoc ipsum significat” (Gioacchino da Fiore, *Concordia* 1519, [第三章注释 43], fol. 8r).

16. “Sarra una est femina, et significat synagogam. Synagogam dico non reprobam quam designat Agar, sed sterilem iustorum ecclesiam... Sarre, filius non carnis, sed promissionis tempori senectutis sue... et Helisabeth illud idem significat: quod et ipsa cum esset sterilis, in senectute genuit filium: ambo in senectute matrum orti sunt” (Gioacchino da Fiore, *Concordia* 1519, [第三章注释 43], fol. 8r).

17. 参见 Gioacchino da Fiore, *Concordia* 1519, [第三章注释 43], fol.18v, 31r.

18. 参见 Gioacchino da Fiore, *Concordia* 1519, [第三章注释 43], fol.9v.

19. 参见第五章注释 14。

20. Fillitz 2005（第五章注释 14），第 20 页，指出没有匙柄的钥匙不可用于开关门。另外，通过第 35 页，图 14 和 15 可认为彼得的面孔与克雷芒七世的画像一致。

21. 无论如何巴多罗买的脑袋与彼得罗·阿雷蒂诺的脑袋十分一致，就和佛罗伦萨的碧提宫中以及纽约的弗里克收藏馆中提香所作的那些著名画像一样。参见 H.E.Wethey, *The paintings of Titian, II, The portraits*, 伦敦 - 纽约 1971，注释 5, 第 75-77 页，图 96 和 99。

22. 参见 1537 年彼得罗·阿雷蒂诺和米开朗琪罗之间的书信往来，摘自 *Il carteggio di Michelangelo*, IV1979, 第 82-84 页、87 页、90 页。

23. 相关参见 *Jacobi a Voragine Legenda Aurea*, rec. Th. Graesse, 奥斯纳布吕克 1969（第三版影印本，1890），187 页。

24. “Ut enim... percussa est illa vetus babylon... ita... percutienda est nova...” (Gioacchino da Fiore, *Concordia* 1519, [第三章注释 43], fol. 24r).

25. 参见 Hieronymus, *In Isaiam Prophetam*, 15,57 (Migne, PL 24, coll. 546s)。相关参考 *Scripturae Sacrae Cursus completus*, 18, 巴黎 1840, coll. 783s.

26. 约阿基姆（第五章注释 24）提到了讲述《旧约》中被锯死的殉教者的《希伯来书》（《希伯来书》11，37）。

27. 关于维托丽娅·科隆纳、她与米开朗琪罗的关系以及她的画像，可参见 E. Campi, *Michelangelo e Vittoria Colonna. Un dialogo artistico teologico ispirato da Bernardino Ochino*, 都灵 1994, 图 3 和图 5。

28. 参见第五章注释 11。

29. 参见 D. Redig De Campos, B. Biagetti, *Il Giudizio Universale di Michelangelo*, 米兰 1944, 第 47-50 页。

30. 在他的 *Sententiae ad mentem Platonis*（关于柏拉图的格言）(Città del Vaticano, Biblioteca Apostolica Vaticana, Cod. Vat. Lat. 6325, fol. 33v）中，这位博学的神学家写道，荷马认为独眼巨人是不虔诚的渎神者，“quia instrumentum divinorum cernendorum non habebat, uno dumtaxat oculo contentus, qui lucem aliam non haberet, nisi quae de solo sensu originem duceret”（因为只满足于一只眼睛的他，没有认知神圣事物的工具，而那唯一的一只眼睛除了能感知到感官知觉以外，不再有其他任何光芒）。

31. “……可以看到七宗罪，一群恶魔正在争斗，并把那些飞在空中的灵魂拽向地狱的深渊，其姿态甚美，画面非凡”（Giorgio Vasari, *Vita di Michelangelo Buonarroti Fiorentino*[在 Mancinelli, Bellini, 1992, 第 113 页引用]）。

32. 见 Giorgio Vasari（同上注释），第 113 页。

参考书目

Manuscritos

ÆGIDIUS VITERBIENSIS, Sententiæ ad mentem Platonis, Ciudad del Vaticano, Biblioteca Apostolica Vaticana, cod. Vat. Lat. 6325.

Apocalypsis Nova, Ciudad del Vaticano, Biblioteca Apostolica Vaticana, cod. Vat. Lat. 3825.

Der lüstliche Würtzgarte, Berlín, Deutsche Nationalbibliothek, ms. Germ. Oct. 515.

FRANCESCO DELLA ROVERE, Quæstiones de Christi sanguine, Ciudad del Vaticano, Biblioteca Apostolica Vaticana, cod. Urb. Lat. 151.

FRANCESCO DELLA ROVERE, De Conceptione Beatæ Virginis Mariæ, Padua, Biblioteca Capitolare, cod. C. 46.

GEORGIUS BENIGNUS, Vexillum christianæ fidei, Viena, Österreichische Nationalbibliothek, cod. Pal. 4797 (Theol. 28).

PETRUS COLONNA, De ecclesia destituta, Ciudad del Vaticano, Biblioteca Apostolica Vaticana, codd. Vat.

Lat. 5568, 5569, 5576.

PETRUS COLONNA, De Pastore angelico, Ciudad del Vaticano, Biblioteca Apostolica Vaticana, cod. Vat. Lat.

5578.

PETRUS COLONNA, De vera Scriptura, Ciudad del Vaticano, Biblioteca Apostolica Vaticana, cod. Vat. Lat. 5580.

PARIS DE' GRASSIS, Diaria Iulii II a 26 Maii 1504 usque ad itinerarium, 26 augusti 1506, Roma, Biblioteca Casanatense, ms. 2141 [AF microfilm 2043].

ÆGIDIUS VITERBIENSIS, Regi Emanueli Frater Egidius

Viterbiensis Augustinianus salutem in Cristo Jesu, Portugal, Evora, Biblioteca Pública e Arquivo Distrital, sign. CXVI/1-30, edición crítica consultada en O' MALLEY 1969.

PARIS DE' GRASSIS, Diaria ejusdem Julii II at ineunte anno 1510 ad obitum ipsius 3 marti 1513, Roma, Biblioteca Casanatense, ms. 2143 [AF microfilm 2045].

Incunables de los siglos XV y XVI

1462-1472

FRANCESCO DELLA ROVERE, Questiones de Christo sanguine, Roma, Lignamine, 1462-72.

1493

Biblia vulgar historiata, tr. it. Di Nicolò Malermi (Malerbi), Venecia, Guiglielmo Anima mia, 1493; Roma, Biblioteca Casanatense, vol. inc. 257.

1495

NICOLAUS DE LYRA, Liber vite. Biblia cum glossis ordinariis: et interlinearibus: excerptis ex omnibus ferme Ecclesie sancte doctoribus: simulque cum expositione Nicolai de Lyra: et cum concordantiis in margine, 3 vol., Venetiis, Paganinum de Paganinis 1495; Roma, Biblioteca della Pontificia Università Gregoriana, Ris. 11 G 2-4.

1508

MARCELLUS CHRISTOPHORUS, Universalis de anima traditionis opus, Venetiis, impressum per Gregorium de Gregoriis, 1508.

1518

PETRUS GALATINUS, Opus toti[us] christianæ Reipublicææ maxime utile: de arcanis catholicæ veritatis, contra obstinatissimam Iudæorum nostræ tempestatis perfidiam: ex Talmud, aliisquæ hebraicis libris nuper excerptum: et quadruplici linguarum genere eleganter congestum, [Orthonae maris, H. Suncinus, 1518].

1519

JOACHIM DE FLORE, Divini vatis Abbatis Joachim liber concordie novi ac veteris Testamenti: nunc primo impressus et in lucem editus Opus equidem divinum ac aliorum fere omnium tractatuum suorum fundamentale divinorum eloquiorum obscura elucidans archana reserans necnon eorundem curiosis sitibundisquæ mentibus non minus satietatem afferens, Venetiis, per Simonem de Luere, 1519.

1575

HIERONYMUS LAURETUS, Sylva Allegoriarum Totius Sacræ Scripturæ Mysticos eius sensus, et magna etiam ex parte literales complectens, syncerae Theologiæ candidatis perutilis, ac necessaria, 2 vol., Venetiis, apud Gasparem Bindonum, 1575.

1583

HIERONYMUS LAURETUS, Sylva Allegoriarum Totius Sacreæ Scripturæ. Mysticos eius sensus, et magna etiam ex parte literales complectens, sinceræ Theologiæ candidatis perutilis, ac necessaria, Parisiis, apud Sebastianum Nivellium, 1583.

1605

ANGELO ROCCA CAMERS, Chronhistoria de Apostolico Sacrario nomenclaturam, Institutionem, & Instructionem, Munia item et seriem Sacristarum in Augustiniana Familia tercentum, Romæ, apud Guillelmum Facciottum, 1605.

333_Fin CAPILLA SIXTINA.qxp 12/6/07 15:02 Página 344 (PANTONE 200 C plancha)

Estudios modernos

1823

OTTLEY WALTER YATES, Italian School of Design, Londres 1823.

1845

EUSEBIUS HIERONYMUS, «Commentariorum in Isaiam Prophetam libri duodeviginti», en

Eusebius Hieronimus
opera omnia, ed. J.-P. Migne, Lutetiae Parisiorum
1845 («PL 24»), cc. 17-678.
Petri Allegherii super Dantis ipsius genitoris comoediam
commentarium, ed. de Vincentio Nannucci, Florencia, apud Gugliemum Piatti, 1845.
1854
HUGO DE SAN VICTORE, «Allegoriæ in Novum Testamentum
», en Hugonis de S. Victore opera omnia, ed.
J.-P. Migne, I, ed. nova, Lutetiae Parisiorum 1854
(«PL 175»), cc. 751-924.
HUGO DE SAN VICTORE, «De bestiis et aliis rebus. Libri
Quatuor», en Hugonis de S. Victore opera omnia, ed.
J.-P. Migne, ed. nova, Lutetiae Parisiorum 1854 («PL
177»), cc. 13-154.
HUGO DE SAN VICTORE, «Posteriorum Excerptionum
Libri Tredecim, continentes Utriusque Testamenti
Allegorias», en Hugonis de S. Victore opera omnia, ed. J.-P. Migne, ed. nova, Lutetiæ Parisiorum 1854
(«PL 175»), cc. 633-752.
HUGO DE SAN VICTORE, «Sermones centum», en Hugonis
de S. Victore opera omnia, ed. J.-P. Migne, ed.
nova, Lutetiæ Parisiorum 1854 («PL 177»), cc. 899-1222.
1862
BEDA VENERABILIS, «Hexameron», en Venerabilis
Bedæ opera omnia, ed. J.-P. Migne, II, París 1862
(«PL 91»), cc. 9-190.
SANCTUS BERNARDUS, «Vitis Mystica seu Tractatus de
Passione Domini», en S. Bernardi opera omnia, ed.
J.-P. Migne, III, ed. nova, Lutetiæ Parisiorum
1862 («
PL 184 «), c. 635-740.
1879
VASARI GIORGIO, Le vite de' più eccellenti Pittori, Scultori
et Architetti, ed. de G. Milanesi, 9 vol., Florencia
1879 [1886] (15682).
1893
Paulys Realencyclopädie der classischen Altertumswissenschaft, ed. de G. Wissowa, W. Kroll, K. Mittelhaus, 47 vol./19 vol., 1.ª-2.ª serie, Stuttgart 1893-1978.
1899-1900
AURELIUS AUGUSTINUS, De Civitate Dei, 2 vol., Pragæ-Vindobonæ-Lipsiæ 1899-1900 («Corpus
Scriptorum Ecclesiasticorum Latinorum, XXXX/1-2»).
1900
JUSTI CARL, Michelangelo, Leipzig 1900.
1901
BURCKHARDT JACOB, Der Cicerone, III, Leipzig-Berlín
19018.
STEINMANN ERNST, Die Sixtinische Kapelle, 2 vol., Munich
1901-1905.
1903
KLACZKO JULIAN, Rome and the Renaissance the Pontificat
of Julius II, trad. ingl. de J. Dennie, Nueva
York-Londres 1903.
Origenes Werke. Vierter Band. Der Johanneskommentar, herausgegeben von E. Preuschen, Leipzig 1903
(«Die Griechischen Christlichen Schriftsteller der ersten drei Jahrhunderte»).
1908
BORINSKI KARL, Die Rätsel Michelangelos. Michelangelo
und Dante, Munich-Leipzig 1908.
THODE HENRY, Michelangelo. Kritische Untersuchung
über seine Werke, Berlín, I-II, 1908; III, 1913.
1909
JUSTI CARL, Michelangelo. Neue Beiträge, Berlín 1909.
1918
Foratti ALDO, «Gli Ignudi della volta Sistina», en L' Arte, 21 (1918), 2-3, pp. 109-126.
1920
Origenes Werke. Sechster Band. Homilien zum Hexateuch
in Rufins Übersetzung. Erster Teil: Die Homilien
zu Genesis, Exodus und Leviticus, ed. W.A.
Baehrens, Leipzig 1920 («Die Griechischen Christlichen
Schriftsteller der ersten drei Jahrhunderte, 29»).
PUBLIUS VERGILIUS MARO, Æneis, herausgegeben von
Ribbeck und Ianell, Leipzig 1920.
1921
Origenes Werke. Sechster Band. Homilien zum Hexateuch
in Rufins Übersetzung. Zweiter Teil: Die Homilien
zu Numeri, Josua und Judices, ed. W.A.
Baehrens, Leipzig 1921 («Die Griechischen Christlichen
Schriftsteller der ersten drei Jahrhunderte, 30»).
PANOFSKY ERVIN, Die Sixtinische Decke, Leipzig 1921.
1923
FREY DAGOBERT, Michelangelo Buonarroti, Roma
1923.
1924
BIAGETTI BIAGIO, «I Musei e le Gallerie Pontificie nell' anno
1924-25. IV. Relazione», en Atti della Pontificia
Accademia Romana di Archeologia. Rendiconti, III
(1924-1925), pp. 479-497.
1925
Origenes Werke. Achter Band. Homilien zu Samuel I, zum Hohelied und zu den Propheten Kommentar
zum Hohelied in Rufins und Hieronymus'

Übersetzungen, ed. W.A. Baehrens, Leipzig 1925 («Die Griechischen Christlichen Schriftsteller der ersten drei Jahrhunderte, 33»).

1926

KLEINHANS ARDUINUS, «De Vita et Operibus Petri Galatini, O.F.M.», en Antonianum, I, (1926), f. 1, pp. 145-179, 327-356.

PASTOR LUDWIG VON, Geschichte der Päpste seit dem Ausgang des Mittelalters. Mit Benutzung des Päpstlichen Geheim-Archives und vieler anderer Archive bearbeitet von Ludwig Freiherrn von Pastor, III, Geschichte der Päpste im Zeitalter der Renaissance von der Wahl Innozenz' VIII. bis zum Tode Julius' II (1484-1513), Friburgo de Bisgrovia 1926.

1928

Michelangelo. La vita raccolta dal suo discepolo Ascanio Condivi, ed.de P. D' Ancona, Milán 1928.

1930

CARCOPINO JÉRÔME, Virgile et le mystère de la IV.ª èglogue, París 1930.

1932

RAHNER HUGO, «Die Weide als Symbol der Keuschheit in der Antike und im Christentum», en Zeitschrift für katholische Theologie, 56 (1932), pp. 231-253.

STIX ALFRED, FRÖHLICH-BUM LILLI, Die Zeichnungen der Toskanischen, Umbrischen und Romanischen Schulen, Viena 1932 («Beschreibender Katalog der Handzeichnung in der Graphischen Sammlung Albertina, herausgegeben von Alfred Stix, III»).

WILDE JOHANNES, «Eine Studie Michelangelos nach der Antike», en Mitteilungen des Kunsthistorischen Institutes in Florenz, 4/1 (julio 1932), pp. 41-64.

1934

PARRONI GIUSEPPE, Il vero volto di Michelangelo, Roma 1934.

1936

BIAGETTI BIAGIO, «La volta della Cappella Sistina. Primo saggio di indagine sulla cronologia e la tecnica delle pitture di Michelangelo», en Atti della Pontificia Accademia Romana di Archeologia. Rendiconti, XII (1936), pp. 199-220.

GOLZIO VINCENZO, Raffaello nei documenti, nelle testimonianze dei contemporanei e nella letteratura del suo secolo, Ciudad del Vaticano 1936.

1938

HUCK JOHANNES CHRYSOSTHOMUS, Joachim von Floris und die joachitische Literatur, Friburgo de Brisgovia 1938.

1943

VENTURI ADOLFO, Michelangelo, Milán 1943.

DE TOLNAY CHARLES, Michelangelo, 5 vol., Princeton 1943-1960.

1944

GUTMAN HARRY B., «Nicholas of Lyra and Michelangelo' s Ancestors of Christ», en Franciscan Studies, 4 (1944), pp. 223-228.

REDIG DE CAMPOS DEOCLECIO, BIAGETTI BIAGIO, Il Giudizio Universale di Michelangelo, Milán 1944 («Monumenti vaticani di archeologia e d' arte, VII»).

WIND EDGAR, «Sante Pagnini and Michelangelo: A Study of the Succession of Savonarola», en Gazette des Beaux-Arts, 26 (julio-diciembre 1944), pp. 211-246 (reeditado en WIND 2002, pp. 1-22).

1947

JEDIN HUBERT, «Il cardinale Pole e Vittoria Colonna», en Italia francescana, 22 (1947), pp. 13-30 (reeditado en JEDIN HUBERT, Chiesa della fede Chiesa della storia, Brescia 1972, pp. 513-530).

1948

FISCHEL OSKAR, Raphael, Londres 1948.

1950

HARTT FREDERICK, «Lignum vitae in Medio Paradisi», en The Art Bulletin, 32 (1950), pp. 115-145, 181-218.

WIND EDGAR, «The Arc of Noah: A Study in the Symbolism of Michelangelo», en Measure, I (1950), pp. 411-421 (reeditado en WIND 2002, pp. 49-57).

1951

HARTT FREDERICK, «Pagnini, Vigerio and the Sistine Ceiling: A Replay», en The Art Bulletin, 33 (1951), pp. 262-273.

WIND EDGAR, «Typology in the Sistine Ceiling: A critical Statement», en The Art Bulletin, 33 (1951), pp. 41-47.

1953

GUTMAN HARRY B., «Jonah and Zachariah on the Sistine Ceiling», en Franciscan Studies, 13 (1953), pp. 159-177.

1954

DIANO CARLO, «Il concetto della storia nella filosofia dei Greci», en Il pensiero classico, ed. de U.A. Padovani, coordinación de A.M. Moschetti, Milán 1954 («Grande Antologia Filosofica, II»), pp. 247-404.

MASSA EUGENIO, I fondamenti metafisici della 'dignitas hominis' e testi di Egidio da Viterbo, Turín 1954.

MATHANIC' ATHANASIUS, «Xystus PP. IV scripsitne librum 'De conceptione beatae Virginis Mariae' ?», en Antonianum, 29 (1954), pp. 573-578.

WIND EDGAR, «The Revival of Origen», en Studies in Art and Literature for Bella da Costa Greene, ed. de D. Miner, Princeton 1954, pp. 419 ss.

1955

DANTE ALIGHIERI, Die Göttliche Komödie, ed. de Hermann Gmelin, Stuttgart 1955.

GUTMANN HARRY B., «Religiöser Symbolismus in Michelangelos Sintflutfresco», en Zeitschrift für Kunstgeschichte, 18 (1955), pp. 74-76.

PUTSCHER MARIELENE, Raphaels Sixtinische Madonna: das Werk und seine Wirkung, Tubinga 1955.

1956

Bibel-Lexikon, ed. de H. Haag, Einsiedeln-Zurich-Colonia 1956.

1957

GUTMAN HARRY B., «In Re: Iconological Problems of Michelangelo' s Last Judgment», in Franciscan Studies, 17 (1957), pp. 43-57.

1958

OHLY FRIEDRICH, Hoheliedstudien. Grundzüge der Hoheliedauslegung des Abendlandes bis um 1200, Wiesbaden 1958.

RIEDLINGER HERBERT, Die Makellosigkeit der Kirche in den lateinischen Hohenliedkommentaren des Mittelalters, Münster 1958 («Beiträge zur Geschichte der Philosophie und Theologie des Mittelalters, 38/3»).

1959

CLARK KENNETH, The Nude, Harmondsworth 19563).

DUSSLER LUITPOLD, Die Zeichnungen des Michelangelo. Kritischer Katalog, Berlín 1959.

DE LUBAC HENRI, Exégèse Médiévale. Les quatre sens de l' Ecriture, 3 vol., París 1959-1964.

1960

Dizionario biografico degli Italiani, 63 voll., Roma 1960 s.

MINNICH NELSON H., «Concepts of Reform Proposed at the Fifth Lateran Council», en Archivum Historiæ Pontificiæ, 7 (1960), pp. 181-183.

WIND EDGAR, «Maccabean Histories in the Sistine Ceiling», en Italian Renaissance Studies, ed. por E.F. Jacob, Londres 1960, pp. 312-327.

WIND EDGAR, «Michelangelo' s Prophets and Sibyls», en Proceedings of the British Academy, LI, (1960), pp. 47-84 (reeditado en WIND 2002, pp. 124ss.).

1961

GOMBRICH ERNST H., «Renaissance and Golden Age», en Journal of The Warburg and Courtauld Institutes, 24 (1961), pp. 306-309.

1963

WITTKOWER RUDOLF, WITTKOWER MARGOT, Born under Saturn. The Character and Conduct of Artists: A Documented History from Antiquity to the French Revolution, Londres 1963.

1964

CARBONARA CLETO, «Il platonismo nel Rinascimento», en Il pensiero della Rinascenza e della Riforma (Protestantesimo e Riforma Cattolica), ed. de M.F. Sciacca, coordinación de A.M. Moschetti y M. Schiavone, Milán 1964 («Grande Antologia Filosofica, VI»), pp. 527-543.

HARTT FREDERICK, Michelangelo pittore, Milán 1964.

JOACHIM VON FIORE, Concordia Novi ac Veteris Testamenti (Venetiis, Per Simonem de Luere, 1519), reedición facsímil, Frankfurt del Main 1964.

WAETZOLDT STEPHAN, Die Kopien des 17. Jahrhunderts nach Mosaiken und Wandmalereien in Rom, Viena-Munich 1964 («Römische Forschungen der Bibliotheca Hertziana, 18»).

1965

DE TOLNAY CHARLES, «Personalità storica ed artistica di Michelangelo», en DE TOLNAY, BALDINI, SALVINI [y otros] 1965, pp. 7-71.

DE TOLNAY CHARLES, BALDINI UMBERTO, SALVINI ROBERTO [y otros.], Michelangelo. Artista. Pensatore. Scrittore, Novara 1965.

ETTLINGER LEOPOLD DAVID, The Sistine Chapel before Michelangelo, Oxford 1965.

REDIG DE CAMPOS DEOCLECIO, «L' architetto e il costruttore della Cappella Sistina», en Palatino, IX (1965), pp. 90-93.

SALVINI ROBERTO, La Cappella Sistina in Vaticano, 2 vol., Milán 1965.

1966

Atti del Convegno di Studi Michelangioleschi (Florencia-Roma 1964), Roma 1966.

GULDAN ERNST, Eva und Maria, Graz-Colonia 1966.

1967

L' Opera completa del Botticelli, presentación de Carlo Bo, aparato crítico y filológico de Gabriele

Mandel, Milán 1967 («Classici dell' Arte, 5»).
1968
O' MALLEY JOHN W., Giles of Viterbo on Church and
Reform: A Study in Renaissance Thought, Leyden 1968.
Lexikon der christlichen Ikonographie, ed. de E. Kirschbaum, G. Bandmann, W. Braunfels, 4 vol., Roma-Friburgo-Basilea-Viena 1968-1972.
1969
Biblia sacra iuxta Vulgatam versionem, 2 vol., Stuttgart
1969.
CAMESASCA ETTORE, L' opera completa del Perugino, Milán 1969 («Classici dell' Arte 30»).
COVI DARIO A., «Botticelli and Pope Sixtus IV», en
The Burlington Magazine, 111 (1969), pp. 616s.
Jacobi a Voragine Legenda Aurea, rec. T. Graesse, Osnabrück
1969 (reproducción facsímil de la III ed., 1890).
O' MALLEY JOHN W., «Fulfillment of the Christian
Golden Age under Pope Julius II: Text of a Discourse
of Giles of Viterbo, 1507», en Traditio. Studies in Ancient and Medieval History, Thought and Religion, XXV (1969), pp. 265-338.
REDIG DE CAMPOS DEOCLECIO, «I 'tituli' degli affreschi
del Quattrocento nella Cappella Sistina», en Atti della Pontificia Accademia Romana di Archeologia.
Rendiconti, XLII (1969-1970), pp. 299-314.
1970
BUONARROTI MICHELANGELO, I ricordi di Michelangelo, ed. de Lucilla Bardeschi Ciulich y Paola Barocchi, Florencia 1970.
DIONYSIUS AREOPAGITA, La hiérarchie céleste, introducción
de R. Roques, estudio y texto crítico de G.
Heil, traducción y notas de M. de Gandillac, París 1970 («Sources Chrétiennes, 58bis»).
Enciclopedia dantesca, 6 vol., Roma 1970.
MORISI ANNA, Apocalypsis Nova: ricerche sull' origine e
la formazione del testo dello pseudo-Amadeo, Roma
1970 («Istituto Storico Italiano per il Medioevo, Studi
storici, 77»).
L' Opera completa di Michelangelo pittore, presentación
de Salvatore Quasimodo, aparato crítico y filológico
de E. Camesasca, Milán 19706 («Classici dell' Arte
»).
1971
TRAEGER JÖRG, «Raffaels Stanza d' Eliodoro und ihr
Bildprogramm», en Römisches Jahrbuch für Kunstgeschichte, 13 (1971), 76, pp. 29-99.
WETHEY HAROLD E., The Paintings of Titian, II, The
portraits, Londres-Nueva York 1971.
1972
HARTT FREDERICK, Michelangelo. I disegni. La scultura.
La pittura, 3 vol., Milán 1972.
O' REILLY CLARE, « 'Maximus Caesar et Pontifex Maximus' .
Giles of Viterbo proclaims the Alliance between
Emperor Maximilian I and Pope Julius II», en
Augustiniana, vol. I (1972), 22, pp. 80-117.
1973
BUONARROTI MICHELANGELO, Il carteggio di Michelangelo, ed. de P. Barocchi y R. Ristori, edición póstuma
de las obras de Giovanni Poggi, 5 vol., Florencia 1973-83.
1974
VASOLI CESARE, Profezia e ragione, Nápoles 1974.
1975
DE TOLNAY CHARLES, Corpus dei disegni di
Michelangelo, Novara 1975.
KUHN RUDOLF, Michelangelo: Die sixtinische
Decke, Berlín-Nueva York 1975.
Michelangelo. Zeichnungen und Dichtungen, ausgewählt
und kommentiert von H. Keller, mit einem
Essay von Thomas Mann, Frankfurt del Main 1975.
PFEIFFER HEINRICH W., Zur Ikonographie von Raffaels
Disputa, Roma 1975 («Miscellanea Historiæ Pontificiæ, 37»).
Dizionario degli Istituti di Perfezione, dirigido por G.
Pelliccia y G. Rocca, 10 vol., Roma 1975-2003.
1977
GRUNDMANN HERBERT, Ausgewählte Aufsätze, 2, Joachim
von Fiore, Stuttgart 1977 («Schriften der Monumenta
Germaniae Historica, 25, 2»).
SALVINI ROBERTO, Michelangelo, Milán 1977
1978
DE MAIO ROMEO, Michelangelo e la controriforma, Bari
1978.
LEE EGMONT, Sixtus IV and Men of Letters, Roma 1978
(«Temi e testi, 26»).
WILDE JOHANNES, Michelangelo. Six Lectures, Oxford
1978.
SANT' AGOSTINO, La Città di Dio, ed. de A. Trapé y R.
Russell, intr. de S. Cotta, trad. it. di D. Gentili, 3 voll., Roma 1978-1989 («Opere di Sant' Agostino, V/1-3»).
1979
DOTSON GORDON ESTHER, «An Augustinian Interpretation
of Michelangelo' s Sistine Ceiling», en The Art Bulletin, LXI (1979), pp. 223-56, 405-29.
1980

La Bibbia, testo ufficiale della Conferenza Episcopale Italiana, Génova 1980.

CALVESI MAURIZIO, Le Arti in Vaticano, Milán 1980.

1981

FILLITZ HERMANN, «Michelangelos Genesis-Darstellung in der Sixtinischen Kapelle und die Fresken von S. Paolo fuori le mura», en Römische historische Mitteilungen, 23 (1981), pp. 320-334.

FROMMEL CHRISTOF LUITPOLD, «Eine Darstellung der ‘Loggien’ in Raffaells ‘Disputa’?», en Festschrift für Eduard Trier zum 60. Geburtstag, ed. de J. Müller Hofstede u. W. Spies, Berlín 1981, pp. 103-105.

ORIGENES, Homélies sur le Lévitique, ed. M. Borret, II, París 1981 («Sources Chrétiennes, 287»).

SCHMIDT HEINRICH, SCHMIDT MARGARETE, Die vergessene Bildersprache christlicher Kunst. Ein Führer zum Verständnis der Tier-, Engel- und Mariensymbolik, Munich 1981.

SUMMERS DAVID, Michelangelo and the Language of Art, Nueva Jersey 1981.

1982

HARTT FREDERICK, «The Evidence for the Scaffolding of the Sistine Ceiling», en Art History, 1982 (5 de septiembre), pp. 273-286.

NAVARRO FAUSTA, «Lo Pseudo-Bramantino: proposta per la ricostruzione di una vicenda artistica», en Bollettino d’Arte, LXVII (1982), 14, pp. 37-68.

ORIGENE, Commento al Cantico dei Cantici, ed. de M. Simonetti, Roma 1982.

1983

Abbot Joachim of Fiore. Liber de Concordia Novi ac Veteris Testamenti, transcrip. e intr. de D.E. Randolph, Filadelfia 1983 («Transactions of the American Philosophical Society, 73, 1983, part. 8»).

Egidio da Viterbo, O.S.A., e il suo tempo. Atti del V Convegno dell’ Istituto Storico Agostiniano, Roma-Viterbo, 20-23 ottobre 1982, Roma 1983 («Studia Augustiniana Historica, 9»).

1984

ELKINS JAMES, «Michelangelo and the human Form: his Knowledge and Use of Anatomy», en Art History, 7, 1984 (junio), 2, pp. 176-186.

FROMMEL CHRISTOPH LUITPOLD, RAY STEFANO, TAFURI MANFREDO, Raffaello Architetto, Milán 1984.

VALTIERI SIMONETTA, «Sant’ Eligio degli Orefici», en FROMMEL, RAY, TAFURI, Raffaello Architetto 1984, pp. 143-156.

1985

Francesco della Rovere. L’ Orazione della Immacolata, ed. de D. Cortese, Padua 1985.

HARPRATH RICHARD, «La formazione umanistica di papa Paolo III e le sue conseguenze nell’ arte romana della metà del Cinquecento», en Roma e l’ antico 1985, pp. 63-85.

MCGINN BERNARD, The Calabrian Abbot. Joachim of Fiore in the History of Western Thought, Nueva York 1985.

PFEIFFER HEINRICHW., «Le Sententiae ad mentem Platonis e due prediche di Egidio da Viterbo in riferimento agli affreschi della Segnatura e della Cappella Sistina», en Roma e l’ antico 1985, pp. 33-40.

Roma e l’ antico nell’ arte e nella cultura del Cinquecento, ed. de Marcello Fagiolo, Roma 1985.

1986

La Cappella Sistina. I primi restauri: la scoperta del colore, Novara 1986.

CICERCHIA EDITH, DE STROBEL ANNA MARIA, «Documenti inediti dell’ Archivio Segreto Vaticano sui restauri delle Stanze di Raffaello e della Cappella Sistina nel Settecento», en Monumenti, Musei e Gallerie Pontificie. Bollettino, VI (1986), pp. 105-152.

FREULER GAUDENZ, Biagio di Goro Ghezzi a Paganico: l’ affresco nell’ abside della chiesa di S. Michela, Milán 1986.

PFEIFFER HEINRICH W., «Die drei Tugenden und die Übergabe der Dekretalen in der Stanza della Segnatura », en Raffaello a Roma 1986, pp. 47-57.

Raffaello a Roma. Il Convegno del 1983, Roma 1986.

ROBERTSON CHARLES, «Bramante, Michelangelo and the Sistine Ceiling», en Journal of the Warburg and Courtauld Institutes, 49 (1986), pp. 91-105.

SHEARMAN JOHN, «La costruzione della Cappella e la prima decorazione al tempo di Sisto IV», en La Cappella Sistina. I primi restauri 1986, pp. 22-87.

The Sistine Chapel: Michelangelo Rediscovered, ed. P. Holberton, Londres 1986.

VALTIERI SIMONETTA, «L’ originario impianto a croce non iscritta di S. Eligio degli Orefici a Roma», en Raffaello a Roma 1986, pp. 323-330.

WINNER MATTHIAS, «Disputa und Schule von Athen», en Raffaello a Roma 1986, pp. 29-45.

1987
HOPE CHARLES, «The medallions on the Sistine Ceiling
», en Journal of the Warburg and Courtauld Institutes, L (1987), pp. 200-204.
MANCINELLI FABRIZIO, COLALUCCI GIANLUIGI, GABRIELLI
NAZZARENO, «Il restauro della Cappella Sistina», en Scienza e Tecnica, 87/88 (1987), pp. 339-350.
346
333_Fin CAPILLA SIXTINA.qxp 12/6/07 15:02 Página 346 (PANTONE 200 C plancha)
MEYER HEINZ, SUNTRUP RUDOLF, Lexikon der mittelalterlichen
Zahlenbedeutungen, Munich 1987 («Münstersche Mittelalter-Schriften, 56»).
PFEIFFER HEINRICH W., «Raffael und die Theologie», en Raffael in seiner Zeit 1987, pp. 99-117.
Raffael in seiner Zeit. Sechs Vorträge, im Auftrag der
Universität Würzburg en Verbindung mit der Dante-
Alighieri-Gesellschaft Würzburg, ed. de V. Hoffmann, Nuremberg 1987.
SANT' AGOSTINO, La Trinità, ed. de A. Trapé, intr. de
M.F. Sciacca, trad. de G. Beschin, Roma 1987 («Opere di Sant' Agostino IV».
WALLACE WILLIAM E., «Michelangelo' s Assistants in
the Sistine Chapel», en Gazette des Beaux-Arts, (diciembre
1987), pp. 203-216.
1988
BULL MALCOLM, «The Iconography of the Sistine Chapel
Ceiling», en The Burlington Magazine, 130 (1988), pp. 597-605.
DE VECCHI PIERLUIGI, Michelangelo. Der Maler, Stuttgart-
Zurich 1988.
HIRST MICHAEL, Michelangelo and his Drawings, New
Haven-Londres 1988.
L' età dei Della Rovere, V Convegno storico savonese, Savona, 7-10 noviembre 1985, parte 1 = Atti e Memorie.
Società Savonese di Storia Patria, n. s., XXIV (1988).
PISTARINO GEO, «Elogio di Papa Sisto IV», en L' età
dei Della Rovere 1988, pp. 21-79.
VASOLI CESARE, «Sisto IV professore di teologia e teologo
», en L' età dei Della Rovere 1988, pp. 177-207.
1989
ERFFA HANS MARTIN VON, Ikonologie der Genesis. Die
christlichen Bildthemen aus dem Alten Testament und ihre Quellen, Munich 1989.
DE VECCHI PIERLUIGI, COLALUCCI GIANLUIGI, La Cappella
Sistina, Milán 19891 (19903).
L' età dei Della Rovere, V Convegno storico savonese, Savona, 7-10 noviembre 1985, parte 2. Atti e Memorie.
Società Savonese di Storia Patria, n. s.. XXV (1989).
LIGHTBOWN RONALD, Sandro Botticelli. Leben und
Werk, trad. alem. de A. Seling, Munich 1989.
MIGLIO MASSIMO, «Sisto IV e Giulio II: Pontefici Della
Rovere. Il tema della Roma moderna», en L' età dei
Della Rovere 1989, pp. 9-18.
Cappella Sistina (La). I, La preistoria della Bibbia; II, Gli
antenati di Cristo; III, La storia della creazione; IV, Il
Giudizio Universale, intr. de F. Hartt, comentario de G. Colalucci, notas acerca de la restauración de F. Mancinelli, fotografías de Takashi Okamura, Milán-
Tokio 1989-1995 (tit. orig. New Light on Michelangelo
in The Sistine Chapel).
1990
BAROLSKY PAUL, Michelangelo' s Nose: A Myth and its
Maker, Pensilvania 19901 (19972).
BECK JAMES, «Cardinal Alidosi, Michelangelo, and the
Sistine Ceiling», en Artibus et Historiae, XI (1990), 22, pp. 63-77.
DE STROBEL ANNA MARIA, MANCINELLI FABRIZIO, «Documenti relativi ai lavori michelangioleschi nella
Cappella Sistina», en Michelangelo e la Sistina 1990, pp. 270-271.
HOCHFIELD SYLVIA, «Hue and Cry», en Art News, 89
(verano 1990), p. 63.
MANCINELLI FABRIZIO, «Tecnica di Michelangelo e organizzazione
del lavoro», en Michelangelo e la Sistina 1990, pp. 55-59.
Michelangelo e la Sistina: la tecnica, il restauro, il mito, catálogo de la exposición, Roma 1990.
RASPONI SIMONETTA, Michelangelo, Paris 1990.
SANTINI LORETTA, Michelangelo: scultore, pittore, architetto, Narni 11990 (21997).
SHEARMAN JOHN, «La storia della Cappella Sistina», en
Michelangelo e la Sistina 1990, pp. 19-28.
WHISTLER CATHERINE, Drawings by Michelangelo and
Raphael, Oxford 1990.
1991
The Art of the Conservator, ed. de A. Oddy, Londres
1991.
BECK JAMES, «Michelangelo' s Pentimento Bared», en
Artibus et Historiae, XII (1991), 24, pp. 53-63.
BULST WERNER, PFEIFFER HEINRICH W.,

Das Turiner
Grabtuch und das Christusbild, Band 2: Das echte Christusbild, Frankfurt del Main 1991.
HIRST MICHAEL, «Michelangelo in 1505», en Burlington
Magazine, 133 (noviembre 1991), pp.760-766.
LECHNER GREGOR MARTIN, TELESKO WERNER, Das
Wort ward Bild. Quellen der Ikonographie, catálogo
de la exposición (Graphisches Kabinett des Stiftes Göttweig), Göttweig 1991.
1992
BERNSTEIN JOANNE G., «The Female Model and the
Renaissance Nude: Dürer, Giorgione, and Raphael», en Artibus et Historiae, XIII (1992), 26, pp. 49-63.
La Cappella Sistina. La volta restaurata: il trionfo del colore, Novara 1992.
COLALUCCI GIANLUIGI, «Gli affreschi della volta sistina.
La tecnica di esecuzione», en La Cappella Sistina 1992, pp. 26-45.
Conversazione sotto la volta: la nuova volta della Cappella
Sistina e il manierismo romano fino al 1550, ed. de A. Aletta, Roma 1992.
DE VECCHI PIERLUIGI, «Sintassi dei corpi e modi delle
attitudini dalla volta al Giudizio», en La Cappella Sisitna 1992, pp. 224-235.
EUW ANTON VON, «Das Programm der Sixtina», en
Michelangelo und die Sixtina, Kommentarheft zur Faksimileausstellung der Schweizerischen Kreditanstalt, Zurich 1992.
HALL MARCIA B., Color and Meaning: Practice and
Theory in Renaissance Painting, Cambridge 1992.
HARTT FREDERICK, «Michelangelo in Heaven», en Artibus
et Historiae, XIII, 26 (1992), pp. 191-209.
HIRST MICHAEL, «I disegni preparatori», en La Cappella
Sistina 1992, pp. 8-25.
MAEDER EDWARD, «I costumi degli antenati di Cristo», en La Cappella Sistina 1992, pp. 194-223.
MANCINELLI FABRIZIO, «Michelangelo. Il problema degli
aiuti», en La Cappella Sistina 1992, pp. 46-79.
MANCINELLI FABRIZIO, BELLINI ROLANDO, Michelangiolo, Florencia 1992.
MANCINELLI FABRIZIO, DE STROBEL ANNA MARIA, Michelangelo:
le lunette e le vele della Cappella Sistina:
Liber Generationis Jesu Christi, Roma 1992.
Prophetic Rome in the High Renaissance Period, ed. de
M. Reeves, Oxford 1992.
STEINBERG LEO, «Who' s Who in Michelangelo' s Creation
of Adam: A Chronology of the Picture' s Reluctant
Self-Revelation», en The Art Bulletin, 71
(diciembre 1992), pp. 552-566.
TRIBLE PHYLLIS, God and the Rhetoric of Sexuality, Londres 1992.
WINNER MATTHIAS, «Giona: il linguaggio del corpo», en La Cappella Sistina 1992, pp. 110-193.
1993
BECK JAMES, DALEY MICHAEL, Art Restoration: The
Culture, the Business and the Scandal, Londres 1993.
BESTMANN LIESELOTTE, Michelangelo das Jungste Gericht
im Kontext des ikonographischen Programms der Sixtinischen Kapelle, Ammersbek y Hamburgo 1993.
CADOGAN JEAN K., «Michelangelo in the Workshop
of Domenico Ghirlandaio», en Burlington Magazine, 135 (enero 1993), pp. 30-31.
ESTIVILL DANIEL, «Profeti e Sibille nell' Oratorio del
Gonfalone a Roma», en Arte Cristiana, 81 (1993), pp. 357-366 (publicación parcial de la tesis de licenciatura
del Curso superior dedicado a los Bienes Culturales de la Iglesia).
MANCINELLI FABRIZIO, La Cappella Sistina, Ciudad del
Vaticano 1993.
NARDI EMMA, La Cappella Sistina, Roma 1993.
RICHMOND ROBIN, Michelangelo und die Sixtinische
Kapelle, Friburgo de Brisgovia, 1993).
SHAW CHRISTINE, Julius II: The Warrior Pope, Oxford
1993).
1994
CAMPI EMIDIO, Michelangelo e Vittoria Colonna. Un
dialogo artistico-teologico ispirato da Bernardino Ochino, Turín 1994.
CREIGHTON GILBERT E., Michelangelo: On and Of the
Sistine Ceiling, Nueva York 1994.
GLANVILLE HELEN, «Vandals or saviours. The Conservation
Debate», en Art Newspaper, 5 (abril1994), pp. 22-25.
HARTT FREDERICK, «Lo schizzo degli Uffizi, il suo significato
per il ponteggio e la cronologia», en Michelangelo. La Cappella Sistina 1994, III, pp. 51-55.
MANCA JOSEPH, «Sin, Sadomasochism, and Salvation
in Michelangelo' s Last Judgment», en Source, 13
(1994), 3, pp. 20-26.
MANCINELLI FABRIZIO, «Il ponteggio di Michelangelo
per la Cappella Sistina e i problemi cronologici della
volta», en Michelangelo. La Cappella Sistina 1994, III, pp. 43-49.

Michelangelo: An Invitation to Casa Buonarroti, catálogo
de la exposición (Londres 1994), ed. de P. Ragionieri, Milán 1994.
Michelangelo. La Cappella Sistina, I, Tavole. La volta
restaurata; II, Rapporto sul restauro degli affreschi della
volta, ed. de F. Mancinelli; III, Atti del Convegno Internazionale di Studi (Roma, marzo 1990), ed. de
K. Weil, G. Brandt, Novara 1994.
POSEQ AVIGDOR W.G., «Michelangelo' s Self-Portrait
on the Flayed Skin of St Bartholomew», en Gazette
des Beaux Arts, serie VI, 124 (juio/agosto 1994), pp. 1-14.
RZEPINSKA Maria, «The Divine Wisdom of Michelangelo
in The Creation of Adam», en Artibus et Historiae, XV/29 (1994), pp. 181-187.
SEWELL BRIAN, «Ceiling Red: Attitudes of Michelangelo
and Raphael Toward each other», en Art Review, 46 (mayo 1994), pp. 22-23.
SHRIMPLIN VALERIE, «Hell in Michelangelo' s Last Judgement
», en Artibus et Historiae, XV/30 (1994), pp. 83-107.
SILVAN PIERLUIGI, «Il ponteggio di Michelangelo per la
decorazione della volta della Cappella Sistina», en Michelangelo. La Cappella Sistina 1994, III, pp. 37-41.
1995
BARNES BERNADINE ANNE, «Metaphorical Painting:
Michelangelo, Dante, and the Last Judgment», en The Art Bulletin, 77 (marzo 1995), 1, pp. 65-81.
BULL GEORGE, Michelangelo. A Biography, Londres
1995.
BURROUGHS CHARLES, «The Last Judgment of Michelangelo:
Pictorial Space, Sacred Topography, and the Social World», en Artibus et Historiae, XVI (1995), 32, pp. 55-89.
MANCA JOSEPH, «Michelangelo as Painter: A Historiographic
Perspective», en Artibus et Historiae, XVI (1995), 31, pp. 111-123.
Mondo Vaticano. Passato e presente, ed. de N. del Re, Ciudad del Vaticano 1995.
PFEIFFER HEINRICH W., «Un Michelangelo nuovo. I
restauri degli affreschi della Cappella Sistina», en La
Civiltà Cattolica, II (1995), 146, pp. 375-387.
ROHLMANN MICHAEL, Michelangelos 'Jonas' : zum Programm
der Sixtinischen Decke, Weimar 1995.
1996
DE VECCHI PIERLUIGI, La Cappella Sistina. Il restauro
degli affreschi di Michelangelo, (con la colaboración
de G. Colalucci), Milán 1996 (19992).
DE VECCHI PIERLUIGI, Michelangelo: the Vatican frescoes, Nueva York 1996.
GRASSETTI CARLO, Roma e Vaticano: con gli affreschi
restaurati della Cappella Sistina e del Giudizio Universale, Roma 1996.
INSOLERA MANUEL, La transmutazione dell' uomo in
Cristo nella mistica, nella cabala e nell' alchimia, Roma 1996.
JOOST GAUGIER, CHRISTIANE L., «Michelangelo' s Ignudi, and the Sistine Chapel as a Symbol of Law and
Justice», en Artibus et Historiae, XVII (1996), 34, pp. 19-43.
Michelangelo and his Influence: Drawings from Windsor
Castle, catálogo de la exposición, (Washington, Chicago etc. 1996-1998), ed. de P. Joannides, Washington-
Londres 1996.
PARTRIDGE LOREN, Michelangelo: The Sistine Chapel
Ceiling. Rome, Nueva York 1996.
PARTRIDGE LOREN, The Renaissance in Rome: 1400-
1600, Londres 1996.
TANAKA HIDEMICHI, «Il Giudizio universale di Michelangelo
e i disegni per Cavalieri», en Bijutsushigaku, 18 (1996), pp. 208-278.
VASOLI CESARE, Civitas Mundi. Studi sulla cultura del
Cinquecento, Roma 1996 («Storia e Letteratura. Raccolta
di Studi e Testi, 194»).
1997
ACCOMANDO-GANDINI MARINA, Meditazioni michelangiolesche
nella volta della Sistina e nella Sagrestia nuova, Ascoli Piceno 1997.
BAROLSKY PAUL, «Looking closely at Michelangelo' s
Seers», en Source: Notes in the History of Art, verano
1997, pp. 31-34.

CALVESI MAURIZIO, La Cappella Sistina e la sua decorazione
da Perugino a Michelangelo, Roma 1997.
HUGHES ANTHONY, Michelangelo, Londres 1997.
JOANNIDES PAUL, Michelangelo and His Influence. Drawings
from Windsor Castle, catálogo de la exposición
(Washington, National Gallery of Art, 1997-1998), Washington-Londres 1997
MASCI EDOLO, Tutti i personaggi del Giudizio universale

di Michelangelo, prefacio de G. Morello, Roma 1997.

PARTRIDGE LOREN, «Michelangelo' s Last Judgement: An Interpretation», en PARTRIDGE, MANCINELLI, COLALUCCI, Michelangelo. The Last Judgment 1997, pp. 8-154.

PARTRIDGE LOREN, MANCINELLI FABRIZIO, COLALUCCI GIANLUIGI, Michelangelo. The Last Judgment. A Glorious Restoration, introducción de F. Buranelli, fotografías de Takashi Okamura, Nueva York 1997.

PFEIFFER HEINRICH W., «La Veronica romana e i suoi riflessi nell' arte», en Il Volto dei volti Cristo, ed. Del Istituto Internazionale di Ricerca sul Volto di Cristo, Gorle (Bérgamo) 1997, pp. 189-195.

RODETIS GEORGE A., «El Greco' s Statements on Michelangelo the Painter», en The Journal of Aesthetic Education, 31 (fall 1997), pp. 25-37.

ROETTGEN STEFFI, Italian Frescoes, trad. ingl. di R. Stockman, Nueva York 1997.

Vittoria Colonna. Dichterin und Muse Michelangelos, catálogo de la exposición (Viena 1997), ed. de S. Ferino-Padgen Sylvia y otros, Viena 1997

WELCH EVELYN, Art in Renaissance Italy, Oxford 1997.

1998

BARNES BERNADINE ANNE, Micheangelo' s Last Judgment: the Renaissance Response, Londres 1998.

BAROLSKY PAUL, «Michelangelo and the Spirit of God», en Source, 4 (1998), 17, pp. 15-17.

EMISON PATRICIA, «The Ignudo as proto-capriccio», en Word and Image, 3 (julio-septiembre1998), 14, pp. 281-295.

PON LISA, «A Note on the Ancestors of Christ in the Sistine Chapel», en Journal of the Warburg and Courtauld Institutes, 61 (1998), pp. 254-258.

STOLLHANS CYNTHIA, «Michelangelo' s Nude Saint Catherine of Alexandria», en Woman' s Art Journal, 19 (primavera-verano 1998), pp. 26-30.

WALLACE WILLIAM E., Michelangelo: The Complete Sculpture, Painting, Architecture, Nueva York 1998.

1999

BAMBACH CARMEN C., Drawing and Painting in the Italian Renaissance Workshop: Theory and Practice, 1300-1600, Cambridge 1999.

BAROLSKY PAUL, «What is the Libyan Sibyl doing?», en Source, 1 (1999), 19, pp. 9-12.

BECK JAMES, Three Worlds of Michelangelo, Nueva York-Londres 1999.

BUSSAGLI MARCO, Michelangelo, Forencia 1999.

GRÖMLING ALEXANDRA, Michelangelo Buonarroti: Life and Work, Colonia 1999

Michelangelo, la Cappella Sistina: documentazione e interpretazioni, prefacio de F. Buranelli Francesco, Ciudad del Vaticano-Novara 1999.

Michelangelo. La Cappella Sistina, ed. de S. Zuffi, Milán 1999 («Electa quadrifoglio»).

The Sistine Chapel: A Glorious Restoration, ed. de P. De Vecchi, D. Murphy, Nueva York 1999.

SPINI GIORGIO, Michelangelo politico e altri studi sul Rinascimento fiorentino, Milán 1999.

2000

DEL BRAVO CARLO, «Intorno al Giudizio», en Artista, 2000, pp. 34-49.

KIEFER MARCUS, Michelangelo riformato, Zurich-Nueva York 2000.

LITOFINO GIANCARLO, Il mito del Giudizio Universale, Casaletto Lodigiano 2000.

Michelangelo: grafia e biografia di un genio, catálogo de la exposición (Milano 2000), Milán 2000

Michelangelo: Neue Beiträge: Akten des Michelangelo-Kolloquiums veranstaltet vom Kunsthistorischen Institut der Universität zu Köln im italienischen Kulturinstitut Köln, 7.-8. Noviembre 1996, ed. de M. Rohlmann u. A. Thielemann, Munich-Berlín 2000.

NARDINI BRUNO, Michelangelo. Biografia di un genio, Florencia 2000.

Sisto IV. Le Arti a Roma nel primo Rinascimento. Atti del Convegno Internazionale di Studi, ed. de F. Benzi, Roma 2000.

2001

AMATO PIETRO, Il Giudizio Universale: Michelangelo si racconta, Roma 2001.

BAROLSKY PAUL, «Michelangelo' s Creation of Adam and the Aesthetics of Theology», en Source, 4 (2001), 20, pp. 9-11.

BAROLSKY PAUL, «The Imperfection of Michelangelo' s Adam», en Source, 4 (2001), 20, pp. 6-8.

FABRIS ADRIANO, Il tempo dell' uomo e il tempo di Dio. Filosofie del tempo in una prospettiva interdisciplinare, Bari-Roma 2001 («Percorsi, 23»).

GILLGREN PETER, «The Michelangelo Crescendo: Communicating the Sistine Chapel Ceiling», en

Konsthistorisk Tidskrift, 4 (2001), 70, pp. 206-216.
GUIDONI ENRICO, Michelangelo: nel segno dell' arca: le
storie della Genesi nella Cappella Sistina, Roma 2001.
MANCINELLI FABRIZIO, La Cappella Sistina, Ciudad del
Vaticano 2001.
NÉRET GILLES, Michelangelo 1475-1564, Colonia 2001.
SEYMOUR HOWARD, «Eros, Empathy, Expectation, Ascription, and Breasts of Michelangelo (A Prolegomenon
on Polymorphism and Creativity)», en
Artibus et Historiae, XXII (2001), 44, pp. 79-118.
2002
BAROLSKY PAUL, «Michelangelo and the Gravity of
God», en Source, 21 (primavera 2002), 3, pp. 23-25.
Bedeutung in den Bildern, ed. de Karl Moseneder, Gosbert
Schussler, Ratisbona 2002.
BRITTON PIERS-DOMINIC, «The Four Humors on the
Sistine Chapel Ceiling», en Source, 21 (primavera 2002), 3, pp. 26-31.
FORCELLINO ANTONIO, Michelangelo Buonarroti. Storia
di una passione eretica, introducción de A. Prosperi, Turín 2002.
HALL MARCIA, Michelangelo: gli affreschi della Cappella
Sistina, fotografías de Takashi Okamura, Milán 2002.
KING ROSS, Michelangelo and the Pope' s Ceiling, Londres
2002).
Michelangelo: grafia e biografia: disegni e autografi del
maestro, catálogo de la exposición (Roma 26 julio-
6 octubre 2002), ed. de L. Bardeschi Ciulich y P. Ragionieri, Florencia 2002.
POSEQ AVIGDORW.G., «On Mirror Copying of the Sistine
Vault and Mannerist Invenzioni», en Artibus et Historiae, 45 (2002), 23, pp. 117-138.
SAGERMAN ROBERT, «A Kabbalistic Reading of the Sistine
Chapel Ceiling», en Acta ad archaeologiam et artium
historiam pertinentia, 16 (2002), pp. 91-177.
SYMONDS JOHN ADDINGTON, The Life of Michelangelo
Buonarroti: Based on Studies in the Archives of Buonarroti
Family at Florence, intr. de C. Gilbert, Filadelfia 2002.
WIND EDGAR, The Religious Symbolism of Michelangelo.
The Sistine Ceiling, ed. de E. Sears, Oxford 2002.
2003
BAROLSKY PAUL, «Beginning and End in the Sistine
Chapel», en Source, 23 (2003), 1, pp. 31-33.
BAROLSKY PAUL, «The Divine Origins of Chiaroscuro
», en Source, 4 (2003), 22, pp. 8-9.
CHAPMAN HUGO, «Michelangelo drawings», en The
Burlington Magazine, 145 (junio 2003), pp. 468-470.
Michelangelo, ed. De P. Joannides, Milán 2003.
SIMMEL GEORG, Michelangelo, ed. de Lucio Perucchi
Lucio, Milán 2003.
La Sistina e Michelangelo: storia e fortuna di un capolavoro, ed. de F. Buranelli, A.M. de Strobel, G.Gentili, Milán 2003.
WISCH BARBARA, «Vested Interest: Redressing Jews on
Michelangelo' s Sistine Ceiling», en Artibus et Historiae, XXIV (2003), 48, pp. 143-172.
2004
Michelangelo, ed. de K. Bradbury, introducción de L.
Hawksley, Milán 2004.
Michelangelo: grafia e biografia: disegni e autografi del
maestro, catálogo de la exposición (Catania 2004), ed. de L. Bardeschi Ciulich y P. Ragionieri, Florencia
2004.
Vaticano. La Cappella Sistina. Il Quattrocento, ed. de A.
Nesselrath, Ciudad del Vaticano-Milán 2004.
2005
FILLITZ HERMANN, Papst Clemens VII. und Michelangelo.
Das jüngste Gericht en der Sixtinischen Kapelle, ed. de A. Rosenauer, Viena 2005.
FORCELLINO ANTONIO, Michelangelo. Una vita inquieta, Roma-Bari 2005.
HUB BERTHOLD, «…e fa dolce la morte. Love, Death
and Salvation in Michelangelo' s Last Judgment», en
Artibus et Historiae, XXVI (2005), 51, pp. 103-130.
«Marsilio Ficino. Questa è la nuova età dell' oro», tr.
it. di Giovanna Fratini, http://www.italica.rai.it/rinascimento/
testimoni/rinascita/testo13.htm. (Extracto de Marsilio Ficino, Opera, I, Basilea, ex
officina Henricpetrina, 1576, c. 944)
Michelangelo' s Last Judgment, ed, de M.B. Hall, Cambridge
2005.
RAGIONIERI PINA, Vittoria Colonna e Michelangelo, Florencia 2005.
VERDON TIMOTHY, Michelangelo teologo. Fede e creatività
tra Rinascimento e Controriforma, Milán 2005.
CHAPMAN HUGO, Michelangelo Drawings: closer to the
master, catálogo de la exposición (Teyler

Museum, Harlem, 6 octubre 2005-6 enero 2005; British Museum, Londres, 23 marzo-25 junio 2006), Londres
2005.
2006
PFEIFFER HEINRICH S. J., Aspetti della rappresentazione
di Dio sugli affreschi di Michelangelo nella Cappella
Sistina, en L' Immagine di Cristo dall' acheropita alla
mano d' artista. Dal tardo medioevo al' età barocca, ed.
de C.L. Frommel y G. Wolf, Ciudad del Vaticano 2006 («Studi e Testi 432»), pp. 231-240.
PFEIFFER HEINRICH S. J., «Die libysche Sibylle in der
Sixtinischen Kapelle, eine Personifikation der Kirche
», en Haec sacrosancta synodus, Festschrift für Bernhard Kriegbaum S.J., ed. de R. Meßner y R. Pranzl, Ratisbona 2006 («Konzils-und kirchengeschichtliche
Beiträge»), pp. 122-129.

INDICE DEI NOMI DI LUOGO E DI PERSONA

i numeri in tondo si riferiscono alle pagine del testo, quelli in corsivo alle immagini

人名地名对照

Abele 亚伯

Abia 阿比娅

Abiran 亚比兰

Abiud 亚比玉

Abner 押尼珥

Abramo 亚伯拉罕

Acazia 亚哈斯

Accademia del Pontano

Achim 亚金

Acquapendentanus Nicolaus

Adamo 亚当

Africa 非洲

Agar 夏甲

Agata, santa 圣阿加莎

Aggeo, profeta 哈该

Agnese, santa 圣阿格尼丝

Agostino di Ippona, santo 圣奥古斯丁

Ai, città 艾城

Alessandro Magno 亚历山大大帝

Alighieri Dante 阿利盖利・但丁

Alighieri Pietro 阿利盖利・彼得罗

Allah 安拉

Amadeo, beato 阿玛迪斯

Aman 哈曼

Amasia 亚玛谢

Ambrogio di Milano, santo 圣安波罗修

Amelia, Pier Matteo d' 阿梅利亚的皮埃尔・马代奥

America 美洲

Aminadab 亚米拿达

Amon 亚蒙

Andrea, apostolo 安德烈

Angelus Camers Rocca 安杰洛・罗卡・卡梅

Anna 安娜

Antioco Epifane 安提阿哥・以皮法尼

Antonio da Pinerolo 安东尼奥・达・皮内罗洛

Aram 亚兰

Aretino Pietro v. Pietro Aretino 彼得罗・阿雷蒂诺

Arno 阿诺市

Aronne 亚伦

Artaserse 阿尔塔薛西斯

Asa 亚撒

Asaf 亚撒

Asenat 阿塞纳特

Asia 亚洲

Assalonne 押沙龙

Assuero 亚哈随鲁

Atalia 亚她利雅

Atlanti 擎天神

Austria 奥地利

Azor 亚所

Azuba 阿祖巴

Baal 巴力

Babilonia 巴比伦

Baccio Pontelli v. Pontelli Baccio Bartolo di Fredi 巴罗托・迪・弗莱迪

Bartolomeo, apostolo 使徒巴多罗买

Bayonne, Musée Bonnat 巴约讷，博纳博物馆

Beda il Venerabile 可敬的比德 , santo

Belvedere, cortile del v. Città del Vaticano

Benedettini 梵蒂冈博物馆观景园

Benedetto da Norcia, santo 努西亚的圣本笃

Beniamino, tribù 便雅悯

Berlino

Kunstbibliothek 艺术图书馆

Musei Statali 国家博物馆

Bernardino Betti v. Pinturicchio 平图里基奥

Bernardo di Clairvaux, santo 圣伯纳德

Bertoldo di Giovanni 贝尔托尔多・迪・乔万尼

Betlemme 伯利恒

Betsabea 拔示巴

Betti Bernardino v. Pinturicchio

Biagio, santo 圣巴拉削

Biagio da Cesena 切塞纳的比亚焦

Biagio di Goro Ghezzi 比亚焦・迪・戈罗・格奇

Bibiana, santa 圣比娅娜

Bigordi Domenico v. Ghirlandaio 多梅尼科・吉兰达奥

Bigtan 辟探

Bollis Bartolomeo de 巴托洛梅奥・德・博里斯

Bologna 博洛尼亚

basilica di S. Petronio 圣白托略大殿

Booz 波阿斯

Botticelli 波提切利

Bracciolini Jacopo 雅各布・布拉乔里尼

Bramante, Donato di Pascuccio d' Antonio detto il 多纳托・伯拉孟特

Bull Malcolm 马尔科姆・布尔

Burckhardt Jacob 雅各布・布克哈特

Cagli 卡利

Caino 该隐

Cam 含

Cappella Brancacci v. Firenze, S. Maria in Carmine 佛罗伦萨，圣母圣衣圣殿的布兰卡契礼拜堂

Cappella di S. Zenone v. Roma, basilica di S. Prassede 罗马，圣巴西德圣殿的圣泽诺内堂

Cappella Sistina v. Città del Vaticano 梵蒂冈，西斯廷教堂

Caronte 卡隆

Caterina di Alessandria, santa 亚历山大的圣凯瑟琳

Cavalieri Tommaso 托马索・加伐利利

Cavallini Pietro 彼得罗・卡瓦利尼

Cesarea di Filippi 腓立比的凯撒利亚

Chefziba 协西巴

Chiara 圣嘉勒

Chilion 基连

Cristoforo Marcello v. Marcello Cristoforo

Ciclope v. Polifemo 克里斯托弗・马尔切洛

Città del Vaticano 梵蒂冈

Cappella Sistina 西斯廷教堂

Aula Secunda v. Scala Ducale Cappella Magna 西

斯廷教堂公爵大厅
Cappella Paolina 保罗小堂
Cortile Borgia 博基亚中庭
Cortile della Sentinella 卫兵中庭
Sala Regia 国王大厅
Scala Ducale 公爵大厅
Scala Regia 国王阶梯
Musei Vaticani, cortile del Belvedere 梵蒂冈博物馆，观景园
Clemente III, papa 克雷芒三世
Clemente VII, papa 克雷芒七世
Clemente XI, papa 克雷芒十一世
Colonna Pietro 彼得罗・科隆纳
Colonna Vittoria 维托丽娅・科隆纳
Condivi Ascanio 阿斯卡尼奥・孔蒂维
Core 可拉
Cosimo Rosselli v. Rosselli Cosimo Curtius Ludwig 柯西莫・罗塞利
Dandolo Fantino 方蒂诺・丹多洛
Daniele, profeta 但以理
Datan 大坍
Davide 大卫
Delfi 德尔斐
Della Rovere 德拉・罗维雷
Della Rovere, cardinali 红衣主教德拉・罗维雷
Della Rovere, casato o famiglia红衣主教德拉·罗维雷家族
Della Rovere, papa v. Giulio II 德拉・罗维雷，尤里乌斯二世
Della Rovere Francesco 弗朗切斯科・德拉罗韦雷
Della Rovere Giuliano 朱利亚诺・德拉・罗维雷
Dina 底拿
Disma 狄思玛斯
Dolci Giovanni de’乔万尼・德・多尔奇
Donatello, Donato di Niccolò di Betto Bardi detto 多纳泰罗
Donato di Pascuccio d’Antonio v. Bramante
Doni Angelo 多纳托・伯拉孟特
Dorotea, santa 圣多罗泰娅
Dragisic Juraj v. Salviati Giorgio Benigno
Duns Scoto Giovanni 尤拉伊・德拉基斯
Ebron 希伯伦
Efraim 以法莲
Egidio da Viterbo 埃吉迪奥・达・维泰博
Egitto 埃及
esodo dall’Egitto《出埃及记》
Eleazaro 以利亚撒
Elia, profeta 以利亚
Eliacim 以利亚敬
Elimelech 以利米勒
Eliodoro 海里奥道拉
Elisabetta 以利沙伯
Eliseo 以利沙
Eliud 以律
Enea 埃涅阿斯
Enoch 以挪士
Er 珥
Erode 希律
Erodiade 希罗底
Esaù 以扫
Esquilino 埃斯奎利诺
Esrom 希斯伦
Ester 以斯帖
Ettlinger Leopold David 埃特林格
Euclide 欧几里得
Eustochio, santo 圣埃乌斯托吉
Eva 夏娃
Ezechia 希西家
Ezechiele, profeta 以西结
Ezion Gheber 埃济恩 - 伽巴尔
Fantino Dandolo v. Dandolo Fantino Fares 方蒂诺・丹多洛
Ferrante I 费兰特一世
Filippo, apostolo 使徒腓力
Filone 斐朗尼
Firenze 佛罗伦萨
Casa Buonarroti 博纳罗蒂之家
Duomo 米兰大教堂
Galleria degli Uffizi 乌菲兹美术馆
S. Maria in Carmine, Cappella Brancacci 圣母圣衣圣殿的布兰卡契礼拜堂
Francesco d’Assisi, santo 阿西西的圣方济各
Gabriele, arcangelo 大天使加百列
Galatino Pietro o Galatinus Petrus v. Colonna Pietro 彼得罗・加拉迪诺
Galeazzo Maria Sforza v. Sforza Galeazzo Maria 加莱亚佐・玛丽亚・斯福尔扎
Gedeone 基甸
Geremia, profeta 耶利米
Gerico 耶利哥
Germania 德国
Gerolamo Laureto v. Laureto Gerolamo
Gerusalemme 杰罗拉莫・拉乌雷托
Getsemani 客西马尼园
Ghersom 吉尔逊
Ghirlandaio, Bigordi Domenico detto il 多梅尼科・吉兰达奥
Giacobbe 雅各
Giacomo, apostolo 大雅各
Gioacchino 约阿希姆
Gioacchino da Fiore 菲奥雷的约阿基姆
Gioele, profeta 约珥
Giona, profeta 约拿
Giòsafat 约沙法
Giosia 约西亚
Giosuè 约书亚
Giovanni, apostolo, evangelista 福音约翰
Giovanni Battista, santo 施洗约翰
Girolamo, santo 圣吉罗拉莫
Giuda (figlio di Giacobbe) 犹大
Girolamo Riario v. Riario Girolamo Girolamo Savonarola v. Savonarola Girolamo Giuda, regno 吉罗拉莫・里奥里欧
Giuda, tribù 犹大支派
Giuda Iscariota, apostolo 使徒（加略人）犹大
Giuda Maccabeo 犹大・马加比
Giudea 犹太人
Giudici《士师记》
Giuditta 友弟德
Giulio II, papa 尤里乌斯二世
Giunone 朱诺
Giuseppe, santo (sposo di Maria e padre putativo di Gesù) 圣约瑟
Giuseppe l’egiziano 在埃及的约瑟夫
Golgota 各各他山
Golia 哥利亚
Gomer 歌篾

Goro Ghezzi, Biagio di v. Biagio di Goro Ghezzi 比亚焦・迪・戈罗・格奇
Gregorio I Magno, papa 格雷戈里一世
Hadarsan Rabbi Mosè 拉比・莫斯・哈达森
Iafet 雅弗
Ieconia 约雅斤
Iefte 耶弗他
Ierusa 耶鲁撒
Iesse 耶西
Ietro 叶忒罗
Ieu 耶户
Imola 伊莫拉
Innsbruck 因斯布鲁克
Ioab 约押
Ioas 约阿施
Ioram 约兰
Iotam 约坦
Isacco 以撒
Isaia, profeta 以撒亚
Isidoro di Siviglia, santo 塞维利亚的伊西多尔
Ismaele 以实玛利
Israele 以色列
Regno del Nord 以色列王国
Jabbok, torrente 扎卡河
Jacopo della Quercia 雅各布・德拉・圭尔查
Jahvè 耶和华
Laocoonte 拉奥孔
Laureto Gerolamo 杰罗拉莫・拉乌雷托
Levi 利未
Lia 利亚
Lippi Filippino 菲利皮诺・利皮
Londra, British Museum 伦敦大英博物馆
Lorenzo, martire 洛伦佐
Luca Signorelli v. Signorelli Luca 路加・西诺雷利
Lucia, santa 圣露西
Lucifero 路西法
Maaca 玛迦
Maddalena v. Maria di Magdala 抹大拉的玛利亚
Madian 米甸
Malco 马尔科
Manasse 玛拿西
Mar Rosso 红海
passaggio del Mar Rosso 红海海峡
Marcello Cristoforo 克里斯托弗・马尔切洛
Marco, santo, evangelista 圣马可
Mardocheo 末底改
Maria di Magdala 抹大拉的玛利亚
Maria di Nazareth (madre di Gesù) 拿撒勒的玛丽亚
Masaccio, Tommaso di ser Giovanni Cassai detto 马萨乔
Massimiliano, imperatore 马西米连诺
Matan 马但
Matteo, santo, evangelista 圣马太
Mauro, santo 圣毛罗
Mauro Rabano v. Rabano Mauro Mazzuoli
Annibale 毛罗・安尼巴莱・马佐里
Medici, famiglia 美第奇家族
Medici, partito 美第奇党派
Medici, Tombe 美第奇陵墓
Medici Giuliano de' 朱利亚诺・德・美第奇
Medici Lorenzo de' 洛伦佐・德・美第奇
Meghiddo 米吉多
Meini Bruno 布鲁诺・梅尼
Meshullemet 米舒利密
Michele, arcangelo 大天使米迦勒
Milano 米兰
Minerva 密涅瓦
Minosse 米诺斯
Mirjam 米利暗
Monica, santa 莫尼加
Mosè 摩西
Naama 拿玛
Naasson 拿顺
Nabucodonosor 尼布甲尼撒
Napoli 那不勒斯
Museo di Capodimonte 卡波迪蒙泰博物馆
Natan, profeta 拿单
Navarro Fausta 福斯塔・纳瓦罗
Nazareth 拿撒勒
Nebo, monte 尼波山
Necao 尼科
New York, The Metropolitan Museum of Art, 纽约，大都会博物馆
Nilo 尼罗河
Niobe 尼俄伯
Noè 诺亚
Noemi 拿俄米
Obed 俄备得
Ofir, terra verde di 奥菲尔
Oloferne 何洛弗尼
Omero 荷马
Onan 俄男
Oreb, monte 神山俄勒布
Origene 奥利金
Osea 何西阿
Otranto 奥特朗托
Ottley Walter Yates 威廉・扬・奥特利
Ozia 奥齐亚
Padova 帕多瓦
Paganico, S. Michele Arcangelo 帕加尼科的圣米迦勒天使教堂
Paolo di Tarso, santo 圣保罗
Paolo III, papa 保罗三世
Paride 帕里斯
Partridge Loren 洛伦・帕特里奇
Pazzi, congiura 帕齐，阴谋
Pazzi, famiglia 帕齐家族
Pazzi, partito dei 帕齐党派
Pazzi Francesco de' 弗朗切斯科・德・帕齐
Persia 波斯
Perugino, Pietro Vannucci detto il 彼得罗・佩鲁吉诺
Petronilla, santa 彼得罗妮拉
Pietro, apostolo 使徒彼得，
Piero di Cosimo 皮耶罗・迪・科西莫
Pietro Aretino 彼得罗・阿雷蒂诺
Pietro Vannucci v. Perugino
Pinturicchio, Bernardino Betti detto il 平图里基奥
Pisa 比萨
Placido, santo 圣普拉西多
Polifemo 波吕斐摩斯
Pontelli Baccio 巴齐奥・蓬泰利
Prassede, santa 圣巴西德
Pseudo-Dionigi l' Areopagita 伪狄奥尼修斯
Pseudo-Ugo di San Vittore 圣维克托的休格
Pudenziana, santa 圣普正珍
Pudenzio 普正奇奥

Raab 喇合
Rabano Mauro 拉巴诺・马乌罗
Rachele 拉结
Raffaello Sanzio 拉斐尔・桑西
Stanza d' Eliodoro 埃利奥多罗室
Stanza della Segnatura 签字厅
Ravenna, basilica di S. Apollinare 圣亚坡理纳圣殿
Raynerus 雷内鲁斯
Rebecca 利百加
Reuel 流珥
Riario Girolamo 吉罗拉莫・里奥里欧
Riario Pietro 瑞阿里奥・彼得罗
Roboamo 罗波安
Rocca Camers Angelus 罗卡・卡默斯・安格鲁斯
Rocchetti Jacopo 雅各布・洛彻蒂
Roma 罗马
arco di Costantino 君士坦丁
basilica di S. Paolo fuori le mura 城外圣保罗大殿
basilica di S. Pietro 圣彼得大教堂
Castel Sant' Angelo 圣天使堡
chiesa di S. Maria del Popolo 人民圣母教堂
chiesa di S. Eligio degli Orefici 奥利菲琪的圣艾利吉奥教堂
Concilio Lateranense IV 第四次拉特兰会议
Galleria Barberini 巴贝里尼美术馆
ospedale di S. Spirito in Sassia 萨西亚的圣斯皮利托医院
Rut 路得
Sadoc 萨多克
Salatiel 撒拉铁
Salmon 撒门，
Salomè 撒罗默
Salomone 所罗门
Salviati Francesco 萨尔维亚蒂・弗朗切斯科
Salviati Giorgio Benigno (Salviatis Georgius Benignus de) 乔治・贝尼尼奥・萨尔维亚蒂
Samuele 撒母耳
Sara 撒拉
Sauer 索尔
Saul 扫罗
Savona 萨沃纳
Savonarola Girolamo 萨沃纳罗拉的吉罗拉莫
Scolastica, santa 圣思嘉
Sebastiano, santo 圣塞巴斯蒂安
Sela 示拉
Sem 闪
Set 塞特
Sforza Galeazzo Maria 加莱亚佐・玛丽亚・斯福尔扎
Shearman John 约翰・谢尔曼
Sibilla Cumana 库玛娜女巫
Sibilla Delfica 德尔菲女巫
Sibilla Eritrea 厄立特里娅女巫
Sibilla Libica 利比卡女巫
Sibilla Persica 佩尔西卡女巫
Sichem 示剑
Siena 锡耶纳
Signorelli Luca 卢卡・西诺雷利
Simeone 西缅
Simone di Cirene 古力奈人西门
Sinai, monte 西奈山
Sion 锡安
Sisto IV, papa 西斯都四世
Steinmann Ernst 恩斯特・斯坦曼
Strozzi Maddalena 马达莱娜・斯特罗齐
Sulammita 书拉密女
Susanna, santa 苏珊
Tamar 他玛
Tarsis 他施
Tecla, santa 圣德克拉
Teres 提列
Terra Santa 圣地
Tolfa 托尔法
Tucci Biagio d' Antonio 比阿吉・德・安东尼奥・杜琪
Ugo di San Vittore 圣维克托的休格
Urbino 乌尔比诺
Uria 乌利亚
Vasari Giorgio 瓦萨里・乔尔乔
Venere 维纳斯
Venezia 威尼斯
Venusti Marcello 马尔切洛・维努斯蒂
Veronica 维罗尼卡
Vienna Albertina 维也纳阿尔贝蒂娜博物馆
Biblioteca Nazionale Austriaca 奥地利的维也纳国家图书馆
Virgilio 维吉尔
Washington, The National Gallery 华盛顿国家美术馆
Wind Edgar 埃德加・文德
Windsor Castle 温莎城堡
Royal Library 皇家图书馆
Winner Matthias 马蒂亚斯・温纳
Zaccaria (padre di Giovanni Battista) 撒迦利亚（施洗约翰之父）
Zaccaria, profeta 撒迦利亚
Zebedeo 西庇太
Zippora 西坡拉
Zorobabele 所罗巴伯

图书在版编目（CIP）数据

西斯廷教堂 /（德）海因里希·费弗著；杨逸，唐娴译．—上海：上海三联书店，2022.1
（伟大的博物馆）
ISBN 978-7-5426-7563-7
Ⅰ．西… Ⅱ．①海… ②杨… ③唐… Ⅲ．①教堂－介绍－梵蒂冈 Ⅳ．① B977.547

中国版本图书馆 CIP 数据核字（2021）第 219257 号

西斯廷教堂

著　　者 /〔德〕海因里希 · 费弗
译　　者 / 杨　逸　唐　娴
责任编辑 / 程　力
特约编辑 / 宗珊珊
装帧设计 / 鹏飞艺术
监　　制 / 姚　军
出版发行 / 上海三联书店
（200030）中国上海市漕溪北路 331 号 A 座 6 楼
邮购电话 / 021-22895540
印　　刷 / 天津丰富彩艺印刷有限公司
版　　次 / 2022 年 1 月第 1 版
印　　次 / 2022 年 1 月第 1 次印刷
开　　本 / 787×1092　1/16
字　　数 / 436 千字
印　　张 / 24.75

ISBN 978-7-5426-7563-7/J · 346

定　价：228.00元

CREDITI FOTOGRAFICI

il numero rinvia all'immagine

ad eccezione delle seguenti:

Archivio dell'Arte – Luciano Pedicini: 166; Archivio Jaca Book: 64, 80, 90, 130, 132, 134, 142, 153, 173;Daniela Blandino: 135; Graphische Sammlung Albertina, Viena: 5; Heinrich W. Pfeiffer: 2, 55, 56, 63,65, 66, 68, 94, 133, 136, 149, 165; Soprintendenza Speciale per il Polo Museale Fiorentino: 1.